JOURNAL

Du même auteur

aux Éditions Stock

LA CHAMBRE DE JACOB (1922).
MRS DALLOWAY (1925).
ORLANDO (1928).
LES VAGUES (1931).
FLUSH (1933).
ANNÉES (1937).
ENTRE LES ACTES (1941).
L'ŒUVRE ROMANESQUE *
  La Chambre de Jacob.
  Mrs Dalloway.
  La Promenade au phare.
L'ŒUVRE ROMANESQUE **
  Orlando.
  Les vagues.
  Entre les actes.
L'ŒUVRE ROMANESQUE ***
  Flush.
  Années.
  Instants de vie.

Virginia Woolf

Journal

Tome I

TRADUIT DE L'ANGLAIS
PAR
COLETTE-MARIE HUET

Stock

Titre original :

THE DIARY OF VIRGINIA WOOLF
(Edited by Anne Olivier Bell,
The Hogarth Press, London, 1977.)

ARBRE GÉNÉALOGIQUE
montrant les ascendants et collatéraux
de
VIRGINIA WOOLF

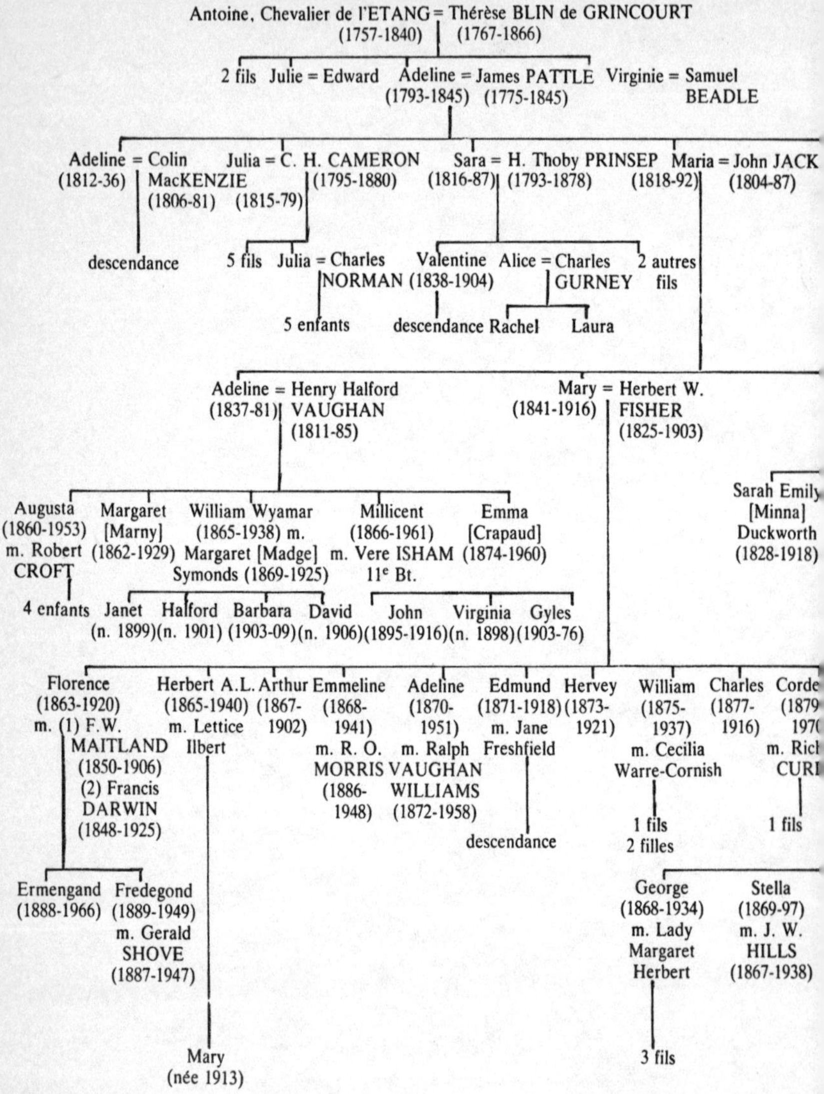

Antoine, Chevalier de l'ETANG = Thérèse BLIN de GRINCOURT
(1757-1840) (1767-1866)
2 fils
Julie = Edward
Adeline = James PATTLE
(1793-1845) (1775-1845)
Virginie = Samuel BEADLE
Adeline = Colin MacKENZIE
(1812-36) (1806-81)
descendance
Julia = C. H. CAMERON
(1815-79) (1795-1880)
5 fils
Julia = Charles NORMAN
5 enfants
Sara = H. Thoby PRINSEP
(1816-87) (1793-1878)
Valentine (1838-1904)
descendance
Alice = Charles GURNEY
Rachel
Laura
2 autres fils
Maria = John JACK
(1818-92) (1804-87)
Adeline = Henry Halford VAUGHAN
(1837-81) (1811-85)
Augusta (1860-1953) m. Robert CROFT
4 enfants
Margaret [Marny] (1862-1929)
William Wyamar (1865-1938) m. Margaret [Madge] Symonds (1869-1925)
Janet (n. 1899)
Halford (n. 1901)
Barbara (1903-09)
David (n. 1906)
Millicent (1866-1961) m. Vere ISHAM 11e Bt.
John (1895-1916)
Virginia (n. 1898)
Gyles (1903-76)
Emma [Crapaud] (1874-1960)
Mary = Herbert W. FISHER
(1841-1916) (1825-1903)
Florence (1863-1920) m. (1) F.W. MAITLAND (1850-1906) (2) Francis DARWIN (1848-1925)
Ermengand (1888-1966)
Fredegond (1889-1949) m. Gerald SHOVE (1887-1947)
Herbert A.L. (1865-1940) m. Lettice Ilbert
Mary (née 1913)
Arthur (1867-1902)
Emmeline (1868-1941) m. R. O. MORRIS (1886-1948)
Adeline (1870-1951) m. Ralph VAUGHAN WILLIAMS (1872-1958)
Edmund (1871-1918) m. Jane Freshfield
descendance
Hervey (1873-1921)
William (1875-1937) m. Cecilia Warre-Cornish
1 fils 2 filles
Charles (1877-1916)
Corde (1879 197 m. Ric CURI
1 fils
Sarah Emily [Minna] Duckworth (1828-1918)
George (1868-1934) m. Lady Margaret Herbert
3 fils
Stella (1869-97) m. J. W. HILLS (1867-1938)

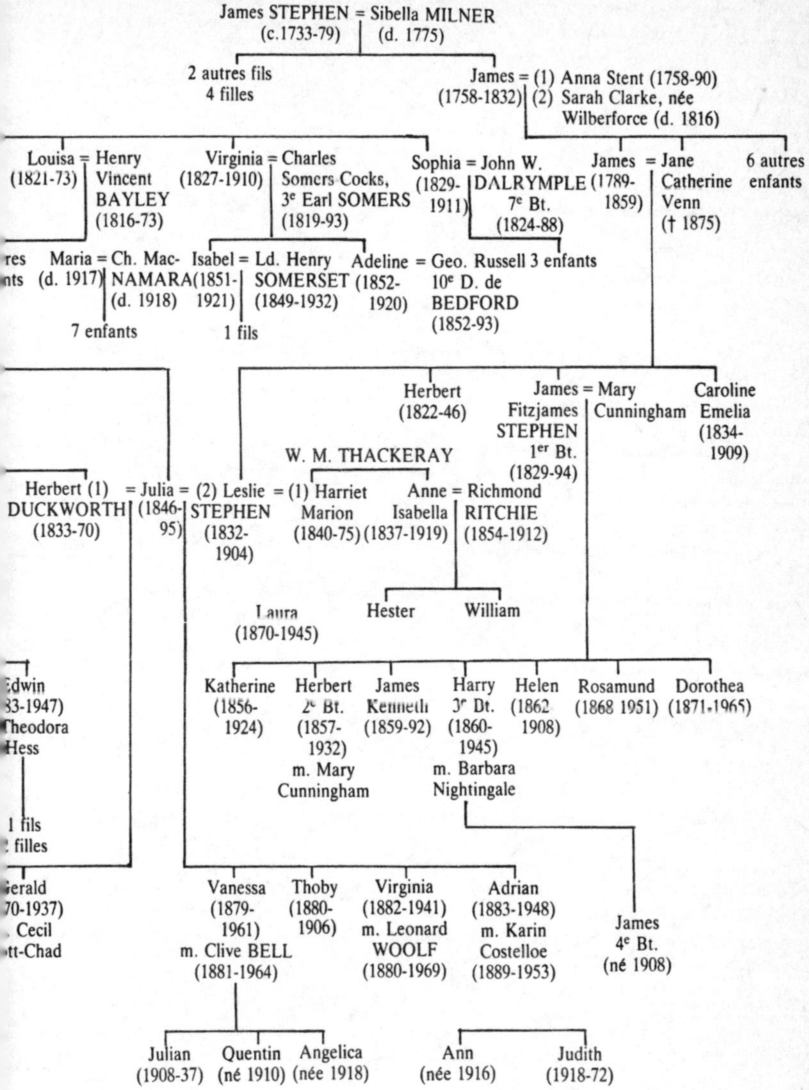
James STEPHEN = Sibella MILNER
(c.1733-79) (d. 1775)
2 autres fils
4 filles
James = (1) Anna Stent (1758-90)
(1758-1832) (2) Sarah Clarke, née Wilberforce (d. 1816)
Louisa = Henry Vincent BAYLEY
(1821-73) (1816-73)
Virginia = Charles Somers Cocks, 3e Earl SOMERS
(1827-1910) (1819-93)
Sophia = John W. DALRYMPLE 7e Bt.
(1829-1911) (1824-88)
James = Jane Catherine Venn
(1789-1859) († 1875)
6 autres enfants
res
nts
Maria = Ch. Mac-NAMARA
(d. 1917) (d. 1918)
7 enfants
Isabel = Ld. Henry SOMERSET
(1851-1921) (1849-1932)
1 fils
Adeline = Geo. Russell 10e D. de BEDFORD
(1852-1920) (1852-93)
3 enfants
Herbert
(1822-46)
James = Mary Cunningham
Fitzjames STEPHEN 1er Bt.
(1829-94)
Caroline Emelia
(1834-1909)
W. M. THACKERAY
Herbert (1) = Julia = (2) Leslie = (1) Harriet Marion
DUCKWORTH (1846-95) STEPHEN (1840-75)
(1833-70) (1832-1904)
Anne = Richmond
Isabella RITCHIE
(1837-1919) (1854-1912)
Laura
(1870-1945)
Hester
William
Katherine
(1856-1924)
Herbert
2e Bt.
(1857-1932)
m. Mary Cunningham
James Kenneth
(1859-92)
Harry
3e Bt.
(1860-1945)
m. Barbara Nightingale
Helen
(1862-1908)
Rosamund
(1868-1951)
Dorothea
(1871-1965)
Edwin
33-1947)
Theodora
Hess
1 fils
2 filles
Gerald
70-1937)
. Cecil
tt-Chad
Vanessa
(1879-1961)
m. Clive BELL
(1881-1964)
Thoby
(1880-1906)
Virginia
(1882-1941)
m. Leonard WOOLF
(1880-1969)
Adrian
(1883-1948)
m. Karin Costelloe
(1889-1953)
James
4e Bt.
(né 1908)
Julian
(1908-37)
Quentin
(né 1910)
Angelica
(née 1918)
Ann
(née 1916)
Judith
(1918-72)

Introduction de Quentin Bell

Cet ouvrage est le dernier des grands livres de Virginia Woolf à être présenté au public.

En le qualifiant de grand livre, je ne veux pas seulement signaler qu'il s'agit d'un ouvrage volumineux, d'une importance historique et biographique essentielle (cela saute aux yeux), mais aussi que, considéré dans son ensemble, il constitue un chef-d'œuvre.

Et s'il faut préciser davantage, je dirai que par ce terme de chef-d'œuvre j'entends souligner qu'il représente une réalisation littéraire égale aux *Vagues* et à la *Promenade au phare,* encore que d'un genre très différent. Il possède l'admirable précision d'écriture de ces deux romans, tout en offrant aussi ce côté direct qui ne se rencontre que dans les journaux intimes ; en fait, c'est un des grands journaux intimes de la littérature mondiale.

Donc, lorsque sortira des presses le dernier de ces volumes, l'œuvre de Virginia Woolf sera achevée ; et les critiques auront toute latitude de porter sur elle un jugement global.

D'aucuns penseront peut-être que le rédacteur de cette introduction était tout indiqué pour cette tâche et, bien plus, qu'il aurait dû commencer par justifier son affirmation qu'il s'agit là d'un chef-d'œuvre. Je n'en ferai rien. Tant qu'on ne disposera pas des cinq volumes, le lecteur ne sera pas à même d'apprécier équitablement l'œuvre de Virginia Woolf ; et on ne voit guère non plus l'utilité qu'il y aurait à discuter d'un jugement qu'on ne peut pas plus justifier que contester. Cela posé, j'atteste que j'ai donné mon opinion sincère et mûrement réfléchie.

A considérer ce journal, non plus sous l'angle artistique mais historique, une interrogation surgit : « Est-il vrai ? »

On ne saurait donner une réponse absolument nette à cette question. En matière de véracité, Virginia n'avait pas très bonne réputation. Elle passait pour malveillante, bavarde et encline à se laisser emporter par son imagination. En tout cas, un de ses amis, prévoyant la publication de la correspondance et du journal, tenta d'avertir la postérité que mieux vaudrait ne pas ajouter foi à tout ce qu'elle y racontait.

> Tôt ou tard on publiera les cahiers et les lettres de Virginia Woolf. Cela donnera un bon nombre de volumes fascinants ; des livres qui seront, comme la correspondance de Byron, à lire et à relire rien que pour le plaisir. Mais qu'au milieu de son plaisir le lecteur se souvienne, surtout s'il a des démangeaisons d'écrire des commentaires ou des biographies, que les propos de l'auteur sur les gens et leurs faits et gestes peuvent n'être parfois que des envolées d'une imagination aérienne. Je me rappelle fort bien un soir où Leonard Woolf, qui lisait à haute voix à quelques amis des extraits de ce journal, s'arrêta net. « Je suppose, dis-je, que vous venez de tomber sur un passage où elle en use un peu trop librement des travers et des ridicules d'une personne ici présente. — Oui, répondit-il, mais ce n'est pas pour cela que je me suis tu. Si je m'en vais sauter quelques pages, c'est parce qu'elles ne contiennent pas un mot de vrai *. »

On aimerait savoir quel est le passage ainsi censuré par Leonard Woolf. Pour moi, je ne pense pas qu'il existe dans ce journal de pages essentielles dont on

* Clive Bell : *Old Friends : Personnal Recollections* (« Vieux Amis : Souvenirs personnels »), 1956.

puisse dire qu'elles ne contiennent pas un mot de vrai. On y trouve beaucoup de potins sujets à caution, beaucoup d'exagérations, beaucoup d'à-peu-près, et parfois peut-être un peu de fantaisie pure. Cela est d'ailleurs plus vrai de la correspondance que du journal. Dans ses lettres, il est certain que Virginia invente ; parfois elle le fait pour amuser, sachant très bien que son correspondant ne la croira pas. Dans son journal, elle ne cherche pas à divertir, et de telles envolées sont rares. Ses appréciations sur les gens sont assurément récusables ou, autrement dit, elle n'est sincère que vis-à-vis de son humeur du moment où elle écrit ; et, quand cette humeur change, il lui arrive souvent de se contredire, de sorte que lorsqu'elle écrit beaucoup sur quelqu'un nous nous retrouvons fréquemment avec un jugement qui oscille entre deux extrêmes. Mais si elle est partiale, mal renseignée ou négligente, jamais elle ne raconte sciemment de mensonge, pas plus à elle-même qu'à un lecteur éventuel. La personne qui a préparé le texte pour la publication a eu souvent l'occasion de la reprendre sur des points de détail, mais n'a jamais, je crois, découvert d'exemple de complète supercherie.

En définitive, on peut affirmer que l'on trouvera dans ces pages une image fidèle de Virginia Woolf, en même temps qu'une description exacte et, à bien des égards, extraordinairement pénétrante de ses amis et de sa famille, de sa vie et de son époque.

Fort de cette assurance, le lecteur en puissance est en droit d'exiger aussi, à tout le moins, une introduction qui lui apporte les indications nécessaires à la compréhension du texte. En fait il lui faut disposer de certaines données, implicites pour l'auteur du journal qui, écrivant pour soi, n'avait nul besoin de les mentionner. Un simple exposé, aussi succinct que possible, de la vie de Virginia et de Leonard Woolf jusqu'à l'époque où débute le journal, complété de quelques aperçus du milieu social dans lequel évoluait Virginia, devrait suffire.

Leslie Stephen, écrivain d'une certaine notoriété,

s'était marié deux fois. Sa première femme lui avait donné une fille, Laura, qui était simple d'esprit. De sa seconde femme, née Julia Jackson, il eut quatre enfants : Vanessa, Thoby, Virginia et Adrian. Mais avant de devenir Julia Stephen, Julia Jackson avait été Julia Duckworth, et de cette première union elle avait eu deux garçons et une fille : George, Stella et Gerald.

Tous les enfants, y compris Laura (que l'on devait plus tard confier à un asile psychiatrique), vivaient au 22 Hyde Park Gate, Kensington ; et l'été à Talland House, St Ives, Cornouailles, lieu qui resta pour Virginia, tout au long de sa vie, une source de souvenirs nostalgiques.

Dès la salle de jeux, Virginia avait décidé de devenir écrivain, tout comme sa sœur Vanessa avait résolu d'être peintre. Elle passa une bonne part de son enfance, qui, semble-t-il, fut une enfance très protégée et très heureuse, à écrire pour son plaisir, pour s'amuser.

En mai 1894, Julia Stephen mourut, emportant avec elle la sécurité et presque toute la joie. Le choc fut tel pour Virginia qu'elle en perdit la raison. Elle s'était à peine remise de cette première crise de folie que mourut Stella, sa demi-sœur. Puis survint une tragédie d'un autre genre. Jack Hills, le veuf de Stella, entreprit alors de faire une cour aussi inconséquente que passionnée à Vanessa qui, étant la sœur de sa défunte épouse, lui était taboue aux yeux de la loi. Pendant ce temps, le chef de cette triste maisonnée devenait de plus en plus bizarre, irritable et sourd. Quant à Virginia, elle était d'une timidité presque pathologique ; elle avait la langue acérée, mais possédait aussi ces qualités qui lui valurent et lui conservèrent longtemps l'amitié de femmes intelligentes, telles que Madge Vaughan, fille de John Addington Symonds, l'helléniste Janet Case, Lady Robert Cecil et par-dessus tout Violet Dickinson, femme d'une forte personnalité qui joua auprès de cette jeune fille capricieuse et compliquée le double rôle de mère et — au sens purement sentimental du terme — d'amoureuse. Lorsque, en 1904, Sir Leslie (qui avait été anobli en 1902) mourut d'un cancer, Virginia eut une nouvelle crise de folie, et ce fut surtout Violet qui se dévoua à la malade.

La guérison de Virginia parut inaugurer des jours meilleurs. Vanessa installa pour ses frères et sœurs un nouveau foyer au 46 Gordon Square, Bloomsbury, quartier plus gai que le 22 Hyde Park Gate et beaucoup plus propice à la vie plus libre que les enfants Stephen aspiraient désormais à mener. Thoby, le frère de Virginia, entraîna à Gordon Square ses amis de Cambridge, et notamment Saxon Sydney-Turner, Lytton Strachey et Clive Bell. Virginia se montra d'abord très réticente à l'égard de ces jeunes gens, mais apprit bientôt à tirer plaisir d'entretiens d'un genre tout nouveau pour elle. Si elle n'avait reçu aucune formation scolaire, son père lui avait ouvert sa bibliothèque — elle était une lectrice vorace — et dispensé d'excellents conseils. Cambridge, venu pour ainsi dire à Bloomsbury, lui apporta la formation dialectique dont elle s'était sentie privée. En même temps, elle poursuivait sa propre éducation d'écrivain en rédigeant des notes de lecture.

Puis, une fois de plus, le destin malmena la famille Stephen. En 1906, après un voyage en Grèce, Thoby et Vanessa tombèrent malades. Thoby mourut (le 20 novembre 1906). Virginia n'eut pas seulement à déplorer la perte d'un frère très cher et très admiré, mais il lui sembla perdre aussi une sœur, car Vanessa épousa alors Clive Bell. Elle eut l'impression d'être trahie : sa sœur était la personne qui comptait le plus dans sa vie ; elle ne jugeait pas Clive digne du bonheur qui lui était échu.

Les années qui suivirent ne furent pas toutes malheureuses, mais apportèrent de nombreux déboires. Virginia s'installa dans un autre square de Bloomsbury, avec Adrian, le frère qui lui restait. Ils ne vécurent pas dans l'harmonie. Mue par ce qui n'était pas loin d'être un désir de revanche, Virginia s'embarqua avec Clive dans un flirt qui fit scandale, mais sans guère apporter autre chose que du chagrin aux personnes en cause. Les hommes acquirent un nouvel intérêt aux yeux de Virginia. Elle trouva le temps d'autres intrigues, et fut fiancée un bref instant à Lytton Strachey. En 1906, elle entreprit d'écrire un roman qui devait devenir *La Traversée des apparences.*

En 1910, elle eut une nouvelle dépression nerveuse. Cela lui valut de se lier d'amitié avec Miss Jean Thomas, qui dirigeait la clinique où on l'hospitalisa. En 1911, elle déménagea encore une fois, sans cependant quitter Bloomsbury ; avec Adrian, elle organisa une sorte de communauté (ce qui passait alors pour scandaleux). Les deux autres membres étaient des amis relativement récents : Duncan Grant et Maynard Keynes ; en décembre 1911, Leonard Woolf se joignit à eux.

Leonard Woolf était né en 1880 ; il appartenait à une famille nombreuse, d'origine juive ; son père, Sydney Woolf, avocat, conseiller de la Reine, était capable, travailleur et prospère, mais pas assez riche, toutefois, pour laisser aux siens une grosse fortune lorsqu'il mourut brutalement, dans la force de l'âge, laissant une veuve et neuf enfants. Les Woolf réagirent à cette catastrophe avec le courage ingénieux, propre à leur race. Les enfants purent malgré tout bénéficier d'une solide éducation. Trois d'entre eux, dont Leonard, obtinrent une bourse pour Cambridge, et c'est là que ce dernier contracta les amitiés qui devaient déterminer l'orientation de sa vie.

Fondée au début du siècle, la *Cambridge Converzatione Society,* dont les membres étaient connus sous l'appellation d' « Apôtres », avait, en son temps, enrôlé nombre des plus brillants étudiants de l'université, ou plutôt les plus doués, car le terme « brillant », avec son relent de superficiel, inspirait, je crois, quelque méfiance aux Apôtres. L'Apôtre idéal, tout en possédant une intelligence remarquable, devait, en effet, être avant tout sérieux et d'une intégrité féroce ; une certaine sauvagerie ne lui nuisait pas, et en fait, c'était un prude. Leonard incarnait presque cet idéal, et Cambridge resta toujours à ses yeux son foyer spirituel — et la pureté apostolique, le but à quoi devait tendre tout intellectuel.

A cet époque, la Société des Apôtres pouvait passer pour une sorte de franc-maçonnerie de l'intelligence. Son existence était censée rester secrète ; elle s'entourait de formules, de cérémonies, d'allusions et d'un jargon inaccessibles aux profanes, s'exposant ainsi au ridicule. Les condisciples de Leonard qui n'en faisaient pas partie se gaussaient du mystère et du cérémonial dont elle s'entourait ; ils se délectaient d'histoires de ravissants nigauds introduits en son sein par Lytton Strachey. Derrière leur censure, il y avait une certaine envie, l'envie de celui que ses pairs ont écarté pour insuffisance. Virginia comptait plusieurs amis qui n'avaient jamais surmonté leur dépit de n'avoir pas été Apôtre. En revanche, lorsque Leonard arriva à Trinity, conscient, à coup sûr de ces capacités intellectuelles, mais sachant aussi que certaines barrières à peine visibles, mais appréciables encore, continuaient à interdire l'accès de la société anglaise aux gens de sa race, ne dut pas manquer de trouver dans son admission au sein d'une association puissante qui était, sur le plan moral aussi bien qu'intellectuel, au-dessus des conventions et des préjugés de l'époque, un encouragement et une confirmation.

Quand en 1904, ses études terminées, Leonard se retrouva sans fortune, sans diplôme très marquant et sans autre perspective que de partir pour Ceylan, au titre de fonctionnaire stagiaire, il avait assurément besoin de ce réconfort. Tomber de l'atmosphère éthérée de Trinity pour atterrir dans la solitude de la jungle et les bruyantes agapes du Club de l'Homme blanc représentait une triste transition. Toutefois, Leonard était d'une étoffe singulièrement résistante : non seulement il parvint à survivre, mais il prospéra et gravit les échelons de sa carrière. Lorsqu'en 1911 il revint en Angleterre pour un congé, il était clair qu'un grand avenir l'attendait dans l'administration coloniale. Il décida d'y renoncer, de rester en Angleterre et d'épouser Virginia.

Ce programme, il lui fallut du courage pour le mener à bien. Il avait à traiter non seulement avec le ministère, mais avec Virginia ; et alors que le premier tenait beaucoup à le garder, la seconde était à demi tentée de le laisser partir.

Après une période de longue et torturante hésitation, Virginia consentit enfin à épouser Leonard le 10 août 1912, et leur union, malgré le manque d'enthousiasme de Virginia pour les plaisirs charnels, fut à la fois heureuse et durable. Dès le début, ou presque, elle connut de dures épreuves, car, au bout d'un an, Virginia, pour la troisième fois, traversa une crise de folie. En septembre 1913, elle tenta de mettre fin à ses jours. La guérison de cet accès de folie fut d'une longueur pénible. Longtemps l'état de la malade nécessita une surveillance de jour et de nuit, longtemps, elle essaya de se laisser mourir d'inanition. Il fallut attendre l'automne 1914 pour la voir reprendre une existence à peu près normale.

Les Woolf avaient découvert dans un vallon des collines du Sussex une maison du nom d'Asheham, et ce fut là que Virginia passa sa convalescence. Pour elle, elle aurait certainement préféré rentrer à Londres ; et quant à Leonard, qui se consacrait de plus en plus à la politique, s'il avait besoin de la proximité de la capitale, il en redoutait les effets sur la santé de Virginia. Ils trouvèrent un compromis en s'installant à Richmond qui n'était qu'à une demi-heure de train de Londres, et, là, Virginia commença à tenir son journal.

« Moi, Virginia Woolf, je suis une dame de la haute société. » A ma connaissance, jamais Virginia ne prononça ni n'écrivit ces mots, et pourtant je ne crois pas qu'elle eût refusé de reconnaître que cette expression, pourvu qu'on sache la déchiffrer correctement, correspond bien à une des idées qu'elle se faisait en écrivant son journal ; et c'est une idée que nous ne devons pas perdre de vue, même si Virginia ne l'a peut-être jamais formulée. La difficulté vient de ce qu'il ne nous est guère possible de savoir ce que ces mots signifient quand on les met dans la bouche d'une personne née en 1882, élevée à Kensington, prête, à vingt-sept ans, à envisager le mariage avec un sodomite avoué ; et capable, à trente, d'échanger le nom de Stephen contre celui de Woolf. La position sociale de Virginia était d'une extraordinaire complexité, et ce serait peine perdue que de vouloir la cerner exactement. Néanmoins, une tentative en ce sens pourrait apporter une aide au lecteur, et elle s'impose.

Bien des personnes, sollicitées de décrire le milieu social de Virginia, se contenteraient d'un seul mot : « Bloomsbury ». Mais ce mot si libéralement qu'on puisse l'interpréter — et il comporte en effet bien des significations — ne peut à lui seul dépeindre la diversité des groupes auxquels Virginia était mêlée ; et, bien entendu, la réponse ne tient pas compte de cette évidence que Virginia était un être social très solidement lié à un entourage longtemps avant la naissance de Bloomsbury.

Ses parents appartenaient à la grande bourgeoisie. Les gens comme eux travaillaient pour vivre, mais ne travaillaient pas de leurs mains. Ils n'appartenaient ni à la « classe des loisirs » ni à la classe dirigeante héréditaire ; ils n'étaient ni propriétaires terriens ni industriels, et ne s'adonnaient pas davantage au négoce. Ils exerçaient une profession libérale ; ils étaient hommes de loi, administrateurs civils, professeurs de faculté, hommes de lettres, parfois médecins ou hommes d'Eglise ; leur culture était presque exclusivement littéraire, ils ne s'intéressaient que très peu aux autres arts, et pour ainsi dire pas à la musique ni au théâtre. Dans cette classe, la réussite était le fruit de l'intelligence et d'un travail acharné. L'éducation des fils constituait une question fort importante. On les envoyait dans des écoles « bien », puis à Oxford ou à Cambridge, d'où on les poussait ensuite dans quelque carrière juridique, littéraire ou administrative, qui assez souvent les entraînait aux Indes. A leur retour des Indes, ils s'installaient dans un quartier que l'on peut, en gros, appeler Kensington. Là, ils vivaient dans de hautes et sombres maisons bourrées de meubles, aux murs desquelles étaient accrochés de grands tableaux sombres dans de lourds cadres dorés. Ils employaient un très grand nombre de domestiques.

L'éducation des filles s'inspirait d'un modèle beaucoup moins nettement défini que celui de leurs frères. D'un côté, on leur inculquait les arts d'agrément, de l'autre, on tendait de plus en plus à leur donner une formation plus sérieuse. Il existait des écoles où l'on dispensait un peu plus que les connaissances rudimentaires : français, dessin, musique et maintien, qui étaient le domaine d'une vaste et besogneuse armée de gouvernantes. En 1870 les universités avaient entrouvert leurs portes pour permettre à une jeune personne intelligente de s'y glisser, quand bien même elle portait tournure. La génération de Virginia devait voir les premiers résultats de cette invasion, la brillante et vaillante cohorte des étudiantes d'Oxford et de Cambridge. Mais le fait que Virginia, pas plus que sa sœur ou sa demi-sœur, n'ait reçu la moindre éducation systématique n'avait rien d'étrange. Une dame était un animal domestique au sens élevé du terme ; elle devait se dévouer à son foyer et à sa famille, jouer son rôle de fille docile, de demoiselle de compagnie gratuite, d'infirmière amateur ; être, en fait, une sorte de domestique supérieure. Le mariage était la grande aspiration de sa jeunesse, il lui permettrait d'échapper à la tyrannie du foyer et d'échanger une forme de servitude inférieure contre une autre plus élevée. C'était une transaction à laquelle, elle, du moins, devait contribuer par l'apport de sa pureté, terme au sens imprécis mais d'une énorme importance dans la bourgeoisie victorienne. Une fois mariées, les jeunes filles se trouvaient enceintes à répétition. Les vastes nichées ainsi engendrées, la profonde solidarité familiale, renforcée par la forte mortalité résultant des maladies et de la médecine qui sévissaient au XIXe siècle, le fait que les survivants tendaient naturellement à user du même système d'éducation que leurs parents et qu'ils avaient en général les capacités requises pour s'élever assez haut dans ce qui était devenu des professions « familiales », tout cela aboutissait à mettre exclusivement entre les mains d'un nombre restreint de familles certaines branches de l'administration. Lorsqu'on étudie l'histoire de cette classe au cours de cette période, on découvre vite un réseau complexe de relations familiales ; les ramifications semblent infinies, et il ressort que tout le monde connaissait tout le monde ou y était apparenté, ou du moins avait fréquenté l'université ensemble.

Pour imaginer à quoi ressemblait une réunion d'amis chez Mr et Mrs Leslie Stephen, il faut revenir un siècle en arrière. L'image est confuse et brouillée. On peut vraisemblablement situer la réception dans une vaste maison construite vers 1850, ou même plus tôt ; les gens d'alors remaniaient les maisons, mais n'en construisaient pas, et ne se sentaient pas à l'aise dans le modernisme. Les décorations devaient être discrètes : rideaux d'un rouge profond, mis en valeur par du bronze brunâtre ; meubles noirs bien cirés, rehaussés de filets d'or. Dans une alcôve garnie de tentures un buste en marbre de Marocchetti, Watts témoignant du Titien, dans un lourd cadre de stuc et d'or ; une grande photographie de la Madone d'Ansidei sur lit de velours pourpre, sous verre et encadrée d'or et de bois noir laqué ; nombreuses petites photographies de messieurs à l'air résolus et au poil abondant, de dames aux beaux yeux et aux épaules nues, et partout des livres, objets de respect gainés de cuir ou au moins de toile.

Si l'on essaye de peupler cette scène, les séduisantes images de Du Maurier viennent trop facilement à l'esprit tant ses personnages sont familiers : grands Adonis guerriers de salle de bal, diplomates, professeurs, évêques, membre de l'Académie royale, les cuistres plus cuistres que nature, l'abondant essaim de beautés. La tentation est d'autant plus grande que Du Maurier faisait de fréquentes apparitions à Hyde Park Gate et pourrait fort bien avoir trouvé certains de ses modèles dans le salon de Julia Stephen — non pas les diplomates, acteurs, évêques, officiers de la garde et cuistres — mais les intellectuels, les beautés de la famille, et Leslie lui-même. On peut tous les retrouver dans les pages du *Punch* qui tendait effectivement un miroir flatteur à leur classe. Mais c'est un miroir par trop flatteur ; le crayon de Du Maurier embellit ou caricature. Et, par ailleurs, l'image des « Cimabue-Brown » ne ressemblait en rien non plus aux réalités que Virginia avait pu connaître dans sa jeunesse. Du côté maternel ses tantes se piquaient en effet d'esthétisme ; elles ne suivaient pas de près les modes du jour ; mais les plumes de paon et les tournesols des esthètes de Du Maurier, s'ils existaient dans le réel, ne se rencontraient pas à Hyde Park Gate. Quant aux dames Stephen, je soupçonne que l'élégance n'était pas leur fait.

Quand le mouvement esthétique des années 1880-1890 commença de s'imposer, les parents de Virginia étaient trop âgés pour y prêter attention. L'esprit, l'éclat, la perversité et le mysticisme fin de siècle passèrent à côté d'eux ; ils représentaient un milieu social très différent. C'est surtout vrai de Leslie qui s'était remarié relativement tard dans la vie, et restait tourné vers le passé, vers les idées sociales et intellectuelles en vigueur vers la moitié du siècle.

Considérés globalement les invités des Stephen auraient paru respectables plutôt que distingués. Il serait trop difficile de les considérer autrement. En offrir un catalogue paraîtrait assurément fastidieux, mais j'en citerai deux qui peuvent former contraste. Fitzjames Stephen, le frère aîné de Leslie, corpulent, solide, serré dans une redingote boutonnée haut, et armé d'un intellect sans faille, peut passer pour le représentant le plus remarquable de la famille Stephen. C'était une famille qui, en un siècle, à partir d'origines plus que modestes, avait réussi à s'élever jusqu'à des positions influentes dans l'administration judiciaire de l'Angleterre et de l'Australie. Ce Fitzjames, on le savait magistrat redoutable dans les contre-interrogatoires, et terrible lorsqu'il requérait à titre de procureur. Ce théoricien du droit et de la politique était de surcroît homme de lettres et, en cela, au moins, rejoignait Anne Thackeray Ritchie. C'était la fille aînée du romancier ; sa sœur Minnie avait été la première femme de Leslie et, quant à elle, elle avait écrit de nombreux romans à l'aura de douceur, de légèreté et de flou intellectuel (Virginia a tracé son portrait dans *Nuit et Jour,* sous les traits de Mrs Hilbery). Dans la conversation, elle était vague, charmante, optimiste jusqu'à l'absurdité, et vraiment irrésistible tant elle apportait de gaieté à ses enthousiasmes. Elle connaissait « tout le monde » dans l'univers des lettres, et retrouvait exactement les qualités qu'elle prisait chez les filles ravissantes, bienveillantes, impétueuses et impérieuses de James Pattle, l'arrière-grand-père de Virginia, qui, ayant chacune une famille nombreuse, formaient une bonne tranche de la société où évoluaient les Stephen. Virginia possédait sept cousins germains du côté des Stephen et seize du côté des Pattle. Dans cette parenté maternelle, on remarque la comtesse Somers, ex-Virginia Pattle, la plus belle des sœurs du même nom, ces « marbres d'Elgin aux yeux noirs », comme les surnommait Ruskin. Lady Somers avait déserté sa classe pour épouser un aristocrate ; elle maria également ses filles à des fils de ducs, contribuant ainsi à définir les limites de ce qui était par ailleurs un groupe nettement bourgeois.

Pour un groupe de la société victorienne, celui que formaient les Stephen avec leurs amis et parents n'était pas très compact. Mais s'ils se mouvaient avec aisance dans un vaste champ de relations, il y avait tout de même des frontières. Il est probable que la duchesse de Bedford, fille de Lady Somers, aurait été légèrement déplacée dans une soirée au 22 Hyde Park Gate ; un peu trop « bien », on l'imagine, pour cette compagnie. Lady Henry Somerset, sa sœur, qui, bien qu'innocente, avait été au centre d'un scandale de mœurs, offrait un problème mondain beaucoup plus grave, car bien des personnes de son propre milieu refusaient de lui adresser la parole. A l'autre extrémité du groupe, une des nièces de Julia Stephen avait épousé un fils de fermier qui, lui aussi, aurait été difficile à inclure dans une soirée de Kensington.

Mais c'était là des extrêmes, entre lesquels, comme je

l'ai dit, il n'y avait pas de barrières notables. Le vaste contingent Stephen différait, mais pas radicalement, de Mrs Ritchie et de ses nombreuses relations. Ils appartenaient tous à la bourgeoisie, ils étaient tous très cultivés. Tous les Stephen écrivaient des livres, ainsi que nombre de leurs amis. Meredith, Henry James, J. R. Lowell (parrain de Virginia) étaient des visiteurs assidus de Hyde Park Gate et de Talland House, St Ives, et ils leur arrivaient d'y rencontrer Thomas Hardy, Gosse, Froude ainsi que bien d'autres hommes de lettres victoriens dont les noms sont tombés dans l'oubli. Les Stephen s'occupaient peu de politique, bien que dans sa jeunesse Leslie eût été un fervent partisan de Henry Fawcett ; John Morley restait un ami très proche, mais Morley s'intéressait autant à la littérature qu'au parti libéral. Même Charles Booth, leur seul lien avec l'industrie, était l'auteur d'ouvrages sur la question sociale. La branche Pattle apportait avec elle un intérêt pour les beaux-arts, dont les Stephen ignoraient tout. Watt et Val Prinsep (cousin de Julia Stephen), les Holman Hunt, les Burne-Jones étaient des amis assez intimes.

Aux dimanches après-midi de Mrs Stephen, qui étaient de petites réunions sans prétention, on n'aurait guère trouvé de visiteurs imperméables à une citation du Dr Johnson, de Shelley ou de La Rochefoucauld ; mais il y en avait encore moins qui eussent jamais entendu le nom d'un peintre impressionniste.

D'après nos normes actuelles, nous jugerions leurs manières solennelles. « Damnation ! » représentait l'exclamation la plus énergique qu'on pût se permettre dans une compagnie incluant des femmes. Les passages les plus grossiers de Swift et de Sterne devaient être parfaitement familiers à Leslie Stephen, mais il aurait été aussi incapable de les citer que de faire allusion à une visite aux toilettes. Lui, qui était prêt à mener une rébellion contre Dieu, lui que les innovations politiques n'auraient pas effrayé, acceptait si totalement les conventions et interdits de son époque qu'il les aurait volontiers considérés comme des lois de la nature. En cela il n'avait rien d'exceptionnel, il était simplement un peu démodé ; car ce fut bien dans une ambiance de sérieux et de maturité que grandit Virginia, et cela amplifia sans nul doute la distance qu'elle devait découvrir plus tard entre elle et la génération de ses parents. Mais même si l'on tient compte de cette distorsion, la différence entre Kensington — et sous ce terme nous pouvons inclure la grande majorité des contemporains de Virginia — et Bloomsbury est immense. Les manières, les convictions, le langage du Bloomsbury de 1910 ne seraient pas déplacés dans notre société permissive ; s'il y a évidemment des différences, elles ne sont jamais radicales. Ou, en d'autres termes, le Kensington de 1890 n'aurait pas été plus horrifié par nous qu'il ne l'était par le Bloomsbury de 1910. S'il est possible d'assigner une date à pareille mutation, on peut dire que c'est en cette même année que le monde moderne, considéré comme une entité morale, sociale et esthétique a été créé, encore que créé dans un cercle très restreint.

Le déménagement de Kensington à Bloomsbury fut un déplacement sociologique autant que géographique. Il représentait le passage d'une « bonne » adresse à une médiocre, de la bienséance à l'hétérodoxie sociale. Je ne doute pas que l'initiative de cet exode ne soit venue de Vanessa ; elle avait toujours été l'ennemie des convenances. Au 46 Gordon Square, dans une maisonnée jeune et non chaperonnée, elle espérait connaître la liberté. Son espoir se réalisa.

Au début en tout cas, les libertés que se permirent les enfants Stephen et leurs amis n'eurent rien de bien scandaleux. Aujourd'hui, bien sûr, on n'y verrait aucun mal. Mais presque d'emblée elles suscitèrent un murmure de désapprobation choquée. Ces petites Stephen ne cultivaient plus les arts d'agrément, elles ne s'habillaient plus ni ne se comportaient avec décorum. Leurs jours se passaient à leur table à écrire ou à leur chevalet, elles négligeaient presque complètement le cérémonial du thé, des cartons qu'on dépose ; elle ne faisaient plus de visites et ne se changeaient plus pour le dîner. Les obligations familiales étaient négligées, les invitations mondaines oubliées ; non seulement il n'y avait pas de chaperons, pas de conversations futiles, mais il se présentait des dangers graves et positifs sous forme de jeunes gens parfaitement inépousables, et d'entretiens sur des sujets tout à fait inconvenants. Des peintres de réputation douteuse et leurs compagnes plus suspectes encore étaient reçus dans le salon de Vanessa ; et puis, alors que la dernière décennie du siècle touchait à sa fin, des nouvelles de nature plus horrifiante commencèrent à circuler. Les mots grossiers, les sujets de conversation les plus innommables, une conduite complètement dépravée étaient, disait-on, monnaie courante au 46 Gordon Square. Et nul ne s'étonna quand ces jeunes iconoclastes jouèrent un tour pendable à la Royal Navy, prétendirent admirer les barbouillages de Cézanne et tournèrent en dérision les sentiments patriotiques d'une nation en guerre. Ces derniers événements furent naturellement plus tardifs, mais Kensington fut presque d'emblée convaincu que les jeunes Stephen avaient oublié leur éducation ; et pour exprimer leur ressentiment d'aucuns usèrent de la forme d'ostracisme la plus directe qu'ils connussent : s'abstenir de les saluer.

Pour Vanessa, ce fut la récompense suprême. Cela signifiait pour elle l'abandon de toute comédie mondaine. A ses yeux rien ne défendait l'ancien mode de vie dans lequel elles avaient été élevées. Il était gourmé, ennuyeux, pompeux et limité ; les mots d'esprit y rivalisaient de lourdeur avec l'ameublement, et la liste des sujets interdits à une jeune fille était encore plus longue et plus accablante que celle de ses devoirs. Excédée des manières de son milieu, révoltée par sa moralité, elle était prête à rejeter jusqu'aux valeurs esthétiques adoptées par la tribu, découvrant dans l'admiration courante pour Watt et les préraphaélites les enthousiasmes vulgaires et la dangereuse sentimentalité d'une époque révolue.

Virginia était d'accord avec elle, mais pas totalement. Elle mit beaucoup plus de temps à rompre avec Kensington ; en fait, chez elle, la cassure ne fut jamais totale. Elle était plus attachée que Vanessa au souvenir de son père, plus encline à rechercher ce que comportait de bon l'*ethos* de leur jeunesse. Elle exerçait un art moins spectaculaire en ses révolutions que l'art de la peinture. Henry James et Meredith ne s'éliminaient pas aussi facilement que les divinités du panthéon de Ruskin, et sur ce point elle ne pouvait faire appel, comme Vanessa, à une puissante tradition révolutionnaire.

De plus, il lui semblait, je crois, que le formalisme et les contraintes de Kensington étaient défendables. Le culte de la famille pouvait entraîner des excès, mais il n'était pas entièrement nocif. Il y avait une incontestable vertu dans la solidarité aveugle du clan. La dévotion des Stephen à la vérité et à la clarté revêtait parfois une forme juridique aride, mais elle ne manquait pas d'une austère beauté ; le caractère proconsulaire de la famille comportait également un côté admirable et romantique.

Et, quant au culte de ces vestales de l'urne du thé, il avait sa beauté, lui aussi, voire son héroïsme. Le long ennui d'une vie consacrée à la courtoisie, l'incessant effort de politesse pour panser les vanités blessées, calmer, assurer le confort des visiteurs — généralement masculins, qui avaient l'arrogance de considérer comme toutes naturelles ces attentions — pouvaient être futiles, mais ils étaient aussi touchants. Virginia se réjouissait d'avoir enfin réussi à assassiner l' « ange du foyer » ; son art ne laissait pas de place à ce rôle édifiant. Mais en même temps elle se félicitait de ce qu'on lui eût inculqué de bonnes manières ainsi qu'à Vanessa.

Kensington se présentait comme une région d'où elle pouvait de temps à autre effectuer des incursions sur un autre territoire qu'il faut sans doute appeler « Mayfair ». Elle ne semble pas avoir jamais recherché ni même ambitionné la fréquentation de son aristocratique parenté, mais, par l'entremise de Violet Dickinson, qu'elle aimait, et de Kitty Maxse, qu'elle n'aimait pas, elle en vint à rencontrer la marquise de Bath et ses deux filles, Lady Beatrice Thynne et Lady Cromer, ainsi que certains de leurs amis et parents ; et là, parmi des gens qui n'avaient pas besoin de s'imposer socialement, qui étaient au-dessus de ces prétentions à la distinction propres à Kensington, elle fut à même de jouir d'une atmosphère plus libre, moins compassée. Cette société-là favorisait l'épanouissement de l'excentricité et se permettait une rafraîchissante sincérité. En dehors de Violet Dickinson, Virginia y recherchait surtout la compagnie de Lady Robert Cecil, qui s'adonnait avec passion à l'art d'écrire.

En fait, Virginia avait une collection d'amis très éclectique, car à Bloomsbury, à Kensington et à Mayfair s'ajoutaient plusieurs figures intermédiaires, quasi inclassables. Telles Janet Case, qui lui avait enseigné le grec avant de devenir une amie fidèle, Miss Sheepshanks qui l'avait enrôlée à Morley College pour y faire un cours destiné aux travailleurs des deux sexes, Hilton Young, fils d'un vieil ami de Leslie, mais plus qu'à demi contaminé par les hétérodoxies de sa génération, et, par-dessus tout, Lady Ottoline Morrell qui vivait dans un cercle aussi varié que celui de Virginia. Tout en étant certes très différente des Cecil et des Thynne, elle partageait plus ou moins leur mépris pour les menues conventions sociales et, comme eux, était capable des comportements les plus insolites, mais sans jamais se départir d'une extrême dignité et même d'une grandeur que l'on peut à juste titre qualifier d'aristocratique. Ottoline évoluait dans de nombreux milieux et, un temps, exerça son influence à Bloomsbury. Elle le rendit plus mondain ou, pour reprendre les termes de Virginia, « l'emplit de lustre et d'illusions ».

La tendance exactement inverse était représentée par un groupe plus jeune qu'on pourrait qualifier de seconde génération de Bloomsbury, car il dérivait aussi, pour une bonne part, de la bourgeoisie intellectuelle et de Cambridge. Rupert Brooke, Ka Cox, Frances Darwin, Jacques Raverat ; Brynhild, Margery, Daphné et Noel Olivier partageaient bien des goûts et des idées de la génération de Virginia, mais, s'ils s'intéressaient beaucoup moins à l'éthique de George E. Moore et aux post-impressionnistes, ils se préoccupaient davantage de politique, étaient plus énergiques, plus extériorisés. Ces néo-païens se plaisaient aux exercices physiques, aux simples joies de la campagne, et à la poésie. Ils étaient groupés autour de Rupert Brooke et, quand celui-ci partit pour la guerre et mourut au début de la campagne des Dardanelles, le néo-paganisme parut mourir aussi. Mais plusieurs de ses représentants et notamment Ka Cox, qui avait soigné Virginia lors de sa crise de folie, restèrent liés d'amitié.

Ainsi le cercle où pénétra Leonard en épousant Virginia était des plus hétérogènes. Bien des amis de Virginia étaient déjà les siens ; il avait appartenu au noyau originel d'où était sorti Bloomsbury. Mais à son retour de Ceylan, il trouva une société différente, une société où la peinture comptait autant qu'elle avait été négligée à Cambridge, où Clive Bell jouait un rôle de pivot de plus en plus important ; et qui s'était accrue de Roger Fry et de Duncan Grant. Quant à Leonard même, il dut présenter sa femme aux Woolf. Virginia les trouva tous étranges et exotiques. Comme ils jouèrent un rôle important dans sa vie, il nous faut parler d'eux, mais c'est un sujet délicat pour quelqu'un du dehors. A en croire Virginia, ils avaient peu d'amis, peu qu'elle connût, du moins. Les nombreux frères et sœurs étaient dominés par la mère, femme capable d'héroïsme, mais qui passait généralement pour craintive et sentimentale, qui exigeait sans cesse de ses enfants des preuves d'affection ; et en obtenait, je crois. Leonard, qui était un vrai rebelle, résolu à s'évader de cette matriarchie, n'en était pas moins scrupuleux dans l'accomplissement de ce qu'il jugeait ses devoirs filiaux — trop, même, aux yeux de Virginia — et les exigences des Woolf (de même que celles de la famille de Virginia) étaient une cause de friction pour le couple.

> Leonard Woolf... est le gendre de notre vieil ami Leslie Stephen, puisqu'il a épousé Virginia. Je n'ai jamais eu le moindre échange avec lui... c'est un

> Allemand pervers, à demi barbare, qui a violemment pris parti pour le bolchevisme et pour l'*Ulysse* de Mr James Joyce, ainsi que pour « la grande émancipation sexuelle » et toutes les affreuses lubies de l'époque. Inutile pour nous de lutter contre un tel personnage. Il ne ferait que redoubler de sarcasmes et de railleries. Ce qu'il déteste chez R. L. S. [Robert Louis Stevenson], c'est précisément ce que nous aimons : le raffinement, la délicatesse, la beauté. On ne discute pas avec un homme comme lui. On ne peut que se taire sur le moment et, à la prochaine occasion qui se présentera, répéter une fois de plus que R. L. S. fut un grand écrivain et une belle âme.

Ainsi en écrivait Gosse à Sidney Colvin en 1924. Sa lettre met nettement en évidence la différence qui sépare deux générations d'écrivains, mais elle a un autre intérêt encore, qui lui vient de contenir tant d'informations erronées. C'est d'autant plus remarquable qu'en 1924 le poids de Bloomsbury avait commencé de se faire sentir dans la république des lettres et ailleurs. Dix ans plus tôt pareille ignorance eût été naturelle, car à cette époque, celle où commence ce journal, Bloomsbury était quasiment inexistant. E. M. Forster était le seul écrivain du groupe à avoir acquis quelque réputation, et encore se tenait-il aux lisières de Bloomsbury. Lytton Strachey, tout comme Virginia, avait écrit des notes de lecture ; le seul livre à son actif était un guide de la littérature française, utile, certes, mais qui n'avait guère fait sensation. Desmond MacCarthy faisait, lui aussi, du journalisme. On avait espéré qu'il écrirait un grand roman ; mais rien ne venait, et ses amis commençaient à penser qu'il ne l'écrirait jamais. Quant à Saxon Sydney-Turner, tout portait à croire qu'il s'était engagé dans une voie qui devait le détourner de la notoriété ; de son bureau du Trésor, il produisait des rapports qui étaient des modèles du genre, mais rien de décisif n'en sortait ; il consacrait de plus en plus sa vie à d'obscurs jeux d'initiés. Maynard Keynes, lui aussi, était au Trésor, et c'était, selon l'expression, « un garçon d'avenir » ; mais personne à cette époque ne pouvait prévoir la forme voyante et scandaleuse que prendrait ce brillant avenir. Adrian, le frère de Virginia, avait épousé Karin Costelloe, union qu'aucun de ses frères et sœurs n'approuvait et, de même que Saxon, il semblait rechercher l'obscurité plutôt que la célébrité. En fait, il n'avait pas encore trouvé sa voie.

Dans le domaine des arts, Bloomsbury commençait à se distinguer, bien que Vanessa fût à peu près inconnue en tant que peintre et qu'elle n'eût encore jamais exposé seule. Clive avec lequel on pouvait à peine dire qu'elle vivait, mais qui restait et devait rester toujours pour elle un ami affectionné, venait de causer un grand retentissement en publiant *Art,* tentative visant à donner une expression systématique au formalisme esthétique (c'était en 1914) et, deux ans auparavant, il avait aidé à organiser la seconde exposition des post-impressionnistes ; lorsque la guerre éclata, il commençait à se faire un nom dans la critique. Roger Fry était son ami et, jusqu'à un certain point, son mentor. Fry s'était déjà rendu célèbre par lui-même avant que la première exposition post-impressionniste ne fît sursauter Londres, au cours des dernières semaines de l'année 1910. Depuis lors, il avait été l'amant de Vanessa, mais il était désormais en train d'apprendre, très lentement, comment vivre sans elle, tout en restant, ainsi que l'avait fait Clive, son ami. Duncan Grant, qui l'avait remplacé dans le cœur de Vanessa, abordait à peine, alors, cette longue association professionnelle et affective qui devait durer toute sa vie ; son talent d'artiste était hautement prisé par le petit cercle qui connaissait son œuvre, mais lui non plus n'avait guère encore accroché l'attention du public.

Il ne faut pas oublier que si Fry avait été un des pivots de la révolution avant-gardiste des années 1910-1914, et s'il avait, avec quelque éclat, créé les Ateliers Omega, ses amis et lui ne représentaient qu'un élément dans un mouvement plus vaste, et la grosse publicité se porta peut-être ailleurs. Il faut noter qu'en Angleterre le mot « futuriste » servait généralement à désigner toutes les formes de modernisme pictural et qu'il en fut encore ainsi longtemps après que la guerre eut mis un terme au futurisme, au vorticisme et à la phase abstraite des peintres de Bloomsbury.

Ces gens qui forment ce que nous appelons « Bloomsbury » étaient ceux que Virginia aimait et connaissait le mieux. Quel genre de personnes étaient-ce ? Assurément, des gens intelligents, tous, même si l'intelligence de Duncan Grant, de Vanessa Bell, ou d'ailleurs celle de Virginia, n'avaient rien de la fulgurante rapidité qui rendait si éblouissant l'esprit de Maynard Keynes ; et pas grand-chose de commun avec la sagesse vigoureuse et érudite, mais parfois lente et spécieuse, de Roger Fry. On ne saurait même affirmer qu'ils prenaient tous plaisir à discuter. Tandis que Desmond et Maynard, Clive, Lytton et Roger débattaient allégrement de presque n'importe quoi qui sortît de la banalité, Duncan dessinait et Vanessa, plus souvent qu'à son tour, s'endormait. Quant à Virginia, elle affectait, mais pas très sérieusement, de considérer les peintres à peu près comme des crétins et des ignares invétérés. Mais elle n'aurait jamais de sang-froid taxé sincèrement de stupidité aucun de ses amis de Bloomsbury. Chez tous, elle trouvait une vivacité d'esprit, un trésor d'humour qui tenaient à une certaine vigueur intellectuelle ; chez tous, il y avait un robuste sens de l'équilibre, qui les conduisait à estimer l'intelligence. Ils avaient conscience qu'on ne doit jamais permettre aux émotions de gouverner la raison, de sorte que, à cet instant où la question catastrophique de la guerre s'imposait à eux, et malgré la grande diversité de leurs opinions qui, sur certains points les opposaient diamétralement, aucun d'eux n'aurait jamais proclamé, comme le faisaient certains de leurs amis : « C'est là un sujet que je me refuse à discuter. Je sens trop profondément pour écouter la voix de la raison. J'aime, je hais et je me refuse à discuter. » A Bloomsbury, on se devait de toujours rester ouvert à la discussion.

Le revers de ce respect pour l'intellect était un certain irrespect envers la morale courante, la sagesse traditionnelle et les élans populaires, une méfiance presque instinctive des passions de la foule, que les lecteurs de ce journal relèveront dans plusieurs passages où Virginia se trouve confrontée à une vaste démonstration de joie, de douleur ou de courage patriotiques. Et, pourtant, je crois qu'on est en droit d'affirmer que la solidarité de Bloomsbury avait des racines plus morales qu'intellectuelles. Virginia, Vanessa, Clive, Saxon et Lytton étaient unis par l'amitié, la parenté et l'amour ; ce fut leur affection mutuelle qui fournit le noyau autour duquel se forma Bloomsbury. Un chagrin partagé vint souder à jamais ces liens : la mort de Thoby Stephen ; ce fut à ce moment-là que Vanessa et Virginia, auxquelles le formalisme larmoyant du deuil victorien n'était que trop familier, découvrirent dans ces jeunes étudiants de Cambridge, brillants, discutailleurs et diserts, une profondeur de sympathie qui n'avait nul besoin d'exhibition de crêpes noirs et de sentiments grandiloquents. Finalement la force de leur union ne reposait pas sur une communauté d'idées et d'opinions. Elle était fondée sur la tendresse.

La solidarité de Bloomsbury était assez grande pour résister aux épreuves : les fureurs de la jalousie et du désir frustré, l'ennui presque sadique de la conversation de Saxon, les commérages et les reproches, la mauvaise foi et les perfidies des rivaux en littérature, toutes les railleries et piques que des gens intelligents et ombrageux peuvent mutuellement s'infliger. Et les amitiés parvenaient toujours à survivre. Des membres du groupe pouvaient disparaître pour un temps, ou mener des aventures exogames, jamais il n'y avait de ruptures ni de querelles durables. Les amis restaient amis pour la vie.

Au moment où commence ce journal, Bloomsbury n'était déjà plus Bloomsbury. Ses anciens résidents l'avaient quitté ; finies les relations faciles et agréables entre voisins. Maynard habitait toujours l'ancienne maison des Bell, au 46 Gordon Square, mais Vanessa passait la plus grande partie de son temps à la campagne en compagnie de Duncan. Ottoline avait abandonné

Bedford Square pour sa propriété de Garsington, où Clive et quelques autres pacifistes l'avaient rejointe. Quant à Virginia, elle menait une existence paisible à Richmond.

La persistance des amitiés anciennes devait les rassembler à nouveau. Bloomsbury se reconstituerait, mais sous un nouvel aspect. En attendant, Virginia vivait dans une sorte de vide, à peine remise de sa crise de démence. Puisqu'elle semblait se rétablir et qu'elle était capable de travailler et de jouir de la compagnie de Leonard, on pouvait la croire heureuse. Mais à d'autres égards son sort n'était guère enviable ; elle était entrée dans sa maturité sans grand succès à son actif et autour d'elle des gens plus jeunes parvenaient rapidement à la célébrité. Elle était plus pauvre qu'elle ne l'avait jamais été. Elle se doutait certainement que son équilibre mental restait précaire. Elle commençait tout juste à découvrir la forme romanesque qui lui convenait ; la grande aventure littéraire de sa vie ne se profilait pas encore à l'horizon, et elle attendait avec une terrible anxiété la parution de son premier roman.

N.B. : Les notes en bas de page, numérotées à la suite à l'intérieur de chaque mois, sont de l'éditeur anglais.

Celles précédées d'un astérisque sont du traducteur.

1915

1915

Cette partie du journal de Virginia Woolf constitue une sorte de prélude à l'œuvre proprement dite. Après six semaines de rédaction consciencieuse, la tentative tourne court. Pourquoi Virginia Woolf commença ces notes, nous l'ignorons ; mais nous savons pourquoi elle les interrompit : vers la mi-février, elle sombra dans la folie. C'était la seconde phase de ce qui fut sa plus longue dépression, une période de violence et d'agressivité, très différente de la mélancolie et de la tendance au suicide qui l'avaient précédée durant la seconde moitié de 1913. Ce prélude décrit, par conséquent, la fin d'un intermède de beau temps entre deux terribles tempêtes.

Le premier roman de Virginia Woolf, La Traversée des apparences, *avait été accepté en mars 1913 et sa publication repoussée jusqu'en 1915. Virginia n'y fait allusion qu'une seule fois, mais il serait déraisonnable de supposer que le livre était absent de ses préoccupations : l'idée qu'il allait bientôt paraître peut fort bien être à l'origine de cette rechute dans l'insanité.*

C'est là le premier cahier du journal (voir Appendice, p. 391). Chaque note est datée sur une petite étiquette soit ovale, soit ronde ou en losange, collée au sommet de la page ; les onze premières dates sont dactylographiées.

Vendredi 1er janvier

Pour bien commencer ce journal, il me faut remonter au dernier jour de l'année écoulée, à l'instant du petit déjeuner, quand j'ai reçu une lettre de Mrs Hallett. Elle me disait qu'elle avait dû renvoyer Lily [1] sans préavis pour « mauvaise conduite ». Naturellement, nous avons supposé qu'il s'agissait d'un certain genre de mauvaise conduite ; un jardinier marié, hasardai-je. Nos spéculations nous mirent mal à l'aise toute la journée. Mais ce matin j'ai eu des nouvelles par Lily même. Elle m'écrit, très posément, qu'elle est partie parce que Mrs Hallett s'est montrée « insultante » à son égard. Ayant obtenu un jour de congé, plus les deux nuits, elle est rentrée le matin à huit heures et demie ; « pas assez tôt ». Où est la vérité ? Là, je pense. Mrs Hallett est une vieille femme acariâtre, tatillonne et même, cela se sait, tyrannique avec ses domestiques ; et Lily n'a sincèrement pas dû penser à mal. Mais j'ai écrit pour avoir des détails, une autre dame voulant, sans attendre, un certificat. Puis il m'a fallu écrire à Mrs Waterlow [2], au sujet de la note de ramonage qu'on nous a imputée, une de ces lettres qui viennent naturellement aux caractères bien trempés, mais pas aux faibles. Et ensuite nous sommes allés à pied jusqu'à la Coop, dans le froid et la pluie, pour protester contre leur comptabilité [3]. Le gérant, jeune homme traînant des airs d'ennui, a récidivé plutôt qu'il ne s'est disculpé. A mi-chemin du retour nous avons entendu : « Cuirassé britannique... Cuirassé britannique », et

1. Lily, une brave fille du Sussex qui avait eu un bébé, était femme de chambre chez les Woolf, à Asheham en 1914, avant de se placer, nantie d'un « certificat » de V. W., chez Mrs Hallett. Elle revint chez les Woolf lorsqu'ils s'installèrent à Hogarth House en 1915 ; mais elle partit de son propre gré, toute contrite, après avoir été surprise à la cuisine en compagnie d'un soldat.

2. Helen Margery Waterlow née Eckhard (1883-1973) seconde femme de Sydney Waterlow (voir janvier 1914, note 13). En octobre 1914, les Woolf avaient loué Asheham aux Waterlow, qui y restèrent jusqu'en juillet 1915.

3. La succursale à Richmond, des magasins de vente au détail gérés par la Cooperative Society.

appris que le *Formidable* avait été coulé dans la Manche. Les cloches du Nouvel An nous ont empêchés de dormir la nuit dernière. J'ai cru tout d'abord qu'elles carillonnaient une victoire.

Samedi 2 janvier

Voilà le genre de journée que je choisirais autant que possible s'il fallait donner un échantillon de notre vie la plus habituelle. Nous prenons notre petit déjeuner; j'interroge Mme Le Grys[4]. Elle se plaint de l'énorme appétit des Belges et de leur prédilection pour la cuisine au beurre. « Ils ne vous font jamais grâce de rien », remarqua-t-elle. Le comte, dînant avec eux le soir de Noël, a insisté, après le porc et la dinde, pour avoir une troisième viande. Mme Le Grys espère donc voir bientôt la fin de la guerre. S'ils mangent ainsi en exil, eh bien, elle se demande vraiment ce que cela doit être quand ils sont chez eux ! Après quoi L. et moi nous remettons tous deux à nos griffonnages. L. achève sa critique du conte populaire[5] et je fais environ quatre pages de l'histoire de la pauvre Effie. Nous déjeunons et lisons les journaux ; convenons qu'il n'y a pas de nouvelles. Je lis *Guy Mannering*[6] en haut pendant vingt minutes ; puis nous emmenons Max [un chien] faire une promenade. A mi-chemin du pont, nous nous sommes trouvés bloqués par le fleuve qui montait à vue d'œil avec un petit flux et reflux semblable à la palpitation d'un cœur. En fait, cinq minutes plus tard, la route que nous avions prise était traversée par plusieurs pouces d'eau ruisselante[7]. Ce qui

4. D'origine belge, Mme Le Grys était la logeuse des Woolf à Richmond où ils occupèrent des chambres meublées, d'octobre 1914 à mars 1915.

5. *Village Folk Tales of Ceylon* (contes populaires de Ceylan), recueillis et traduits par H. Parker. La critique de L. W. parut dans le *TLS* du 7 janvier 1915. L'histoire de la pauvre Effie devait devenir *Nuit et Jour* et Effie se changer en Katherine (voir plus loin, 16 janvier 1915, note 49).

6. De Sir Walter Scott, publié en 1815.

7. La marée se fait sentir dans la Tamise depuis l'embouchure jusqu'à l'écluse de Teddington, en amont de Richmond. Les grandes marées de printemps, conjuguées à des pluies exceptionnellement fortes, pouvaient causer des inondations.

est curieux, entre autres choses, dans les faubourgs, c'est que les maisonnettes rouges les plus infâmes sont toujours louées et qu'aucune n'a de fenêtre ouverte, ni de fenêtre sans rideaux. Je suppose que les gens sont fiers de leurs rideaux et que la rivalité est grande entre voisines. Une des maisons en avait une paire en soie jaune, rayée d'entre-deux de dentelle. Les pièces devaient être plongées dans la pénombre et sans doute imprégnées d'une odeur de cuisine et d'êtres humains. Il faut croire que posséder des rideaux est une marque de respectabilité. Sophie[8] tenait beaucoup aux rideaux autrefois. Et ensuite je suis allée aux provisions. Le samedi soir est le grand soir pour les achats, et certains comptoirs sont assiégés par trois rangs de femmes. Je choisis toujours les boutiques vides où j'imagine qu'on vous fait payer un demi-penny de plus à la livre. Ensuite nous avons pris le thé, avec du miel et de la crème : pour l'instant L. tape son article. Nous allons lire toute la soirée et puis aller au lit.

Dimanche 3 janvier

C'est curieux comme les vieilles traditions, si bien enterrées qu'on puisse les croire, réapparaissent soudain. A Hyde Park Gate[9], nous réservions le dimanche matin à l'entretien de l'argenterie. Ici, je m'aperçois que je consacre le dimanche matin à de petits travaux disparates — aujourd'hui, c'était taper à la machine — et ranger la pièce — et faire les comptes, qui sont très compliqués cette semaine. J'ai trois petits sacs de piécettes qui doivent chacun quelque chose à l'autre. Nous sommes allés à un concert à Queen's Hall dans

8. Sophie Farrel (1861-1942) qui fut la cuisinière des Stephen, puis d'autres membres de la famille, à partir des années quatre-vingt.

9. C'est au 13 Hyde Park Gate, Kensington (devenu le 22 en 1884), qu'est née Virginia Woolf. Ce fut son foyer et celui d'une quinzaine de personnes, domestiques comprises, jusqu'à la mort de Sir Leslie Stephen, son père, en 1904.

l'après-midi. Considérant que mes oreilles sont restées vierges de musique depuis plusieurs semaines, je pense que le patriotisme est une émotion basse. Ce que j'entends par là (j'écris à toute vitesse, attendant Flora pour le dîner), c'est que l'on a joué l'hymne national et un cantique et que je n'ai constaté qu'une absence totale d'émotion chez moi comme chez les autres. Si les Anglais parlaient ouvertement de W. C. et de fornication peut-être seraient-ils remués par des émotions universelles. Les choses étant ce qu'elles sont, toute incitation à vibrer en commun est irrémédiablement gâchée par les pardessus et manteaux de fourrure qui s'interposent. Je commence à abhorrer mon espèce, surtout après avoir considéré les visages dans le métro. Vraiment, je trouve plus agréable de regarder du bœuf cru ou des harengs saurs. Mais il faut dire que j'ai dû faire le pied de grue pendant quarante minutes à la gare de Charing Cross, si bien que je suis rentrée très tard et que j'ai manqué Duncan [10], qui était là. Et puis Londres, à présent, le dimanche soir est l'endroit le plus lugubre qui soit. Il y a de longues rues couleur de boue, et juste assez de lumière du jour et assez peu de lumière électrique pour qu'on puisse voir le ciel nu, qui est d'une froideur et d'une platitude inexprimables.

Dans le *Times* d'aujourd'hui, il y a un article sur les étoiles de Londres : « *Elles pourraient nous inspirer un élan qui nous permettrait de nous consacrer sans relâche à des entreprises durables, dont les étoiles — et non les lumières de Londres — sont le juste symbole.* » Ainsi soit-il (5 janvier) !

10. Duncan Corrowr James Grant (1885-1978), peintre et fils unique du major Bartle Grant, dont la sœur était devenue Lady Strachey. Duncan passa une bonne partie de ses jeunes années chez les Strachey. V. W. fit sans doute sa connaissance à Paris en compagnie des Bell. Il était depuis quelque temps l'amant de Vanessa Bell et ils vécurent ensemble jusqu'à la mort de celle-ci en 1961. On trouvera une lettre de V. W. exprimant son exaspération et son regret de l'avoir manqué ce jour-là dans *II V.W. Letters,* n° 717.

Lundi 4 janvier

Je n'aime pas la voix des juifs ; je n'aime pas le rire des juifs ; par ailleurs je pense (pour employer l'expression de Saxon[11] qu'il y a quelque chose à dire en faveur de Flora Woolf[12]. Elle sait taper à la machine, elle connaît la sténo, chante, joue aux échecs, écrit des nouvelles qui sont parfois acceptées et elle gagne trente livres par semaine comme secrétaire du délégué général de l'Eglise d'Ecosse à Londres. Et, en s'adonnant à ces divers arts, elle restera jusqu'à un grand âge fringante comme un joueur de billard qui a cinq boules sur le tapis.

Le monde extérieur a fondu sur nous en vociférant ce matin : 1) J'ai eu une lettre de Mrs Hallett. 2) J'ai eu une lettre de Lily. 3) L. a reçu tout un document de Sydney Waterlow[13]. D'après Mrs Hallett, Lucy aurait caché un soldat dans l'office ; elle irait également rejoindre des soldats à la grille ; et ainsi, outre que cela donne mauvaise réputation à la maison de Mrs Hallett dans le village, Mrs Hallett en personne a peur parce qu'il n'y a que des dames dans la maison. Lily admet tout au plus qu'elle a reçu un de ses frères ; mais elle ajoute que Mrs Hallett n'est pas seulement très vieille mais très malade. Quant à la lettre de Sydney, elle m'a écœurée plus que je ne saurais dire : « La maison était sale. Il n'a pas fallu moins de quatre personnes frottant pendant quinze jours pour la rendre acceptable, etc. », toutes choses qu'il aurait supportées en silence si ce n'avait été mon billet. Alors je lui ai écrit et j'ai écrit à Lily — et après avoir

11. Saxon Sydney-Turner, ami de longue date, tant de V. W. que de L. W. (voir plus loin, 14 octobre 1917, note 16).

12. Flora Woolf (1878-1975), la plus jeune des sœurs de L. W.

13. Sydney Philip Waterlow (1879-1944), après des études à Eton et à Trinity College, Cambridge, entra dans la diplomatie en 1900. Il donna sa démission en 1905, mais reprit du service aux Affaires étrangères à la déclaration de la guerre. V. W. fit sans doute sa connaissance par les Bell en 1910. En 1911, après l'échec d'un premier mariage, il lui demanda de l'épouser. En 1913, il se maria avec Margery Eckhard.

consacré un bon moment à exprimer avec noblesse des sentiments vertueux, je vois clairement comment l'hypocrisie vient aux hauts fonctionnaires. A Lily, j'ai dit que si je lui donnais un certificat il fallait qu'elle me promît de se mieux conduire — car je ne doute pas que la pauvre Mrs Hallett et sa vieille sœur tremblotante entendent des voix de soldats chaque fois que le vent passe dans les lauriers. Philip [14] en permission pour quatre jours est venu nous voir après le déjeuner. Il est complètement dégoûté de l'armée — nous a raconté des histoires incroyables de stupidité militaire. On a accusé un homme de désertion l'autre jour, et on l'a condamné ; et puis on s'est aperçu que l'homme en question n'existait pas. Le colonel dit : « J'aime les jeunes gens bien habillés, *messieurs* » et se débarrasse des recrues qui ne répondent pas à cette exigence. De surcroît, on ne demande plus de cavalerie pour le front, si bien qu'ils resteront sans doute éternellement à Colchester. Encore une journée sombre, pluvieuse. Un aéroplane est passé dans les hauteurs.

Mardi 5 janvier

J'ai reçu ce matin une lettre de Nessa [15], qui traite Mrs Waterlow de *Hausfrau* et nous conseille de ne pas payer un sou. La propreté est une idole à laquelle il faut se garder de rendre un culte, dit-elle. Assurément, nous ne lui en rendons un ni l'une ni l'autre. Je suppose que

14. Philip Sydney Woolf (1889-1965), le dernier des cinq frères de L. W., servait dans les hussards du roi, avec Cecil, l'avant-dernier. Il fut blessé et son frère tué par le même obus à la bataille de Cambrai en novembre 1917. Il avait ambitionné d'être peintre, mais après la guerre devint régisseur du domaine de Waddesdon, propriété de James de Rothschild, un de ses cousins par alliance.

15. Vanessa Bell, née Stephen (1879-1961), peintre, sœur aînée de V. W., la personne qui comptait le plus dans sa vie après L. W. Elle avait épousé Clive Bell en 1907, mais en 1915 le mariage ne tenait plus que pour des raisons de commodité et d'amitié. En fait, à partir de 1914, Vanessa, d'un point de vue sentimental, fut la femme de Duncan Grant, et elle le resta jusqu'à sa mort en 1961.

Mrs Waterlow a couru partout avec un chiffon à poussière, et passé le doigt sous les lits. J'imagine sans peine la liste de ses découvertes qu'elle a énumérées à Sydney, obnubilant sa philosophie, et comment elle a fulminé contre cette épouvantable souillon de Virginia Woolf. Tout de même, il ne faut pas oublier que les domestiques mettent toujours un point d'honneur à trouver malpropres les maisons où ils vont et à les laisser brillantes comme un sou neuf. Mais en voilà assez sur les Waterlow et leurs seaux d'eaux sales. Nous avons travaillé comme à l'ordinaire, et comme à l'ordinaire il a plu. Après le déjeuner nous sommes allés nous promener dans l'Old Deer Park et nous avons constaté, à une ligne de brins de paille, la hauteur atteinte par le fleuve ; et vu qu'un grand arbre est tombé en travers du chemin de halage en écrasant le parapet. Hier, à Teddington, on aurait aperçu trois cadavres qui descendaient rapidement le courant. Le temps pousse-t-il au suicide ? Il y a dans le *Times,* à propos d'un accident de chemin de fer, un article bizarre, où il est dit que la guerre nous a donné un plus juste sens des proportions quant à la vie humaine. J'ai toujours pensé que nous la surestimions d'une manière absurde ; mais je n'avais jamais imaginé que le *Times* le dirait. L. est allé à Hampstead pour sa première conférence à la Guilde des femmes[16]. Il ne semblait pas inquiet ; il est en train de parler à cet instant même. On craint que le vieux Mr Davies[17] ne soit mourant, mais j'ai dans l'idée qu'il va résister encore pendant des années, même s'il désire mourir et si le fait qu'il vive gêne beaucoup Margaret dans son travail. J'ai acheté ma viande et mon poisson dans High Street —

16. The Women's Cooperative Guild, fondée en 1883, était une branche autonome du Cooperative Movement. Elle avait son quartier général au 28 Church Row, Hampstead.

17. Le révérend John Llewelyn Davies (1826-1916), théologien, socialiste chrétien, un des premiers soutiens du Cooperative Movement et de la Women's Guild. Après une carrière de pasteur, il passa les huit dernières années de sa vie à Hampstead, avec sa fille Margaret (1861-1944) qui, après des études à Girton College, Cambridge, fut secrétaire de la Women's Cooperative Guild de 1889 à 1921.

entreprise humiliante, mais qui m'amuse. Je déteste le spectacle des femmes qui font leurs courses. Elles y mettent tellement de sérieux ! Puis j'ai pris une fiche à la bibliothèque et j'ai vu tous les commis de magasin et les couturières en vêtements râpés qui feuilletaient des illustrés, l'air d'abeilles dépenaillées sur des fleurs dépenaillées. Du moins, ils sont au chaud et au sec ; et il pleut encore aujourd'hui. Les Belges du rez-de-chaussée jouent aux cartes avec des amis, et parlent, parlent, parlent pendant qu'on détruit leur pays. Après tout, ils n'ont rien d'autre à faire...

Mercredi 6 janvier

Encore les Waterlow ; encore Lily. Mrs Waterlow écrit au sujet du four, à Leonard cette fois, et termine en disant qu'elle se désole à l'idée que nous sommes contrariés — alors qu'en fait ils trouvent Asheham absolument enchanteur. C'est une drôle de chose que dans cette correspondance les deux dames écrivent chacune à l'un des messieurs — sentant d'instinct, je crois que, si elles s'écrivaient l'une l'autre, toute l'affaire tournerait vraiment à l'aigre. La lettre de Lily reprend l'histoire du soldat. En la lisant, j'ai cru avoir de nouveau Lily devant moi, avec ses yeux touchants et stupides de caniche ; bien incapable de faire du mal à une mouche ou d'avoir une pensée vulgaire, et pourtant vouée à expier les péchés de personnalités plus fortes que la sienne. En ce cas, elle était à la merci d'une femme de chambre qui a invité les soldats — et Lily n'a pas eu assez de fermeté d'esprit pour les envoyer promener à leur arrivée, ni ensuite pour « rapporter » sur le compte d'une autre domestique. « N'importe quoi ! mais pas ça ! » Et voilà aussi pourquoi elle a eu son bébé, j'imagine. Enfin, j'ai encore « témoigné » en sa faveur, et elle a promis de ne plus avoir affaire aux soldats. L. est parti à dix heures pour sa seconde conférence à Hampstead. La première a été un grand succès, comme je l'avais prévu. Il trouve les femmes beaucoup plus intelligentes que les hommes ; trop intelligentes à certains égards, et sujettes, de ce fait, à perdre de vue la véritable question. Il a une autre conférence à donner cet après-midi, et restera donc à Hampstead, déjeunant avec Lilian[18] et voyant peut-être Janet[19]. Il faut vraiment être modeste pour traiter ces travailleuses, et aussi Lilian, Janet, Margaret, comme il le fait. Clive[20] ou tout autre brillant jeune homme se donnerait des airs et, tout en admirant peut-être beaucoup ces femmes, affecterait de n'en rien faire.

J'ai écrit toute la matinée avec un plaisir infini, ce qui est curieux, car je n'oublie jamais qu'il n'y a aucune raison pour que je sois contente de ce que j'écris, et que dans six semaines, ou six jours, je le trouverai détestable. Puis je suis allée à Londres pour m'enquérir de la possibilité de se loger à Gray's Inn[21]. Il y avait deux pièces vacantes. Je leur ai aussitôt prêté toute sorte de charmes, et j'étais très surexcitée lorsque j'y suis entrée. Mais ce serait très bien pour une personne, impossible pour deux. Ce sont des chambres parfaites, qui donnent sur le jardin, mais n'ont rien de plus. Dans l'une on entendait le grondement de Gray's Inn Road. Ensuite, j'ai vu un appartement dans Bedford Row, qui promettait monts et merveilles, mais lorsque je me suis informée auprès des agents, ils m'ont dit qu'on venait de leur recommander de ne louer que meublé — et, bien

18. Lilian Harris, amie et compagne de Margaret Llewelyn Davies, trésorière, puis secrétaire adjointe de la Women's Cooperative Guild.

19. Janet Elizabeth Case (1862-1937), condisciple de Margaret Llewelyn Davies à Cambridge, puis sa voisine à Hampstead, où elle habitait avec sa sœur « Emphie ». Humaniste, elle avait dès 1902 donné des leçons de grec à V. W., dont elle s'était fait une amie. C'était également une militante de la cause des femmes, du libéralisme et du pacifisme.

20. Arthur Clive Heward Bell (1881-1964), critique d'art, avait épousé Vanessa Bell en 1907 et, en tant que beau-frère, devait jouer un grand rôle dans la vie de V. W., étant à différentes périodes son confident littéraire et son flirt. A Cambridge, il avait été l'ami intime de Thoby Stephen, le frère de V. W.

21. La plus au nord des quatre grandes « Inns of Court », ou collège d'avocats; il était parfois possible à de simples particuliers d'y louer des chambres meublées.

entendu, je suis persuadée maintenant qu'il n'y a pas dans tout Londres un appartement qui vaille précisément celui-là. Je pourrais flâner pendant des heures dans les rues sombres de Holborn et de Bloomsbury. Tout ce que l'on voit — et ce que l'on devine —, le tumulte, le désordre, l'affairement... Il n'y a que les rues bondées qui me permettent de penser — ou plutôt ce que chez une autre personne on appellerait « penser ». Maintenant il me faut décider si je remonterai ou non à Londres pour une soirée à Gordon Square [22], où se produiront les d'Aranyi [23]. D'un côté, je rechigne à m'habiller et à faire le trajet, de l'autre, je sais qu'au premier aperçu d'une fente de lumière dans le hall et au brouhaha des voix je serai aussitôt enivrée et déciderai que rien dans la vie n'est comparable à une soirée. Je verrai des gens magnifiques et j'aurai l'impression d'être sur la plus haute crête de la plus grosse vague — au centre et en plein déroulement des choses. D'un troisième et dernier côté, les soirées passées à lire au coin du feu ici — à lire Michelet et *L'Idiot,* à fumer et bavarder avec L. en pantoufles et robe de chambre, ou l'équivalent — sont délicieuses aussi. Et comme L. ne va pas me presser d'y aller, je sais très bien que je n'irai pas. Il faut compter aussi avec la vanité. Je n'ai rien à me mettre pour la circonstance.

Jeudi 7 janvier

Non, nous ne sommes pas allés à la soirée de Gordon Square. Leonard est rentré tard, il pleuvait et vraiment je n'en avais pas envie. Les conférences ont eu beaucoup de succès. Une vieille dame a dit à Leonard qu'elles

22. 46 Gordon Square, où les quatre Stephen s'étaient installés après la mort de leur père, en 1904, mais qui depuis 1907 n'était plus occupé que par les Bell.

23. Les trois sœurs d'Aranyi : Adila, Hortense et Jelly, petites-nièces de Joachim, fameux violoniste hongrois, passèrent toute la Grande Guerre en Angleterre où elles donnèrent des concerts.

devraient toutes le considérer à vie comme un ami personnel ; une autre, qu'il était le seul monsieur à parler de manière à se faire comprendre des travailleuses. Il a expliqué les lettres de change, et le reste, pendant une heure ; et puis répondu aux questions, là encore d'une intelligence surprenante. Je me suis mise en route aussitôt après le déjeuner aujourd'hui, d'abord pour aller à l'hospice des enfants trouvés[24], demander qu'on consente à nous louer Brunswick Square — ou la moitié de la maison, puis à l'Omega[25] où je voulais acheter un châle pour Janet avant d'aller prendre le thé chez elle. A l'hospice, Mr Chubb[26] m'a ouvert la porte. Il était assis à un bureau, dans une pièce très chaude et confortable, donnant sur le jardin, tandis qu'un employé dessinait des plans de maisons sur un pupitre très haut perché. Mr Chubb prend de l'embonpoint. Il m'a reconnue, et se montra aussitôt extrêmement courtois. Brunswick Square est pour ainsi dire déjà loué à un fonctionnaire de Ceylan à la retraite, un certain Spence, qui consentirait cependant peut-être à nous céder les deux étages supérieurs, qui nous conviendraient très bien. Naturellement, j'ai été saisie d'un désir passionné d'avoir Brunswick Square. Mr Chubb, qui a d'infinis loisirs et qui aime la conversation, a débattu de toutes les possibilités. Pour lui, il n'admire pas les fresques d'Adrian[27], mais il reconnaît qu'elles plaisent à la plupart des gens. Le monsieur de Ceylan a proposé de les masquer d'un rideau, étant apparemment d'avis qu'elles valent la peine d'être conservées, encore que

24. The Foundling Hospital, fondation charitable qui possédait de nombreux immeubles et autres, dans Bloomsbury, y compris le 38 Brunswick Square où V. W. avait habité en 1911-1912.

25. The Omega Workshops, Artist Decorators, fondés en 1913 par Roger Fry, pour procurer une source de revenus et un nouveau champ d'activité aux jeunes artistes.

26. Mr Chubb, le surveillant de l'hospice, faisait également office d'agent immobilier.

27. Adrian, le dernier des frères de V. W., avait occupé le premier étage, lorsqu'il avait cohabité avec elle, au 38 Brunswick Square en 1911 ; et, aidé de Duncant Grant, il avait décoré la salle à manger de nus de joueurs de tennis grandeur nature.

peu convenables à regarder. C'est un célibataire, peut-être même un célibataire acariâtre, jadis chef de l'asile de fous de Colombo. Sur ces entrefaites un secrétaire est entré, se montrant, lui aussi, excessivement poli lorsqu'il sut qui j'étais. « Mrs Woolf a certainement de grands droits sur la maison, dit-il. Et quant à moi, je ne crois pas que Mr Spence soit tout à fait ce qu'il nous faut. — Moi si, répliqua d'un ton ferme Mr Chubb, j'ai contrôlé dans l'annuaire des médecins, d'ailleurs il a l'air tout à fait bien. — Il en a l'air, c'est vrai, dit le secrétaire , mais je me demande... Toutefois ce ne serait pas correct de refuser à la onzième heure. — A la douzième, vous devriez dire ! » fit Mr Chubb. Enfin je pris congé, serrant les mains à la ronde, et non sans avoir supplié Mr Chubb de faire de son mieux et de nous tenir au courant. Ils m'ont conseillé de voir une maison dans Mecklemburg Square, ce que j'ai fait. C'est une vaste demeure, avec un grand hall et un large escalier courbe ; et nous pourrions avoir un appartement tout en haut — le seul inconvénient étant que Gray's Inn Road passe juste derrière. Quand je suis sortie, il pleuvait. Je ne m'en suis pas moins rendue à pied à l'Omega, où j'ai acheté ce qu'il me fallait à une jeune femme ridicule, en tunique post-impressionniste. Je suis montée à Hampstead où il y avait déjà quelques vieilles dames, suis allée à la gare, de manière à éviter le thé avec Emphie ; et ensuite j'ai pu monter voir Janet. Elle est au lit, et devra rester au lit pendant des semaines. Ses nerfs ont complètement craqué. Elle ne peut ni lire ni faire quoi que ce soit. Je devine ce qu'elle ressent — et comme elle doit être malheureuse bien souvent, surtout depuis qu'elle vieillit. Et Emphie doit être assommante avec son rabâchage, et son enthousiasme nébuleux pour tout. Et puis, commencer à dégringoler la pente... Mais elle a été dressée au courage, et elle est si peu égoïste de nature que les autres l'intéressent sincèrement. Nous avons parlé de Leonard, de Lily, de la vie à Londres et des poèmes de Thomas Hardy ; qu'elle ne peut pas relire, trop mélancoliques et sordides — et pas assez intéressants par leur sujet. Je ne suis pas d'accord. Il s'est fait tard. Elle a suggéré que je reste dîner, puisque je devais aller rejoindre L. à la Guilde des femmes, pour le débat sur la paix. N'ayant pas la force d'affronter le dîner, je me suis réfugiée à la bibliothèque publique. En chemin, j'ai été surprise par une violente averse, comme je n'en avais encore jamais affronté. On se serait plutôt cru sous la douche, à la salle de bains, que sous une pluie naturelle. Quand j'ai traversé la bibliothèque, mes chaussures mouillées grinçaient si fort que cela m'a fait honte. Puis j'ai dîné à la cantine des cochers — le seul endroit accessible et excellent. Fruste, mais propre et sans alcool. A huit heures, j'ai retrouvé Leonard au 28 Church Row. Les salles sont des pièces à l'ancienne, aux boiseries blanches. L'une était pleine de travailleuses. Ce fut réconfortant (après la lecture de lettres racontant les accouchements les plus effroyables) de voir les femmes rire aux éclats comme des écolières[28]. Mr Hobson[29] a pris la parole. Il a très bien parlé. Les femmes, impressionnantes, comme toujours — parce qu'elles semblent vibrer et avoir un très grand sens de leurs responsabilités. Encore une lettre de Mrs Waterlow.

Vendredi 8 janvier

Sydney Waterlow est venu déjeuner pour s'assurer, selon ses propres termes « que nous ne nous étions pas querellés sur ces malheureux sujets ». D'abord, et pendant une heure et demie, nous n'avons guère discuté d'autre chose. Ma première lettre lui a fait passer une nuit blanche, nous dit-il, quoique Mrs Waterlow ait bien dormi, malgré sa grossesse. D'après ce que nous avons

28. Un choix de lettres, intitulé *Maternity : Letters from Working Women* (« Maternité : Lettres de travailleuses »), publié par G. Bell & Sons pour la Women's Guild, dans le cadre d'une campagne pour une organisation nationale d'aide à la maternité et de soins aux nourrissons.

29. John Atkinson Hobson (1858-1940), humaniste, économiste et publiciste, partisan notoire du vote des femmes et de la Société des Nations.

cru comprendre, Mrs W. écrit et agit impulsivement ; lorsque Sydney, s'étant secoué, s'est mis à réfléchir, il a été consterné de découvrir que leur conduite n'était pas défendable d'un point de vue moral. Il a longuement cogité, consacré toute une matinée à sa réponse ; et a pris conseil de plusieurs amis, qui se trouvent reconnaître avec lui que les cheminées sont habituellement ramonées par leurs propriétaires. « Mais nous aurions dû vous demander votre accord, je vous concède entièrement ce point, seulement... », etc. Tout cela, dans le style simple et solide qui lui ressemble tant. Son corps grassouillet me donne toujours l'impression d'être dénué d'os et de poils, d'être celui d'un gigantesque enfant ; et il en va de même de son esprit. Mais il a du charme. Il est allé faire une promenade avec L. Moi, je suis allée chez Chancellors [30], pour voir si l'on n'avait pas de nouvelles de Hogarth. L'employé a commencé par me dire que non. Lorsque je lui ai appris que nous songions à prendre une maison à Londres, il a aussitôt confessé qu'il avait vu par deux fois Mrs Wontner, la locataire actuelle ; et qu'elle n'aimait pas la maison. Est-ce une invention ? Et sinon, Mrs Wontner aurait-elle une bonne raison de ne pas l'aimer ? Il semble probable que nous aurons à choisir entre Brunswick Square et Hogarth — à moins que les deux ne nous échappent. Sydney est revenu pour le thé et nous a dit qu'Alice [31] leur avait rendu visite et qu'il avait aussitôt éprouvé des regrets — comme on peut en éprouver pour une très jolie canne. « Elle était si jolie et heureuse, avec un gros bébé potelé ; la maison était pleine de nos meubles ; semblable à une maison où la mort a frappé. » Mais, lorsque j'ai suggéré que l'actuelle Mrs W. avait dû se sentir mal à l'aise, il a été stupéfait. « Ce n'est pas du tout ce genre de personne, a-t-il dit. Elle est tout à fait raisonna-

30. L'agence immobilière de Richmond, qui s'occupait de Hogarth House, Paradise Road, que les Woolf espéraient pouvoir louer.

31. Alice, fille unique de l'éminent juriste Sir Frederick Pollock, avait été la première femme de Sydney Waterlow. Ils divorcèrent en 1912, et elle épousa Orlando Williams, secrétaire à la Chambre des communes.

ble... » Quand même si elle a vu Sydney convoiter la jolie canne... » ai-je pensé. Sydney a répondu que Madge (ainsi qu'il l'appelle) était infiniment plus qu'une canne pour lui, qu'elle ne pouvait éprouver aucun sentiment de ce genre. Il est reparti pour Asheham. Ils veulent y rester six mois de plus. Il a du travail qui l'attend, mais Asheham est si délicieux qu'il s'y sent parfaitement heureux à ne rien faire.

Samedi 9 janvier

A deux heures du matin plusieurs grosses péniches amarrées dans le fleuve sont parties à la dérive. L'une a heurté le pont de Richmond et fait tomber un bon morceau de pierre d'une des arches. Les autres ont coulé ou été emportées au fil du courant. Non que nous ayons vu ou entendu quoi que ce fût sur le moment ; si j'en fais mention, c'est parce que nous avons remarqué que le pont était endommagé lorsque nous sommes allés à pied jusqu'à Kingston cet après-midi. La pierre est plus jaune à l'intérieur qu'en surface, ce qui fait ressortir les dégâts. Nous avons fait une excellente promenade. Les champs violacés aux abords de Kingston m'ont un peu rappelé Saragosse. Une ville qui se détache sur un coucher de soleil et que l'on aborde par un sentier à travers champs très fréquenté a quelque chose qui évoque l'étranger. Je me demande pourquoi on a instinctivement l'impression de faire un prodigieux compliment à Kingston en disant que cela ressemble à une ville étrangère. Sur le chemin de halage nous avons croisé une longue file d'idiots. Le premier était un jeune homme de très haute taille, juste assez bizarre pour qu'on le regardât deux fois, mais pas plus. Le second traînait les pieds et détournait le regard ; et puis on s'apercevait que la file était en entier composée de pitoyables débiles à la démarche traînante, dénués soit de front, soit de menton, au sourire imbécile ou au regard d'une fixité sauvage, soupçonneuse. C'était parfaitement horrible. Il est bien évident qu'on devrait les supprimer. A Kingston, nous sommes tombés en plein marché et cela rappelait Marlborough. Nous avons acheté un ananas pour neuf pence. Le vendeur nous dit qu'ils avaient tous mûri en même temps et qu'il se voyait forcé de les vendre à perte, car il en attendait encore un plein chargement le mardi. Nous avons pris un thé exécrable dans un endroit prétentieux. Nous sommes rentrés par le train en compagnie d'un travailleur et de deux petits garçons. Le travailleur a entamé le sujet du scandale Lyons pour les livraisons de viande [32], et nous a dit qu'il était détaché aux usines d'aviation de Hounslow. Il était très intelligent et aurait dû être membre du Parlement, ou journaliste, tout au moins. Je vois qu'on cite William Vaughan [33] dans le *Times*. Selon lui, les professeurs de littérature moderne négligent la grammaire et s'attachent trop au style et à la littérature ; mais que rien ne fortifie le caractère et l'esprit autant que le fait la grammaire. Comme cela lui ressemble !

Dimanche 10 janvier

J'étais en train de taper à la machine ce matin lorsqu'on a frappé à la porte, et quelqu'un que j'ai d'abord pris pour Adrian a fait son apparition ; mais c'était Walter Lamb [34] qui venait tout droit de chez le roi. Chaque fois qu'il a vu le roi, il vient nous le dire. Il a tenu à nous entraîner dans une promenade à Richmond Park. De quoi avons-nous parlé ? Nous avons laissé tomber le sujet du roi, et Walter nous a raconté une

32. En janvier 1915, Misters J. Lyon & C° furent assignés en justice pour avoir livré à l'armée de la viande impropre à la consommation.

33. Williams Wyamar Vaughan, cousin germain de V. W. alors directeur de Wellington College, qui avait pris la parole à un congrès des associations d'enseignement. En 1898, il avait épousé Margaret (Madge) Vaughan, troisième fille de John Addington Symonds et objet de l'admiration juvénile de V. W.

34. Walter R. Maitland Lamb, condisciple de L. W. et de Clive Bell à Cambridge. En 1911, il avait demandé V. W. en mariage. Nommé secrétaire de l'Académie royale des arts en 1915, il pouvait dès lors déployer ses talents de courtisan.

longue histoire, d'une tristesse indicible, qu'il tenait du professeur Housman[35] sur l'incompétence des soldats français. Tout ce que dit Walter est plat, lisse et gris en surface, et sa voix suffirait à elle seule à éteindre la poésie la plus ardente. Non qu'il traite de poèmes enflammés ; il a désormais sa vie parmi des gens respectables, plus ou moins lancés, fortunés, qu'il n'est pas loin de mépriser de sorte que ce qu'il en raconte est toujours marqué d'un peu de condescendance. Il n'a qu'une passion au monde : l'architecture du XVIIIe siècle. Ce matin il a passé son temps à nous enjoindre d'admirer soit une moulure, soit un encadrement de fenêtre ou même une « imposte en éventail ». Il semble qu'il aille visiter la moindre maison à louer, pour en examiner les décorations intérieures. Il sait qui vit à présent dans les belles demeures, et qui y a vécu autrefois. Il s'accommode à la perfection de Kew, de l'Académie, de la famille royale. Sur le pas de la porte il s'est tout à coup lancé dans un long récit de la dernière visite de la famille royale, durant laquelle le roi, qui le traite maintenant en ami (ou plutôt, selon Leonard, en valet de pied en chef) a tout à coup cessé d'admirer les tableaux pour demander à la princesse Victoria[36] qui lui avait fait son dentier. « Le mien, s'écria George, est toujours à tomber dans mon assiette ; un de ces jours il me restera dans la gorge ! Mon homme est un coquin. Je m'en vais en changer. » Victoria donna alors une secousse à ses dents de devant, et lui dit qu'elles étaient aussi solides que possible, parfaitement blanches et pratiques. Le roi en est donc revenu aux tableaux. Sa manière de parler me rappelle George III dans le journal de Fanny Burney[37], et il y a tout de même une chose dont il faut être reconnaissant à

35. Le poète A. E. Housman (1859-1936), qui fut aussi professeur de latin à l'université de Cambridge de 1911 à 1936.

36. La princesse Victoria (1868-1935), seconde fille du roi Edouard VII et de la reine Alexandra, était la sœur préférée du roi George V.

37. France Burney, Mme d'Arblay (1752-1840). Son journal et ses lettres offrent un tableau de la vie quotidienne de la noblesse à la cour du roi George III et de la reine Charlotte, dont elle était dame d'honneur.

Walter. Il a refusé de déjeuner avec nous, disant qu'il s'était nourri de faisan toute la semaine et que la rhubarbe lui était défendue parce qu'il a de l'acidité. Il a plu très fort tout l'après-midi, et voilà maintenant que Marjorie Strachey, qui devait venir dîner[38], ne viendra pas parce qu'elle est enrhumée. J'ai su hier soir par Mr Chubb que le dénommé Spence ne voulait rien nous louer du tout à Brunswick Square.

Lundi 11 janvier

Leonard était dans son bain ce matin, et moi encore couchée, hésitant à tendre la main pour prendre *Rob Roy*[39], quand j'ai entendu un branle-bas dans la pièce voisine, et puis quelqu'un qui s'élançait dans l'escalier en criant d'une voix bizarre, forcée : « Au feu ! Au feu ! » Comme il était évident que la maison n'était pas la proie d'un incendie bien important, j'ai enfilé mon imperméable et mes pantoufles, dans l'intention d'aller jeter un coup d'œil par la fenêtre. C'est alors que j'ai senti une odeur de papier brûlé. Je suis sortie dans le couloir et, là, j'ai découvert qu'une abondante fumée se déversait par la porte ouverte de la chambre à côté. Il ne semblait vraiment pas urgent de s'enfuir, alors je me suis retirée dans ma chambre, et j'ai entendu Lizzie[40] revenir avec la locataire ; elle commençait à expliquer : « Je n'ai mis qu'un petit bout de papier pour faire prendre le feu... », à quoi j'ai deviné ce qui s'était passé. « En dix minutes la chambre aurait été transformée en brasier », a dit la locataire. L. est revenu et nous avons regardé par la fenêtre, voyant un grand écran japonais qui se consumait sur la pelouse. Plus tard, j'ai su que le papier avait pris en effet, puis les draperies de la cheminée, puis

38. Marjorie Strachey (1882-1964), la plus jeune des cinq sœurs de Lytton Strachey, surnommée « Gumbo ».
39. De Walter Scott, publié en 1817.
40. Lizzy (ou Lizzie) était la catastrophique bonne à tout faire de Mme Le Grys au 17 The Green, Richmond.

l'écran, puis la boiserie. Comme toutes les pièces de la maison sont lambrissées de vieux bois desséché, recouvert de papier négligemment collé, dix minutes auraient suffi, je crois, pour que les brocs d'eau ne puissent plus rien contre l'incendie. La locataire était de surcroît épouvantée à la pensée de ses précieux tapis, qui valent des mille et des cents, d'après Mme Le Grys. L'étonnant, c'est qu'il ne nous soit encore rien arrivé, étant donné Lizzie. Hier elle nous a cassé deux jolies petites pièces de porcelaine.

Nous sommes allés à Londres cet après-midi. L. pour voir le rédacteur en chef du *New Stateman,* au sujet d'un article sur la diplomatie ; moi, pour voir un appartement dans Mecklemburg Square. Nous nous sommes inopinément rencontrés dans Mecklemburg Square. Mais quand nous avons atteint la maison, l'occupant a refusé de nous laisser visiter. Nous avons donc dû recourir à la propriétaire, qui habite quelques portes plus loin. Elle nous a reçus dans une très belle pièce, horriblement défigurée par des rideaux de velours, de gigantesques coussins violets et par la profusion coutumière de dorures et d'objets jaune citron. Quant à la dame, elle était assise dans un fauteuil roulant, muni, comme une chaise d'enfant, d'une barre sur le devant. Ses cheveux (une perruque de chanvre) étaient plaqués de part et d'autre de sa tête, et elle avait l'aspect habituel, poudré, bouffi, rougi des dames de Bloomsbury. Cela nous met toujours physiquement mal à l'aise, l'un et l'autre. Mais elle s'est montrée très sensée, en femme d'affaires qui possède, je le présume, plusieurs maisons, qu'elle administre, je n'en doute pas, avec profit. Elle nous a fait visiter sa maison, au lieu de l'autre. Nous avons été pris en charge par une très aimable petite vieille dame parcheminée, qui avait enlaidi jusqu'à la rendre méconnaissable la partie de la maison qu'elle occupait. Le salon, en particulier, où elle avait donné libre cours à son talent, vous faisait mal aux yeux à force de petits bibelots disparates, hideux. J'ai surtout été impressionnée par deux gerbes de drapeaux disposées sur des guéridons. Il y avait les drapeaux de tous les pays, je crois, toutes les photographies des familles régnantes. On aurait cru regarder un kaléidoscope, du fait des innombrables taches de couleurs éparses, et pourtant ce n'était pas de la couleur. Je suis allée à la bibliothèque Day's[41] et L. à la London Library. Il doit écrire d'ici à mercredi à midi un article de mille deux cents mots sur les diplomates. Sujet merveilleux, en tout cas.

Mardi 12 janvier

La journée d'aujourd'hui n'a pas débuté par un incendie. Leonard a dû toutefois tancer Mme Le Grys pour les péchés de Lizzie. La pauvre femme n'a pu que lui donner raison : « Elle n'essaye même plus de ne pas casser d'assiette depuis qu'elle sait qu'elle va partir — et si encore elle partait ! » Mme L. G. estime qu'il est impossible de se procurer une domestique ; elle ne leur donne que seize livres par an, il est vrai.

Cecil est venu pour le déjeuner ; en civil, je l'ai remarqué[42]. En fait, ils sont tous deux complètement écœurés de l'armée et ne voient aucune possibilité d'être envoyés sur le front. Cecil n'en songe pas moins à faire une carrière militaire, parce qu'un officier mène une vie plus agréable qu'un avocat. Par ailleurs, il pourrait partir pour les colonies avec Philip, pourquoi pas ? Ce qui est bizarre pour moi dans la famille Woolf, c'est son extrême laisser-faire. Dans ma famille, le moindre changement dans la vie de l'un de nous occasionnait des discussions et une agitation sans fin. Mais chez les

41. Day's Library, 90 Mount Street, Mayfair, était une bibliothèque de prêts, consacrée surtout au roman. La London Library, entretenue par les cotisations de ses sociétaires était située, et l'est encore, au 14 St James Square. Sir Leslie Stephen, le père de V. W., avait succédé à Tennyson à sa présidence, en 1892.

42. Cecil Nathan Woolf (1887-1917), quatrième des cinq frères de V. W. Agrégé de Trinity College, Cambridge, il fut incorporé comme officier dans les hussards du roi, et fut tué à la bataille de Cambrai (voir plus loin, 3 décembre 1917).

Woolf, cela n'a pas d'importance qu'on se fasse cultivateur, qu'on enlève la femme d'un autre ou qu'on épouse la fille d'un tailleur juif polonais. Je me rappelle toutes les précautions que prenait tante Mary[43] pour cacher que la jeune fille que l'on voyait avec Hervey n'était guère plus qu'une boutiquière ; et qu'elle ne désarma pas tant que les fiançailles ne furent pas rompues. Peut-être les Woolf n'ont-ils pas de tradition familiale. Cela donne, en tout cas, un sentiment de liberté. D'après tout cela, il est évident que je n'ai rien à dire. L. et Cecil sont allés se promener jusqu'à Kingston après déjeuner ; j'ai traînassé à acheter des petits morceaux de viande et des légumes, et j'ai pris quelques livres à la bibliothèque. Je crois qu'elle se révélera plus utile que la London Library puisque personne, à part nous, ne lit des livres vraiment solides. L. est en train d'écrire son article sur la diplomatie, et il faut que j'aille taper à la machine. Par miracle, une entière journée de beau temps.

Mercredi 13 janvier

J'ai fait naître une petite dispute (avec L.) ce matin en essayant de préparer mon petit déjeuner au lit. Je crois cependant que l'intelligence du procédé le fera prévaloir — si du moins j'arrive à disposer des coquilles d'œufs. L. est parti pour le *New Stateman* ce matin, avec son article. J'ai déjeuné ici, et puis suis allée à la Day's pour y prendre d'autres livres encore. La Day's, à quatre heures de l'après-midi, est le rendez-vous d'élégantes qui veulent qu'on leur dise ce qu'il faut lire. Je n'ai jamais vu une bande de créatures plus méprisables. Elles arrivent couvertes de fourrure comme des phoques et tout aussi parfumées que des civettes, condescendent à attirer à elles quelques romans du comptoir, et puis demandent languissamment s'il n'y a pas *quelque chose*

43. Tante Mary Fisher (1841-1916) était Mrs Herbert Fisher, sœur de la mère de V. W. Hervey, le septième de ses onze enfants, ne se maria jamais.

d'amusant. Les assistants de la Day's sont les plus humbles et les plus serviles des hommes. Sans se départir de leur déférence et prodigues de « madame », ils entraînent dans leur sillage ces vieilles comtesses, et ces jeunes millionnaires effrontées. Le West End de Londres me remplit d'horreur. Les grands personnages bien nourris que je vois au fond des automobiles m'apparaissent comme de majestueux bijoux dans des écrins de satin. Les après-midi ont maintenant un air pâle et étiré, comme si l'on n'était ni en hiver ni au printemps. Je suis rentrée pour le thé. L. est arrivé, ayant vu Gordon Square, et Maynard[44] qui dit que les finances de l'Allemagne s'effondrent, et Saxon qui se remet de la grippe. Il avait la migraine et nous sommes donc restés à la maison au lieu d'aller à une réunion de la Coop.

Jeudi 14 janvier

Nous avons été réveillés ce matin (je vois que cela va devenir une expression consacrée, comme le « Il était une fois... » d'un conte de fées) par un cognement et ronflement à faire croire qu'un autobus essayait de démarrer sur le toit. L'expérience aidant, nous avons compris que Lizzy avait fait un énorme feu à la cuisine alors qu'il n'y avait pas d'eau dans les tuyaux. Quand L. a ouvert le robinet, il en est sorti de la vapeur comme de la gueule du dragon de Siegfried à Covent Garden ; puis vinrent de petits débris de tuyau et une eau couleur de rouille. Personne ne semblait cependant songer que la chaudière pût éclater. Nous avons écrit toute la matinée. A propos, j'ai eu des nouvelles d'Adrian qui a pris un logement à Cambridge, meublé mais sans un seul drap. Et maintenant voilà qu'il me faut écrire et téléphoner au sujet de draps, alors que justement les Waterlow se

44. John Maynard Keynes (1883-1946) qui venait d'obtenir un poste au Trésor. Formé à Eton et à King's College, Cambridge, il était membre de la Société des Apôtres. En 1911, il fut, avec Duncan Grant et L. W., un des pensionnaires d'Adrian et de Virginia Stephen au 38 Brunswick Square.

taisent ! Après le déjeuner, nous avons poussé jusqu'à Kingston dans l'intention d'acheter de charmantes tasses qui ne coûtent qu'un shilling pièce. Si Lizzie ne s'en va pas et continue à se conduire comme si chaque jour était le dernier qu'elle passe ici, autant lui donner quelque chose de bon marché pour passer sa rage dessus. Nous sommes rentrés sur l'impériale de l'autobus, en nous amusant à pérorer comme Walter Lamb. Leonard va aller assister à la conférence des Fabiens [45]. Je pense que je m'offrirai le cinéma-palace — mais pour quoi faire ? J'en sortirai certainement en me disant : « On ne me reprendra plus à mettre les pieds dans un cinéma-palace ! » J'ai eu aussi des nouvelles d'Annie [46], qui a évidemment l'intention de rester chez nous comme cuisinière, pour l'excellente raison que c'est la place la moins fatigante d'Angleterre. Les Waterlow prétendent que son jeune homme a quitté Willesden — ou a été remplacé par un autre. L'article de L. sur la diplomatie doit paraître samedi. Naturellement, après l'avoir envoyé, L. était persuadé qu'il serait refusé. (Cela est une note pour usage et citation ultérieurs.)

Vendredi 15 janvier

Je suis allée à mon cinéma-palace ; L. chez ses Fabiens ; et il pense que tout compte fait son esprit, son intelligence, son corps auraient tiré plus de profit d'un film que des Webb [47] et des médecins qui ont parlé du protocole de leur profession. Il y a eu deux ou trois images superbes. L'une d'une barge chargée de bois

45. Le 14 janvier, le Département de recherches de la Société fabienne se réunit sous la présidence de George Bernard Shaw, pour entendre le Dr F. Dawson Dodd parler de l'organisation de la profession médicale.

46. Annie Chart, la cuisinière des Woolf à Asheham, était restée au service des Waterlow lorsqu'ils louèrent la maison. De même que Lily (voir 1er janvier 1915, note 1), retourna travailler chez les Woolf lorsqu'ils s'installèrent à Hogarth House en mars 1915.

47. Sidney Webb (1859-1947) et sa femme Béatrice, née Potter (1858-1943), piliers jumeaux de la Société fabienne, fondateurs de la London School of Economics et de l'hebdomadaire socialiste *New Stateman.*

d'œuvre traversant Bagdad au fil de l'eau ; une autre d'un palais d'Extrême-Orient envahi de singes et de chiens parias, une autre d'un yacht submergé. Mais comme toujours l'intrigue est très ennuyeuse. Il faudrait aimer ce que tout le monde aime. La salle était bondée ; explosions de rire, applaudissements, etc.

J'ai eu des nouvelles d'Emphie ce matin ; elle aimerait que je m'informe du foyer où Lily a eu son bébé — parce qu'elle connaît une jeune femme qui veut aussi avoir un enfant. Je me demande comment fait Emphie pour apprendre ce genre de choses. Janet toujours à peu près dans le même état.

Nous sommes allés jusqu'à Hogarth cet après-midi pour voir si le bruit des écoliers est vraiment un inconvénient. Apparemment cela ne toucherait que Suffield[48]. Bon — je me demande ce que nous allons faire. Je donnerais beaucoup pour pouvoir tourner une trentaine de pages où serait écrit ce qui va nous arriver. Nous nous sommes promenés dans le parc et avons vu des territoriaux qui cravachaient et éperonnaient leurs chevaux de bât, et vu aussi un grand arbre abattu. Nous dînerons de bonne heure pour aller au music-hall — divertissement sans précédent, encore qu'il fût un temps où je sortais le soir pour des opéras, des concerts, etc. au moins trois fois par semaine. Et je sais que notre impression à tous deux, à la fin, sera que « vraiment une bonne lecture aurait mieux valu ». L. continue à lire sur les diplomates. Moi, sur 1880 — les Kemble, Tennyson et le reste —, pour me faire une idée de l'esprit de ce temps, en vue de la Troisième Génération[49]. On était terriblement imbu de science à cette époque — toujours à déterrer des monstres, à observer les étoiles, à essayer de se trouver une religion. En ce moment, j'ai l'impression que la race humaine n'a pas eu de caractère du tout,

48. Hogarth House n'était que la moitié d'une résidence bâtie vers 1720. La seconde moitié s'appelait Suffield House.

49. La Troisième Génération et l'histoire de la pauvre Effie (voir plus haut, 2 janvier 1915, note 5) devaient devenir *Nuit et Jour*.

n'a aspiré à rien, n'a cru en rien et ne s'est battue que par un lamentable sens du devoir.

J'ai commencé aujourd'hui à traiter mon cor. Il faut le faire pendant toute une semaine.

Samedi 16 janvier

Je crois que cela a valu la peine d'aller au music-hall (Coliseum) hier soir, malgré les mauvais côtés. Ce qui me plaît au music-hall, ce sont les tours, les chanteurs comiques, les hommes qui imitent une *prima donna* ou les jongleurs. Je n'aime pas les pièces en un acte. Il me faut d'abord un acte entier pour me mettre en condition, et de ce fait les pièces en un acte, la plupart du temps, ne font que m'ennuyer. J'ai donc été déçue de tomber sur trois pièces en un acte ; l'une, de James Barrie ; *Der Tag*, pures balivernes, de l'espèce la plus mince, sur l'empereur d'Allemagne ; ensuite une pièce au sujet d'une femme qui dit « pirate » quand elle veut dire *parrot* [perroquet] [50] ; et troisièmement *Dr Johnson* [51]. Johnson commence par débiter des naïvetés d'une voix nasillarde, et puis se fait paternel, sentimental et tendre comme une femme — ce qui était inévitable dans une pièce de théâtre. Mais il y a eu aussi un chanteur qui imitait une *prima donna* et une revue patriotique — on a surtout applaudi Grey. Nous sommes partis juste au moment où un vase d'Extrême-Orient, gris et violet, surgissait au milieu de la scène — et je n'ai pas vu mes actualités sur la guerre, mais ai vidé les lieux, docile comme un agneau.

Nous avons écrit ce matin. L'article de L., à propos, fait très bon effet dans le *New Stateman*. Adrian me réclame de l'argenterie, des verres, de la batterie de cuisine. Apparemment, ils se sont installés sans le moindre ustensile. Il m'écrivait à la lueur d'une bougie

50. *Longshoreman Bill*, de Fred Rove.
51. *Dr Johnson*, de Leo Trevor.

collée sur une soucoupe. L. est allé à la L. Library. J'ai emmené Max faire une promenade au bord du fleuve, mais nous nous sommes heurtés à bien des obstacles : un os qu'il a volé, mon porte-jarretelles qui dégringolait, une bataille de chiens, dont Max s'est tiré avec une oreille déchirée, saignant à profusion. J'ai pris conscience d'être très heureuse, bien que privée de toutes les choses excitantes qui autrefois me paraissaient constituer le bonheur. Nous avons discuté un bon moment à ce sujet, L. et moi. Et aussi du peu de valeur de tout travail humain, sauf dans la mesure où il rend heureux ceux qui l'exécutent. Ecrire à présent m'enchante uniquement parce que j'aime le faire, et me fiche comme d'une guigne, en toute sincérité, de ce qu'on peut en dire. Dans quels océans d'horreur ne doit-on pas plonger pour récolter ce genre de perles ? — toutefois, elles en valent la peine.

Dimanche 17 janvier

La matinée n'a rien eu de remarquable ; dans l'après-midi Herbert[52] est venu, pour entraîner L. dans une promenade. Je suis allée à un concert de Queen's Hall ; y ai entendu trois beaux morceaux[53], puis suis rentrée, trouvant Herbert, qui est resté jusqu'au dîner. Marjorie Strachey est venue dîner, paraissant, au premier coup d'œil, indéfinissablement changée. Embellie, ai-je pensé, bien que visiblement amaigrie. Elle s'est plainte d'insomnies, et à la manière typique des S. d' « être détraquée » ; et de ce que la vie est « trop épouvantable ». Elle a cependant parlé de choses ordinaires tant qu'a duré le dîner — mais, ensuite, elle s'est étendue avec insistance sur le sujet du mariage. (Je ferais mieux

52. Herbert Sydney Woolf (1879-1950), le frère aîné de L. W. qui était agent de change.

53. Le *Quatrième Concerto brandebourgeois*, de Bach ; la *Symphonie en ré mineur*, de César Franck, et trois mouvements de la *Symphonie espagnole*, de Lalo.

de dire qu'elle nous déclara tout à trac : « J'ai un ami qui me trouve assez séduisante et très sotte », et, flairant là quelque chose, je dis : « Oh, c'est un ouvrier et vous ne devez pas l'épouser. ») Puis elle nous a accablé de questions et de questions sur la vie conjugale — et devait-elle se marier, et combien elle avait envie de se marier ; et j'ai pensé tantôt qu'elle parlait en l'air, comme il arrive à tant de célibataires, et tantôt qu'il y avait anguille sous roche. Enfin, l'un de nous (moi peut-être) dit :

« Bon, Marjorie, mais vous-même, que désirez-vous ?

— Etre une femme mariée ! répondit-elle d'un ton tragique.

— Mais y a-t-il quelqu'un que vous souhaitez épouser ?

— Oui !

— Et veut-il vous épouser, lui ?

— Oui !

— Qui est-ce ? »

Elle enfouit son visage dans ses mains, et puis s'écria : « Un homme marié ! Jos Wedgewood ! [54] » Nous en restâmes tous deux pantois ! Et ensuite nous n'avons plus parlé que de cela pendant une heure ou deux. C'est l'histoire la plus bizarre que j'aie jamais entendue. Voici à peu près ce qui s'est passé : l'été dernier, Jos a quitté sa femme, ou c'est elle qui l'a quitté, ce point restant douteux. Depuis, il a vécu seul à Londres, et s'est plaint amèrement, à Philip Morrel [55] entre autres, de sa solitude. Philip lui a conseillé une prostituée. Sur quoi, Ottoline a fourni Marjorie. On l'a invitée à dîner, et

54. Josiah Clement Wedgewood (1872-1943), issu d'une célèbre famille du Staffordshire, homme politique, membre du Parlement. Il avait épousé en 1894 Ethel Kate Bowen, qui lui donna sept enfants, mais le quitta en 1913. Leur divorce qui fut accompagné de toute une fâcheuse publicité fut ajourné jusqu'à la fin de la guerre.

55. Philip Edward Morrell (1870-1943), libéral, membre du Parlement, épousa en 1902 Lady Ottoline Cavendish-Bentinck (1873-1938), demi-sœur du duc de Portland et protectrice notoire de nombreux artistes et écrivains. Elle les recevait au 44 Bedford Square, et à Garsington Manor, non loin d'Oxford, qui devint le refuge d'un bon nombre d'objecteurs de conscience, après l'entrée en vigueur de la conscription, en 1916.

après le dîner, Ottoline a disparu en dansant de l'autre côté des portes pliantes, abandonnant Marjorie à un vertigineux tête-à-tête avec Jos. C'était leur première rencontre, mais il n'en a pas moins raconté à Marjorie son histoire et ses chagrins. Le lendemain, il est allé faire une visite à Lady Strachey[56]. Ils n'ont plus cessé de se voir, et aux environs de Noël, à Lockeridge, Jos a fait sa demande. A ce moment-là, Marjorie était déjà très éprise, et elle a accepté — mais que vont-ils faire ? Elle refuse de le laisser divorcer, sous prétexte que le divorce est déshonorant ; lui, de plus, dit qu'un divorce lui serait funeste sur le plan politique. Il est prodigieusement ambitieux. Elle aimerait vivre maritalement avec lui, mais là encore ce serait un complet désastre au point de vue politique. N'être qu'une maîtresse occasionnelle est hors de question pour elle. Lady Strachey offre une complication supplémentaire, car elle serait scandalisée de la moindre entorse aux conventions, et il est donc impossible de lui en parler. Puis on peut craindre Mrs Wedgewood. Si elle apprend la chose, n'essayera-t-elle pas de reconquérir Jos ? Y parviendra-t-elle ? La moitié des Strachey (dont Lytton) conseillent à Marjorie de n'y plus penser. Il est clair qu'elle est amoureuse ; et aussi complètement bouleversée et à bout de nerfs. Elle va partir pour le midi de la France. Pendant ce temps Jos sera sur le front. Enfin, que doit-on en penser ? Voyant Marjorie amoureuse et sachant son amour partagé, j'ai eu le sentiment qu'il ne pourrait pas y avoir de demi-mesures. Mais après avoir réfléchi, surtout à la manière dont les choses se sont passées, à la brièveté de toute l'affaire, aux manigances d'Ottoline, j'ai ressenti quelques doutes, surtout au sujet de Jos. N'est-ce pas l'histoire de Sydney Waterlow qui se répète encore une

56. Jane Maria Grant (1840-1928) veuve du lieutenant-général Sir Richard Strachey (1817-1908) dont elle avait eu dix enfants, parmi lesquels Oliver, Lytton et Marjorie. Lockeridge est un village près de Marlborough, dans le Wiltshire, où Lytton occupa de 1913 à 1915 un cottage qu'il louait à son condisciple de Cambridge, Edward Hilton Young.

fois[57] ? Ses sentiments à lui se révéleront-ils durables, même si c'est le cas de ceux de Marjorie ? Il a été marié à Ethel pendant vingt ans ; et ils ont sept enfants. Leonard se montre pessimiste, et sans doute a-t-il raison. Il estime que Marjorie s'engage sur le chemin le plus néfaste à ses espoirs, et il fait ressortir ce qu'a d'horrible sa situation de maîtresse, alors qu'elle n'a aucune prise sur un homme qui reconnaît faire passer sa carrière avant tout, et à qui on l'a offerte pour satisfaire des besoins qui risquent de passer très vite... Mais maintenant qu'ils vont être séparés pendant quelque temps les choses se tasseront peut-être. Pour elle, je crois que c'est la grande affaire de sa vie, d'une manière ou d'une autre. Ce matin, obéissant à une impulsion de la nuit, j'ai écrit à Thomas Hardy pour le remercier de son poème sur papa et son œuvre[58].

Lundi 18 janvier

Nous étions encore intoxiqués par Marjorie ce matin. Toute la nuit (à ce qu'il nous a semblé) on a entrechoqué des caisses dans la chambre à côté. Le locataire avait une épouse de retour de New York. L'après-midi nous avons visité des maisons dans Mecklemburg Square, ce qui nous a conduits à une longue discussion sur notre avenir et à une nouvelle évaluation de notre revenu. L'avenir est sombre, ce qui, somme toute, est la meilleure des choses pour un avenir. L. est allé chez les Webb, et, moi, je suis rentrée — et depuis il ne s'est rien passé non plus qui vaille la peine d'être noté, si ce n'est qu'à l'instant où je commençais cette page L. a déclaré qu'il avait décidé de renoncer à se charger du pamphlet sur l'arbitrage[59],

57. En décembre 1911, Sydney Waterlow, séparé de sa première femme, mais non encore divorcé, avait fait une déclaration d'amour à V. W., qui l'avait gentiment repoussée.

58. Il s'agit du poème « The Shreckhorn, june 1897, with Thoughts of Leslie Stephen », paru dans *Satires and Circumstances*, 1914.

59. Ce pamphlet, dont la rédaction fut entreprise à l'instigation de Sydney Webb, en guise de rapport pour un comité de la Société fabienne, loin d'être

et maintenant je m'en vais abandonner ce journal pour discuter avec lui de cette folie. Elle tient en partie à mon habitude égoïste de toujours présenter l'argument de mon livre. En cherchant à savoir ce que l'on peut dire *à l'encontre* de toute forme d'activité, je détourne L. de tout travail, alors qu'en fait ce que je dis n'est pas en accord avec moi-même, mais avec le personnage d'Effie. Il est absolument essentiel que Leonard fasse ce travail qui offre des possibilités superbes.

Mardi 19 janvier

L. continue à broyer du noir, à telle enseigne qu'il s'est déclaré incapable de travailler ce matin. De ce fait, la journée a été plutôt mélancolique. Dehors il fait très froid et gris aussi. Nous nous sommes promenés dans Richmond Park cet après-midi : arbres tout noirs et ciel menaçant au-dessus de Londres ; mais il y a assez de couleurs pour que ce soit plus ravissant encore que par une belle journée, à mon avis. Le cerf est exactement assorti aux fougères. Mais L. broyait du noir, donc. Il ne me restait plus qu'à désavouer ce que j'avais dit, et à dire ce que je pensais réellement. C'est une mauvaise habitude que d'écrire des romans, cela fausse la vie. Toujours est-il que lorsque je fais l'éloge de ses écrits en toute sincérité, pendant cinq minutes, L. me dit : « Arrête ! » Sur quoi je m'arrête, et il n'y a plus rien à dire. Quand j'analyse son humeur je l'attribue surtout à un manque de confiance caractéristique en sa propre capacité d'écrire, comme s'il doutait, somme toute, d'être écrivain ; et, étant un homme positif, sa mélancolie va beaucoup plus profond que celle à demi simulée des gens poseurs, comme Lytton, Sir Leslie[60] et moi-même. Impossible de discuter avec lui.

abandonné, devint un ouvrage important, intitulé *International Government*, dont le gouvernement britannique s'inspira pour son projet de Société des Nations.

60. Sir Leslie Stephen (1832-1904), père de V. W., homme de lettres et premier rédacteur du *Dictionary of National Biography*. (Pour Lytton Strachey, voir plus loin, 16 août 1917, note 15.)

Enfin, je lis L'*Idiot.* Le style m'en est bien souvent insupportable. Dostoïevski me semble avoir le même genre de vitalité que Walter Scott ; mais Walter Scott se contente de fabriquer des gens ordinaires superbes, tandis que D. crée des phénomènes au cerveau très subtil et aux souffrances épouvantables. Peut-être la ressemblance provient-elle du style lâche et désinvolte de la traduction. Je lis aussi Michelet, me frayant chemin non sans peine à travers le lugubre Moyen Age ; et la vie de Fanny Kemble[61]. Hier, dans le train, j'ai lu *La Mèche de cheveu enlevée*[62], œuvre qui me paraît « suprême », presque surhumaine dans sa beauté et son brillant — on a vraiment peine à croire qu'on puisse écrire de telles choses. Je pense que j'écrirai un jour un volume d' « Excentriques ». Il y aura Mr Grote, Lady Hester Stanhope, Margaret Fuller, la duchesse de Newcastle. Tante Julia[63] ?

Mercredi 20 janvier

Ayant achevé un chapitre, j'ai passé une partie de la matinée à acheter des petits morceaux de ceci et de cela. En premier lieu, j'ai vu une masse de matière rosâtre à la poissonnerie, et je l'ai achetée : des œufs de morue. Puis j'ai fait des doubles au carbone de quelques notes prises par L. en vue de l'arbitrage. L'action de la nature lui a soulagé l'esprit mieux que tous les arguments de son épouse, et puis il fait beau aujourd'hui. En tout cas, on peut maintenant espérer qu'il va se mettre au travail, ce qui est le principal. Il est allé à la School of Economics[64]

61. Frances Ann Kemble (1809-1893), issue d'une grande famille d'acteurs. Elle publia cinq ouvrages autobiographiques entre 1853 et 1891.

62. *The Rapt of the Lock,* poème héroï-comique d'Alexander Pope. « Suprême » était un mot très employé parmi les Apôtres de la génération de V. W.

63. Tante Julia était Julia Margaret Cameroun, née Pattle (1815-1879), grand-tante de V. W. et pionnière de la photographie.

64. The London School of Economics and Political Sciences, qui fut virtuellement fondée par Sydney et Beatrice Webb en 1895, avec de l'argent

après le déjeuner, et, moi, à Westminster. Je veux voir le plus de maisons possible. Mais, dans Barton Street, la location est de cent trente livres — et c'est peu si l'on tient compte de la guerre. Westminster silencieux et ombragé par l'abbaye est pour ainsi dire le cœur de Londres.

Entre-temps, il s'était mis à pleuvoir. Je suis allée à la Day's où j'ai découvert qu'on avait déjà envoyé mes livres. Quand j'ai essayé de me rappeler le titre de l'un d'eux, je n'y suis pas parvenue ; c'est ce que l'on doit ressentir à un examen. J'ai lu *Essai sur la critique*[65] en attendant mon train à Hammersmith. Les classiques font mieux passer le temps que la *Pall Mall Gazette.* Maynard Keynes est venu dîner. Nous avons fait des commentaires à toute vapeur sur Adrian et Karin (Adrian faisant sa cour d'une voix sonore et judicieuse[66]) et sur Marjorie et Jos, évidemment. Là, K., bien qu'amical et très amusant, m'a paru un peu inhumain. Il ne voyait que le côté bizarre et comique, sans paraître songer que cela pouvait être sérieux. D'après lui, ce sont Nessa et Ottoline qui ont tout combiné. Puis nous avons parlé de la guerre. Nous ne nous battons pas pour l'instant, dit-il, nous nous contentons d'attendre le printemps. Et de dépenser de l'argent avec prodigalité, au point de faire béer d'admiration les Français, qui tirent le diable par la queue. Nous ne pouvons manquer de remporter la victoire, et avec panache encore, ayant consacré toute notre intelligence et nos richesses à la question.

remis à la Société fabienne pour l'avancement du socialisme. Elle ne fut jamais administrée par la société, et, à partir de 1900, fit partie de l'université de Londres.

65. *Essay on Criticism,* poème didactique d'Alexander Pope.

66. Karin Elizabeth Stephen, née Costelloe (1889-1953), avait épousé Adrian en octobre 1914. Elle venait d'obtenir une bourse de recherches à Cambridge après y avoir fait des études poussées de philosophie. Elle était atteinte de surdité.

Jeudi 21 janvier

Hier soir, Maynard s'est montré sceptique quant à l'utilité d'écrire sur l'arbitrage. Il s'est montré sceptique quant à l'utilité de toute tâche, en dehors du plaisir qu'on peut trouver à l'exécuter. Il ne travaille que parce qu'il aime son travail. Cela, bien entendu, a déprimé une fois de plus ce pauvre L. Il était très abattu ce matin, avec en plus la perspective de passer la journée au British Museum, ce qui est déjà désagréable en soi, que l'on croie ou non à ce que l'on fait. Je n'en pense pas moins que c'est voué à un énorme succès et que même si cela n'empêche pas une autre guerre, cela placera Leonard parmi les hommes éminents de la nouvelle génération, ce qui n'est pas entièrement à dédaigner. Je suis allée à la London Library, cet endroit aux relents de culture éventée que je déteste. J'ai lu ce qu'écrit Gilbert Murray sur l'immortalité, j'ai pris un livre pour L., et puis en route pour la maison, manquant mon train, et lisant *La Lettre au Dr Arbuthnot*[67] sur le quai de la gare de Hammersmith. L. est rentré tard, étant monté jusqu'à Hampstead, pour voir Janet qui semble toujours dans le même état ; mais je pense qu'il faut s'y attendre pour des mois encore. Emphie, fâchée contre Margaret, qui conseille une vraie cure de repos, de celles « qu'on n'inflige pas au malade lui-même ». Sylvia Milman est venue dîner. Après toutes sortes d'embarras sur la Chine, qu'elle a consciencieusement visitée, dans son souci d'être d'avant-garde, on en est venu aux souvenirs d'enfance[68], qui m'ont amusée, mais qui ont ennuyé L., je le crains. Personne n'a jamais eu un foyer aussi morne

67. *Epistle to Dr Arbuthnot,* 1735, d'Alexander Pope. Le livre de Gilbert Murray est peut-être *Four Stages of Greek Religion* (« Quatre étapes de la religion en Grèce »), 1912.

68. Sylvia Milman et ses sœurs, Ida, Enid et Maud, petites-filles du doyen de St Paul, Henry Hart Milman (1791-1868), étaient des habituées de la maison des Stephen depuis leur enfance à Kensington. L'allusion à la Chine n'a pas été élucidée.

que Sylvia ; mais rien qu'à force de travail, sans une miette de talent, elle a courageusement progressé dans le sillage de l'avant-garde, autrement dit, de Nessa ; et maintenant elle a un appartement à elle, elle met de l'argent de côté pour voyager et elle aide à l'Omega. Ida est infirmière en France ; Enid et Maud ont un élevage de poules. Il est clair que le doyen avait de l'étoffe, à défaut de la moindre étincelle d'enthousiasme. Sylvia s'est attardée à n'en plus finir ; jusqu'au moment où L. s'est à demi levé de son fauteuil.

Vendredi 22 janvier

Lorsque L. a tiré les rideaux ce matin, aucune lumière, ou presque, n'est entrée ; il y avait une sorte de pagaille grise au dehors — une neige molle, qui tourbillonnait sans fin. Cela a duré presque toute la journée, la neige se changeant parfois en pluie. Le Green est ravissant en soi et illumine la pièce de son éclat blanc pur. Mais les rues sont devenues tout de suite brunâtres. Naturellement, dans cette maison de malheur, les conduites ont éclaté, ou se sont engorgées ; ou bien le toit a dû s'ouvrir en deux. Quoi qu'il en soit, au milieu de la matinée, j'ai entendu l'eau se précipiter dans le lambris du plafond ; et depuis M. Le Grys Lizzie et diverses personnes ne cessent de grimper sur le toit. L'eau continue de tomber goutte à goutte à travers le plafond, dans une rangée de seaux de toilette. Mme Le Grys s'écrie d'une voix surexcitée : « Oh, ça ira, nous sommes assurés ! » Le plombier refuse de venir par ce temps. Nous irons écouter les Fabiens à Essex Hall[69]. Il est probable que nous serons emportés de nos lits cette nuit. C'est un drôle d'hiver — le pire que j'aie jamais connu, et qui convient à la guerre et tout le tremblement. Je n'ai pas dit hier que j'avais eu des nouvelles de

69. La Société fabienne tenait une réunion sur les conditions de paix à Essex Hall, non loin du Strand.

Thomas Hardy ! Il m'a écrit une lettre très gentille, très caractéristique, et je lui ai fait grand plaisir en lui écrivant. Ainsi mon inspiration nocturne venait du Bon Dieu.

Samedi 23 janvier

Cela valait la peine d'entendre les Fabiens, et encore plus de les voir. Miss Atkinson[70] a radoté à n'en plus finir sur la paix. J'ai tout compris de ce qu'elle disait, et l'ai généralement réfuté, ce qui me donne à penser que ce devait être très mauvais. C'était intéressant d'observer Mrs Webb, assise à la table, comme une araignée industrieuse tissant sa toile * (un jeu de mots !) inlassablement. Le hall était plein de ces femmes sans attraits, pénétrées de sérieux, que l'on considère comme « bizarres » chez elles, et qui en jouissent ; de jeunes gens au nez épais, au teint brouillé, aux cheveux ébouriffés, en complet de tweed brun. Ils semblaient tous mal portants, singuliers, impuissants. Le seul discours passable est venu de Squire[71] qui portait une chemise bleue et cultive des dehors amusants. Il a déclaré que tout ce qu'on avait dit était très ennuyeux et raisonnable — ce qui est exact. Et l'idée que ces frêles insectes fileurs puissent influer sur le destin des nations me semble fantastique. Mais cela valait la peine de se déranger, et me voilà maintenant Fabienne déclarée. Nous sommes restés à Richmond toute la journée. Nous avons fait une promenade en remontant le cours du fleuve et avons été surpris par une soudaine avalanche de neige tombée d'un toit. Il faisait très froid et brumeux. Jean[72] nous a demandé

70. Mabel Atkinson, inlassable Fabienne et membre pittoresque du Groupe des femmes.

* *Web :* « tissu », « trame » est aussi le mot employé pour « toile d'araignée », *spider-web.* (*N.d.T.*)

71. John Collings Squire (1884-1958), poète et homme de lettres ; directeur littéraire du *New Stateman,* de 1913 à 1919, et membre actif de la Société fabienne.

72. Miss Jean Thomas, propriétaire d'une maison de santé pour maladies nerveuses et mentales, où V. W. avait à plusieurs reprises séjourné. V. W. l'appréciait non seulement pour ses capacités professionnelles mais en tant qu'amie dévouée.

d'aller entendre chanter quelques VAD[73], mais le coin du feu, après le thé, était bien trop tentant. Oliver[74] et Ray ont dîné avec nous. Oliver toujours le même, très vite impatienté et plutôt susceptible. Ray solide, compétente, rassurante. Nous avons discuté de la guerre, et de Marjorie. « Je ne peux *supporter* d'y penser. C'est par trop *révoltant* », a dit O., en frissonnant, après avoir déclaré qu'il fallait évidemment que M. vive avec Jos, en tant que sa maîtresse. Ray déclare qu'elle divise le monde en ceux qui sont assez bien pour qu'on s'en éprenne et ceux qui ne le sont pas — et que Marjorie ne l'est pas. Ils pensent tous deux qu'elle est amoureuse — mais amoureuse aussi du tragique de la situation. Ils partagent également nos craintes — mais conviennent que dans le cas de M. n'importe quoi vaut mieux que rien du tout.

Dimanche 24 janvier

Pendant le dîner, hier soir, Molly a téléphoné pour demander si elle pouvait venir déjeuner demain avec Desmond[75]. Oliver s'est écrié qu'il se trouvait savoir que Desmond avait promis de déjeuner avec Henry James. Nous l'avons dit à Molly. C'était du nouveau pour elle. Elle est donc venue seule, vers midi trente. Nous nous sommes évidemment lancées à corps perdu dans les commérages de Gordon Square. Elle a intensément souffert cet hiver, du fait de brouilles en série avec Clive,

73. Le Volontary Aid Detachment était un service médical auxiliaire des forces armées.

74. Oliver Strachey (1874-1960), un des frères aînés de Lytton. En 1911, il avait épousé en secondes noces Rachel Conn Costelloe (sœur aînée de Karin, la femme d'Adrian) qui militait inlassablement pour les droits et la cause des femmes.

75. (Charles, Otto) Desmond MacCarthy (1877-1952), journaliste littéraire et critique dramatique, diplômé de Trinity College, Cambridge, et Apôtre. Ses amis comptaient qu'il serait un grand romancier, mais il avait surtout un don inné pour la conversation. Il connaissait la famille Stephen depuis la mort de Sir Leslie. En 1911, il avait épousé Mary (Molly) Warre-Cornish, qui était, de même que V. W., une nièce par alliance de Lady Ann Thackeray Ritchie (tante Anny).

dont je puis imaginer la nature, encore que je ne sache pas si c'est lui qui s'est lassé le premier, ou elle qui s'est dégoûtée. Toujours est-il que, comme j'aurais pu le prédire, après des scènes violentes qui ont rempli près de dix-huit mois, ils se sont séparés ; et il lui en veut, et elle s'en veut... de l'avoir jamais écouté. Mais elle estime qu'il s'accommoderait mal d'une relation intermittente — il appelle cela du « bavardage de garden-party » ; et, quant à elle, elle sent qu'une intimité dans ces milieux-là aboutit à une flétrissure de l'âme. Alors elle a rompu, et maintenant elle emmène Desmond passer neuf mois à Freshwater [76], pour y vivre économiquement et écrire un roman. Ce sera vraiment la dernière tentative — et qui semble un peu désespérée. Il viendra en ville une fois toutes les six semaines. Elle devra s'occuper des trois enfants et de la maison avec une unique bonne. Et elle entend ne plus jamais se replonger dans le tourbillon. De plus, il se sont querellés avec la mère de Desmond, ce qui les prive de cent livres par an. Il leur faudra vivre avec trois cent cinquante livres, y compris ce que rapporte l'article hebdomadaire de Desmond au *New Stateman.* Elle s'est montrée incohérente, distraite et décousue, selon son habitude ; semblable à un petit papillon gris parmi des machines. L. est allé voir sa mère ; j'ai fait une visite à Jean, que j'ai trouvée trônant en velours noir dans une pièce semblable à une salle de restaurant bon marché, brillamment éclairée. Et il y avait aussi la vieille Mrs Thomas, qui tricotait sans désemparer ; nous avons parlé conduites d'eau et soldats ; et puis je suis rentrée à la maison pour une soirée tranquille, Dieu merci !

Lundi 25 janvier

Mon anniversaire — et voyons que je compte un peu toutes les choses que j'ai eues. L. avait juré qu'il ne me

76. Tante Anny Richtie prêtait son cottage de Freshwater, dans l'île de Wright, aux MacCarthy qui étaient chroniquement à court d'argent.

donnerait rien, et, en bonne épouse, je l'avais cru. Mais il s'est glissé dans mon lit avec un petit paquet, qui était une jolie bourse verte. Et il a apporté le petit déjeuner avec un journal qui annonçait une victoire navale (nous avons coulé un cuirassé allemand[77]) et un paquet brun, rectangulaire qui contenait *The Abbot*[78], une ravissante édition originale. J'ai donc eu une matinée très joyeuse et très agréable, surpassée encore par l'après-midi, d'ailleurs. On m'a emmenée en ville, à titre gracieux, pour m'offrir une partie de plaisir, d'abord au cinéma-palace, et puis chez Buszard[79]. Je crois qu'il y avait bien dix ans qu'on ne m'avait pas gâtée pour mon anniversaire, et l'ambiance y était aussi : une belle journée de gel où tout était vif et joyeux, comme il se doit, mais n'est jamais pour un anniversaire. Le cinéma-palace a été un peu décevant car, malgré une attente d'une heure et demie, nous avons dû nous passer d'actualités de la guerre. Mais, pour compenser, nous avons attrapé de justesse un train direct, et j'ai éprouvé un grand plaisir à lire ce que papa a écrit sur Pope[80] ; c'est très spirituel et brillant, sans la moindre phrase inutile. En fait, je ne me souviens pas d'avoir jamais autant apprécié un anniversaire — pas depuis mon enfance, en tout cas. Pendant le thé, nous avons décidé trois choses : en premier lieu, de prendre Hogarth, si c'est possible de l'avoir ; en deuxième lieu, d'acheter une presse à imprimer ; et, en troisième, d'acheter un bull-terrier qui s'appellera sans doute John. Je suis très excitée à l'idée des trois — surtout à celle de la presse. On m'a aussi offert un paquet de bonbons à rapporter à la maison.

77. Le croiseur cuirassé allemand *Blücher* qui fut coulé le 24 janvier à la bataille du Dogger Bank.

78. De Sir Walter Scott, publié en trois volumes en 1820.

79. Un salon de thé d'Oxford Street.

80. Leslie Stephen écrivit une biographie de Pope pour la série des « Hommes de lettres anglais » ; et un essai *Pope as a Moralist* (« Pope moraliste ») parut dans la nouvelle édition de 1892 de son ouvrage *Hours in a Library* (« Des heures dans une bibliothèque »).

Mardi 26 janvier

L. est allé à la School of Economics ce matin. J'ai écrit, comme d'habitude au coin du feu, interrompue une fois par Lizzy, qui est semblable à un jeune cheval de bât, à la robe bourrue, aux sabots boueux. Après le déjeuner, j'ai retrouvé L. à la grille de Kew Gardens, et nous sommes rentrés à pied à Richmond, en traversant le parc que l'on sent fourmiller maintenant de bourgeons et de bulbes, même si l'on ne voit pas la moindre pousse. L. s'est déjà attaqué à son arbitrage — tel est l'esprit masculin — et va, je le vois, en venir à bout d'une seule traite et (là, c'est moi qui prophétise) ce sera un grand succès, qui le mènera à tout le travail qu'il peut souhaiter. Comme Molly le disait en soupirant : « Ce doit être merveilleux d'avoir un mari qui travaille ! » Je trouve que ce serait beaucoup plus bizarre d'en avoir un qui ne travaille pas... Mrs Woolf et Clara[81] viennent dîner, alors il faut que je m'arrête.

Mercredi 27 janvier

Mrs Woolf et Clara sont venues dîner. Elles ont un-je-ne-sais-quoi... Sans doute ferais-je mieux de ne pas essayer de le définir. Cela tient peut-être en partie à leur voix, en partie à leurs manières. En tout cas, elles nous ont offert des fleurs et des chocolats. Mrs W. s'est assise avec son tricot. Clara a fumé. Je crois que les juives sont toujours plus ou moins mécontentes de leur sort. C'est vrai pour Clara. Mrs W. a l'esprit d'une enfant. Elle s'amuse de tout et pourtant ne comprend rien, dit tout ce qui lui passe par la tête, jacasse sans arrêt, tantôt avec

81. La mère de L. W., née Marie de Jongh (1848-1839), mariée en premières noces à Mr Goldstucker ; et veuve (depuis 1892) de Sydney Woolf Q. C. ; elle avait élevé neuf enfants. Clara était la deuxième de ses trois filles.

bonne humeur, tantôt avec mauvaise humeur. Elle semble aimer tout le monde dans la même mesure, comme si tout le monde était pareil. Elle nous a raconté qu'autrefois elle allait se coucher en emportant un panier de chaussettes, de manière à pouvoir commencer tout de suite à raccommoder le matin.

Leonard est allé à la School of Economics aujourd'hui. J'ai écrit, et puis suis allée voir Janet. Emphie et la cuisinière ont la grippe. J'ai été accueillie par une sœur aînée, personne d'un certain âge, débrouillarde, pleine de bon sens, qui a pris la situation en main. Janet semblait mieux, et a dit qu'elle se sentait mieux. Nous avons parlé de mon roman[82] (dont chacun va m'affirmer n'avoir jamais rien lu de plus brillant, et que tout le monde condamnera à part soi, comme il mérite en effet de l'être) et de Shelley, des poètes et de leur immoralité. Elle m'a dit que dans sa jeunesse elle aurait désapprouvé les relations de Shelley avec les femmes. Mais la vieille sœur ne faisait qu'entrer et sortir, ce qui rendait difficile une conversation sur la moralité. Suis rentrée à la maison, ai terminé Pope, et maintenant vais me coucher.

Jeudi 28 janvier

Voilà Leonard encore parti — pour déjeuner avec les Webb et pour sa réunion du comité. Une fois de plus, j'ai écrit. Tous ces derniers jours, soit dit en passant, il a fait sombre, avec à peine une éclaircie vers trois heures de l'après-midi, avant le plongeon final dans l'obscurité ; et pourtant je trouve que cette obscurité même est déjà celle du tout premier printemps, et non plus celle de l'hiver. J'ai décidé d'aller à Londres pour le plaisir

82. *The Voyage Out* (*La Traversée des apparences*) avait été accepté par Gerald Duckworth (demi-frère de V. W.) en avril 1913. La publication en avait été retardée, sans doute à cause de la précédente dépression de V. W. Mais les épreuves étaient imprimées, et il parut enfin le 26 mars 1915. C'est là la seule et unique fois que V. W. mentionne son roman dans son journal de 1915.

d'entendre le grondement du Strand, auquel on aspire, je trouve, après un jour ou deux de Richmond. On ne peut prendre Richmond au sérieux, je ne sais pourquoi. On y est toujours venu en excursion, sans doute, et cela fait partie de son charme ; mais on se sent parfois le besoin d'une vie sérieuse. Pendant que je m'habillais, ma montre est tombée par terre ; et alors que je prenais le thé dans une boutique du Strand, je me suis aperçue que les aiguilles marquaient toujours quatre heures et demie, bien que le tic-tac n'eût pas cessé. Je me suis donc rendue chez Frodsham, dans South Molton Street, où je me suis prévalue du nom de McCabe [83] et du fait que la montre était depuis plus de soixante ans dans ma famille. Frodsham a la prétention d'être le seul authentique horloger de Londres : les autres sont des bijoutiers. J'ai vu une femme très belle dans le bus ; elle avait peine à se retenir de rire parce qu'un superbe militaire était projeté sur ses genoux comme un sac de pommes de terre, ce qui semblait l'amuser beaucoup, et plus elle riait, plus je la trouvais sympathique. Il ne m'arrive guère plus d'une fois en quinze jours qu'une personne me paraisse sympathique ; la plupart ne me sont rien du tout. De retour à la maison, ai trouvé L. rentré triomphant de son comité. On le laisse en faire à sa tête ; et Squire a indiqué à demi-mot qu'ils aimeraient le charger de la préparation du supplément-Livre bleu [84]. Enfin, « je te l'avais bien dit... ». Une nouvelle domestique est arrivée aujourd'hui. Lizzy est partie en emportant un paquet enveloppé de papier brun et en sifflant bruyamment. Je me demande où elle est allée.

83. Les MacCabe furent des horlogers de renom, à Londres, de 1778 à 1883.

84. Constatant que le gouvernement britannique était le plus grand éditeur (et à certains égards le plus dénué du sens des affaires) de l'Empire, le *New Stateman* avait entrepris de publier (sans nul doute à l'instigation de Sydney et de Beatrice Webb), toutes les cinq semaines environ, un supplément donnant la liste, un résumé ou une appréciation critique de toutes les publications du gouvernement (*Blue Books*). La fréquence de la parution du supplément diminua à mesure que progressait la guerre, et celui du 17 janvier 1917 semble avoir été le dernier. L. W. collabora certainement à ces suppléments.

Vendredi 29 janvier

Dois-je indiquer : « Il ne s'est rien passé aujourd'hui », comme nous le faisions autrefois dans nos journaux intimes, lorsqu'ils étaient à l'agonie ? Cela ne serait pas exact. La journée est un peu semblable à un arbre sans feuilles : elle comporte toutes sortes de nuances, si on la regarde de près. Mais le dessin général est plutôt dépouillé. Nous avons travaillé ; après le déjeuner nous avons longé le fleuve jusqu'à ce grand bâtiment moyenâgeux qui s'avance dans l'eau. C'est, je crois, un énorme moulin. Et nous sommes rentrés de bonne heure, pour que L. puisse prendre son thé avant de se rendre à un comité à Hampstead. Après cela, je suis allée aux provisions et n'ai pas remarqué grand-chose d'intéressant. Mais ce qui a marqué la journée pour moi est une sorte de vague malaise, causé par la personnalité excentrique de Maud, la nouvelle bonne. Lorsqu'on lui parle, elle s'arrête net et regarde le plafond. Elle se précipite dans la pièce, « rien que pour voir si vous êtes là ». C'est une femme décharnée, d'environ quarante ans, qui ne reste jamais longtemps nulle part. Je crois qu'elle vit dans la crainte de quelque chose. Elle sursaute quand elle pose les assiettes. Mme Le Grys dit que les bizarreries de Maud la rendent folle à son tour. Elle vient d'annoncer qu'elle est la fille d'un colonel. Je suis sûre qu'elle a la tête pleine d'aberrations, la pauvre. On se demande seulement comment elle s'arrange pour vivre.

Samedi 30 janvier

L. est allé chez Chancellors ce matin pour s'enquérir de Hogarth. Ils avancent maintenant que Mrs Vontner désire y rester — mais nous le confirmerons définitivement lundi. C'est bien ennuyeux. J'ai du flair pour les maisons, et celle-ci était une maison parfaite s'il en fut jamais. Nous sommes allés à Wimbledon, sur la foi d'une information de Savage[85], selon laquelle il y avait là une très belle maison à louer. Wimbledon est une morne banlieue, haut perchée, lugubre, battue des vents, en bordure d'une lande misérable. Et la maison indiquée par Savage est une villa agrandie, louée, meublée, pour cent cinquante livres, sur laquelle les autobus qui passent sur la route ont une vue plongeante. Par conséquent, absolument pas faite pour nous, à aucun point de vue. Nous sommes rentrés en bus, et le monde devenait peu à peu plus agréable à mesure que nous approchions de Richmond. Vraiment, c'est, et de beaucoup, ce qu'il y a de mieux en fait de banlieue, car, pas plus qu'Oxford ou Marlborough, ce n'est qu'une ramification de Londres. Il faisait un froid glacial ; et j'ai eu la bonne grâce de songer aux nombreux chauffeurs d'autobus qui grelottaient aujourd'hui ; mais il n'y a que les atteintes à mon propre confort qui me remettent en mémoire le sort des autres — contrairement à L. La secrète obsession de Maud est, je crois, qu'elle est une dame. Elle s'efforce de parler du temps d'une manière distinguée, comme il se doit pour une fille de colonel ; et lorsqu'elle apporte le charbon, elle murmure quelque chose à propos de son habitude de tenir une maison. Elle est assurément plus propre que Lizzy. J'espère que sa folie ne va pas empirer. Mon cor est guéri. Je ne viens pas à bout du Moyen Age de Michelet. L. doit faire le compte rendu d'un Livre bleu sur l'Inde. Il a été retenu tard à Hampstead ; n'est pas rentré avant dix heures et quart, où nous avons pris du chocolat chaud au coin du feu. Il a lu *Les Trois Juifs*[86] à Janet.

85. Sir George Henry Savage (1842-1921), médecin distingué, spécialisé dans le traitement des maladies mentales. Il était depuis des années à la fois l'ami et le conseiller médical de la famille Stephen, surtout en ce qui concernait les ennuis de V. W.

86. La nouvelle de L. W., *The Three Jews*, et celle de V. W., *The Mark on the Wall* (« La Marque sur le mur »), imprimées par eux-mêmes, parurent durant l'été 1917, au titre de publication n° 1 de la Hogarth Press.

Dimanche 31 janvier

Vraiment, c'est absurde ! Nous nous sommes disputés toute la matinée. C'était une matinée délicieuse, et la voilà maintenant vouée à jamais au diable, marquée au fer de notre mauvaise humeur. Qui a commencé ? Qui a poursuivi ? Dieu sait ! Tout ce que je peux dire c'est que j'explose, tandis que L. brûle en dedans. Enfin, nous nous sommes brusquement réconciliés (mais la matinée était perdue) et nous avons fait une promenade dans le parc après déjeuner. Nous sommes rentrés en passant par Hogarth, et avons tâché de nous persuader que nous ne serions pas déçus si nous ne pouvions l'avoir. C'est vrai qu'elle ne donne pas sur le Green. Après le thé, comme aucune visite ne s'annonçait (nous n'avons vu pour ainsi dire personne cette semaine), je me suis plongée dans *Les Vierges sages*[87], que j'ai lu d'une seule traite, arrivant au bout à l'heure du coucher. Je suis d'avis que c'est un livre remarquable ; très mauvais par endroits ; de premier ordre à d'autres. Un livre d'écrivain, je trouve, car seul un écrivain, sans doute, est à même de voir pourquoi ce qu'il comporte de bon est si bon, et que ce qu'il comporte de mauvais n'est pas si mauvais. Il me semble avoir l'étoffe de vingt *Duke Jones,* malgré des bourdes à faire pâlir Miss Sidgwick[88]. Cette lecture m'a rendue très heureuse : j'aime le côté poétique de L. — et il est un peu étouffé dans les Livres bleus et l'organisation.

87. Le second roman de L. W., *The Wise Virgins,* achevé en 1913, sa publication fut retardée jusqu'en octobre 1914, l'éditeur, Edward Arnold, s'étant élevé contre certains passages. L'ouvrage contient des portraits, en général peu chaleureux, empruntant à L. W. lui-même, V. W., leur famille et leurs amis. Peut-être était-ce pour cette raison, jointe à son état de santé, que V. W. n'avait encore jamais lu le livre.

88. Ethel Sidgwick, auteur de *Duke Jones, A Sequel to a Lady of Leasure,* 1914.

Lundi 1er février

J'ai dû aller faire des courses ce matin, et suis donc entrée chez Chancellor's. On m'a dit que Mrs Vontner posait ses conditions pour rester à Hogarth, de sorte qu'il est possible qu'elle n'y reste pas. Nous voilà donc encore en suspens. Mme Le Grys m'a parlé aussi ce matin d'une maison donnant sur le Green, à trois portes plus loin — qui serait à louer en mars. La location est de soixante-cinq livres, et on demande soixante-quinze livres de reprise. Nous sommes allés la voir après le déjeuner, mais, comme c'est une pension de famille, nous n'avons pu la visiter. Ce que nous avons vu était défiguré de toutes les manières possibles, mais c'est une belle maison solide, sans le charme de Hogarth, mais avec le Green en plus. Nous sommes allés à Londres. L. à la London Library ; moi, à la Day's. Nous avons traversé ensemble le Green Park. Dans St James Street, il y a eu une explosion épouvantable ; les gens se sont précipités hors des clubs, s'arrêtant net, pour regarder autour d'eux. Mais il n'y avait ni Zeppelin ni aéroplane — c'était simplement, je pense, l'éclatement d'un très gros pneu. Mais c'est vraiment instinctif chez moi, et chez la plupart des gens, je le suppose, de réduire tout bruit soudain ou objet noir dans le ciel à une explosion ou à un aéroplane allemand. Et il paraît absolument impossible qu'on puisse être blessé.

A la Day's j'ai été exaspérée comme à l'ordinaire par la réunion d'après-midi des mondaines en quête de livres. On vient à l'instant de nous téléphoner de chez Chancellor's, qui aimerait que nous rencontrions demain le propriétaire de Hogarth, et peut-être que nous l'emportions par notre prestance et notre respectabilité sur Mrs Vontner, dont les exigences ont déplu à Chancellor's. En fait, il semble tout à fait possible maintenant que nous obtenions Hogarth. J'aimerais être déjà à demain. Je suis certaine qu'on ne peut rien trouver de mieux comme maison [1].

Mardi 2 février

Donc, nous voilà à demain, et nous n'avons encore jamais été aussi près d'obtenir Hogarth. Nous ne nous sommes guère occupés que de cela, n'avons guère songé qu'à cela toute la journée, alors autant que cela nous rapporte quelque chose...

Le journal de V. W. ne comporte rien concernant les dix jours suivants. D'après les notes succinctes de L. W., ils allèrent voir Chancellor's au sujet de Hogarth House, dans l'après-midi du 2 février ; les deux jours suivants, ils firent une promenade au cours de l'après-midi ; le vendredi, L. W. se rendit à la London Library — et V. W. y alla probablement aussi. Le samedi matin, 6 février, ils allèrent à Rye, et descendirent à l'Old Flushing Inn. Le dimanche, ils allèrent à pied à Playden, le matin, et à Winchelsea, l'après-midi. Le lundi 8 février, ils firent une promenade l'après-midi, et le mardi allèrent déjeuner à Hastings ; et puis ils rentrèrent à Londres, où L. dîna avec Sydney Waterlow à la Cock Tavern, dans Fleet Street, et, ayant rencontré Ka Cox et Gerald Shove, ils les accompagnèrent jusqu'au logement de Ka Cox (qui avait été celui de Leonard et de Virginia à un moment donné), dans Clifford's Inn. Le 12 février, les Woolf allèrent revoir Hogarth House.

Samedi 13 février

Il est tombé un vrai déluge ce matin. Aussi longtemps que je puisse tenir mon journal, je suis sûre que je ne

1. Le 25 février L. W. signa un bail de cinq ans pour Hogarth House, la location étant de cinquante livres par an.

trouverai jamais un hiver qui batte celui-ci. Il semble ne plus pouvoir se maîtriser. Nous avons écrit ; et après le déjeuner L. est allé à la bibliothèque, et moi à un concert à Queen's Hall. Je suis tombée sur Olivier Strachey, debout, typiquement Strachey, dans le hall, parce qu'il déteste s'asseoir à l'intérieur en attendant que la musique commence. J'avais une très bonne place, ce qui est une chance, car le Hall était presque plein — et le concert a été divin. Mais, tout en écoutant, j'ai décidé, entre autres choses (il est difficile de ne pas penser à autre chose), que toutes les descriptions d'œuvres musicales sont parfaitement sans valeur, et plutôt déplaisantes ; elles sont de nature paroxystique et tendent à exprimer le genre de choses dont on a honte après coup. On a joué du Haydn, du Mozart, un Concerto brandebourgeois et l'*Inachevée.* Sans doute l'exécution n'était-elle pas fameuse, mais le flot de la mélodie était divin. Je fus frappée par ce qu'avait d'étrange l'existence de cette petite boîte de pure beauté, plantée parmi les rues de Londres, et de ces gens — tous d'aspect bien ordinaire, rassemblés là pour écouter, comme s'ils n'étaient pas si ordinaires, après tout, ou aspiraient à quelque chose de meilleur. J'avais en face de moi Bernard Shaw[2], à présent bienveillant vieillard aux cheveux blancs ; et, plus bas dans l'orchestre, il y avait Walter Lamb brillant, telle une fontaine de marbre, de toute sa calvitie d'une blancheur d'albâtre. J'ai été gênée par un jeune homme et une femme, tout près de moi, qui profitaient de la musique pour s'étreindre la main, et lire *Un gars du Shropshire*[3], et regarder des illustrations vulgaires. D'autres personnes mangeaient du chocolat et froissaient le papier d'argent pour en faire de petites balles. Je suis allée aux W.-C. à la station du métro, où j'ai découvert qu'une petite réception se déroulait dans ce chaste recoin. La vieille avait

2. Le dramaturge George Bernard Shaw, qui n'avait pas encore soixante ans.
3. *A Shropshire Lad,* œuvre poétique d'A. E. Housman.

une énorme chienne qui buvait de l'eau dans une timbale, et ses filles lui faisaient une visite d'après-midi, et nous avons beaucoup sympathisé dans ce cadre incongru. J'ai trouvé très appréciable de n'éprouver aucune fausse honte. J'ai rejoint L. chez Spiking[4], et nous avons pris le thé, et nous sommes sentis très heureux ; et nous avons fait une halte dans Earls Court, pour une visite à la mère de L., mais elle était sortie. On nous a fait entrer dans un immense salon, haut de plafond, dans lequel il y avait une vieille dame minuscule, assise dans la pénombre, au bord d'un canapé. Rien n'aurait pu avoir l'air aussi abandonné. L. a reçu un autre livre de voyage aux Indes envoyé par le *Times*. Il venait juste de décider qu'on ne voulait plus de lui.

Dimanche 14 février

Encore de la pluie aujourd'hui. J'ai fait l'argenterie, chose facile et satisfaisante. Elle reprend si vite son brillant ! Philip est venu, et a emmené L. faire une promenade. Il a déjeuné avec nous, et est resté jusqu'à trois heures et demie. Cecil et lui désespèrent plus que jamais d'être envoyés sur le front. Tous les officiers de carrière passent avant eux. Cecil a une mitrailleuse, ce qui l'amènera peut-être à partir et, en ce cas, à être presque certainement tué. J'ai trouvé que le pauvre Philip se tourmentait beaucoup pour son avenir. Que fera-t-il une fois la guerre terminée ? Il songe à émigrer. Cecil aimerait rester dans l'armée, ce qui n'est possible qu'à condition d'avoir de l'argent ; et ils n'ont pas un sou, ni l'un ni l'autre. Cinq cents livres par an, c'est beaucoup plus précieux que la beauté ou le rang social. Il s'est attardé à parler, éprouvant peut-être le besoin de se confier, puis il a dû rentrer à Colchester où il n'y a que les huîtres qui soient supportables. Il prétend que ses

4. Salon de thé de Dover Street.

hommes ne cessent jamais de plaisanter, et que, plus les choses vont mal, plus ils plaisantent. Ensuite nous nous sommes promenés au bord du fleuve, affrontant une bise froide (qui maintenant fait rage au-dehors) et avons été bien contents de rentrer pour le thé ; et maintenant nous siégeons ici, entourés, comme d'habitude, de livres et de papier, et nous y siégerons jusqu'à l'heure du coucher — sauf que j'ai du raccommodage à faire, ma jupe s'étant fendue de bas en haut hier. L. écrit son article sur son livre indien. Je lis en ce moment un volume de Michelet, qui est magnifique, et la seule Histoire acceptable. Les gens d'à côté chantent encore le chant qu'ils ont étudié ces trois derniers mois — un cantique. A lire cela, il est clair que je n'ai pas envie de raccommoder ma jupe ; et que je n'ai absolument rien à dire.

Lundi 15 février

Il n'y a rien à noter ce matin, sauf ma conviction qu'on ne trouverait pas en Angleterre une femme qui ait meilleur caractère que Mme Le Grys, et que si elle parvient à décrocher sa pension de famille de vingt chambres à Southampton, ce sera une réussite prodigieuse. Nous n'avons qu'à laisser entendre qu'il nous faudrait du savon pour chiens, et elle lave Max (qui en avait terriblement besoin).

Nous sommes allés à Londres tous les deux ; L. à la bibliothèque, et moi dans le West End, pour vagabonder à la recherche de vêtements. Je suis vraiment en loques. C'est très amusant. L'âge venant, on est moins intimidé par les superbes magasins de vêtements pour dames. Ces grands magasins sont de vrais palais de contes de fées maintenant. J'ai flâné chez Dehenham, chez Marshall, et autres, achetant avec beaucoup de discrétion, à mon avis. Les vendeuses sont souvent très charmantes, malgré leurs sinueuses torsades de cheveux noirs. (A propos, j'ai rencontré Walter Lamb à la station de

Dover Street. Un beau monsieur en redingote, haut-de-forme, foulard blanc, parapluie m'a accostée. J'ai bien ri. C'était le cher Wat, qui venait de déjeuner en compagnie de la femme d'un membre du Parlement, et de voir tous les grands personnages. Sa satisfaction est stupéfiante ; elle lui sort de partout.) Ensuite j'ai pris le thé, et j'ai erré dans le noir jusqu'à Charing Cross en fabriquant des phrases et en inventant des incidents à développer par écrit, ce qui est, je crois, le meilleur moyen de se faire écraser.

L. est allé prendre le thé à Gordon Square, où il a rencontré Mrs Hutchinson[5], qui est la flamme du moment, encore qu'une flamme très charbonneuse. Clive, en tout cas, approuve notre projet d'un périodique, et c'est un homme d'affaires, quoi qu'il puisse être en tant qu'artiste.

J'ai acheté une robe bleue de dix shillings onze, dans laquelle je trône en ce moment.

5. Mary Hutchinson, née Barnes, dont la mère était une cousine germaine de Lytton Strachey. En 1910, elle avait épousé St John Hutchinson, mais elle devait être pendant bien des années à venir (selon Quentin Bell) « la personne qui comptait le plus dans la vie de Clive ».

1917

1917

La dernière note de Virginia Woolf dans son journal de 1915 était datée du 15 février ; le 17, elle eut un rendez-vous chez le dentiste, et elle alla avec Leonard s'enquérir d'une presse à imprimer dans Farrington Street. Le lendemain, elle souffrit d'une migraine, et, à partir de là, dormant de moins en moins la nuit et passant ses journées dans la souffrance et l'agitation, elle glissa inexorablement dans la folie. Le 4 mars, elle était trop mal pour que Leonard pût la soigner, et on fit appel à des infirmières professionnelles. Leonard prit possession de Hogarth House à l'échéance du 25 mars 1915, et Virginia y fut transportée huit jours plus tard. Des semaines durant, elle resta incohérente, excitée et violente. Pendant des mois, ensuite, elle fut soumise à une surveillance constante. Elle prit en aversion Leonard, qui n'osa plus la voir de deux mois. Il semblait qu'elle ne dût plus jamais recouvrer la raison. Mais en juin son état commença peu à peu à s'améliorer ; en novembre la dernière infirmière put s'en aller. Se partageant entre Hogarth House et Asheham — qu'elle avait loué avant même son mariage — Virginia, ébranlée, vieillie et grossie, reprit lentement une vie normale.

Pendant longtemps, il ne fut pas question de la laisser tant soit peu écrire, puis on la rationna, pour lui éviter, apparemment, tout risque de surexcitation. Le journal qu'elle avait abandonné en 1915 semble avoir été oublié.

Au printemps 1917, les Woolf achetèrent enfin leur presse à imprimer. Après avoir sorti leur « publication n° 1 », cet été-là, ils retournèrent à Asheham, et Virginia commença un journal que nous incluons ici, bien qu'il soit d'un genre bien différent de ceux qu'elle avait écrits auparavant et qu'elle écrirait ensuite.

Le journal d'Asheham est un petit carnet (voir Appendice p. 391). La date est inscrite sur les pages verso, en face du texte écrit recto, la note de chaque jour étant séparée de la suivante par un trait traversant toute la page. Ce carnet resta à Asheham, et Virginia le reprit parfois, à d'autres séjours.

Vendredi 3 août

Sommes à Asheham. Promenade jusqu'à Lewes. A cessé de pleuvoir pour la première fois depuis dimanche. Ouvriers réparant le mur et le toit d'Asheham. Will[1] a bêché la plate-bande de devant, ne laissant qu'un seul dahlia. Abeilles dans la cheminée du grenier.

Samedi 4 août

Pluie très forte toute la matinée. Journaux envoyés plus loin à Telscombe, mais signaleur[2] nous a prêté le *Daily News*. Eté à la poste à Southease dans l'après-midi. Retour par les collines. Très humide, blé renversé par la pluie. L. a posé des rayonnages pour les livres.

1. Will (Attfield ?), un homme du pays, qui effectuait parfois de petits travaux pour les Woolf à Asheham.

2. Le signaleur à Southease et à l'arrêt de Rodmell était Thomas Pargiter, candidat travailliste du bastion conservateur de Lewes pour les « élections khaki » de 1918. V. W. lui emprunta son nom de famille pour les principaux personnages de *Années* et songea même au début à l'utiliser pour le titre du livre.

Dimanche 5 août

Matin gris, s'éclaircissant peu à peu jusqu'à devenir un après-midi très chaud et ensoleillé. Promenade sur le chemin des M.[3]. Vu trois parfaits paons du jour ; un tabac d'Espagne — outre les innombrables argus bleus, butinant sur le crottin. Tous frais éclos et pullulant sur la colline. Très nombreuses petites fleurs. Trouvé des champignons, dans le creux pour la plupart, suffisamment pour un plat. Barbara[4] et Bunny[5] après dîner restèrent pour le thé et le dîner.

Lundi 6 août

Très belle et chaude journée (Bank Holiday). Rumeur d'orchestre dans Lewes, depuis les collines. Coups de feu intermittents. Escaladé la colline par l'autre versant. Ramassé des champignons en abondance. Quantité de papillons. Caille-lait, ravenelle, thym, marjolaine. Vu un faucon paraissant gris, pas du brun-rouge habituel. Quelques prunes sur l'arbre. Nous avons commencé à faire cuire des pommes. Œufs : 2/9 la douzaine chez Mrs Attfield[6].

6 août 1918 Œufs : 4/6 la douz.

3. Chemin qui tirait son nom de termes de tendresse personnels de V. W. : *Mongoose* (« mangouste »), qui s'appliquait à L. W. et *Mandril* (Mandrill) à V. W. en personne.

4. Barbara Hills (née en 1891), qui avait étudié la peinture à l'académie Slade, en 1913-1914. Très jolie, enjouée et bienveillante, elle avait attiré l'attention de Saxon Sydney-Turner, et V. W. avait espéré que Saxon l'épouserait. Barbara faisait alors un séjour à Charleston où elle s'était installée sous une tente ; mais en temps normal elle habitait Hampstead.

5. David (« Bunny ») Garnett (né en 1892) était naturaliste de formation. Il avait servi en France dans une équipe quaker de secours aux blessés, mais, pour l'instant, Duncan et lui vivaient à Charleston et, en tant que pacifistes, travaillaient à Firle, dans une ferme proche. Bunny élevait aussi des abeilles.

6. Mrs Attfield occupait un des cottages d'Itford, à présent démolis, près d'Asheham House, où elle faisait office de gardienne, apportant parfois aussi une aide domestique.

Mardi 7 août

Curieuse journée de brume. Soleil trop faible pour la traverser. Sommes allés à Brighton après déjeuner. Prisonniers allemands au travail dans un champ, près de Dod's Hill. Riant avec le soldat, et une femme qui passait. Sommes allés au môle ; thé chez Booth ; affreux hommes à notre table ; étape à Lewes sur le chemin du retour. A bicyclette à partir de Glynde. N. et L.[7] sont allés aux champignons et en ont trouvé quelques-uns, également des mûrons presque à point, mais n'avons pas de sucre pour des confitures.

Mercredi 8 août

Encore de la brume. Sommes allés à la poste à Southease. Pied de L. en très piteux état. A l'église de Rodmell avons vu charger les bancs sur un camion à moteur ; un homme privé d'une main, remplacée par un crochet. Avons rencontré Mrs Attfield avec un paquet contenant un poulet mort, trouvé dans les orties la tête arrachée peut-être par une personne. Rentrés par les collines. Belle récolte de champignons encore une fois, surtout dans le creux. Alix[8] est venue ; pluie orageuse après le thé, puis éclaircie.

Jeudi 9 août

Eté aux champignons avec Alix. L. est resté à la maison, à scier du bois, à cause de son pied. Bunny est

7. Nelly (ou Nellie) Boxam et son amie Louie Hope, recommandées par Roger Fry, étaient entrées au service des Woolf au titre de cuisinière et de femme de chambre à demeure le 1er février 1916.

8. Alix Sargant-Florence (1892-1973) avait fait ses études à Bedales et à Newham College, Cambridge. V. W. fit sa connaissance le 21 juin 1916, où James Strachey l'amena à dîner à Hogarth House.

venu et a grimpé sur le toit pour voir les abeilles ; ne les a pas prises : il faut attendre l'automne.

Vendredi 10 août

L. est allé à Londres pour la conférence du parti travailliste[9]. Encore une belle journée. Eté avec Alix sur les collines, à la recherche de mûres. Nous en avons trouvé en abondance par endroits. Les bonnes ont ramassé d'énormes champignons appelés champignons « assiettes » ; les autres, « champignons du pays » si l'on en croit les Wooller[10].

Samedi 11 août

En pique-nique avec les Bell, etc. Passés près de prisonniers allemands qui coupaient le blé à la faucille. Un officier avec femme et ordonnance ont filé au galop sur les collines. Pluie après le thé, si bien que nous avons fait un feu de bois. Henry[11] nous a suivis à la maison et a effrayé les bonnes.

Dimanche 12 août

Sommes montés à la recherche de champignons. L. a toujours mal à la jambe. Vu une grosse chenille verte dans le creux, avec trois taches pourpres de part et d'autre de la tête. Vieux champignons noircis. Grands cercles de psalliotes ; mais peu de bons champignons. N. et Lot. à Charleston.

9. L. W. essayait, avec d'autres membres du parti travailliste, d'organiser une conférence internationale à Stockholm, pour discuter des vues socialistes sur la paix ; ils n'y réussirent pas, car les délégués choisis se virent refuser leur passeport.
10. La famille Wooller vivait à Asheham Cottage.
11. Henry était un chien de berger qui appartenait aux Bell.

Lundi 13 août

Sommes allés à Lewes avec Alix : elle nous a quittés dans High Street. L. s'est fait examiner la jambe; probablement une entorse. Rentrés à pied depuis Glynde. Pour ramasser des champignons avant le dîner ; chaque brin d'herbe ou presque portait un argus endormi. Trouvé très peu de champignons après avoir vu le berger en rapporter un sac dans la matinée. Avertis par Lottie que Will allait faire sauter le nid de guêpes après dîner, nous avons assisté à l'opération : forte odeur, explosion, nuages de guêpes. On a recommencé deux fois dans le nid près du trou du mur.

Mardi 14 août

Eté ramasser des champignons et des mûrons ; les cercles de psalliotes semblent éliminer tous les autres champignons : nous n'en avons ramassé que quelques-uns. Trouvé G. L. D. [12] à notre retour. Le berger nous a offert un sac de champignons ; mais nous sommes aperçus que ce n'était que des psalliotes, inoffensives, mais n'avons pas osé essayer. Mur à peu près terminé maintenant — pas une réussite.

Mercredi 15 août

Nessa est venue pour le thé avec Mabel et les enfants [13]. Notre fleur rose, d'après elle, est un phlox, pas une giroflée. Sommes allés dans le creux, revenant

12. Goldworthy (« Goldie ») Lowes Dickinson (1862-1932), professeur, humaniste, historien, philosophe et Apôtre qui, durant la guerre, s'employa activement à la création d'une Société des Nations.

13. Vanessa Bell et ses deux fils Julian Howard (1908-1937) et Quentin Claudian Stephen (né en 1910) et leur nurse Mabel Selwood.

bredouilles ; mais Nelly a encore trouvé des champignons au sommet. La Coop va fournir plus de sucre, on va donc pouvoir faire de la confiture maintenant. Gunn[14] demande quatre pence le quart pour le lait. Duncan nous a rejoints pour le dîner. Ils sont tous repartis à dix heures par les collines. Au thé, Quentin a mangé presque à s'en rendre malade.

Jeudi 16 août

L. et G. L. D. ont joué aux échecs tout l'après-midi. Je suis allée à la poste à Southease ; l'église maintenant entourée d'échafaudages et de vieux panneaux de bois appuyés contre le mur ; maçons assis près du portail. Une femme m'a demandé d'aller lui chercher ses enfants pataugeant dans la rivière : ils ne voulaient pas rentrer. L. S.[15] est arrivé ; sommes allés dans le creux.

Vendredi 17 août

Il a fait très beau tous ces jours, très chaud, ciel bleu, une bonne brise. De même aujourd'hui. L. S. s'est mis sur la terrasse pour écrire ce matin. G. L. D. et L. y ont joué aux échecs dans l'après-midi. G. L. D. a décidé d'aller à Guildford, et nous lui avons fait un bout de conduite jusqu'à Beddingham. Le pied de L. allait mieux, mais la marche ne lui a rien valu. Pas trouvé de champignons ; nous supposons que la pluie les a fait sortir prématurément. Pas de levure. Devons donc manger le pain du boulanger, qui est très fade et sec.

14. Frank Gunn, d'Itford Farm, régisseur des terres d'Asheham.

15. Lytton Strachey (1880-1932), critique et biographe. Condisciple et ami de Thoby Stephen, comme de L. W., à Trinity College, Cambridge, et, de même que L. W., membre de la Société des Apôtres. Après la mort de son frère en 1906, V. W. trouva un ami très proche en Lytton, qui, en 1909, songea un bref instant à l'épouser.

Samedi 18 août

Sommes allés à Lewes, avec prisonnier ; été au cinéma. Fait plusieurs emplettes. Eté chercher K. M.[16] — son train très en retard. Acheté une douz. de bulbes de lis et quelques plantes à feuilles rouges que l'on a plantés dans la grande plate-bande.

Dimanche 19 août

Assise dans le creux, ai trouvé, en train de se changer en chrysalide, la chenille que j'avais vue l'autre jour. Spectacle horrible : tête se tournant de droite et de gauche, queue paralysée ; couleur brune, taches pourpres à peine visibles ; se tortillant comme un serpent. Pas de champignons. Promenade sur la colline avec L. S. B. et Mr Garnett à dîner[17].

Lundi 20 août

A Firle par la colline après le thé. Du duvet de chardon a flotté dans l'air tous ces derniers jours. Berger dit que les champignons poussent pendant quinze jours, puis disparaissent pendant quinze autres jours. Très beau temps encore, toujours une bonne brise du S.E.

English Maryland 11d South Kensington Station[18]

16. Katherine Mansfield (1888-1923), écrivain originaire de Nouvelle-Zélande, dont le vrai nom était Kathleen Mansfield-Beauchamp. Elle avait fait sans doute la connaissance des Woolf vers la fin de 1916 ; et ces derniers venaient à présent de se charger d'imprimer et de publier sa nouvelle, *Prélude*.

17. Edward Garnett (1868-1937), écrivain et lecteur d'édition, père de Bunny. C'était lui qui en 1913 avait lu pour Duckworth *The Voyage Out* et en avait conseillé la publication.

18. Une marque de cigarettes coûtant onze pence les vingt ; probablement recommandée par Katherine Mansfield, qui habitait non loin de South Kensington Station.

Retour par les champs. Une bonne partie du blé doit être coupée à la main. Les hommes travaillaient encore, et les femmes aussi, à sept heures.

Mardi 21 août

L. à Londres pour seconde conférence. Très chaud. L. S. est allé à Charleston après le thé. K. M. et moi, avons fait la promenade des M. Duvet de chardon commençant à s'envoler. Aperçu le *Silver Queen*[19] qui survolait la colline, se dirigeant vers Brighton, puis en revenant. Quantité d'aéroplanes ont passé au-dessus de la maison. La plupart des papillons ont des taches rouges à la base de la tête — un parasite quelconque. Planté un bulbe de fleur rouge, donné à Nelly par Mrs Wooler — un genre de lys.

Mercredi 22 août

L. est encore à Londres pour voir quelqu'un des Affaires étrangères. De nouveau temps très chaud et grand vent. Duvet de chardon traversant la maison, et très épais au-dessus du champ. K. M. est partie après déjeuner dans le fiacre du « Bélier »[20], qui a emporté aussi le sac de L. Deux moissonneuses à trois chevaux coupant le blé dans le champ, de l'autre côté de la route. Coupant en tournant en rond sans fin ; ont terminé le dernier morceau vers cinq heures. Blé déjà coupé et dressé sur le champ par-delà la rivière. Mangeons des pommes de terre du jardin. Il y a eu un raid aujourd'hui. Ramsgate.

L. m'a acheté 10 paquets de cigarettes : Importation a cessé.

19. *Silver Queen* (« Reine d'argent »), un des aéroplanes de l'Aéro-Navale, qui furent postés en 1915 à Polegate, près d'Eastbourne, pour le repérage des sous-marins.
20. « The Ram », c'était le nom de la taverne de Firle.

Jeudi 23 août

Heureux d'être seuls. La jambe de L. est maintenant guérie. Lottie malade pour avoir mangé des prunes à Charleston. Nous sommes promenés en suivant la crête, trouvant quelques champignons, et sommes descendus au fond du creux suivant, sans l'espoir d'autres, mais n'en avons trouvé aucun. Curieux qu'ils se cantonnent à Asheham. Brume et pluie, mais, tout compte fait, beau temps ; vent très fort. Bruyère poussant sur le sommet, le faisant paraître pourpre. N'en avais encore jamais vu là.

Vendredi 24 août

Vent encore plus fort. Nelly est allée chercher à Lewes le livre qu'on m'envoyait pour critique ; a failli être emportée par le vent. Nous sommes promenés, avons effrayé un faucon dans le creux, et trouvé des plumes d'un pigeon ; celui qu'il venait d'emporter en s'envolant.

Samedi 25 août

Je suis allée à la poste à Southease. L. a jardiné. Encore un jour de vent. Voyant l'église entourée d'échafaudages, je suis entrée, ai trouvé plancher arraché, bancs emportés, échelles partout. Une affiche indique que la restauration coûtera 227 livres. Là, l'église date de 996[21]. Trous visibles dans la tour et le toit. Hommes occupés à charger un char de blé dans le champ en bordure de la route.

Bois de l'église si pourri qu'il laissait de la sciure sur l'herbe où il était posé.

21. D'origine saxonne, la petite église romane de Southease, aux murs de silex, est une des trois églises du Sussex à avoir une tour ronde.

Dimanche 26 août

Nous voulions aller en pique-nique à Firle, mais la pluie a commencé alors que nous étions prêts, de sorte que nous sommes tout de même allés à la poste de Beddingham. Avais laissé mon imperméable dans la haie et en ai été bien punie, nous avons été trempés. Il a plu fort et sans interruption toute la soirée et il pleuvait à torrent lorsque nous sommes allés nous coucher. C'est notre première journée de mauvais temps ; et encore il a fait beau le matin. Le vent déchaîné de ces derniers jours a fait tomber les feuilles alors que très peu d'arbres encore avaient commencé à changer de couleur. Hirondelles en grand nombre, rasant le champ d'un vol très bas et rapide. Le vent a fait tomber quelques noix, mais elles ne sont pas mûres ; les guêpes font des trous dans les prunes, qu'il va falloir cueillir. Ma montre s'est arrêtée.

Lundi 27 août

Nous avions l'intention d'aller à Eastbourne pour faire réparer ma montre, entre autres choses, mais, vers midi, non seulement le vent soufflait très fort, mais il pleuvait. Le champ est plein d'hirondelles et de touffes de feuilles cassées, si bien que les arbres paraissent déjà dénudés. L. croit que les hirondelles se laissent porter dans le creux par les rafales, avec l'espoir que des insectes y volent à l'abri. Hirondelles et feuilles qui tourbillonnent se ressemblent beaucoup. L. a emporté manuscrit[22] à Glynde pour qu'il attrape le train de Londres ; puis nous avons suivi le chemin des M. jusqu'à la colline. Avons cueilli des mûrons : les buissons en étaient couverts ; et

22. Probablement le manuscrit de l'article de V. W. sur *Beyond* de John Galsworthy, qui parut dans le *TLS* du 30 août 1917.

quelques champignons. Mais tant de vent et de pluie que nous avons été trempés jusqu'aux os et avons dû rentrer. Allumé un feu de bois après le thé. Jusque-là nous en avions fait après le dîner, mais pas encore après le thé. Pluie n'a pas cessé ; eau entrée par la porte du jardin.

Mardi 28 août

Encore une journée épouvantable. Feuilles et hirondelles chassées en tous sens dans le champ ; jardin échevelé. Branches tombées en travers de la route ; meules de blé renversées ; pluie battante. Les bonnes voulaient aller à Brighton, mais y ont renoncé. Avais oublié de commander la viande, si bien que nous avons dû aller à pied à Firle. Vent dans le dos à l'aller. Un arbre abattu au tournant près de la mare, bruit épouvantable une fois qu'on les avait dépassés. Mais la pluie avait cessé et on voyait un peu de ciel bleu au-dessus des collines. Boutiques fermées de bonne heure à Firle. Epicier faisant des étiquettes à la lueur d'une lampe. Téléphone coupé par la tempête. Retour contre le vent, mais sans pluie. Prisonniers allemands engagés maintenant chez Hoper[23] travaillent très bien si on leur donne thé à quatre heures et demie. Ils y tiennent, et ensuite travaillent une heure de plus. Impossible de rentrer le blé par ce temps. Gunn ne vient que très rarement. La moisson qui était bonne passe maintenant pour perdue. La pluie s'est remise à tomber dans la soirée. Avons dû allumer une bougie à la fin du dîner. Feux avant le dîner.

Mercredi 29 août

Autre très vilaine journée, mais vent moins furieux. Hirondelles volant très bas. Journaux disent que la

23. Mr J. D. Hoper, de Rugby, dont la femme avait hérité Asheham House et le domaine environnant qu'administrait leur intendant, Mr Gunn, résidant à la ferme d'Itford.

tempête a soufflé sur toute l'Angleterre. Pluie épouvantable dans l'après-midi, qui a cessé, et nous sommes allés à la poste à Southease, en discutant d'éducation, retour par la colline, une belle soirée — beau soleil est apparu pendant que nous dînions, et coucher de soleil pour la première fois depuis samedi.

Jeudi 30 août

Temps couvert, mais pas vraiment à la pluie, aussi les domestiques sont parties pour Brighton. J'ai escaladé la colline. L. a fauché l'herbe du jardin. Les arbres sont brusquement devenus bruns et racornis aux endroits exposés au vent, quoique verts encore à l'abri ; comme tout desséchés par un soleil torride : aucunes couleurs d'automne. Papillons bleus déchiquetés et flapis. L. a été piqué à la cheville par une guêpe. Il est passé sur leur nid. Barbara, et Nick Bagenal[24] sont venus pour le thé et le dîner, que j'ai dû combiner pour eux, étant donné l'absence des bonnes. La pluie est revenue dans l'après-midi ; mais le vent a beaucoup faibli.

Vendredi 31 août

Dernier jour du mois d'août, une très belle journée. Douce brise, et temps de plus en plus beau et chaud, au point que nous nous sommes installés sur la terrasse après le thé. L. s'est remis à faucher l'herbe, et je suis allée dans la prairie basse, et de là ai fait le tour par la route, escaladé la colline, me traînant derrière le vieux Bosanquet[25]. Au sommet de la colline, j'ai vu un

24. Nicholas Beauchamp-Bagenal (1891-1974). Après des études à King's College, Cambridge (1910-1913), il fut affecté au régiment du Suffolk en 1914, et transféré aux Irish Guards en 1916. Il était amoureux de Barbara Hiles, ayant fait sa connaissance par sa belle-sœur qui avait cohabité avec elle au début de la guerre.

25. Sir Albert Bosanquet était le locataire de Cobbe Place, Beddingham, avec lequel V. W. faisait de longues promenades.

troupeau de vaches mené par un soldat et un homme juché sur un gros cheval noir. Spectacle très bizarre. Les champignons semblent épuisés. Après le dîner, alors qu'il faisait encore jour et chaud, nous nous sommes occupés du nid de guêpes, le brûlant de fond en comble, mais lorsque nous sommes partis des guêpes grouillaient à l'ouverture. Grande perplexité au sujet du poulet de Mrs Wooler; l'offre pour deux shillings six. Œufs maintenant à trois pence la douzaine. Les saucisses interviennent ici.

Samedi 1er septembre

Malgré une nuit de clair de lune parfaite, brume, pluie et vent obscurcissaient les collines ce matin. Temps pire que jamais. Mais le vent a soufflé si fort que la pluie a cessé dans l'après-midi. Nous sommes allés dans le creux, avons surpris un gros lièvre, et puis vu un homme qui tirait. En fait, on tirait au pigeon tout près de nous. Nous avons fait le tour pour monter sur la crête. On se croirait maintenant à la mi-automne ou même au début de l'hiver, à voir l'aspect des choses. Arbres d'une affreuse couleur plombée du côté exposé, comme racornis; fleurs couchées et brunâtres; papillons voletant à peine. L. à Lewes, à la rencontre de Mrs Woolf et de Bella[1], qui sont arrivées à sept heures. Nuit délicieuse encore. Une grosse chouette blanche ressemblant à une mouette s'est posée sur la balustrade et a volé en tous sens. Les champignons sont sortis dans mon coin. L. s'est occupé des guêpes.

Dimanche 2 septembre

Temps incertain, venteux, avec des averses dans la matinée; mais le soleil a paru peu à peu vouloir

1. Bella Sidney Lock, née Woolf (1877-1960), sœur aînée de L. W., qui avait perdu en juin 1916 son premier mari, le botaniste R. H. Lock.

l'emporter et nous avons eu un bel après-midi. Avons fait un tour sur le chemin des M. avec les visiteurs. Faucons dans l'air, mais n'ai rien vu d'autre. Soirée superbe, chaude sur la terrasse, et lumière sur les collines jusqu'à neuf heures passées. On prédit un beau mois de septembre. D'après les journaux, il a plu chaque jour en août presque partout — un des pires mois d'août jamais enregistrés ; nous avons donc eu de la chance. H. W. et M. A. sont partis après le thé [2].

Lundi 3 septembre

Jour parfait ; complètement bleu, sans nuage ni vent, comme installé une fois pour toutes. Observé chien qui menait les moutons. Vols de freux commençant à passer au-dessus des arbres, matin et soir, parfois en compagnie d'étourneaux. Mrs W. et B. sont parties après le déjeuner. Nous ont entraînés jusqu'à Lewes. Me suis enquise de ma montre ; mais ne sera pas faite avant trois mois. Bottines montées à 40 shillings, mais ai déniché une vieille paire à 15, dans une petite boutique, et l'ai achetée ; et puis en ai trouvé une bonne paire dans le placard, à la maison. Retour en train. L. à bicyclette. Coupé droit à travers champs depuis Glynde, très bon chemin. Rencontré Nelly qui rapportait la boîte de la Coop et sommes donc rentrées ensemble. Soir si beau que nous sommes retournés dans le creux. Avons aperçu un point brillant, que nous avons perdu de vue en nous approchant. Aperçu une belle dame [Vanessa Cardui] près de Glynde.

Mardi 4 septembre

Avons trouvé la maison environnée de brume au réveil. Nous avions vu cela de la prairie hier soir. Elle

2. Herbert, le frère de L. W., était venu passer la journée avec son cousin Martin Abrahamson, fils de la sœur de Mrs Woolf.

s'est dissipée, et la journée a été parfaite, presque sans vent. L'après-midi, nous avons commencé à récolter nos pommes ; j'ai cueilli les plus basses, et L. les plus hautes sur une échelle de la ferme ; Clive et Mary H. sont arrivés au beau milieu, et j'ai dû m'arrêter. Ils sont restés pour le thé et le dîner, et sont rentrés à travers les collines.

Mercredi 5 septembre

Autre belle matinée. Je me suis promenée et L. a jardiné. J'ai vu un souci [*Colias edusa*] sur le sommet — d'un jaune profond, le premier depuis longtemps. Des nuages s'amoncelaient au-dessus de la mer, et il s'est mis à pleuvoir pendant le thé : puis de grands coups de tonnerre, et le canon. Des prisonniers allemands ont traversé le champ. Ils aident maintenant à la ferme. De l'autre côté de la route, blé toujours dressé en moyettes, que l'on n'a pas rentrées. Bonnes restées à Charleston toute la soirée, disent qu'il y avait du canon en même temps que du tonnerre.

Jeudi 6 septembre

Eté à la poste de Southease. Belle journée, mais sans rien de particulier à observer.

Vendredi 7 septembre

A Lewes en passant par Glynde et le nouveau chemin à travers champs, jusqu'à la gare. Fait des emplettes, et sommes rentrés pour recevoir Pernel[3], mais elle n'est pas venue. Journée très chaude et humide. Un serpent,

3. Joan Pernel Strachey (1876-1951), la quatrième des cinq sœurs de Lytton Strachey.

couleuvre, long de deux pieds, a traversé le chemin devant nous en sinuant.

Samedi 8 septembre

Nous sommes allés ramasser des mûrons sur le sommet. En avons trouvé bien assez pour un pudding. Un nuage au-dessus de la terre tout le jour, excepté tard le soir quand le soleil a surgi au-dessous d'une manière étrange. Pernel est venue, puis Philip Morrell, puis Sydney Waterlow alors que nous nous mettions à table pour dîner.

Dimanche 9 septembre

Une journée presque immobile ; pas de ciel bleu ; à peu près semblable à un jour d'hiver, à la chaleur près. Très calme. Eté en pique-nique à Firle dans l'après-midi. Nessa et cinq enfants sont arrivés quand nous avions fini ; se sont assis loin des arbres. Rentrés à pied par les collines. Ciel rouge au-dessus de la mer. Bois presque aussi dénudés que l'hiver, mais offrent bien peu de couleurs[4].

Lundi 10 septembre

A la poste de Southease, mais mes bottines me faisaient mal, étant trop grandes, nous nous sommes donc assis, tandis que L. continuait. Journée parfaite, plutôt brumeuse, mais sans nuages, calme et très chaude. Etrange de ne pas trouver de fleurs dans les haies, toutes brunes et mortes, à cause de la tempête. Par instants un bruit semblable à de la pluie, qui se

4. Julian et Quentin Bell et les trois enfants de Desmond et Molly MacCarthy qui séjournaient à Charleston.

trouve être des feuilles qui tombent. Prisonniers allemands entassant le blé derrière la maison. Ils sifflent énormément, soutenant un air jusqu'au bout, beaucoup mieux que les ouvriers de chez nous. Gros pot brun pour leur thé.

Mardi 11 septembre

Parcouru les collines près de la ferme ; aperçu deux papillons soucis près de la garenne et un autre couple plus loin, vers Bishopstone. Entendu le canon et vu deux dirigeables manœuvrant au-dessus de la mer et la vallée. Trouvé des spiranthes d'automne et des gentianes champêtres sur les collines. Journée très chaude, mais fraîche vers le soir, et nous avons fait du feu. Hirondelles ont complètement abandonné le champ. Pernel est partie. L. a trouvé une noix germée, avec des feuilles, et l'a plantée dans le jardin.

Mercredi 12 septembre

Suis allée à bicyclette à Charleston, y arrivant à midi et demie. Long morceau de route plutôt monotone entre Glynde et Charleston — mais même en prenant son temps on le fait facilement en moins d'une heure. L. est arrivé après le thé et nous avons repris nos bicyclettes pour faire demi-tour par Beanstalk Lane, découvrant vraisemblablement un raccourci. Soleil gigantesque ; temps plus froid et venteux qu'auparavant. Blé du champ d'en face rentré maintenant.

Jeudi 13 septembre

Journée de vent. Je suis montée sur la colline après être allée à Southease. On a coupé une tranche de la tour de l'église ; on voit la charpente de bois à l'intérieur.

Gros orage avec pluie, avons allumé du feu après le thé ; les bonnes à Charleston ; rentrées par les collines, sous l'orage. Avons pris le thé à la cuisine, et vu le vieux bonhomme qui est là pour couvrir les meules passer un râteau dans l'arbre pour faire tomber des pommes dans un seau. L. lui a lancé : « Voulez-vous finir ! » et il s'est sauvé.

Vendredi 14 septembre

Voulais aller à Lewes, le temps se remettant au beau, mais ai trouvé ma bicyclette crevée ; très ennuyeux ; mais il était inutile d'essayer de partir, si bien que Nelly y est allée à ma place sur celle de Mrs Hammond[5], et nous a rapporté quantité de choses. Très chaud et très beau petit à petit ; semble qu'il faut un bon bout de temps pour que cela s'éclaircisse tout à fait. Nous sommes allés aux champignons, mais n'en avons trouvé aucun. Saison très décevante. Avons tailladé un gros champignon vénéneux, semblable à du fromage.

Samedi 15 septembre

Journée parfaite pour notre partie de plaisir. Nous sommes allés à Eastbourne. Nous nous sommes assis dans le parc du Devonshire pour regarder jouer au tennis et pour écouter l'orchestre. Vu un aéroplane dans un champ, près de Glynde. On aurait dit un jouet. Entouré d'enfants, aviateur faisant tourner l'hélice. Avons pris du thé glacé ; fait l'achat du Kodak ; retour à Lewes où nous avons fait des courses, etc. Lord Hugh Cecil[6] est descendu du train à Glynde, avec un garde,

5. Probablement Mrs Hammond d'Itford Cottage, tout proche ; Hammond est un nom très courant dans le Sussex.

6. Lord Hugh Cecil (1864-1956), cinquième et dernier fils du marquis de Salisbury (et beau-frère de Lady Eleanor Cecil, l'amie de V. W.). Conservateur, membre du Parlement. En 1915, il avait rallié le Royal Flying Corps et, malgré son âge, avait obtenu ses ailes de pilote, à condition de ne plus jamais voler seul.

etc. Très amusant à observer. Il avait trois sacs de cuir, était en uniforme d'aviateur ; les cheveux tout blancs.

Dimanche 16 septembre

Journée presque sans soleil, mais belle. Nuages trop hauts pour la pluie. Eté à Firle à pied et avons pique-niqué. L. a poursuivi jusqu'à Charleston avec Kodak. L'ai attendu en bordure des arbres. Au bout d'un moment, ai eu la surprise de voir arriver Robin Mayor et Bobo[7]. Sont à Talland (qu'ils ont conservé) pour la fin de semaine ; l'ont loué à des Belges. L. est revenu. Nessa estime que le Kodak va occasionner beaucoup de jalousie, et le garde donc. *Silver Queen* au-dessus de la mer ; une bande de rouge barrant la mer, comme dimanche dernier. Will a apporté ses furets et attrapé un lapin pour les bonnes.

Lundi 17 septembre

Bonnes sont parties à dix heures dans le char conduit par Will. Mrs Hammond est venue. L'heure d'hiver est entrée en vigueur à trois heures. Journée venteuse, changeante. Télégramme des MacCarthy après déjeuner. Molly ne peut pas venir ; D. viendra demain. Eté à la poste à Southease et retour par le chemin habituel à travers les collines, en parlant des régions arctiques. Temps à la pluie. Ai confectionné une housse de siège après le thé. Soirée très sombre du fait de la nouvelle heure.

7. Robert (« Robin ») John Grote Mayor (1869-1947), agrégé de King's College, Cambridge, membre de la Société des Apôtres, était sous-secrétaire du ministère de l'Education. Il avait épousé en 1912 Beatrice (« Bobo ») Meinertzhagen, nièce de Beatrice Webb. V. W. avait cédé aux Mayor son bail de Little Talland House, à Firle, lorsqu'elle s'était installée à Asheham.

Mardi 18 septembre[8]

Journée de pluie déchaînée ; averses cinglantes, brume marine lorsqu'il ne pleuvait pas à torrents. Nous n'en sommes pas moins partis pour Lewes ; mais au tournant l'eau du moulin nous a fait rebrousser chemin. Avons passé l'après-midi enfermés, une vraie fête. Nous sommes installés après dîner pour tirer des photographies, ayant décidé que Desmond ne viendrait pas ; mais il est arrivé à huit heures, avait pris un fiacre ; ai dû lui improviser un dîner.

Mercredi 19 septembre

Télégramme pour remettre le pique-nique. Journée s'annonçait très mal, pluie et vent tout l'après-midi. Sommes allés à pied jusqu'à Rodmell avec D. pour nous enquérir de whisky. Taverne fermée, tenancier est venu, qui ne pouvait rien nous vendre avant six heures. Est resté pour parler de la guerre : « A quoi ça *sert ?* » et pour dire que les soldats casseraient les vitres si, à leur retour chez eux, ils ne trouvaient pas de bière. Rencontré des prisonniers allemands sur la route. D. a dit *Guten Tag,* et ils ont tous répondu. Sentinelle n'a rien dit. Vraiment l'hiver maintenant.

8. Sur la page de gauche, en face des paragraphes du 17 et du 18 septembre, V. W. a noté :

Mer. 19 :
avons eu 6 œufs chez Mrs W.
avons eu 3 œufs chez Will
en reste 22 (mer. a-m.)
Jeu :
6 œufs chez Mrs Att. :
en reste 5 (jeud. a-m.)

Jeudi 20 septembre

Autre journée grise, avec du vent, mais sans trop de pluie. Beau soleil et ciel bleu pendant environ dix minutes l'après-midi. L. a dû aller chercher du whisky à Rodmell. Cueilli des pommes, lui debout sur la table. Ensuite avons été chercher du lait au cottage et faire le tour du creux, où nous avons trouvé trois champignons, plus la carcasse et les pattes rouges d'un oiseau, à l'instant dévoré par un faucon : soit un pigeon, soit une perdrix. Beaucoup de vent, mais une nuit pleine d'étoiles.

Vendredi 21 septembre

Belle journée heureusement, malgré le vent. L. est allé à Lewes pour se faire couper les cheveux. Ai fait la promenade des M. avec Desmond. Sommes restés longtemps allongés au soleil, à parler de la société des années 1870. Cinq *Silver Queen* au-dessus de la mer, vers New Haven, à la recherche de sous-marins, a dit D.

Samedi 22 septembre

Encore une très belle journée, bien qu'on soit en plein automne maintenant. Les freux se perchent sur les arbres et mènent grand bruit le matin de bonne heure. Quelques noix mûres. Dahlias tout fleuris dans la plate-bande. Arbres maintenant si dénudés qu'à travers eux je vois le facteur au sommet de la colline. Dans le champ en face, on a coupé le trèfle, qui reste étendu sur place. Encore un peu de blé debout au loin, sur les collines. Nous sommes mis sur la terrasse après le déjeuner. L. a jardiné. D. est allé à Glynde après le thé ; sommes restés au coin du feu.

Dimanche 23 septembre

Belle journée. Cueilli des pommes dans l'après-midi et avons volé de la paille pour les étendre dessus dans le grenier. Promenade après le thé. Il s'est mis brusquement à faire très froid. Encore un coucher de soleil venteux — très haut en couleur. Trop froid pour s'attarder dehors. Histoire de Desmond après le dîner.

Lundi 24 septembre

Desmond est parti à neuf heures dans le fiacre. Journée d'automne absolument parfaite. Lewes à moitié dans le brouillard, qui s'est levé peu à peu. Pas de vent. A Lewes. Moi à Glynde, L. continuant à bicyclette jusqu'au bout pour acheter des plants. A Glynde, j'ai rencontré Duncan qui partait en vacances. Avait deux poires. Grande affluence pour le train de Londres. Apparemment ma lettre à Nessa perdue. Fait des emplettes à Lewes. Retour à Glynde, regagné la maison à bicyclette, à travers un troupeau d'Alderney ; une chèvre s'est mise devant et a couru sur une certaine distance. Superbe coucher de soleil. Des hommes travaillant très tard pour charger le trèfle. Une batteuse à l'œuvre derrière les bois.

Mardi 25 septembre

La journée s'annonçait si belle que nous avons projeté un pique-nique à Telscombe. Mais le vent s'est levé et une étrange brumasse noire a couvert le soleil, une sorte de brume marine tournée au noir, et seulement par endroits, car le ciel était très beau au-dessus de Lewes. Mais il semblait faire trop froid pour un pique-nique au loin, et nous sommes donc allés dans la vallée, près de la ferme abandonnée. Vu une femme qui peignait, et lui ai demandé de veiller sur ma bicyclette. Avons pénétré dans la vallée et sommes montés un peu sur l'autre versant. Y avons pris le thé. Découvert un champ de bleuets et de coquelicots, apparemment semés en rang. Ai cueilli un bouquet, pris aussi quelques racines que L. a plantées dans le jardin de devant.

Mercredi 26 septembre

Journée plutôt fraîche, malgré le beau temps. L. a cueilli des pommes, ayant emprunté l'échelle du berger. Je suis allée à la poste à Southease. Croisé deux troupes de cadets, chacune précédée d'un officier et d'un aumônier. Retour par la colline. Seul incident, un cheval échappé, courant sur la route. Nos tournesols sont fleuris maintenant. Un groupe de chasseurs s'est promené dans les parages, tirant très souvent.

Jeudi 27 septembre

Belle journée calme. Promenade sur le sommet, après avoir cueilli quelques pommes à l'aide d'un filet à papillons et trouvé une belle prolifération de champignons, comme on n'en avait pas vu depuis longtemps, dans le creux. Encore un jour brumeux, parfaitement beau. Les Wooler ont cueilli des pommes ; nous en ont donné la moitié.

Vendredi 28 septembre

Autre journée très calme, qui s'est assombrie ; bien que chaude et immobile. Sommes allés à bicyclette à Charleston. Roger y était[9]. Jolie bordure de fleurs. Le

9. Roger Eliot Fry (1866-1934), issu d'une longue lignée de Quakers, fit de brillantes études de sciences naturelles à King's College, Cambridge, où on

nom du lis orangé est « monkbrettia » (?). Le vieux bonhomme s'est occupé de nos fleurs.

Samedi 29 septembre

L. est arrivé à trois heures et demie. Matinée délicieuse — temps semble s'être tout à fait remis au beau maintenant. Pris bon nombre de photographies. Aéroplanes au-dessus de la maison de bonne heure, ce qui peut indiquer un autre raid aérien. Nuits illuminées de clair de lune. Retour à la maison à bicyclette, tout le trajet par les champs, presque une demi-lieue de moins que par l'autre chemin. Gros soleil rouge, sombrant vers six heures. L. dit que les freux sont venus chercher des noix dans l'arbre ce matin — en a vu un qui volait avec une noix dans le bec. A planté des anémones du Japon, etc., dans les plates-bandes de devant, sur la terrasse et dans le jardin du fond. On va supprimer la grande plate-bande ronde.

Dimanche 30 septembre

Journée parfaite. Sommes montés sur le sommet et avons trouvé un plein mouchoir de champignons. Rencontré Nessa et Roger qui venaient nous rejoindre. Ils ont entendu le canon vers Londres et ont vu les lueurs hier soir. Encore un raid aérien. Nous n'avons rien

le compta parmi les Apôtres. Il abandonna la science pour des études d'art et devint une personnalité connue et respectée du monde des arts, tant en Angleterre qu'en France et en Amérique. Il s'était marié en 1896, mais sa femme fut atteinte d'une maladie du cerveau et devint folle peu à peu, inexorablement, et en 1910 fut reléguée dans une maison de santé. Cette année-là, les relations de Roger Fry avec Vanessa s'épanouirent en une étroite amitié pour elle et Clive Bell, et ceux-ci se firent, avec leur entourage, les soutiens enthousiastes de ses efforts pour présenter à Londres l'œuvre des post-impressionnistes et, en 1913, pour fonder les Ateliers Omega. Il s'éprit de Vanessa et elle, pour un temps, de lui — amour qu'elle transmua en une amitié de toute une vie. V. W. écrivit une biographie de Roger Fry, qui fut publiée en 1940.

entendu ici ; à l'exception de Mrs Hammond qui a entendu une très forte canonnade en rentrant chez elle. Nuits de clair de lune. Ils sont repartis après le thé.

Lundi 1er octobre

A bicyclette jusqu'à Lewes — et retour. Dépassé un ivrogne qu'un policeman emmenait à Lewes sur sa charrette de fruits. Rencontré un autre qui criait, retenu par deux policemen, à Lewes même. Le marché, probablement. Fait des achats. Rencontré Roger. Inquiétude au sujet des raids. Un autre hier soir, entre sept et huit heures : avons écouté, mais rien vu ni entendu. Le temps est toujours parfaitement beau, chaud sans vent. Des hommes sont venus chercher les arbres abattus, y attelant des chevaux pour les traîner.

Mardi 2 octobre

Autre belle journée. Avons commencé cet après-midi à tracer l'allée du jardin clos et la plate-bande qui la longe. Pour l'allée nous nous servons des gros cailloux du mur, entre lesquels nous tassons l'ancien mortier. Très amusant à faire, et c'est déjà très joli, vu de la fenêtre du salon. Enfants sont venus pour le thé. Ont exploré la maison ; nous leur avons donné deux des têtes de cerf de L., qui leur plaisaient beaucoup[1]. Petite promenade vers l'arrière-pays et sur la colline, à la recherche de champignons, qui ont réapparu. Ai dû me coucher pour échapper à Henry qui courait sur le sommet. Nuages après le thé. Entendu des coups de feu.

1. Julian et Quentin emportèrent chacun une tête de cerf avec ses bois (trophées, sans nul doute, de la vie de L. W. à Ceylan) pour les suspendre dans la chambre des enfants, sous les combles.

Mercredi 3 octobre

Journée pas tellement belle. Vent s'est levé et ciel s'est couvert. Toutefois les raids aériens vont cesser. Fait l'allée du jardin tout l'après-midi. Planté des giroflées, marguerites, digitales. Dans le creux, après le thé, presque à la nuit. Avons dû envoyer Will à Lewes pour livre. Le vent a empiré. Will n'est revenu qu'à dix heures ; a frappé et n'a pas pu se faire entendre (à ce qu'il dit).

Jeudi 4 octobre

Notre dernière journée, tout ce qu'il y a de plus mauvaise au point de vue du temps. Vent et pluie ; ciel complètement noir. L. a dû se rendre à Lewes, à pied à l'aller comme au retour, pour commander une voiture pour demain. J'ai fait la promenade des M. pour la dernière fois. Pluie a cessé, mais le vent est si terrible que Nessa et Duncan ne pourront pas venir comme il était décidé. La saison des champignons s'installe manifestement. En avons trouvé plusieurs au sommet. Avons dû nous appuyer contre le vent pour redescendre. Noix tombées en abondance. Hommes lançant des bâtons pour les faire tomber. Impossible de travailler à l'allée. Beau soir étoilé, cependant.

Les Woolf regagnèrent Richmond le 5 octobre, après trois mois passés à Asheham, et V. W. étrenna un nouveau cahier pour son journal (voir Appendice). Sur la page de titre est inscrit :

HOGARTH HOUSE
PARADISE ROAD
RICHMOND
Oct. 1917

Lundi 8 octobre

Je m'en vais tenter d'écrire ici mon journal, poussée, cette fois, par la découverte, dans mon placard, d'un coffret de bois contenant un ancien volume, tenu en 1915, et qui a encore le don de nous faire rire de Walter Lamb. Pour celui-ci, je m'en tiendrai donc à ce plan : écrire après le thé, écrire sans se gêner, et, à ce propos, je note ici que L. a promis d'ajouter sa page quand il aura quelque chose à dire[2]. Il faut qu'il surmonte sa modestie. Nous avions prévu pour aujourd'hui de lui procurer un nouvel équipement vestimentaire pour l'automne, et de m'approvisionner en papier et plumes. Il n'existe pas de plus agréable journée que celle-ci pour moi. Il a plu sans arrêt, naturellement. Londres semble n'avoir pas changé, et m'a fait penser aux changements que nous y trouvions toujours quand j'étais enfant. Il y avait un client qui voulait des bottines, si versé en matière de bottines qu'il connaissait les diverses formes et rangées de clous ; et qui s'est montré fort contrarié de s'entendre dire qu'il en avait une paire « jolie et solide ». « Je déteste les jolies bottines solides », a-t-il maugréé. De toute évidence on peut être grand connaisseur en bottines. Nous avons traversé Gough Square ; maison du Dr Johnson ; bel endroit, fort bien entretenu, pas aussi délabré que je m'y attendais. Petit square replié derrière Chancery Lane, et livré aux presses à imprimer. C'est là le plus beau coin de Londres — non que j'envisage maintenant de vivre en ville. En apportant mon manuscrit[3] au *Times,* je me sentais comme un écrivain tâcheron, bien dans la note. Nous l'avons remis au portier, puis nous sommes tombés sur

2. Dans son journal, L. W. a noté le 8 octobre : « Eté Regent's Str. avec V. pour acheter un chapeau, etc. »

3. Sans doute la critique du *Joueur et autres histoires,* de Dostoïevski, traduit par Constance Garnett, qui parut dans le *TLS* du 11 octobre 1917.

Bruce Richmond[4] apparu brusquement, l'incarnation même du gentleman en gants blancs, sur la plate-forme de Ludgate Hill. Il nous a donné un grand coup de chapeau et s'est volatilisé. Liz[5] a eu un fils, ainsi nos inquiétudes quant à la paternité sont dissipées.

Mardi 9 octobre

Nous avons reçu un coup terrible. L. est rentré si follement joyeux, que j'ai soupçonné une catastrophe. Il a été appelé. Complètement effondrée pendant vingt minutes, mon courage m'est revenu avec la certitude que, les embêtements mis à part, nous n'avons rien à craindre. Mais les embêtements — attendre toute une semaine, visite médicale à huit heures et demie à Kingstone, aller voir Craig et Wright pour des certificats — sont de taille[6]. C'était pitoyable de voir L. grelotter — au point que nous avons allumé sa rampe à gaz —, grelotter physiquement et ne parvenir que par degrés à ce calme que nous avions déjà plus ou moins atteint en esprit — mais, tout de même, si je découvrais tout à coup que ce n'est pas vrai, quel soulagement je ressentirais !

Nous avons tiré une épreuve de la première page de *Prélude*, la nouvelle de K. M. Elle fait très bon effet, imprimée avec nos nouveaux caractères. Toute une provision de fournitures pour reliure est arrivée ce matin, envoyée par Emma Vaughan[7], et je suppose

4. Bruce Lyttelton Richmond (1871-1964), rédacteur en chef du supplément littéraire du *Times*. Sa femme Elen, née Rathbone, avait été l'objet d'une admiration sentimentale de la part de V. W. quand elle était plus jeune.

5. Liz était la sœur de Nelly Boxall, la cuisinière des Woolf ; Bert, son mari, était mobilisé.

6. L. W. avait déjà été appelé et dispensé du service militaire, sur la foi de lettres du Dr Maurice Wright, attestant qu'il souffrait d'un tremblement nerveux congénital, et du Dr Craig (médecin spécialisé en psychologie, déjà consulté au sujet de V. W.), selon lequel l'éloignement de L. W. risquait d'être extrêmement préjudiciable au fragile équilibre de sa femme. Les deux médecins fournirent cette fois d'autres lettres certifiant que L. W. était inapte au service militaire.

7. Emma (dite « Crapaud », 1874-1960), dernier enfant d'Adeline, tante de V. W. et de Henry Halford Vaughan. Elle avait fait des études de musique

qu'elle n'a jamais relié un seul livre. Mais voilà qui est peu charitable au regard des circonstances. Nous avons fait une courte promenade au bord du fleuve. Comme c'est une belle soirée très calme, j'aurai peut-être un raid à décrire demain. Trissie [8] passe ses vacances avec nous. J'ai oublié combien de personnes nous ont téléphoné ce matin. Alix, entre autres, qui veut apparemment se mettre au travail ; et nous avons en vue un [épagneul] clumber, blanc et feu ; il est à Wimbledon, appartient à quelqu'un qui vient d'être mobilisé. Les K. Shuttleworth [9] annoncent la naissance d'un garçon avec ce commentaire : « Son suprême cadeau », bon titre pour un tableau académique ou un roman de Mrs Humphrey Ward [10], et témoignage vraiment terrible de ce désir qu'ont maintenant les nantis de braquer les lumières sur leurs sacrifices.

Mercredi 10 octobre

Pas de raid aérien ; pas d'autres interférences des besoins du pays ; en fait, L. a décidé dans son bain qu'il méritait quelque coup de chance et, en ouvrant son courrier, il a trouvé un chèque de 12 livres, venant d'un journal suédois qui n'a jamais vu le jour mais n'en paye pas moins ses dettes. Et j'ai eu 4 shillings pour ma part. Tard hier soir, on m'a dit de terminer mon Henry James [11] pour vendredi, et comme je rechigne à donner

à Dresde et, pour l'heure, s'occupait d'une œuvre de secours aux prisonniers de guerre allemands. En 1901, V. W. et elle avaient projeté d'apprendre la reliure ensemble.

8. Trissie Selwood, sœur de Mabel, était la cuisinière des Vanessa Bell à Charleston, et très amie avec les bonnes de V. W.

9. La naissance d'un fils posthume du capitaine, l'hon. Lawrence Kay-Shuttleworth, fut annoncée dans le *Times* du 9 octobre 1917. Le frère de Jack Hills, veuf de Stella, la demi-sœur de V. W., avait épousé une Kay Shuttleworth.

10. Mary Augusta Ward (Mrs Humphrey Ward, 1851-1920), philanthrope, dotée d'une immense énergie et remuante adversaire du vote des femmes, était surtout connue comme romancière prolifique.

11. La critique de *The Middle Years*, de Henry James, parut dans le *TLS* du 18 octobre 1917. L'autre suggestion ne semble pas avoir été mise à exécution.

mon temps à des articles et que je ne puis m'empêcher de le leur consacrer, si je l'ai, je suis bien contente que cela ne dépende pas de moi cette fois. Et on me suggère un autre article sur la campagne dans l'œuvre de Thomas Hardy et d'Emily Brontë. Nous avons fait une promenade au bord du fleuve, à travers le parc, et sommes rentrés de bonne heure pour le thé. En ce moment, L. est en train de donner le jour au Club 17 [12]. Moi, je suis assise au coin du feu, et nous nous apprêtons à recevoir K. Mansfield pour le dîner, où il nous incombe de discuter de sujets délicats. Nous remarquons le retard avec lequel les feuilles tombent et jaunissent ici, par rapport à Asheham. On se croirait encore en août, n'étaient les glands qui parsèment l'allée — nous faisant pressentir le mystérieux décret qui les fait périr, sans quoi nous serions une forêt de chênes.

Jeudi 11 octobre

Le dîner d'hier soir a eu lieu ; on a discuté de sujets délicats. Nous aurions tous deux préféré que la première impression que l'on a de K. M. ne soit pas qu'elle empeste comme une, eh bien ! comme une civette qui se serait mise à faire le trottoir. Au vrai, je suis un peu choquée par sa vulgarité de prime abord ; des traits si durs et si communs ! Toutefois, lorsque cette impression s'estompe, elle est si intelligente et impénétrable qu'elle mérite l'amitié. Mon propos — « pudique et l'impudicité même » — a été exagéré par Murry [13] pour des raisons à

12. Le Club 17, qui tirait son nom de la révolution de Février en Russie, fut fondé pour offrir un lieu de rencontre aux personnes soucieuses de paix et de démocratie ; il ne tarda pas à rassembler un groupe d'hommes politiques, radicaux impopulaires, et d'intellectuels. Il avait son siège dans Gerrard Street, Soho.

13. John Middleton Murry (1889-1957), critique littéraire, éditeur et auteur, flambeau de ce monde du journalisme littéraire et de la critique que V. W. appelait les « bas-fonds ». Il vivait alors avec K. Mansfield (qu'il devait épouser en 1918) ; tous deux étaient des habitués de Garsington, où recevaient Philip et Ottoline Morrell.

lui, des raisons qui lui font souhaiter une rupture avec Garsington. Nous avons discuté d'Henry James et j'ai trouvé K. M. éblouissante. Une ouvrière d'une fabrique de munitions, du nom de Leslie Moor[14], est venue la chercher — encore une de ces femmes qui vivent en marge des convenances et qui hantent naturellement les bas-fonds — très vive, le teint brouillé, sans aucune attache avec un endroit spécifique. Aujourd'hui, le pauvre L. a dû faire la tournée des médecins et des comités, avec une visite à Squire, de surcroît. On lui a donné de nouvelles attestations. Il ne pèse guère que soixante kilos. J'ai acheté ma provision de gants pour l'hiver, relevé une référence à la London Library, et retrouvé L. chez Spikings pour le thé. Le ciel nous a fait la grâce d'un train rapide, et nous sommes rentrés, bien contents d'être chez nous, au coin du feu, encore que nous ayons dû l'allumer, les bonnes ayant congé aujourd'hui.

Dimanche 14 octobre

Voilà une terrible confession, et qui semble montrer que ce livre est déjà marqué du sceau de la mort. J'ai des excuses cependant. On nous a téléphoné pour nous inviter à dîner à Soho, et cela, je regrette de le dire, a entraîné toute une discussion ; nous avons repoussé la visite à Kingston ; la soirée était pluvieuse, et L. n'en avait pas envie — bref, on a fait intervenir d'anciens arguments[15], non sans acrimonie. Nous sommes donc partis sans joie, avons trouvé l'endroit, derrière le Palace Theatre, et avons dîné avec Roger, Nina Ham-

14. Ida Constance Baker (née en 1888), camarade de Kathleen Mansfield-Beauchamp à Queen's College, Harley Street, de 1903 à 1906, et, à partir de là, son amie dévouée. Katherine Mansfield et Lesley Moor sont des noms qu'elles s'étaient choisis au collège et qu'elles devaient conserver.

15. Les anciens arguments concernaient l'appétit de V. W. pour la vie mondaine, et le souci constant de L. W. de ne pas la voir se surmener ni s'exciter. Du fait du dîner, la visite médicale de L. W. à la caserne de Kingston fut repoussée d'un jour.

mett, Saxon et Barbara[16], et un groupe qui pourrait figurer dans un roman de Wells. J'y ai pris plaisir toutefois, et L. a été un modèle de maîtrise de soi. Les remarques de Clive tendaient à prouver qu'il était au centre de tout, sans être cependant aussi agressives que d'habitude. Nessa a trouvé une nouvelle gouvernante ; il faut y voir le doigt de Dieu. Puis le samedi — que s'est-il passé ? Eh bien, le samedi fut entièrement consacré à l'armée. Nous sommes de nouveau tirés d'affaire, et définitivement, nous dit-on. Notre apparition a aplani tous les obstacles ; et, en faisant le chemin à pied, nous étions chez le médecin à midi, et tout a été fini à la demie. J'ai attendu dans la grande cour entourée de bâtiments militaires, ce qui m'a rappelé un collège de Cambridge — avec des soldats qui surgissaient d'escaliers, disparaissaient par d'autres ; mais du gravier et pas de gazon. Un gros vautre, emblème de la dignité militaire, je suppose, a déambulé seul à travers la cour. L. s'est senti considérablement insulté : les médecins parlaient de lui derrière un rideau comme du « type au tremblement sénile ». Dieu merci, cette impression s'est lentement dissipée alors que nous circulions dans Richmond. Herbert est venu pour le thé, amenant Tinker, le chien, une bête solide, active et effrontée, brune et blanche, aux grands yeux lumineux, qui m'a rappelé un peu Dominic Spring-Rice[17]. Nous l'avons emmené faire une promenade, mais, dès qu'on le lâche, il saute par-dessus les murs, se précipite dans les portes ouvertes et se conduit comme un génie en quête de quelque chose d'introuvable. Nous doutons fort de pouvoir en venir à

16. Nina Hammett (1890-1962), peintre, écrivain et bohème, avait été engagée aux Ateliers Omega par Roger Fry. Saxon Sydney-Turner était un condisciple et un ami de Thoby Stephen, L. W. et Lytton Strachey à Trinity College, Cambridge, et un Apôtre, lui aussi. Toute sa vie, passionné d'opéras et surtout de ceux de Wagner, il avait accompagné V. W. et son frère Adrian à Bayreuth en 1909 (voir *I. Q.B.*, p. 244-248). A sa sortie de Cambridge, il entra dans l'Administration et fut affecté au Trésor où il devait rester jusqu'à sa retraite. Il était épris de Barbara Hiles.

17. Dominic Spring-Rice (1889-1940), formé à Eton et à King's College, Cambridge, peut être rangé parmi les *Hyde Park Gaters,* le cercle d'amis des Stephen et des Duckword lorsqu'ils habitaient Hyde Park Gate, Kensington.

bout. Ai-je parlé de notre chat de l'île de Man, qu'on nous a offert aussi un jour de cette semaine ?

L. est monté à Hampstead. Nous aurons Alix et Lilian Harris pour le dîner.

Lundi 15 octobre

Le plus important aujourd'hui, je crois, est le développement et la découverte du caractère de Tinker — tout cela dans la bonne direction. On l'a emmené faire une longue promenade au bord du fleuve, dans l'avenue et le parc ; il est exubérant, mais à peu près dressé. Par deux fois il est tombé dans le fleuve, en est ressorti d'un bond ; a décrit des cercles comme un fou avec un caniche noir et examiné plusieurs portes de jardin, lesquelles semblent toujours le fasciner. C'est un chien humain, sur la réserve avec les autres chiens. Alix et Lilian étaient exactement comme d'habitude hier soir, sauf que Lilian avait un emplâtre noir sur le sommet du crâne et qu'elle entendait pour ainsi dire à la perfection. L'emplâtre noir est une coupe qui capte les sons. On ne trouverait nulle part au monde quelqu'un de plus modeste, aimable et, cependant, discrètement informé et résolu, qu'elle. Bien que naturellement conservatrice de par son tempérament, elle est toujours invariablement libérale dans ses principes — un très bon mélange. Et puis, elle s'en est toujours remise à sa propre intelligence et ainsi discute de n'importe quelle question avec beaucoup de jugement, pourvu qu'il ne s'agisse pas d'art. Alice a le même air de désespoir raisonnable, elle est solide, large et aussi prosaïque qu'une cave à charbon. Cependant nous l'avons trouvée très impatiente de commencer à travailler pour nous, et elle vient demain pour se mettre au courant. Manx est assis sur le genou de L. ; Tinker le considère parfois du regard.

Mardi 16 octobre

Curieux comme le sort nous gave d'argent lorsque nous en avons suffisamment, et nous laisse le bec vide quand nous n'avons rien. Voilà que nous avons touché 270 (je crois) en Bah lias, et ce matin nous apprenons que Mitchells donne 4/en livres sterling, ce qui nous fait 120 livres supplémentaires[18]. Il y a deux ans, nous avions de sérieuses dettes, et il nous a fallu tout liquider pour les rembourser. Tous les deux, nous touchons maintenant de gros chèques, ou des chèques passablement gros, pour nos articles de critique. Après déjeuner, nous avons pour de bon commencé à imprimer. Alice est arrivée ponctuellement, nous lui avons donné des directives et l'avons laissée assise sur son grand tabouret pour aller prendre l'air avec Tinker, qui a sauté du haut du parapet dans un bateau couvert d'une bâche, est passé au travers de la toile, et en est ressorti indemne, mais tout surpris. Nous sommes rentrés pour trouver Perera[19], arborant comme toujours son sous-gilet blanc et son initiale en diamants piquée dans sa cravate ; en fait, le pauvre petit bonhomme couleur d'acajou n'a pas une conversation bien variée. Le caractère du gouverneur et les péchés du Colonial Office, voilà ses sujets. Toujours les mêmes histoires, les mêmes points de vue, la même ressemblance avec un singe en cage, affable en apparence, indéchiffrable au-dedans. Il m'a remplie de confusion en m'offrant un sachet contenant de la dentelle, « un souvenir de Ceylan, Mrs Woolf » — plus exactement un pot-de-vin, mais je n'avais pas la possibilité de refuser. Quand il eut disparu dans l'escalier, Alice

18. Ces mystères financiers n'ont pas été élucidés.

19. A. W. Perera, avocat défenseur à Colombo, et D. B. Jayatilaka, avocat, et plus tard vice-président du conseil des ministres de Ceylan, étaient venus en Angleterre pour faire pression sur le gouvernement britannique, en vue d'obtenir une enquête sur les mesures de répression prises à l'encontre des populations après les graves émeutes de 1915 (voir *III L. W.*, 229).

a expliqué d'une voix solennelle et lente qu'elle s'était ennuyée et interrogée pendant ses deux heures de composition, et qu'elle préférait renoncer. Une sorte de mise en question morbide des valeurs et des motifs, jointe à une grossière paresse, la conduit à cette décision, comme elle la conduira à bien d'autres encore, j'imagine. Elle a une intelligence appréciable, mais pas assez de vitalité pour la maintenir en activité. La décision lui pesait, mais je lui ai affirmé qu'il n'y avait pas de quoi en faire un monde.

Mercredi 17 octobre

Je suis allée à l'exposition de peinture chez Heal[20] cet après-midi, L. ayant passé la matinée à une conférence de la Coop[21]. D'abord, j'ai dû attendre au comptoir chez Mudie[22], où une grosse veuve choisissait dix romans, les acceptant de la main de l'employé avec une docilité de chien de salon, stipulant simplement qu'elle ne voulait aucune vulgarité, pas trop de descriptions mais beaucoup de péripéties. Sa compagne conseillait *South Wind,*[23] très apprécié de la critique, rien que conversations brillantes, l'Italie... « Mais je ne peux pas supporter la conversation ; moi, c'est la sensation que j'aime », a dit la veuve en ingurgitant une autre masse de succulente sensation, garantie sans allusions à la guerre ni aux ivrognes. « Il faudrait vraiment que je réduise mon abonnement à huit, je crois », a-t-elle observé ; et elle s'est éloignée en se dandinant, avec ses dix volumes — pour regagner Yoking, selon moi.

20. L'exposition *An Exhibition of Works Representative of the New Movement in Art,* organisée par Roger Fry.

21. A la suite du refus de Lloyd George de recevoir des représentants du mouvement, une réunion « d'urgence nationale » de la Cooperative Union eut lieu pour exiger de se faire entendre du Gouvernement quant à sa politique d'approvisionnement en temps de pénurie et de spéculation.

22. Mudie's Select Library, bibliothèque située non loin du British Museum.

23. Le roman de Norman Douglas, alors récemment paru.

Ottoline n'était pas à son aise ; étroitement boutonnée dans du velours noir, chapeau genre ombrelle, col de satin, perles, paupières fardées et cheveux d'or rouge. Il va sans dire que personne n'a rien vu des tableaux. Aldous Huxley était là, infiniment long et maigre, avec un œil opaque, blanchâtre[24]. Un gentil garçon. Nous avons marché de long en large dans la galerie, en discutant de sa tante[25], Mrs Humphrey Ward. Le mystère de sa personnalité s'épaissit ; son charme, son esprit, sa personnalité, tout cela très marqué pour une femme ; sa culture et son humour... et puis ses romans. Arnold les explique en partie, lui qui a failli acculer tous les siens à la ruine il y a quatre ans — et c'est elle qui a sauvé toute la bande en faisant marcher sa plume jour et nuit. Nous avons pris le thé avec Roger. J'ai senti très nettement une tension — Ott. languissante et se réfugiant dans ses grands airs, ce qui est toujours déprimant[26]. J'ai marché avec elle sous le déluge jusqu'à Oxford Street, où elle m'a offert, sans cordialité, des œillets cramoisis.

Jeudi 18 octobre

L. ne rentrera pas de sa conférence avant cinq heures ; et le téléphone sonne constamment (du moins c'était mon impression pendant que j'essayais d'accommoder Mrs Meynell dans un article...[27]. Quelle triste vie sans

24. Aldous Huxley (1894-1963) n'avait encore, à cette époque, publié qu'un petit volume de poèmes. Son œil blanchâtre provenait d'une kératite aiguë, remontant à 1911, et qui l'avait rendu inapte au service armé.

25. Julia Huxley, la mère d'Aldous, était la sœur de Mrs Humphrey Ward, dont le fils unique, Arnold, après un brillant début de carrière, qui lui avait valu un siège au Parlement, était devenu un joueur invétéré.

26. Les circonstances de cette pénible querelle demeurent incertaines. Elle remontait à l'époque (1911) où Roger Fry et Vanessa Bell s'étaient épris l'un de l'autre. Jusque-là Roger Fry et Ottoline avaient été très intimes ; mais ensuite lui l'avait accusée de répandre le bruit qu'il était amoureux d'elle, ce qu'elle niait avec véhémence. La susceptibilité de Roger Fry sur ce point devait provenir de son amour, tout neuf alors, pour Vanessa et des taquineries jalouses de celle-ci. Par la suite, les relations d'Ottoline et de Roger restèrent polies, mais froides.

27. Sur *Hearts of Controversy,* essais critiques d'Alice Maynell, pour le *TLS* du 25 octobre 1917.

lui ! Tinker lui-même avec son esprit inventif ne peut rien contre cela. On attrape une crampe à la main à force de retenir sa chaîne. Si on le lâche en liberté, il est très aventureux, mais tout compte fait, obéissant *. J'ai pris mon thé à la cuisine, et L. est arrivé alors que je terminais ; nous sommes entourés de chatons et de chiens, qui semblent maintenant sur le point d'ébaucher de prudentes relations. En ce moment nous attendons Ka[28].

* Cela, je dois le préciser, s'applique à Tinker, non à L.

Vendredi 19 octobre

La gentillesse de Ka, à notre avis, est en train de l'emporter sur la bureaucratie qui menaçait d'entraver tous ses charmes. Non pas que la vie de bureau ne soit pas une mare dont il faut l'éloigner. Elle se plaint de perdre ses cheveux, mais elle m'a paru plus douce, plus fraîche et plus crémeuse que je ne l'avais vue depuis longtemps. Elle a passé la nuit ici, est descendue, sa serviette de cuir à la main, pour attraper un des premiers trains. J'ai eu une lettre de Nessa au sujet de domestiques, et suis donc allée chez Mrs Hunt cet après-midi — un immeuble mystérieux, plein de compartiments vitrés, aboutissant à un espace livré au lavage et repassage de tabliers d'écolières roses ou bleus, ou du moins c'est ce qu'il semblait. Pas de femmes de chambre disponibles. Après avoir habilement combiné les trains, je suis arrivée à *l'Aeolian,* ai payé mon shilling et entendu un ravissant et très long octuor de Schubert. A la sortie, j'ai aperçu une femme grise, ébouriffée, sans chapeau : Alix ; et nous avons pris le thé chez Spikings. Elle possède une sorte d'indépendance, d'indifférence aux

28. Katherine (« Ka ») Cox (1887-1938) qui, durant ses études à Newham College, Cambridge, avait gravité dans le cercle de Rupert Brooke, avec lequel elle entretenait des relations sentimentales difficiles. Elle connaissait V. W. depuis 1910 et s'était révélée une amie sûre durant la maladie de celle-ci. En 1915, elle avait organisé des camps de réfugiés serbes en Corse et pour l'instant était directrice temporaire du War Trade Statistical Department.

dehors extérieurs que j'admire. Mais tandis que nous arpentions Dower Street, elle a paru sur le point de relever le voile qu'elle porte habituellement, fait de rire et de bavardage, pour révéler son funèbre désespoir — la pauvre !

Où allez-vous maintenant, Alix ?

Je ne sais vraiment pas.

Eh bien, voilà qui rend un son lugubre ! N'avez-vous pas envie d'être à demain matin, onze heures ?

Tout ce que je souhaite, c'est que demain matin n'existe pas.

Je la laissai donc, nu-tête, sans but, sans attaches, errer dans Piccadilly.

Samedi 20 octobre

Heureusement pour elle — ou peut-être dirait-elle : malheureusement — Alix n'a pas dû errer toute la nuit dans Piccadilly, sans quoi la grosse bombe qui a labouré le trottoir en face de chez Swan & Edgar[29] aurait peut-être bien été sa mort. Nous avons entendu deux faibles ébranlements, lointains, mais incontestables ; puis un troisième, qui a secoué la fenêtre ; puis le silence. Il se trouve qu'un Zeppelin s'est aventuré jusqu'ici, a rôdé pendant une heure ou deux sans être vu et s'est éloigné. Nous n'avons rien su de plus.

Alors que nous partions en promenade, nous sommes tombés, à la hauteur de la boîte aux lettres, sur un homme lisse et soigné, notre Walter — envoyé par le ciel pour la sanctification de ce cahier je pense. Et il ne nous a pas lâchés de plusieurs heures, s'est promené avec nous, est rentré avec nous pour le thé, et avec des encouragements, qui se firent attendre, serait resté dîner. Toutes ses histoires tournaient autour de Lord

29. Au cours de ce raid, les dirigeables allemands ne purent repérer leurs cibles à cause du brouillard au sol ; la bombe de cinquante kilos qui tomba non loin du grand magasin Swan & Edgar, à Piccadilly Circus, semble avoir été larguée au hasard.

Canterbury et de Mrs Saxon Noble[30], et de la Royal Academy — chacune mettant en lumière son succès, son tact ou sa prospérité. Il n'a guère fait de commérages sur le roi, toutefois. Il préfère parler de la reine et de cette folle de princesse Victoria, qui fait irruption dans sa chambre pour proclamer qu'elle a l'intention de vivre chez lui. Il a un teint de mannequin de cire, la tête lisse comme un œuf ; il a conservé le même goût cultivé qu'autrefois quant aux livres et au style, encore qu'il ne soit plus un écrivain, ni rien, au fait, sinon un secrétaire du président[31], envers qui il semble se conduire en fils et en parasite. Avec nous, son attitude est mi-amicale, mi-méfiante. Il a lié sa fortune à celle des conformistes, mais ne peut se décider à abandonner l'autre bord.

Dimanche 21 octobre

Lytton est venu pour le déjeuner et Goldie pour le dîner — nous avons bavardé pendant au moins six ou sept heures. Nous sommes allés nous promener au bord du fleuve et dans le parc. Lytton de belle humeur parce qu'il vient d'achever un livre de cent mille mots, encore qu'il prétende maintenant que ce n'est pas publiable[32]. Il a l'intention de quitter Londres pour aller vivre « à jamais » à la campagne. En ce moment Saxon et Oliver inspectent des maisons dans le Berkshire[33]. C'est heureux, semble-t-il, d'avoir des amis qui tentent des

30. Henry Frederick Walpole Manners-Sutton, cinquième vicomte de Canterbury (1879-1918), avait succédé à son père en 1914 et hérité de vastes domaines dans le Norfolk.

Mrs Saxon Noble, née Celia Brunel James (1871-1961), femme du riche directeur des firmes d'armements, était une hôtesse et une protectrice des arts bien connue.

31. Le président de la Royal Academy était alors Sir Edward Poynter (1836-1918).

32. *Eminent Victorians,* qui devait paraître chez Chatto & Windus en 1918.

33. Saxon Sydney-Turner et Oliver Strachey, entre autres amis, avaient souscrit au projet de louer et d'entretenir une maison de campagne pour permettre à Lytton, qui dépendait encore de sa mère dans une large mesure, de travailler dans de meilleures conditions (voir *Holroyd,* p. 703).

expériences. Le pauvre vieux Goldie a manifestement dépassé ce stade. Si j'étais malveillante, je dirais qu'il a atteint le stade du causeur par excellence. Une longue histoire pendant le dîner, très habilement racontée, parfaite pour amuser la table d'honneur ; puis les événements, avec Leonard après le dîner. On trouve moins d'aptitude au détachement chez les gens d'un certain âge. Cette guerre semble l'obséder, effacer presque tout le reste. En fait, il paraissait amaigri et usé ; d'une bonté infinie, charmant, empressé, employant toute sa vitalité à bon escient — pas de temps pour des expériences, pas assez de curiosité peut-être, malgré une gentillesse et une sympathie extrêmes, qui, lorsqu'il s'agit de jeunes gens, devient tendresse amoureuse. Le *Manchester Guardian* veut l'envoyer en Russie ; mais il doute d'obtenir un passeport.

Lundi 22 octobre

C'est bientôt la pleine lune, et les trains du soir sont bondés de gens qui fuient Londres. Nous avons vu le trou dans Piccadilly cet après-midi. La circulation a été interrompue et les piétons passent lentement près de l'endroit, que des ouvriers sont en train de combler, paraissant tout petits en comparaison. Chez Swan & Edgard, on a bouché toutes les vitrines avec de la toile à sac ou des planches ; on voit les vendeuses regarder dehors par les interstices ; pas l'ombre de marchandises, mais « la vente continue », annonce-t-on. Les vitres se sont cassées à tort et à travers ; certaines sont entières, certaines cassées par-ci, d'autres par-là. Notre London Library est toutefois intacte, et nous avons trouvé nos livres et sommes revenus par le métro, restant debout pendant tout le trajet jusqu'à Hammersmith, et nous venons tout juste de rentrer. Bert est blessé, et Nellie est allée chez Liz. Elle a estimé que c'était son devoir et aussi son droit — ce qui montre à quel point s'est améliorée la condition de bonne dans cette génération.

Mardi 23 octobre

Encore une défaillance dans ce journal, je dois l'avouer ; mais si j'écris à contrecœur, j'en viendrai à le détester ; donc sa seule chance de survivre est de supporter vaillamment ses défaillances. Je me souviens toutefois que nous nous sommes promenés, que nous avons travaillé à l'imprimerie et que Margaret est venue pour le thé. Comme ces femmes d'un certain âge deviennent pâles ! Prennent une peau rugueuse et blanchâtre de crapaud, malheureusement ! M. en particulier perd facilement son éclat. Cette fois, nous avons été obnubilés par la révolution du Mouvement coop. ; les mérites de Mr King et de Mr May, et leurs chances de réussite[34]. Je m'attire parfois un mouvement d'impatience, qui me rappelle ma position insignifiante dans cet univers important. Je me sens un peu déprimée, un peu inquiète d'y trouver à redire, cela vient de n'être pas dans mon élément. Je suppose que L. ressent la même chose à Gordon Square. Et puis les petits soins que ces personnes d'un certain âge, et les bien intentionnées, ont les unes pour les autres m'impressionnent ; « il faut que je rentre, sinon Lilian va s'inquiéter », ces questions de fatigue et de froid qui entrent toujours en ligne de compte — en partie le célibat peut-être ; en partie ce sentiment, que Margaret possède tout naturellement, d'être le pivot de son propre monde. Mais, bien entendu, sa gentillesse et sa vaillance font toujours ma conquête malgré ma vanité blessée.

34. En 1917, le Cooperative Congress (Congrès du Mouvement coopératif), après des débats passionnés, abandonna son attitude traditionnelle de neutralité politique pour décider de recourir à une représentation directe dans le gouvernement national et local. Henry May, nommé secrétaire du comité de représentation parlementaire alors formé, fut le premier candidat parlementaire coopératif. Mr King est sans doute le M. P. libéral Joseph King, « mouche du coche libéral bien connue », selon Margaret Cole.

Mercredi 24 octobre

L. est parti pour assister à une de ses satanées réunions, mais aussi pour apporter à Mr Byles[35], qu'il rencontrera à sa sortie du bureau du *New Stateman,* un spécimen du papier que nous avons choisi. J'ai fait un peu de composition, et puis suis allée voir Janet. A la longue on en vient à accepter tout naturellement la pluie et le vent ; déjà, le fait de les considérer comme une protection contre les raids leur enlève ce qu'ils ont de plus pénible. Ainsi, aujourd'hui, j'ai à peine renâclé malgré une pluie battante, un temps glacial, sombre, inhumain des premiers âges du monde. Il est extrêmement agréable d'arriver à l'improviste chez les Case ; quel accueil, quel souci de vous faire accepter du thé de Chine ou des Indes, un œuf, du pain frais et du beurre — vos vêtements qu'on éponge avec un torchon. Emplie pleine d'animation, incohérente, parlant sans suite, comme toujours, de sa journée, de son Ecko [poste de TSF], des domestiques, et du sucre et du miel, tout un discours plein de fougue et de raison ; et manifestement le fruit d'une expérience qui ne l'a jamais aigrie ni vieillie, si elle ne lui a guère apporté non plus de force de concentration. Elle s'en est allée écrire ses notes après le thé (c'est sa grande occupation), Janet et moi avons bavardé en parfaite harmonie comme à notre habitude. Mais on m'a expédié à Finchley Road avec un quart d'heure d'avance, de peur que je ne rate mon train ; et j'ai fait le trajet avec une mère et ses trois garçons dont tous les vieux messieurs observaient les baisers et les pitreries avec embarras, mais bienveillance, à l'abri de leur journal.

35. W. C. Byles était depuis 1914 (et devait le rester jusqu'à sa mort en 1920) le directeur du *New Stateman.* L. W. devait sans nul doute le consulter sur des problèmes techniques de la Hogarth Press.

Jeudi 25 octobre

J'ai dû passer la journée étendue pour la raison habituelle[36]. Toutefois j'en ai mieux pris mon parti grâce à la composition que je puis faire, de mon lit, sur le pupitre. Nous avons tiré une épreuve de deux pages sur papier du bon format, et le résultat nous a plu infiniment. Nous utiliserons un vélin teinté. Ce matin, lettre mélancolique d'Ott. qui se plaint d'être vieille et laide, de son dégoût de Londres et de la tristesse de n'être plus recherchée — le tout si vrai que nous avons accepté une invitation, en ce qui me concerne surtout, par pitié ; bien qu'une vague amitié pour elle persiste aussi. Saxon et Barbara ont dîné avec nous ; nous allons louer Asheham à cette curieuse constellation — Nick et Saxon graviteront autour de Barbara qui scintille d'un éclat rougeoyant, mais modeste, à la lumière de leur admiration ; très soignée, très gentille, maternelle. Saxon, comme toujours lorsqu'il est avec elle, doux et ronronnant comme une casserole qui bout, mais pas au point de verser, ne soufflant mot, bien entendu. Comme elle n'a que des choses simples et directes à dire, L. et moi avions plutôt sommeil ; mais nous avons décidé qu'elle se chargera de l'impression lorsque Nick repartira [pour la France]. J'irai à Asheham lundi soir avec Saxon.

Vendredi 26 octobre

Il doit faire froid ou faire du vent ou pleuvoir la nuit, car nous dormons bien malgré la lune qui est presque pleine. Nous sommes confrontés au problème d'assurer le sort de Tinker. Sa turbulence en fait un hôte

36. V. W. invariablement passait étendue le premier jour de ses règles ; il est difficile de dire si cela tenait à une nécessité, à une prescription médicale ou à une coutume de l'époque.

encombrant. Nous sommes allés voir aujourd'hui si on pouvait le confier au vétérinaire et nous avons découvert qu'un vét. habitait une partie de la grande maison rouge qu'il y a derrière chez nous. Nous avons jeté un coup d'œil dans une pièce où le thé était servi, la nappe disposée en losange sur la table ; une jeune fille est entrée ; et j'ai aperçu une entrée dallée de blanc et noir, manifestement une belle demeure, à présent partagée en divers lots. Nelly vient de rentrer : les rires habituels reprennent. Nous avons donné cinq shillings à Nelly qui se débrouille si bien.

Samedi 27 octobre

Nous nous mettions en route pour la caserne de Kingston cet après-midi pour aller chercher la carte de réforme de L., quand le téléphone a sonné, et j'ai entendu la voix, maintenant peu familière et tendue, semblait-il, de Clive qui demandait s'il pouvait venir dîner avec nous. Nous allons donc nous raccommoder très rapidement[37]. Nous sommes allés à Kingston, à travers le parc, arrivant trop tard pour la carte, et puis nous avons pris le thé à Kingston, finissant par m'acheter une montre de 15 shillings avec bracelet — un oignon rond brillant, commode, que je ne cesse de consulter et qui me donne vraiment l'impression de gagner du temps. Nous sommes rentrés tard ; et Clive est arrivé et s'est montré à mon avis très agréable, volubile avec naturel ; levant quantité de lièvres et les chassant habilement, et décochant sans être blessant ses petits hommages à sa propre personne. J'aime passer une soirée avec lui, il a l'esprit si vif et si bien entretenu. L. d'une humeur et d'une politesse magnifique, par-dessus le marché. Nous

37. Maynard Keynes avait emmené Clive Bell prendre le thé avec V. W. à Hogarth House (sa première visite) le 28 juillet 1917 ; ils avaient fait des commérages sur Katherine Mansfield ; et Clive était certain que V. W. les avait répétés à Katherine qui avait dîné le lendemain soir chez les Woolf, et il lui en gardait rancune.

avons bavardé, passant rapidement d'un sujet à l'autre : personnalités, livres français, l'intrigue Mansfield et ainsi de suite[38]. Il porte son costume marron, se coiffe les cheveux en arrière pour cacher son début de tonsure, mais ne relève plus son pantalon aussi souvent — bref, il était à son avantage. Adrian a une prescription médicale lui interdisant de continuer à travailler la terre[39].

Dimanche 28 octobre

Toujours pas de raids, sans doute la brume du soir nous les épargne-t-elle, bien que le temps soit calme et le clair de lune très vif. Les multitudes qui ont quitté Londres doivent se sentir un peu stupides. Parfaite journée d'automne ; soleil rouge à travers les feuilles encore accrochées aux arbres. Pour rester le plus possible avec L., j'ai décidé de l'accompagner à Staines[40]. Partis de Shepperton, nous avons traversé Laleham et continué jusqu'à Staines, en suivant le fleuve. Campagne plate, très calme, ou campagne commençant tout juste à se changer en ville. On a traîné des fauteuils roses autour d'une table à thé très chargée, mais non luxueuse ; une multiplicité de petites assiettes, de couteaux minuscules, les invités priés de se servir euxmêmes. Mr Lock était là, avec une vague infirmité ; et peu après Alice, Flora, Clara et Sylvia ont toutes fait leur apparition — avec un peu de malveillance, on aurait pu penser que tout Kensinghton High Street se déversait dans la pièce. La banalité du groupe m'a impressionnée. Aucune beauté, rien de précis ; très étrange que la nature ait produit ce type en abondance. Puis la bonne annonça : « Mr Strugeon ! », Flora s'est écriée : « J'y

38. Pacifiste, Clive Bell à cette époque était nominalement ouvrier agricole à Garsington où l' « intrigue » était monnaie courante.

39. Objecteur de conscience, Adrian Stephen avait dû s'engager comme ouvrier agricole ; il mesurait plus d'un mètre quatre-vingt-quinze et n'était pas robuste, et ce genre de travail lui fatiguait le cœur.

40. La mère de L. W. et d'autres membres de sa famille habitaient maintenant Staines.

vais ! » et s'est précipitée hors de la pièce. Tout le monde fit : « Oh ! Ah ! Splendide ! » comme à la scène ; et en effet tout l'incident aurait pu appartenir à une scène de théâtre[41]. Nous sommes partis à la fin du second acte. Tinker s'est précipité dehors, mais on l'a rattrapé et nous sommes rentrés, gelés, et Herbert nous a fait une petite visite et maintenant nous sommes assis au coin du feu et j'aimerais bien être la semaine prochaine à la même heure.

Le lundi 29 octobre, tandis que L.W. était en voyage, V.W. accompagna Saxon Sydney-Turner à Asheham ; elle l'y laissa pour continuer jusqu'à Charleston, et rentra à Hogarth House le vendredi. Il y a deux notes caractéristiques dans le journal d'Asheham (elles ne sont pas reproduites ici).

Vendredi 2 novembre

On est presque à « la semaine prochaine à la même heure » ; mais pas tout à fait. Il s'en faut même de beaucoup puisque L. à cet instant précis fait une conférence à Brikenhead, et ensuite devra voyager toute la nuit à travers l'Angleterre pour me rejoindre[1]. Je m'aperçois qu'il m'est impossible de lire après une journée de voyage. Je ne puis ouvrir Dante, ni même penser à lui, sans un frisson — cela provient en partie, je crois, de la quantité considérable de journaux que j'ai lus en arrivant. Lottie m'a apporté tous les *Times* qui se sont accumulés. J'ai l'impression d'avoir énormément bougé ; de l'avoir fait continuellement pour me réchauf-

41. Bella, la sœur de L. W., était la veuve de Richard Lock ; Mr Lock avec une vague infirmité devait être son beau-père. Flora et Clara étaient les autres sœurs de L. W. ; Alice et Sylvia, ses belles-sœurs.

1. L. W. partit pour Manchester, le 29 octobre, pour donner des conférences sur le gouvernement international à un certain nombre de sociétés coopératives du Lancashire et du Cheshire.

fer. J'entends par là qu'Asheham et Charleston étaient plutôt une manière de distraction, pour me faire oublier combien je me sentais bizarre et seule. Non pas seule au sens littéral du mot, bien entendu. D'abord, j'ai passé deux jours avec Saxon ; beaucoup de dissections rehaussées encore par une intimité des plus chaleureuses de sa part. Il continue à s'étonner de ses sensations : les produit au jour, regarde si elles conviennent, est très anxieux de s'assurer de leur qualité. Evidemment, la qualité est très supérieure. Le pire que l'on puisse dire, c'est que son manque de virilité tendrait à l'afféterie, au mièvre, dans une certaine mesure. Mais il est probable que ce soit l'effet de la personnalité pas très marquée, ni grandiose de B. Et bien entendu il est exquis, aussi, à sa manière ; si pur, sage, bon et sensible. Très curieusement incapable de faire face à quoi que ce soit qui exige de la décision. D'instinct, il reste immobile pour éviter tout risque. S'il est obligé de commander du charbon ou de héler un fiacre, son indécision est celle d'une vieille fille de soixante-dix ans. Et pourtant, intellectuellement, il est plutôt catégorique ; catégorique mais méticuleux. Il est amoureux, et pourtant satisfait de voir B. épouser Nick.

A Charleston, il y avait Miss Edwards, la nouvelle gouvernante. Une très jolie jeune femme, plutôt délurée, pas très bien élevée, ni très instruite, qui a dû, j'imagine, vivre sur le capital de ses grands yeux, de ses cheveux de lin, de ses sombres sourcils droits, au point qu'elle est un peu perdue dans un élément où l'on fait peu de cas de ces attraits. Elle n'a personne à qui faire les yeux doux — sauf Bunny, qui est inaccessible. Mais elle a de l'autorité sur Julian ; le français lui est visiblement plus naturel que l'anglais. Je voulais lui demander comment elle réagit. Hier il a plu toute la journée, si bien que je ne suis pas sortie, écrivant sur Aksakoff[2] le matin, m'installant dans l'atelier après le

2. La critique d' « Un écolier russe », de Serge Aksakoff, qui parut dans le *TLS* du 8 novembre 1917.

déjeuner. Duncan peignait une table et Nessa copiait un Giotto. Moi, j'ai déballé tous mes petits commérages. Ils sont très efficaces, ces peintres ; ne connaissent guère de fausse honte ; ils ont de vastes zones lisses dans l'esprit, là où moi, je ne suis que piquants et promontoires. Néanmoins, peu de personnes, à mon sens, ont une intelligence aussi tenace et rapide que Nessa. Deux petits garçons à l'esprit très actif la maintiennent en forme. J'aime cette impression qu'elle donne d'une nature fonctionnant à plein. C'est-à-dire en bon état de marche : vivant concrètement, non en amateur comme Duncan et Bunny le font tous deux dans une certaine mesure. Sans doute est-ce l'effet des enfants et de la responsabilité, mais je me souviens d'avoir toujours connu cela chez elle. Elle est habitée d'un profond amour du fait concret. Julian est venu dans ma chambre avec sa lettre ce matin ; et il s'est aussitôt pelotonné sur mon lit pour continuer la lecture d'un livre contenant une image d'oiseau du paradis. Il m'a dit qu'il avait lu au moins cinquante fois l'Histoire de Gardiner[3]. Il a détesté les rois parce qu'ils sont stupides ; mais aimé Newcastle. L'histoire de l'Irlande l'a ennuyé parce que, si j'ai bien compris, elle est informe. Il n'a pu donner raison à aucun des deux camps dans la guerre d'Amérique, ce qui l'a contrarié ; et il pense que si nous avions cédé sur la question des taxes nous serions arrivés à nos fins sans que cela se sache, comme nous l'avons fait pour les autres colonies. Quentin l'a appelé pour les leçons, sans quoi il aurait continué encore longtemps. J'ai été considérablement impressionnée. Tomber soudain sur un enfant qui raisonne et hérite de ces vieux casse-tête vous donne un véritable choc. On en vient à regretter qu'il n'y ait pas une histoire nouvelle pour chaque génération nouvelle ; et malgré tout c'est fantastique de

3. *A Student's History of England from the Earliest Times to 1885* (« Histoire d'Angleterre des origines à 1885 à l'usage de l'étudiant ») de Samuel Rawson Gardiner. Les volumes fatigués qu'avait lus V. W. dans la salle d'études de Hyde Park Gate étaient passés à ses neveux.

passer de vieilles affaires à des cerveaux neufs. Je prédis que J. accomplira un travail considérable un de ces jours ; est-ce un signe d'âge que de s'intéresser à la toute nouvelle génération, d'être enclin à lui prêter de grandes qualités ?

Mais j'ai été heureuse de rentrer à la maison, et de sentir que ma vie véritable reprenait ; autrement dit la vie ici avec L. Solitaire n'est pas tout à fait le mot qui convient ; ma personnalité semble résonner au loin dans l'espace lorsque L. n'est pas là pour en enclore toutes les vibrations. Voilà qui n'est pas écrit d'une manière bien intelligible, mais le sentiment est étrange en soi — on dirait que le mariage est la confirmation de l'instrument ; et la musique de l'un sans celle de l'autre vous pénètre comme celle d'un violon privé de son orchestre ou de son piano. Morne soirée de pluie, aussi vais-je dormir. Le raid aérien a eu lieu, bien entendu, alors que nous étions absents.

Samedi 3, dimanche 4, lundi 5 novembre

En fait, il n'y a pas eu de raid, mais étant donné l'état de nos nerfs (je devrais dire des nerfs de Lottie et de Nelly), la baisse soudaine de la lumière électrique a été prise pour un signe d'alerte ; enfin la lumière s'est éteinte et, debout dans l'escalier de la cuisine, j'ai été submergée par la certitude qu'à l'avenir l'extinction de la lumière sera toujours pour nous un signal de danger. J'ai regardé dehors par la porte du hall, mais j'ai entendu comme d'habitude les pas et les voix des banlieusards qui rentraient chez eux ; et puis, comme pour achever de me rassurer, la lumière est revenue. Nous sommes allés nous coucher et dormir. Je me suis réveillée à sept heures moins cinq et suis restée au lit, l'oreille tendue, mais aucun bruit ne m'est parvenu ; et, vers huit heures, j'étais sur le point d'étouffer mes derniers espoirs quand j'ai entendu L. à la porte, et voilà, il était là ! Avec des précautions de souris, il était entré et avait pris son petit déjeuner. Nous avons parlé à n'en plus finir ; il restait toujours quelque chose à dire ; brusques silences et volubilité ; divine satisfaction d'être une fois de plus accordés. L. a voyagé toute la nuit. Le plus savoureux de ses histoires est pour moi le déroulement de l'argumentation, les questions, les tâtonnements. Mrs Eckhard[4] qui se lance dans toutes sortes de sujets, tandis que L. abat des arbres pour elle. Il a encore les paumes toutes noires de la suie de l'écorce des arbres de Manchester. Nous avons fait une promenade au bord du fleuve et sommes allés nous coucher de bonne heure. L. ayant affirmé qu'il n'était pas fatigué du tout, s'est écroulé de sommeil et a dormi jusqu'à ce qu'on l'appelle.

Dimanche, j'ai achevé mon Aksakoff ; d'ailleurs écrire a l'avantage de transformer le jour du sabbat en jour ouvrable, malgré le vacarme de la musique militaire et des cloches d'église qui éclate toujours vers onze heures — bruit que l'on ne devrait pas avoir le droit d'imposer aux autres. Nous avons suivi le fleuve à travers le parc, car il faisait une journée délicieusement tiède, et nous avons encore une fois rencontré notre Walter, en compagnie d'un homme qui avait l'air d'un maître d'école. On ne voit pas un cerf dans le fond du parc, là où sont les cèdres. Et Perera est venu pour le thé, et je l'ai enfermé en tête à tête avec L., n'ayant pas envie d'un autre métrage de dentelle. Je crois toutefois que L. est maintenant menacé d'une montre en or, du fait du succès de l'affaire de Ceylan. Le *Daily News* a laissé éclater son indignation à trois reprises.

Et, quant à aujourd'hui, nous sommes allés à Londres et, venant à peine de rentrer, nous attendons le dîner. Comptant au moins sur de la vivacité et de l'intelligence, j'ai dépensé huit pence pour une revue contenant les lettres d'amour de Mrs Asquith, mais elles sont plates, médiocres, vulgaires et incultes, comme on en attendrait d'une Mrs Glyn de province. Et elles ont quelque chose

4. Mrs Eckhard était la belle-mère de Sydney Waterlow. L. W. était descendu chez elle à Manchester.

d'insolent, comme si on les avait gribouillées avec condescendance[5]. Nous sommes allés à la London Library comme d'habitude ; en sortant nous nous sommes heurtés à la silhouette grisâtre, nu-tête, de la dame secrétaire de L. : Alix qui s'en allait tâtonner à la recherche de faits que l'œil de L. repère infiniment plus vite[6]. A Piccadilly, nous avons vu que le trou est presque comblé, mais les vitres ne sont pas encore remplacées. L. chez William & Norgate, au sujet de son livre ; où on l'a retenu si longtemps que j'ai eu le temps de prendre complètement en grippe Mrs A., dans le salon de thé de Clifford Inn. La discussion a été chaude ; L. accusé de procédés malhonnêtes pour avoir proposé le livre à Bell (initiative de Margaret[7]). On pourrait arriver à un arrangement, mais on a affaire à un homme incompétent et stupide, qui ne veut pas céder et revendique ses droits. Dans le métro, accroché à la courroie, nous avons vu Malcom MacNaghten[8] ; gris, tiré à quatre épingles et l'air florissant.

Mardi 6 novembre

Ce qui est triste, c'est que Tinker, à cette minute précise (cinq heures trente), est perdu. On l'a lâché dans le

5. Emma Alice Margaret (« Margot ») Asquith, née Tenant (1864-1945), avait épousé en 1894 le Premier ministre libéral H. H. Asquith, dont elle était la seconde femme. D'une intelligence brute, d'une franchise sans bornes, d'une grande vitalité et sensibilité, elle représentait, au moins virtuellement, un atout politique et une influence stimulante sur la société. La revue en question n'a pas été identifiée. Elinor Glyn (1894-1943) était une romancière romantique à succès.

6. Alix Sargant-Florence aidait L. W. dans ses recherches en vue d'un rapport, qui devait finalement devenir un livre : *Empire and Commerce in Africa.*

7. L. W. avait été chargé d'écrire un ouvrage sur le Mouvement coopératif, pour la Home University Library ; il aurait dû paraître en novembre, mais Williams & Norgate, les éditeurs, en repoussaient la publication jusqu'à la fin de la guerre. Margaret Llewelyn Davies avait suggéré de prendre contact avec George Bell & Sons, pour le publier tout de suite en livre à un shilling. Il parut finalement sous le titre *Cooperation and the Future of Industry,* chez Allen & Unwin, en janvier 1919.

8. The Hon. Malcom MacNaghten, avocat et membre de la Société des Apôtres ; il avait épousé en 1899 Antonia Maria (« Dodo ») Booth, dont les parents avaient été des amis intimes de ceux de V. W.

jardin, il s'est faufilé chez les gens d'à côté et, trouvant ouverte la porte de leur propre jardin, s'est probablement sauvé. Nous avons découvert la chose à l'heure du déjeuner. Aussitôt, L. s'en est allé à sa recherche dans le voisinage, mais sans résultat. Nous avons pris le bus pour nous rendre à Kingston ; et avons rendu visite, pour la dernière fois de notre vie, espérons-le, au bureau de recrutement et après avoir attendu dans la pièce familière aux deux bancs de bois, à la serviette qui pend et à la capote kaki, L. a été convoqué et on lui a remis le papier qui indique qu'il est « totalement invalide, à titre définitif ». Sans doute que cela irait chercher dans les cents livres, si cela pouvait s'acheter. Mais nous étions bien abattus par la disparition de l'épagneul auquel nous en étions venus à nous attacher[9]. Nous avons averti le poste de police. L'immense bonté et le bon sens qui y règnent nous ont beaucoup impressionnés. Après avoir pris des notes, téléphoné à Kew, le sergent de police nous a dit : « Nous vous sommes bien reconnaissants, monsieur. » C'est triste de recommencer à s'informer de chiens perdus. Après notre expérience avec Tim, je trouve difficile d'être optimiste.

Samedi 10 novembre

Ce qu'il y a de triste encore, c'est que j'ai laissé passer ces derniers jours — deux, mercredi et jeudi — parce que je suis rentrée tard ; le troisième, vendredi, parce que je broyais du noir et que nous étions trop hargneux tous les deux pour qu'écrire fût possible. Cependant, pour parler en premier des distractions — encore que je me refuse à reconnaître qu'elles soient la cause de mon humeur noire, Nessa était à Londres et j'ai eu un après-midi de Bloomsbury. Tout d'abord, j'ai apporté ma montre à un horloger de Poland Street, qui prétend

9. V. W. avait perdu « le brave Tim » le dimanche 22 avril 1917. Voir II V. W., *Letters*, n° 829.

qu'elle a simplement besoin d'un nettoyage ; puis je suis allée à l'Omega où, dans la demi-obscurité, Roger escortait trois jeunes Françaises jacassantes tout autour de l'exposition, en donnant, comme toujours, l'impression de se délecter particulièrement des manières et de la langue françaises. Les tableaux miroitaient dans la pénombre, et j'ai surtout été impressionnée par Gertler ; Vanessa, excellente aussi ; Duncan, un peu trop joli, à mon avis, ou tendant à l'être. Faith [10] trottinait dans les parages, tâchant de m'attirer vers son exposition de robes, ce jour-là étant réservé aux visites privées. Nous avons pris le thé dans l'atelier de couture — marchant de long en large en mâchonnant du gâteau desséché, tandis que Roger écrivait des lettres sur ses genoux et que Mabel cousait une doublure dans un coin. Pour comble, Nessa est arrivée et nous sommes parties, moi, achetant en chemin un manteau couleur d'abricot. J'ai pris le thé à Gordon Square dont le nouvel agencement me déconcerte toujours [11], car il n'y a pas de salon. Nessa rumine un nouveau projet d'éducation — six garçons, un précepteur et une gouvernante ; a fait tous ses plans pour l'été prochain. Miss Edwards s'est mise à rejoindre des soldats sur les collines, et ses qualifications ne seront plus bien longtemps suffisantes. Cela fut le prélude d'une réception au 46 Gordon Square, le jeudi, où je me suis rendue à travers la pluie et la boue, très longue expédition pour deux heures de vie, mais que j'ai savourées. Il y avait là les habitués, l'impression habituelle d'être dans une atmosphère familière, mais stimulante, à laquelle toutes les personnes qui habitent généralement ma pensée participaient en chair et en os. Un grand nombre de jeunes femmes à la tignasse

10. Faith, Marion Jane Henderson, née Bagenal, sœur aînée de Nicholas Bagenal, qui, après des études à Newham College, Cambridge, avait épousé en 1915 l'économiste Hubert Henderson. Elle apportait temporairement son aide aux Ateliers Omega.

11. En 1916, Maynard Keynes avait pris la suite du bail de la maison des Bell, au 46 Gordon Square ; plusieurs amis que la guerre avaient amenés à Londres y étaient logés ; et Clive Bell avait conservé l'usage d'une chambre pour lui et, à l'occasion, pour Vanessa.

ébouriffée, avec perles d'ambre et émeraudes, étaient assises sur le plancher. Molly, Vanessa et moi représentions les matrones mûres. Oliver jouait les oncles affectueux et câlins. Quant à Ray, on pouvait le voir en grand-mère, très imposante, prodigieusement bien nourrie, et compétente. J'ai passé le plus clair de mon temps avec Oliver, et, quand dix heures ont sonné à l'horloge, je me suis levée et je suis partie — manifestation de vertu, s'il en fut jamais. Et maintenant nous voyons comment la tristesse est survenue. L. s'est montré irascible, décourageant, sans entrain. Nous avons dormi. Je me suis réveillée avec un sentiment de déconfiture, l'impression d'avoir été molestée. Cela a persisté, vague après vague, tout le long du jour. Nous avons fait une promenade sur la rive du fleuve, dans un vent glacé sous un ciel gris. Nous avons convenu que, vue sans illusions, la vie est une affaire épouvantable. Les illusions ne reviendraient plus. Pourtant, vers huit heures et demie, elles étaient là, au coin du feu et menèrent joyeux train jusqu'à l'heure du coucher, où quelques gambades terminèrent la journée.

Aujourd'hui a été très gai, malgré le pire assortiment d'éléments qui puisse vous échoir : froid glacial, ciel orageux, pluie. L. est allé à la fourrière, mais sans résultat ; nous avons affiché des avis, mais l'espoir s'amenuise. Cela fait deux jours que je n'ai pas eu de lettres.

Dimanche 11 novembre

Le dimanche, à ce que je vois, est en train de devenir pour nous à peu près ce qu'il était pour nos pères, le jour où l'on fourbit sa vie sociale ; et comme c'est, de par la nature des choses, un jour morne, solennel, l'idée n'est pas si mauvaise. Néanmoins, je ne vois guère au nom de quel principe on approuverait notre déjeuner chez les Webb. L. les connaissait.

[De l'écriture de L. W.]

J'ai dit imprudemment que j'écrirai de temps à autre une page ici, et maintenant V. me demande de faire honneur à ma parole, et comme cela va me détourner de la lecture des discours de Joseph Chamberlain[12], je ne vois pas pourquoi j'y manquerais. Nous sommes allés déjeuner chez les Webb, où il y avait aussi Mr et Mrs Tawney. Elle, je l'avais déjà rencontrée, mais pas lui. Avant qu'ils n'arrivent, les Webb nous avaient dit que c'était un idéaliste. A présent que je le connais, la seule chose que je puisse ajouter sans me tromper est qu'il est un idéaliste aux dents cariées. Un des pires repas auxquels nous ayons jamais assisté chez les Webb. V. entre Webb et Tawney, moi entre Mrs W. et Mrs T. Mrs W. s'est mise presque aussitôt à parler du comité de reconstruction dont elle fait partie. Elle discourait sans reprendre haleine, et tous les dix mots revenait « comité ». Il semble qu'elle ait réussi à créer un comité pour bébés, un comité pour fous, un comité pour les malades, un comité pour les invalides et un comité pour les morts ; mais le schéma, ou le cosmos, n'est pas complet parce qu'elle n'est pas arrivée jusqu'à présent à créer un comité pour les valides-et-sans-travail. Elle n'a pas perdu tout espoir pourtant. Pendant ce temps V. à un angle, moi, à l'autre, nous enfoncions dans le silence, tandis que Mrs T. interrogeait frivolement W. au sujet d'une femme au fémur cassé, soignée dans une infirmerie d'un syndicat de Walthamstow. Nous nous sommes sauvés aussitôt après le déjeuner.

12. Les discours de Joseph Chamberlain (1836-1914) avaient été publiés en deux volumes, en 1914.

13. Richard Henry Tawney (1880-1962) qui, à sa mort, devait être considéré comme un des historiens de l'économie les plus distingués de sa génération. Grièvement blessé en 1916, et réformé, il avait repris ses activités à la Worker's Educational Association. Sa femme, Annette Jeannie, née Beveridge, faisait office d'inspecteur des usines au Home Office.

Avons pris un bus de Westminster à Hammersmith, très froid, mais rafraîchissant après le discours sur les comités...

Et quand nous sommes arrivés ici, nous avons trouvé le salon plein de gens : Rosalind Toynbee, Arnold T. [14] et Ka. Elle, petite, pâle, les yeux sombres, une mèche folle, des manières calmes et décidées, m'a plu. Lui semblait beaucoup plus ordinaire et conventionnel que le jeune homme de jadis. Mais nous avons discuté d'art et de littérature avec animation ; et j'ai remarqué que R. T. réfléchissait quand on lui parlait — ce qui est bon signe. Pour autant qu'on puisse le voir, elle est si rompue à la culture que c'est presque une spécialiste ; autrement dit, en viendrait-on à la connaître, on s'apercevrait que toutes ses opinions en littérature sont enserrées dans le filet d'une théorie soigneusement élaborée. Ainsi, elle n'aime pas *Le Roi Lear.* Malgré tout, ou peut-être pour cela même, je la trouve fort distinguée, plus, en tout cas, que les têtes-de-loup de Bloomsbury. Comme nous étions assises, enveloppées de fourrures, dans la pénombre, je ne peux vérifier ma supposition quant à la « tête-de-loup », cette fois. Il m'apparaît soudain qu'elle doit à ses origines mi-aristocratiques une sorte de dignité à l'ancienne mode. Ses vues sur les relations qui conviennent entre cuisinières et gouvernantes sont assurément pertinentes. Il se pourrait bien, à mon avis, qu'il y ait là quelque chose qui tienne à la différence entre Oxford et Cambridge. C'est curieux, quand on y pense, à quel point notre esprit a été affecté par cette différence — même le mien l'a été, je le suppose, bien que je n'aie jamais fréquenté ni l'un ni l'autre et que ma nature me porte à les critiquer. Mais il ne m'a pas paru facile de parler librement à Arnold.

14. Arnold Joseph Toynbee (1889-1975), qui devait devenir le grand historien des civilisations, travaillait à cette époque dans un bureau du gouvernement. Il avait épousé en 1913 Rosalind Murray, fille du professeur Gilbert Murray ; sa mère était la fille du neuvième Earl of Carlisle.

[*Lundi 12 novembre*]

Nous avons été à Londres aujourd'hui, comme tous les lundis en général. Nous sommes passés à l'Omega, et alors que nous regardions autour de nous, Roger a fait son apparition, ce qui m'a un peu embarrassée, en partie à cause de ses tableaux, et aussi parce que je n'aime pas parler d'art devant lui. Mais il était en train de peindre une table et il s'est éclipsé. Ensuite nous sommes allés à Gordon Square pour y prendre mon parapluie, deux tableaux et un serre-tête que j'avais laissés là, et c'est Clive en personne qui nous a ouvert la porte. Il nous a priés d'entrer, et dans un des gros fauteuils nous avons trouvé M. H., une femme en croissant de lune, pitoyable à mon avis. Elle a toujours l'air si écrasée, si soumise. J'ai fumé la moitié d'une cigarette à bout doré et prêté l'oreille à quelques commérages de Garsington. K. M. a rompu avec Ott, dans une lettre qui disait : « Vous ne jouerez plus les comtesses avec ma cuisinière » ou une phrase de ce genre. Nous avons fini par partir, et je suis allée chez Mudie pour y prendre *The Leading Note*[15], afin d'examiner de plus près ce qu'il y a en R. T., tandis que L. se rendait à une mystérieuse entrevue avec Edgar[16]. Je suis rentrée à la maison avec mon livre, qui ne semble pas une performance bien magistrale, dans la manière de Tourgueniev, sans doute ; mais si l'on ne place pas ses touches au bon endroit, le procédé tend à devenir sommaire et vide. L. est à une réunion pour le vote des femmes, et, moi, j'observe trois globes de feu qui brillent d'un rouge ardent.

15. *The Leading Note*, roman romanesque de Rosalind Murray, paru en 1910 et réimprimé en 1913.

16. D'après son propre journal L. W. aurait rencontré son frère Harold pour le thé, et non Edgar ; après quoi il se rendit à une réunion du comité exécutif de la Ligue pour la Société des Nations.

Mardi 13 novembre

Il faut que je me plaigne encore une fois que les gens ne m'écrivent pas. Je ne leur écris pas, mais comment le pourrais-je ? Et pas de livres du *Times* non plus, ce dont je me réjouis, cependant, car je veux avancer mon roman [17]. L., qui a commencé son livre il y a quelques jours, en a déjà terminé deux chapitres. On dirait une de ces moissonneuses que j'observais de ma fenêtre à Asheham, qui tournent et tournent en rond, sans hâte ni repos, jusqu'au moment où le dernier petit carré de blé du milieu est coupé, et tout est terminé. Nous avons commencé à imprimer cet après-midi [18]. Notre première découverte a été celle, d'importance, que les ressorts ne sont pas d'aplomb ou que les boules n'ont pas le même poids. Nous — ou L. — avons plus ou moins bien arrangé cela, et nous avons tiré trois cents copies de la première page ; mais nous nous accommoderions volontiers d'une autre presse, même si les résultats sont très bons ainsi, la plupart du temps. Journée très froide. En fait, j'aurais dû noter le commencement de l'hiver. Le fond de l'air est glacial. La pièce, après le thé, frappe violemment comme un petit centre de lumière au cœur de profondes ténèbres. L. prépare la conférence qu'il doit faire à Hammersmith [19]. Pour moi, je dois présider la Guilde des femmes [20].

17. C'est là la première référence à *Night and Day.*
18. Ils imprimaient *Prélude,* de Katherine Mansfield.
19. L. W. devait ce soir-là faire une conférence à la branche d'Hammersmith de l'Union of Democratic Control (UDC), organisation créée en 1914 pour promouvoir et informer l'opposition à la guerre et exiger une paix négociée.
20. V. W. avait toute l'année durant présidé les réunions mensuelles de la Guilde des femmes à Hogarth House, pour lesquelles lui incombait la charge de trouver des conférencières, qu'elle choisissait parmi ses amies ou qu'on lui envoyait du quartier général de la Guilde. Elle remplit cet office pendant quatre ans.

Mercredi 14 novembre

L. a donné sa conférence ; j'ai présidé ma guilde. Je suis toujours intriguée par la raison qui peut pousser les femmes à venir — à moins que ce soit simplement qu'elles aiment à s'asseoir dans une pièce autre que la leur, avec le gaz et la lumière pour rien, d'autres femmes sur d'autres chaises. Elles ne sont apparemment pas très attentives ; à part Mrs Langston, personne n'a un mot à dire. Ce soir Mrs Allan, une femme au teint vermeil, aux yeux vifs, sagace mais pas très éclairée, a parlé du congrès [21] pendant toute une heure. On aurait pu croire à un rapport, et cela n'avait guère plus d'intérêt. Quand elle eut fini, et quand j'eus fini, on ne posa pas de questions, alors elle s'est lancée sur le chapitre de la nourriture, non pas l'approvisionnement du pays, mais le dîner et le thé servis à chacun à Torquay. Elle s'étendit avec facilité et même avec passion sur ce sujet. Les travers des commerçants de l'extérieur et les vertus de la maîtrise de soi furent abondamment illustrés. L. est rentré vers dix heures et demie, après une soirée plus profitable à l'UDC, où l'auditoire comportait des soldats et même un Indien. Aujourd'hui les bonnes sont allées voir Bert à l'hôpital d'Epsom. L. s'est rendu à la fourrière, sans résultat ; et finalement nous avons marché dans la direction de Kew et avons remarqué que les grands marronniers étaient aussi noirs et nus que de la fonte. Une douzaine d'hommes pêchent dans l'eau calme en aval de l'écluse — signe encourageant d'une foi intacte. Nous sommes entrés voir le petit imprimeur [22] avec lequel nous avons passé une demi-heure à discuter

21. Le congrès annuel de la Guilde. Mrs Allan était une conférencière envoyée par le Q. G. Mrs Langston, sans doute l'adhérente la plus en vue et la plus compétente de la branche de Richmond.

22. Un Mr MacDermott, propriétaire d'une petite affaire, The Prompt Press, auquel L. V. avait demandé des conseils techniques. Riddell enseignait à la St Bride Foundation Printing School.

et qui avait deux machines et une presse à vendre. Le difficile est de se décider ; mais nous en achèterons sans doute une, en renonçant pour l'instant aux raffinements de la perfection que Riddell trouve nécessaires, mais ne peut probablement pas fournir. Par ailleurs ces machines sont en état de marche et ne coûtent que 14 ou 15 livres.

Encore un jour sans lettre.

Jeudi 15 novembre

Encore un jour sans lettre, à moins de ne compter ma réprimande hebdomadaire dans le sup. pour ce que j'ai dit ou n'ai pas dit des poèmes d'Arnold sur la nature[23]. Cette fois, j'ai presque envie de protester contre ce déferlement de supériorité d'Oxford. Nous avons imprimé une autre page, de manière très satisfaisante, ce qui nous a occupés jusqu'à l'heure du thé ; et ensuite, entre chien et loup, nous sommes retournés chez le petit imprimeur, qui doit passer d'un moment à l'autre, maintenant, pour voir où mettre la presse. Un petit garçon guère plus grand que Julian travaille avec lui. Hier son cellier a été inondé par le bain des dames d'à côté. Il est très précis dans son langage ; serait-ce la conséquence d'une profession semi-littéraire ?

Lundi 19 novembre

Le petit imprimeur est passé quand nous étions au bout de la dernière page, et il est resté près d'une heure — au point que Lottie a sonné la cloche d'une

23. La critique d'*A Literary Pilgrim in England* d'Edgar Thomas, donnée par V. W. au *TLS,* parut sous le titre *Flumina Amem Silvasque* dans le journal du 17 octobre 1917. Convenant avec l'auteur que Matthew Arnold est le poète des jardins et des terres bien soignés, V. W. écrivait : « Si l'on considère à vol d'oiseau la poésie de Matthew Arnold, le paysage semble consister en une pelouse inondée de clair de lune, avec un rossignol triste, mais sans passion, qui chante dans un cèdre les misères de l'humanité. » Cette opinion fut énergiquement repoussée par plusieurs correspondants.

manière significative, mais comme je suppose que lui-même ne dîne pas, la signification a dû lui en demeurer obscure. Nous lui avons versé 10 livres sur l'achat d'une presse à rogner, en stipulant que la presse à imprimer devrait être livrée au 14 janvier. L'ennui avec ces gens, c'est qu'ils vous inondent de paroles. Il faut qu'ils vous racontent en détail leur vie ; je crois que c'est une forme de politesse. Vendredi nous avons assisté à un concert, sortant lorsqu'on en vint à la musique anglaise, pour nous retrouver dans une rue louche, accrochée tout au bout de Bond Street — on se croirait dans un roman de Thackeray —, un lieu où les laquais des grands vont se livrer au jeu. Thé chez Spikings, avec quelques personnes de la haute société, qui avaient l'air de carlins menacés d'un bain froid. Ils parlaient de la pénurie d'automobiles. J'ai acheté une paire de bas, et je suis rentrée.

Les bas étaient en prévision de Garsington. Nous sommes rentrés de cette aventure il y a deux heures. Il est difficile de donner une impression globale, sauf que cela ne différait guère de ce que j'avais imaginé. Des gens dispersés un peu partout dans une pièce couleur de cire à cacheter ; Aldous Huxley tripotant de gros jetons d'ivoire et de marbre vert — le jeu de dames à Garsington. Brett en pantalon[24]. Philip somptueusement gainé de très beau cuir ; Ottoline toute velours et perles comme à son habitude ; deux carlins. Lytton à demi étendu dans un vaste fauteuil. Trop de bibelots pour une vraie beauté, trop de parfums, de soieries et un air chaud, qui était un peu lourd. Une foule de gens circulait de pièce en pièce, du salon à la salle à manger, de la salle à manger à la chambre d'Ottoline — ce qui dura tout le dimanche. Par moments la signification de tout cela semblait se dérober, et certes ainsi la

24. The Hon. Dorothy Eugenie Brett (1883-1977), fille du deuxième vicomte Esher, fit des études d'art de 1910 à 1916 à la fondation Slade où ses meilleurs amis furent Carrington et Mark Gertler (voir plus loin note du 12 décembre 1917). Pour l'instant, elle était plus ou moins fixée à Garsington.

journée n'en finissait plus. Fredegond[25] fut reçue dans la matinée, et, moi, j'ai eu droit à une heure environ au coin du feu avec Ottoline. Partant en promenade, nous sommes tombés sur une auto pleine de jeunes gens mâchurés et pas très attirants — j'ai totalement oublié l'un d'eux ; il existait pourtant, car j'en ai compté quatre. Celui qu'on remarquait le plus était Evan Morgan[26], petit rouquin absurde, au nez busqué, sans menton, coq Bantam presque sans plumes encore, quoique étudiant, tout en pattes et cou. Cependant, tant par sa conversation, qui se voulait sans réticence et d'un brillant dénué de sérieux, que par ses vêtements, qui semblaient copiés sur ceux que porte Shelley dans son portrait habituel, il était visible qu'il se préparait avec le plus grand soin à être un poète et un original. Mais il était aussi innocent qu'un poulet et si stupide que cela semblait n'avoir pas d'importance. Dans l'ensemble Ottoline m'a plu davantage que ne vous y préparent ses amis. Sa vitalité m'a paru tout à son honneur et en tête à tête ses vapeurs laissent percer parfois de très nettes explosions de perspicacité. La situation à Garsington a son horreur, qui est grande, certes ; mais, vu de l'extérieur, tout se réduit à ce qu'O. et P. et Garsington offrent beaucoup, et que rien de cela n'est accepté de bien bonne grâce. Toutefois distribuer équitablement le blâme dans une semblable situation est hors de portée de l'esprit humain. Ils se sont empêtrés dans tant d'intrigues et de relations compliquées qu'ils en ont à peu près perdu tout sens des proportions les uns par rapport aux autres. Dans de telles conditions, je trouve qu'Ottoline a un certain mérite à mener son navire toutes voiles dehors, comme elle le fait assurément. On nous a offert un

25. Fredegond Shove, née Maitland (1889-1949), poétesse, fille de Florence Fisher, cousine de V. W. et de l'historien F. W. Maitland, biographe de son père, qui, après des études à Cambridge, épousa l'économiste Frank Shove, membre de la Société des Apôtres. Objecteur de conscience, il avait à ce titre obtenu de travailler à la ferme.

26. The Hon. Evan Fredric Morgan (1893-1949), fils et héritier du premier vicomte Tredegar, décrit par Aldous Huxley comme « un poète, peintre, musicien, aristocrate et millionnaire ».

confort considérable et de la nourriture en abondance ; il y avait souvent des trous dans la conversation, mais c'est aussi que là le tapis avait déjà beaucoup servi. En parlant sévèrement à Philip, L. a obtenu qu'il vienne au Parlement aujourd'hui. C'est un homme aimable, faible et patient, qui semble prendre au mieux son parti des choses, et voir le bon côté de gens qui d'instinct lui déplaisent. Nous sommes rentrés en passant par Oxford (où j'ai fait l'achat de deux cahiers et L. l'achat d'une pipe, et avons pris du café et visité les collèges), puis par Reading, où nous avons déjeuné, et Ealing où nous avons changé de train pour Richmond. A peine étions-nous rentrés qu'Alice est arrivée et vient juste de partir ; mais j'ai manqué le plus clair de sa visite, ayant éprouvé le besoin de prendre un bain.

Jeudi 22 novembre

Je me suis tellement vantée de ce journal et du charme qu'il y aurait à le remplir à la fontaine jamais tarie de Garsington que j'ai honte de sauter des jours. Et pourtant, comme je le fais remarquer, sa seule chance est d'attendre que je sois d'humeur à écrire. Ottoline, soit dit en passant, en écrit un, mais consacré à sa « vie intérieure » ; ce qui m'a fait faire la réflexion que je n'ai pas de vie intérieure. Mais elle m'a lu un passage à ma louange, preuve que la réalité doit bien y intervenir parfois. Mardi L. est allé chez Williams & Norgate, qui font des propositions pour un livre à 2 shillings 6 — ce qui vaut la peine d'être examiné. Evidemment ils souhaitent beaucoup avoir L., et ne peuvent entièrement le cacher malgré leur désir d'imposer leurs conditions. Je crois bien avoir fini de composer une page. Toujours est-il que Barbara[27] est venue mercredi pour faire ses débuts, et voilà que la machine s'est mise

27. Barbara Hills avait offert de remplacer Alix Sargant-Florence comme apprentie à la Hogarth Press.

radicalement en grève, un des rouleaux, étant entaillé, renâclait ; et comme notre stock de k était épuisé, elle n'a pu composer que quatre lignes. Mais cela, elle l'a fait très vite et sans faute, ce qui s'annonce bien. Elle est venue à bicyclette de Wimbledon ; sa petite tête tondue, ses joues vermeilles, son gilet brillant lui donnent l'air d'un oiseau tout émoustillé. Mais je ne crois pas que des dehors aussi engageants soient bien intéressants. Ils semblent toujours dire : « Voilà, tout est paré, les ponts sont libres pour l'action » ; et d'action, point.

J'ai dîné chez Roger[28] et rencontré Clive. Nous avons pris place à la table basse couverte d'un foulard de coton et avons mangé dans des bols contenant chacun une espèce différente de grain ou de salade ; nourriture délicieuse pour changer. Nous avons bu du vin et terminé sur un fromage blanc, servi avec du sucre. Puis, prenant superbement notre essor au-dessus des personnalités, nous avons discuté littérature et esthétique.

« Savez-vous, Clive, j'ai découvert encore un petit quelque chose sur ce qui est essentiel à tout art ; voyez-vous, tout art est représentatif. Qu'on dise le mot " arbre ", et on voit un arbre. Fort bien. Maintenant chaquc mot a son aura. La poésie combine les différentes auras en un enchaînement... » C'était à peu près cela. J'ai dit qu'on pouvait, et qu'on le faisait assurément, écrire avec des phrases, pas seulement avec des mots ; mais cela ne nous a pas menés bien loin. Roger m'a demandé si pour écrire je me basais sur la structure ou la texture ; j'ai rapproché texture d'intrigue et j'ai dit en conséquence : la texture. Puis nous avons discuté de la signification des mots structure et texture dans l'art de peindre et l'art d'écrire. Alors nous avons discuté de Shakespeare et Roger a dit que Giotto l'émouvait au moins autant. Cela a continué ainsi jusqu'au moment, dix heures précises, où j'ai dû me forcer à partir. Et nous avons discuté aussi de la poésie chinoise ; Clive a dit que

28. Lorsqu'il était à Londres, Roger Fry occupait un studio au Fitzroy Street, une rue qui prolongeait au nord Charlotte Street.

globalement c'était trop loin de nous pour être compréhensible. Roger a comparé la poésie et la peinture. Tout cela m'a beaucoup plu (la conversation, s'entend). Une bonne part sans doute est parfaitement vague, ne doit pas être prise au sérieux, mais l'atmosphère vous met des idées dans la tête, et au lieu de les rogner ou de les développer, on peut se faire comprendre en les exprimant telles quelles, et même les réfuter. Ce brave Roger se fait une idée pessimiste non pas de notre vie mais de l'avenir du monde ; mais là, j'ai cru déceler l'influence de Trotter et de son troupeau[29] ; et je me suis méfiée. Pourtant, débouchant dans Charlotte Street, théâtre, il y a une ou deux semaines, du meurtre de Bloomsbury[30], quand j'ai vu la foule grouillant sur la chaussée, des femmes qui s'invectivaient et d'autres qui accouraient avec allégresse à ce vacarme... toute cette dépravation m'a donné à penser qu'il avait probablement raison.

La journée d'aujourd'hui a été parfaitement douce, très calme, et nous avons juste eu le temps, après avoir imprimé une page, d'aller au bord du fleuve pour voir toute chose se refléter parfaitement, exactement dans l'eau. Le toit rouge d'une maison avait son propre petit nuage de rouge dans le fleuve, les lampadaires du pont dessinaient de longs traits jaunes — une grande paix, comme au cœur de l'hiver.

Vendredi 23 novembre

L. est monté à Londres en emportant les cylindres, et j'ai voulu aller à Kew. Chemin faisant, il m'est apparu soudain que l'on doit décider fermement les choses. Qu'il faut savoir ce que l'on veut. Pour mes débuts,

29. *Instinct of Herd in Peace and War* (« L'Instinct grégaire en temps de paix et de guerre ») 1916, étude de psychologie individuelle et sociale, de Wilfred Trotter, avait servi de base à un article de L. W., qui avait paru dans le *New Stateman* du 8 juillet 1916.

30. Le 3 novembre 1917, on avait trouvé dans Regent's Park les restes mutilés d'une femme belge, enveloppés de toile à sac. Elle avait été tuée et dépecée dans un sous-sol de Charlotte Street.

donc, j'ai décidé que si c'était le jour à 6 pence à Kew[31], il n'y aurait pas à hésiter, qu'il était entendu que je n'entrerais pas. C'était bien le jour à 6 pence ; j'ai fait demi-tour aussitôt et il m'a donc fallu rentrer à pied. Assurément, la décision apporte une certaine paix, encore qu'il me semble bien avoir eu tort. C'était une journée tiède, sans vent, avec un vrai ciel bleu. J'ai compté ce que j'avais comme morceaux de sucre : 31 ; mais Saxon est arrivé, et m'en a pris un ; n'avait pas dormi, si bien qu'il séchait son bureau. Je comptais lire les sermons de Brooke[32] et n'ai pu le faire ; et Saxon n'avait pas grand-chose à dire. Nous avons discuté de la jalousie de vanité et de la jalousie d'affection. Il est inaccessible aux deux. Moi je suis capable de la première et pas de l'autre — peut-être faute d'occasions. L. est rentré après avoir vu Squire, dont l'insignifiance, vraiment, se pare du lustre de la critique littéraire. Puis Barbara est arrivée ; elle aspirait à un bain, et Saxon lui a emboîté le pas. Puis Clive est arrivé, et nous avons papoté — nous renvoyant la balle, lui et moi, la plupart du temps — jusqu'à dix heures et demie, où il est parti, engoncé, comme un beau monsieur de New Market, dans un pardessus prodigieusement épais. Je trouve son enjouement reposant. Pas besoin de faire la chasse aux sujets. Il en a déjà abordé un autre avant qu'on en ait fini avec le précédent. Il a dit du mal d'Ott., mais en toute franchise. Il a discuté de Lady Mary Montagu[33] ; de ses propres critiques, un éditeur lui offre 40 livres pour en publier un volume. Il a beau avoir tourné au conteur d'anecdotes, je trouve qu'il a quelque chose d'intellectuel, quelque chose qu'il tient de Cambridge, peut-être, et qui lui est resté. Ce n'est pas un imbécile,

31. L'entrée des jardins botaniques de Kew coûtait 6 pence les mardi et vendredi, 1 penny les autres jours.

32. Le révérend Stopford Augustus Brooke (1832-1916), ecclésiastique et homme de lettres, qui publia plusieurs volumes de sermons, de même que des ouvrages sur la littérature anglaise.

33. Lady Mary Mortley-Montagu (1689-1762) passa un an à Constantinople où son mari fut ambassadeur auprès de la Porte de 1717 à 1718. Ses *Lettres d'Orient* furent publiées après sa mort.

même si de temps à autre, à ses manières, on est fortement tenté de croire qu'il en est un ; et puis cet effort perpétuel de briller, d'être « au courant », cette vanité... Une longue conversation au téléphone avec M. H. l'a interrompu. Il s'est fait grand rédacteur de lettres intimes ; il prend à tâche de connaître tout le monde, ou en tout cas les affaires de tout le monde ; mais cela me plaît.

[*24 novembre*]

Aujourd'hui samedi, la raison habituelle m'a obligée à rester étendue — de cette manière relative qui permet la composition et la mise en casse. Barbara a apporté les nouveaux cylindres. Elle a déjeuné et elle est restée pour le thé ; et, au fait, n'est partie que depuis un instant à peine, ce qui, je l'espère, ne deviendra pas une habitude.

Lundi 26 novembre

Je n'aime pas le dimanche ; le mieux est d'en faire un jour ouvrable ; et démêler les complexités de l'esprit de Brooke au son des cloches d'église convenait fort bien. Tant de vent cette nuit, à propos, que le laitier a signalé de graves dégâts au bas de la route ce matin, éveillant nos espoirs, qui furent anéantis lorsque, étant sortis, nous n'avons rien trouvé de fracassé — pas une tache de sang, pas même un reste de chapeau. Il a fait beau et il a plu tour à tour, avec un grand vent froid qui soufflait sans discontinuer. Nous sommes allés à Kew, où nous avons vu un buisson ardent, aussi rouge que des fleurs de cerisier, mais en plus intense — d'un rouge glacial — et aussi des mouettes qui s'élançaient et retombaient pour attraper des morceaux de viande, et dont le groupe fut tout à coup fendu par trois très élégantes grues gris pâle. Nous sommes allés aussi dans la serre des orchidées, où ces sinistres reptiles vivent dans une chaleur tropicale, ce qui leur permet d'exhiber même par ce froid leur chair tachetée et rayée. J'ai toujours très envie d'en mettre dans un roman. L. est allé à Hampstead, et, moi, je suis revenue ici, où j'ai pris le thé avec le chat de l'île de Man. L. a dû voir Margaret et discuter main-d'œuvre, je suppose. Et de son livre. J'aimerais que mes compétences s'étendent jusque-là.

Aujourd'hui, je suis allée à Londres avec mes manuscrits ; Leonard, chez Harrison[34].

Ces notes ont été interrompues, je ne sais comment, mais je me souviens que L. a retrouvé Desmond à la London L. ; qu'ils ont cherché ensemble le mot « f... » dans un dictionnaire d'argot, et qu'ils furent attristés et surpris de voir toutes les marques de pouces des abonnés qui se serraient sur la page. Mon après-midi a été chaste en comparaison, mais je ne suis pas trop fière d'avoir complètement perdu mon chemin en cherchant Printing House Square, de m'être fourvoyée dans un labyrinthe de petites rues mal éclairées, très affairées et caractéristiques que j'aimerais explorer. C'est le cœur du journalisme professionnel ; des charrettes disposées en travers attendaient de recevoir des liasses. Un brave homme en uniforme, je-ne-sais-quoi dans un entrepôt, à ce qu'il m'a dit, m'a finalement conduit au *Times* ; quoique je... (me sois encore arrangée pour me perdre, je le crains, car je me rappelle avoir marché très vite dans la mauvaise direction, où il faisait de plus en plus noir, au point que cela m'a mis la puce à l'oreille et que je suis revenue sur mes pas — mais cela remonte à une semaine).

Lundi 3 décembre

Il est impossible de se souvenir de toute une semaine après coup, ce qui serait ma tâche, je le reconnais, si

34. Probablement un dentiste.

j'avais la prétention d'être précise. Un jour, je suis allée chez le dentiste, et nous avons eu Barbara pendant trois jours ici, avec des résultats désastreux, car lorsque nous avons examiné son travail, il comportait tant d'erreurs que nous avons dû le distribuer. Je me serais attendue non sans doute à beaucoup d'intelligence, mais à la rapidité et la précision d'une bonne couturière. C'est contrariant. Le samedi L. a fait une conférence à Hampstead[1]. Curieux, ce sceau qu'appose Hampstead même sur une réunion occasionnelle de trente personnes ; comme ils étaient propres, convenables, bien-pensants, inflexibles, ces vieux messieurs et ces vieilles dames ! Et les jeunes en vêtements brunâtres affichaient des préoccupations sérieuses, les femmes mal fagotées, les hommes étroits d'épaules ; un feu brillant, des lampes et des livres nous entouraient ; et chacun, bien entendu, approuvait d'avance tout ce qui était dit. Le vieux Dr Clark[2] a même été capable de citer par leur numéro les clauses des traités ; et Hobson s'est montré perspicace, judicieux et bienveillant ; Janet, qui est venue, avait bonne mine. Mais en sortant nous avons dû nous précipiter dans le métro pour aller à Leicester Square, où nous dînions avec Barbara, Saxon et une jeune femme du nom de G.[3]. Puis à l'Old Vic, pour *Figaro.* C'est absolument délicieux, un déferlement de beauté, vague après vague, et aussi romantique que spirituel — la perfection en musique et la justification même de l'opéra.

Dimanche nous avons appris la mort de Cecil, et que Philip était blessé.

Nous avons marché au bord du fleuve dans l'après-midi, lorsque L. est rentré de Staines, et nous sommes arrivés à un vieil orme creux, dans la poussière duquel

1. A la section de Hampstead de l'UDC (voir 13 novembre 1917, note 20).
2. Le Dr Gavin Brown-Clarke, membre de la ligue antialcoolique, pacifiste, internationaliste, défenseur des réformes ouvrières et agraires, ancien MP, qui habitait Hampstead.
3. Georgina Bagenal, sœur cadette de Faith Henderson et Nicholas Bagenal.

un passant, avons-nous supposé, avait placé une allumette. Le vent s'engouffrait dans le tronc et les flammes ne tardèrent pas à monter très haut. Un attroupement s'est formé. Le premier vieux monsieur était si sûr de son fait que je l'ai cru ; il disait que c'est un procédé classique pour se débarrasser d'un vieil arbre ; qu'il n'y avait pas de quoi s'étonner ; pas question d'accident ni de malveillance ; et il a poursuivi son chemin avec une visible satisfaction. Le second vieux monsieur a admis qu'il avait des doutes et a fini par se rallier à notre opinion que personne ne brûlerait un arbre sur un chemin public et un dimanche encore. Pendant ce temps l'arbre brûlait d'une manière superbe ; nous avons téléphoné au poste de police pour prévenir au cas où le feu se propagerait à d'autres arbres par les buissons. Leonard a un très mauvais rhume — qui l'incommode terriblement.

Aujourd'hui il est resté à la maison et a composé vingt et une lignes. Je suis allée chez Harrison, chez Mudie, au *Times,* avec un article sur Mrs Drew[4], et je viens tout juste de rentrer. Nuit d'un froid glacial ; étoiles passées à fond au polissoir ; beaucoup plus brillantes que les lampadaires des rues. Je me suis encore perdue, et comme personne ne sait où se trouve Printing House Square, on a toute latitude de divaguer. J'ai pris le second volume des Mémoires de Lord Morley, un vrai livre, bien solide, je trouve, comme ceux qu'achetait papa et du même aspect, d'un rouge affreux. Un soir, Walter est entré en passant, alors que nous étions au coin du feu ; et je crois que je décourage un peu sa jactance avec mon snobisme accablant.

4. Une critique de *Some Hawarden Letters* (1878-1913), qui parut dans le *TLS* du 6 décembre 1917. Les lettres en question sont adressées à Mary, troisième fille — et secrétaire — de Mr Gladstone, qui avait épousé en 1886 le révérend Harry Drew.

5. John Morley (1828-1923), premier vicomte Morley, homme d'Etat et homme de lettres, avait été un ami fidèle de Leslie Stephen. Ses souvenirs furent publiés en deux volumes après sa mort.

Mercredi 5 décembre

Notre apprentie nous est un sérieux fardeau. Tout d'abord, et bien qu'en sa présence j'aie toujours honte de ce sentiment, cette présence même nous interdit de nous sentir tout à fait à l'aise. Cela doit tenir à sa jeunesse ; à quelque chose en elle qui suggère l'extrême poli d'un miroir, mais sans la profondeur. D'autre part elle est gentille, attentionnée ; on peut être franche avec elle. Ce qui est vraiment à déplorer, c'est son travail. L. s'est imposé toute la journée le supplice inutile d'essayer d'imprimer une des pages composées par elle et que l'on ne parvient pas à bloquer[6]. Comme il a fallu distribuer et recomposer les autres pages, son travail équivaut à zéro ; à moins que zéro, si l'on considère le temps perdu par L. Il a fait un froid mordant en plus. Nous ne sommes sortis qu'à la nuit pour aller emprunter des guillemets chez l'imprimeur. Hier L. a vu Philip à Fishmonger's Hall[7]. Je compose dans une pièce, et Barbara dans l'autre. Ces journées entre quatre murs ne sont pas très fertiles en incidents et passent avec la plus grande rapidité, de sorte qu'à neuf heures, l'heure présente, il semble que l'on commence à peine sa journée de travail, peut-être parce que l'on passe sans transition d'une occupation à une autre. L. lit la vie de Dilke[8], harcelé par une puce entre les omoplates ; j'en suis à la moitié du *Purgatorio,* mais je trouve que c'est guindé, dans sa signification, plutôt que dans l'expression. Nous avons eu les nouveaux poèmes de Hardy, mais les avons prêtés à Philip[9].

6. Les caractères d'imprimerie devaient être placés lettre par lettre et ligne par ligne dans un châssis, ou galée, qui, lorsqu'une page était complète, devait être bloqué à fond avant d'être encré pour l'impression.

7. La superbe halle des poissonniers, non loin du pont de Londres, maison d'un des plus riches et des plus anciens corps de métier de la City, servait d'hôpital militaire.

8. Une biographie en deux volumes de l'homme d'Etat Sir Charles Wentworth Dilke, baronnet (1842-1911), œuvre de Stephen Gwynne et Gertrude Tuckwell, parut en 1917.

9. *Moments of Visions* et *Miscellaneous Verses* (« Instants de visions » et « Poèmes variés ») 1917.

Jeudi 6 décembre

Hier soir, quand j'ai écrit que nous n'étions qu'au début de notre journée de travail, je ne croyais pas si bien dire. Rien n'était plus loin de notre esprit que les raids aériens ; une nuit glaciale, pas de lune avant onze heures. A cinq heures, réveillée par L., j'ai pris aussitôt conscience des canons, comme si mes facultés s'étaient levées d'un bond, tout habillées. Nous avons pris des vêtements, des couvertures, une montre et une lampe, la canonnade semblant se rapprocher, tandis que nous descendions l'escalier pour aller nous asseoir avec les bonnes, en nous emmitouflant de plaids, sur le vieux canapé de crin noir, dans le couloir de la cuisine. Lottie, ayant déclaré qu'elle se sentait mal, s'est mise aussitôt à débiter forces plaisanteries et commentaires, qui ont presque réduit au silence les canons. Ils tiraient très rapidement, du côté de Barnes, semblait-il. Peu à peu le bruit s'est éloigné, a fini par cesser ; nous nous sommes désemmitouflés et avons regagné nos lits. Dix minutes plus tard, il n'était pas question d'y rester : du canon, apparemment à Kew. Nous nous sommes levés d'un bond, avec plus de hâte, cette fois, puisque je me souviens d'avoir oublié ma montre et traîné mon manteau et mes bas derrière moi. Les bonnes semblaient calmes et même joviales. En fait, on parle à travers le bruit, et le plus ennuyeux est encore d'avoir à parler à cinq heures du matin. Les canons si violents à un certain moment que le sifflement de l'obus qui approchait a suivi l'explosion. Une des fenêtres a vibré, je crois. Puis le silence. On nous a préparé du cacao, et nous sommes repartis. S'étant habitué à tendre l'oreille, on ne peut cesser tout de suite de le faire ; et en fait, après six heures, il y eut les charrettes qu'on sortait des écuries, les automobiles qui vrombissaient, et ensuite les longs sifflements fantomatiques qui signifiaient, je le suppose, que l'on rappelait les ouvriers belges à la fabrique de munitions. Enfin, dans le lointain, j'ai entendu des trompettes. L. à ce moment-là s'était endormi, mais, conscients de leur devoir, les boy-scouts s'approchèrent sur notre route et prirent bien soin de le réveiller ; j'ai été frappée par la sentimentalité de ce que suggérait ce son ; des milliers de vieilles dames devaient élever des actions de grâces en l'entendant, et le rapporter (un boy-scout avec de petites ailes d'ange) à quelque vision d'allégresse. Et puis, je me suis rendormie ; mais les bonnes sont restées la tête à la fenêtre, dans le froid mordant — toits tout blancs de givre — jusqu'au moment où la trompette a retenti, et alors elles sont retournées à la cuisine pour y rester jusqu'au petit déjeuner. La logique de ce comportement m'échappe.

Aujourd'hui nous avons imprimé et discuté du raid qui, d'après le *Star* que j'ai acheté, doit être imputé à vingt-cinq Gotha attaquant cinq escadrilles, dont deux furent abattues. Belle journée d'hiver parfaitement calme, a ıssi vers cinq heures et demie peut-être, demain matin...

Vendredi 7 décembre

Mais il n'y a pas eu de raid et comme la lune est décroissante, nous sommes sans doute libérés pour un mois. Par bonheur, pas d'apprentie aujourd'hui, ce qui donne une impression de vacances. Nous avons dû signifier clairement à Barbara que ce travail ne serait peut-être pas suivi d'un autre. Elle refuse d'être payée pour la semaine dernière. On ne peut donc rien trouver à lui reprocher. Personne ne saurait être plus gentil, et pourtant elle a l'âme du lac, non celle de la mer. Ou bien suis-je trop romantique et exigeante dans mon attente ? De toute manière, rien n'est plus fascinant qu'un être vivant : qui change toujours, qui résiste à ce qu'on a prévu ou qui cède ; cela est vrai même de Barbara, qui n'est pas la plus changeante ni la plus douée de son espèce. Nessa est allée à Londres au sujet d'une gouvernante (on lui suggère Mrs Brereton pour remplacer cette récriminatrice de Miss E., la chasseuse d'hommes[10]). J'ai donc achevé mon après-midi dans un des gros fauteuils moelleux de Gordon Square. J'aime ce sentiment d'espace, d'un agencement large et profond que l'on a là-bas. J'ai attendu seule pendant vingt minutes, lisant mon livre sur les enfants et la sexualité. Lorsque Nessa est arrivée, nous avons pris le thé et il est apparu que Clive et Mary étaient dans la maison. Norton[11] s'est joint à nous, la même petite fête que d'habitude. A mon goût, comme d'habitude, animée et riche d'informations de la dernière heure ; d'un intérêt sincère pour toute forme d'art ; et pour les êtres aussi. Je pense que L. ne serait pas d'accord avec moi sur ce point. Je le juge à toute l'excitation cérébrale qu'elle me procure ; l'impression d'une libération de toutes mes pensées. Non que M. H. ouvre jamais la bouche, mais elle a un air de sympathie muette. J'aime Norton aussi. Que de connaissances emmagasinées dans sa tête pour les buts les plus élevés, ce qui fait que ses critiques sont toujours impartiales. Clive se lance dans ses considérations habituelles, déversant son admiration et son attention sur Vanessa, ce qui n'éveille plus ma jalousie comme il arrivait jadis, lorsque le balancement de ce pendule emportait aussi tant de mon destin ou, en tout cas, de mon repos. Maynard prétend que Bonar Law a coulé le gouvernement ; le pays est tout entier derrière Lansdowne, et le gouvernement devra revenir sur ses déclarations. L'information venait de Lord Reading[12].

10. La suggestion venait de Roger Fry ; Mrs Brereton s'était occupée de sa femme avant qu'on ne l'enfermât dans une maison de santé. Séparée de son mari, clergyman, elle arriva à Charleston avec sa fille Anne, le 11 janvier 1918.

11. Henry Tertius James Norton, mathématicien, boursier chargé de cours à Trinity College, Cambridge, et Apôtre. Vanessa lui avait inspiré un amour sans espoir. Il logeait au 46 Gordon Square.

12. Andrew Bonar Law (1858-1923), membre du Parlement, unioniste, d'origine canadienne, chancelier de l'Echiquier et chef de la Chambre des communes sous le gouvernement de coalition de Lloyd George ; il avait imposé à ses collègues sa politique personnelle de financement de la guerre, dont les mesures se révélèrent en fait d'une remarquable efficacité.

Lord Landsdowne (1845-1927), chef du parti conservateur de la Chambre

J'ai parfois dans l'idée qu'il n'y a pas de secret en politique ; on peut tout inférer des journaux. Nessa devait passer chez Roger, et je l'ai accompagnée, achetant en chemin des saucisses et du fromage pour un souper. Roger est en passe d'être une des gloires du jour en tant que peintre, avec des portraits prosaïques et très déplaisants.

Aujourd'hui (samedi) nous sommes allés à pied à Twickenham. Leonard a pris le train pour Staines. J'ai trouvé Marny[13] à mon retour. Il est six heures et demie, et si je ne couvre pas les dix prochaines pages de potins familiaux, ce ne sera pas faute d'en avoir. Voyons que j'en consigne une petite part, si je parviens à me souvenir — mais le déroulement est trop rapide et, quand l'atmosphère n'y est plus, tout n'est que cendres. Mais Florence Bishop[14], mariée à un médecin de marine, habite un appartement dans Earl Court, vous sert de la confiture « Tiptree » pour le thé, et elle est jolie comme un cœur, et très pauvre à cause des sottises du vieux Bishop ; mais son mari est âgé, et maintenant il s'occupe des soldats blessés, dans les trains. Et nous n'avons pas vu de beurre depuis longtemps et quelquefois on ne trouve même pas de bonne margarine, mais je ne veux pas me servir chez Barker — pas après ce qu'on a prouvé pour l'incendie[15]. Le hangar à charbon de

des lords et auteur de la lettre dite « Lettre Lansdowne », publiée par le *Daily Telegraph* du 29 novembre 1917, qui préconisait une déclaration sur les buts de guerre en vue de faciliter une paix négociée ; lettre qui lui valut d'être violemment accusé de déloyauté envers la cause des Alliés.

Lord Reading (1860-1935) était à cette époque délégué de Grande-Bretagne pour les questions financières aux Etats-Unis et au Canada. Maynard Keynes, au titre de fonctionnaire du Trésor, venait de l'accompagner en Amérique et à Paris.

13. Margaret (« Marny ») Vaughan, sœur de « Crapaud » (voir plus haut, 9 octobre 1917). Elle s'occupait de bonnes œuvres pour les pauvres de Londres V. W. refait le récit de cette visite dans une lettre à Vanessa Bell (*II V. W. Letters*, n° 894).

14. Les Bishop étaient de vieux amis de famille des Vaughan et des Stephen.

15. Au cours d'une nuit du début de novembre en 1912, un incendie s'était déclaré à l'étage supérieur du magasin de John Barker, à Kensington, où dormaient vingt femmes de service ; il y eut cinq morts. A l'enquête il apparut que par mesure d'économie il n'avait pas été tenu compte des recommandations de sécurité formulées un an plus tôt par l'inspection des services de lutte contre l'incendie.

Wright a brûlé de fond en comble derrière chez nous, l'autre nuit — tout ce charbon perdu, et dire qu'une fois, l'hiver dernier, nous en avons manqué ! C'était un samedi en plus, et je suis allée de boutique en boutique pour en mendier au moins une pelletée, et à Knight devine un peu sur qui je suis tombée ? Kitty Maxse [16] en personne, et elle m'a dit : « Oh, mais je vais vous en donner, du charbon, voyons, j'en ai deux caves pleines ! » Et l'après-midi elle est arrivée en taxi avec un plein sac de charbon et nous avons été tirés d'affaire ; mais elle, je ne l'ai pas revue depuis ce jour-là, l'air si distingué, pas une ride de plus, pourtant elle doit bien avoir cinquante ans. Allons, moi j'en ai cinquante-cinq et Crapaud quarante-trois — mais on oublie l'âge des gens et je t'assure que je ne me sens pas vieille du tout, et, toi, tu en parais vingt-cinq. Et Nessa, plus jolie que jamais je suppose ! (Ici a suivi toute l'histoire de Nessa, Clive, Duncan, Adrian et nous-mêmes.)

Seigneur, nous ne tenons plus en place, tous — ça vient en partie de la guerre, sûrement, mais quand même je vois encore des vieilles amies, comme Miss Harris, qui peint, tu sais, et très bien encore, mais elle ne veut rien exposer parce qu'elle se considère comme un simple amateur et elle est très occupée maintenant par son travail de guerre. Et Hilda Highbody [17], je la vois, bien qu'elle passe ses journées à fabriquer des éclisses en papier mâché ; c'est qu'elle est veuve, bien sûr, son mari était un grand malade. Et je vois quelquefois Adeline qui passe l'hiver à Hastings avec Harvey [18], n'ayant pas eu l'intention d'y rester, mais ils y étaient venus pour

16. Katherine Kitty Maxse, née Lushington, dont les parents et ceux de V. W. avaient été amis intimes. Elle avait épousé en 1890 Leopold Maxse, écrivain politique et propriétaire-rédacteur de la *National Review*. V. W. devait écrire d'elle plus tard qu'elle lui avait servi de « seconde mère pour l'instruire dans les voies du grand monde » et s'est servie d'elle dans une certaine mesure pour le personnage de Mrs Dalloway.

17. Miss Harris et Mrs Highbody n'ont pas été identifiées.

18. Adeline et Harvey sont deux des onze cousins Fisher de V. W et de Marny. Adeline était mariée au compositeur Ralph Vaughan Williams. Après la mort de leur mère en 1916, elle s'était dévouée aux soins de son frère Harvey, brillant mais instable et handicapé.

changer et n'ont pas vu pourquoi il n'y resteraient pas — on est près de la mer, c'est vrai, et Millicent[19] n'est pas loin. Le gamin de Millicent est mort, tu sais, et Virginia trait les vaches chez Lord Raleigh, dans l'Essex. Elle préfère les chevaux, mais les chevaux elle n'a pas pu en avoir, et elle aime beaucoup les vaches. Oui, Millicent est toujours à Hastings bien qu'elle ne s'y plaise pas, mais Vere s'y plaît, lui, à cause de la mer et ils y connaissent un tas de gens et Millicent a organisé une série de soirées dansantes pour les jeunes, l'hiver dernier, bien qu'elle n'ait pas dû avoir envie de danser, je m'en doute, et elle continue à s'occuper du festival de musique, mais ne veut pas faire de travail de guerre, et Augusta a toujours aimé le Kent, et maintenant ils ont une maison dans le Kent et un petit jardin et Bob travaille parfois pour un voisin, alors ils se débrouillent, tu sais — tous les enfants se sont envolés maintenant[20]. Oh, c'est affreux comme ils grandissent ; Halford est vraiment un grand garçon, avec un côté poétique, mais très pratique, je suis heureuse de le dire, et Janet ressemble tout à fait à Madge[21] et j'aimerais bien que Madge écrive, elle serait peut-être plus heureuse alors, mais je ne crois pas pourtant que Madge puisse jamais être vraiment heureuse, mais c'est un ouvrage merveilleux et je suis certaine que Will lui doit beaucoup. Je crois bien que je n'ai pas autant bavardé depuis des années. Et cousine Mia est morte ; et tante Mary a été tuée, oui. C'est extrêmement triste mais ça vaut mieux qu'une maladie qui traîne, crois-moi. Et Herbert est

19. Millicent Isham, née Vaughan, une des jeunes sœurs de Marny, avait épousé en 1885 Vere Isham, onzième baronnet à la mort de son père en 1903. Leur fils aîné, John Vere, lieutenant des dragons de la Garde, fut tué sur le front, en 1916 ; leur fille unique, Virginia, travaillait comme fille de ferme à Terling Place, près de Witham, Essex.

20. Le mariage d'Augusta, la sœur aînée de Marny, avec Robert Croft, n'avait guère flatté sa famille ; il échoua comme agriculteur et tomba dans une certaine mesure à la charge de son beau-frère, Sir Vere Isham. Le ménage eut quatre enfants.

21. Margaret (« Madge ») Vaughan, née Symonds (1869-1925), troisième fille de l'écrivain J. Addington-Symonds, épousa en 1918 le frère de Marny W. W. Vaughan (voir plus haut, 9 janvier 1915, note 35). Janet (née en 1899) et Halford (né en 1901) sont leurs deux premiers enfants.

dans tous les journaux ; mais Lettice n'aime pas du tout Londres, mais Herbert si ; et elle retourne à Sheffield pour changer d'air[22], et nous, quand il y a des raids, nous allons rejoindre les Wales au sous-sol[23]. Mais on devrait prévenir les gens pour les trompettes. Voyons, la première fois qu'on les a entendues, je me suis dit que c'était sans doute les Allemands en personne, et je suis sortie sur le palier et j'ai rencontré une dame, et pourtant il était deux heures, tout habillée pour sortir, et elle m'a dit... etc.

Dimanche, lundi, mardi et mercredi
Mercredi étant le 12 décembre

Triste inscription. La vérité est que lorsque nous n'imprimons pas, et par conséquent n'avons pas Barbara ici, nous allons vaquer à nos affaires à Londres et rentrons tard, et je me sens peu disposée à sortir encre et plume. Le dimanche, Lytton est venu prendre le thé. Je me trouvais seule, car L. était allé voir Margaret. J'ai beaucoup apprécié sa présence. Il est l'un des plus souples de nos amis. Je ne dirais pas le plus passionné, le plus vigoureux, ni le plus original, mais celui dont l'esprit est le plus impressionnable, le moins figé par des conventions ou autres emplâtres. Il possède au plus haut point (encore qu'à un degré moindre, à mon avis, lorsqu'il prend sa plume) le don de s'exprimer, ce qui fait de lui, à certains égards, le confident le plus

22. Maria (« Mia ») Mac Namara, née Bayley, était une cousine germaine des mères de V. W. et Marny et de leur tante Mary Fisher (voir plus haut, 12 janvier 1915, note 43) qui avait été renversée et grièvement blessée par une automobile à Londres, le 24 août 1915, à l'âge de soixante-quinze ans. Son fils aîné, Herbert Albert Laurens Fisher (1865-1940), l'historien, devint vice-chancelier de l'université de Sheffield en 1914, mais, en 1916, il fut nommé ministre de l'Education par Lloyd George, poste qu'il occupa jusqu'à la chute du gouvernement de coalition, en 1922. En 1899 il avait épousé Lettice, fille aînée de Sir George Courtney Ilbert, secrétaire à la Chambre des communes.

23. Margaret et Emma Vaughan partageaient un appartement au 9 Kensington Square Mansions. Le n° 1 était habité par le révérend F. H. Wales.

compatissant et le plus compréhensif qui soit. De plus, il est devenu — ou se montre désormais avec plus d'abandon — doux, conciliant, attentionné ; et si l'on ajoute à cela la saveur particulière de sa pensée, son esprit, son intelligence infinie — qui n'est pas savoir-faire, mais intelligence — il représente une figure unique en son genre. Une intimité me semble possible avec lui comme avec à peu près personne d'autre car, outre que nous avons des goûts communs, j'aime et je crois comprendre ses sentiments jusque dans leurs développements les plus fantasques ; par exemple en ce qui concerne Carrington[24]. Il parle d'elle avec une franchise peu flatteuse, mais pas du tout malveillante.

« Cette femme ne me lâchera pas d'une semelle, a-t-il remarqué. Elle ne veut pas me laisser écrire, c'est certain.

— Ottoline disait l'autre jour que vous finiriez par l'épouser.

— Mon Dieu ! l'idée en soi est déjà de trop. Et je suis bien certain d'une chose — que je n'épouserai jamais personne.

— Mais si elle est amoureuse de vous ?

— Eh bien, qu'elle coure sa chance.

— Je me sens jalouse quelquefois.

— D'elle ? C'est inconcevable.

— Vous me préférez, n'est-ce pas ? »

Il a acquiescé ; nous avons ri ; mentionné notre désir d'un correspondant intime ; mais comment surmonter les difficultés ? Essayerions-nous ? Peut-être.

Il nous a apporté son Gordon[25]. Il devait déposer le manuscrit le lendemain chez Chatto & Windus.

24. Dora de Houghton-Carrington (1893-1932), condisciple, à l'académie Slade, de Barbara Hills, de Dorothy Brett et de Mark Gertler, qui était amoureux d'elle. A la fin de 1915, elle s'éprit de Lytton. C'était là le début d'une dévotion de toute une vie, qui allait bientôt prendre une forme domestique à The Mill House, Tidmarsh, maison louée par un groupe d'amis de Lytton, soi-disant pour l'occuper conjointement, mais en fait pour permettre à Carrington de créer à Lytton un foyer confortable.

25. *The End of General Gordon* (« La Fin du général Gordon ») était la dernière des quatre études que comprenait *Eminent Victorians.*

Lundi [10 décembre]

Aujourd'hui L. avait des rendez-vous en série. Déjeuner en ville, aller voir Philip, un autre rendez-vous ; et il n'est pas rentré avant huit heures et demie. J'ai fait les cent pas dans la pièce avec une certaine inquiétude, jusqu'au moment où je l'ai entendu. Mon après-midi a été presque normal. Chez Muddie, thé dans un A.B.C.[26], en lisant une vie de Gaudier-Brzeska[27], retour à la maison ; journée humide, douce, vaporeuse.

Mardi [11 décembre]

Notre apprentie, ce fléau... Les choses, dans l'ensemble, sont allées mieux, et nous nous sommes glissés dehors pour une demi-heure avant le thé, L. et moi, dans la lumière brun-rouge d'un après-midi venteux. Le Green offre un très bon échantillon de ciel et d'arbres nus, un ou deux vieux nids de freux dans leurs plus hautes ramilles. Retour pour le thé ; et Perera est arrivé pour un entretien en particulier. J'avoue que j'ai dû donner l'impression d'être au comble de l'ennui avec Barbara. Elle rapporte les faits exactement comme elle les a reçus — incidents minuscules concernant gouvernantes et maison. Et il ne lui vient jamais à l'esprit de douter de ses propres compétences. Tant de gentillesse, de sincérité, de bon sens ; où serait donc l'imperfection ? Et précisément on se représente sa nature comme un marbre sans défaut, inattaquable, insensible à l'atmosphère. Et le temps passait ; elle a manqué son train ; en a

26. Un ABC était un salon de thé dépendant d'une chaîne populaire, Aerated Bread Company.

27. *Gaudier-Brzeska, A Memoir* (« Essai sur Gaudier-Brzeska »), d'Erza Pound, paru en 1917, chez John Lane, évoquait la mémoire du sculpteur français Henri Gaudier-Brzeska (1891-1915) qui, après avoir passé plusieurs années à Londres, avait rejoint l'armée française, pour être tué en juin 1915.

attendu un autre — attendu jusqu'à six heures dix, alors que nous devions dîner à sept, et toute cette fin d'après-midi s'est déroulée pour moi sans autre impression que celle de me tenir sous un robinet coulant goutte à goutte. J'ai une excuse à cette extravagance : je devais aller à la Guilde aujourd'hui. Aucun conférencier ne s'est présenté, et, à neuf heures, nous débarrassions la table après la lecture, entrecoupée de discussions, d'une quantité de lettres, quand mon secret pressentiment s'est trouvé justifié. Le conférencier est arrivé — une Mrs Moore, de Kensal Rise ; bourgeoise, vêtue de velours ; vulgaire, la parole facile. A discouru pendant vingt minutes sur la propagande ; plus de bagout que d'intelligence ; et, en fait, elle n'a pu expliquer ses dires de manière satisfaisante pour Mrs Langston, et s'est troublée quand j'ai montré que j'en savais long. Les femmes ont déclaré que c'était un discours splendide ; les phrases qui se fondent les unes dans les autres les impressionnent.

Mercredi 12 décembre

Cette matinée a été gâchée par les larmes et les doléances de Lottie qui trouve son travail trop dur, et a fini par réclamer de plus gros gages, qu'elle pourrait aisément obtenir ailleurs, et Nellie aussi. J'ai perdu patience et lui ai dit d'aller les prendre, en ce cas. Nellie est montée, d'humeur conciliante, regrettant l'éclat de Lottie, mais soulignant les fatigues que leur occasionne la salle d'imprimerie avec tout son désordre, un travail qui n'en finit pas ; avait compté demander une augmentation en février — tous les salaires sont augmentés partout. Bien sûr nous avions des extras de nourriture à payer, mais nous y étions bien obligés. Nous étions très accommodants ; pas de difficultés pour l'argent ; mais les piques de Lot. m'ont déplu. J'ai chargé N. de faire la vérité — s'il existe une telle chose parmi toutes ces rodomontades. Elle a fini par s'en aller. Nous nous sommes promenés au bord du fleuve, après avoir fait un peu d'imprimerie.

Jeudi 13 décembre

En prenant soigneusement mes dispositions, j'ai limité de onze heures juste à onze heures et quart la scène de réconciliation avec Lottie. Elle a sangloté, demandé pardon, rétracté tout ce qu'elle avait dit ; m'a expliqué que son mauvais caractère lui avait valu de se disputer constamment chez « Fry », comme elles appellent la boutique ; qu'elle n'avait pas trop de travail, c'était pure invention, et que plus nous recevions de gens, plus elle était contente. Elle m'a suppliée de ne rien dire à personne, m'a embrassée et s'en est allée comme une enfant punie, me laissant mi-apitoyée, mi- (je le suppose) contente de moi. Les pauvres n'ont aucune chance ; pas de bonnes manières ni de maîtrise de soi pour se protéger. Nous avons le monopole de tous les sentiments généreux. (Sans doute n'est-ce pas tout à fait juste, mais il y a du vrai là-dedans. La pauvreté dégrade, comme le dit Gissing.) Barbara a un rhume et n'est pas venue, à mon soulagement, certes. Mais ce n'est pas exact ; elle est arrivée après le déjeuner, m'apportant une lettre de Nessa qui lui propose d'être gouvernante là-bas pour un mois, en attendant Mrs Brereton. Barbara s'est montrée si raisonnable, si pratique que j'ai eu honte, et il est certain qu'elle nous traite avec la plus stricte honnêteté, prenant au sérieux l'imprimerie (ici la lumière s'est éteinte), ce qui est à son honneur, et on peut compter sur elle, j'imagine, pour tenir sa promesse à la lettre. Elle est partie aussitôt après le thé pour diriger une de ces curieuses palabres entre Nick, Oliver, Saxon et Carrington au sujet de leur maison de campagne. La tâche de la meubler incombe évidemment à Carrington ; mais Barbara arrive bonne seconde pour tenir les comptes, ce qui fait, je le lui ai affirmé, que tout son argent s'engloutira dans des choses qui ne lui seront jamais payées.

Vendredi 14 décembre

Nous sommes allés voir Philip aujourd'hui à Fishmongers Hall. Endroit plutôt bizarre. Entrée imposante, avec un portier, et un gigantesque feu pour ce portier, un canon allemand ; et, dedans, des balustrades drapées de rouge, comme en prévision d'une visite du roi. Le pavillon de Nelson dans une vitrine ; un plâtre de Dick Whittington dressé dans une niche ; un escalier s'incurve pour vous conduire à une galerie à présent divisée en boxes devant lesquels deux ou trois infirmières sont assises à coudre. Nous avons trouvé Philip levé, son fauteuil étant près de la fenêtre ouverte sur la rue, qui est très bruyante et laisse juste entrevoir le fleuve. J'ai vu un avis recommandant aux malades de ne pas jeter leurs mégots dehors au risque d'incendier des ballots inflammables sur le quai. Philip m'a paru en bon état ; mais il avait cet air absent que l'on voit aussi à Nick. Il est probable que pour lui ces journées se passent dans un rêve dont il ne peut se détacher. J'imagine qu'il est perplexe de ne rien ressentir de plus. Il continue à dire « nous » et « nos » affaires lorsqu'il parle. J'ai eu dans l'idée qu'il envisageait avec comme une sorte d'espoir de retourner là-bas. Mais il a parlé de bonne grâce, sans effort, de chevaux, de livres et le reste. Un autre blessé, un grand gaillard d'officier de cavalerie, lisait son livre plus loin, dans un coin ; peu habitué à lire, je crois bien. Les infirmières semblaient bien disposées. Il m'a paru que soufflait sur tout cela le sentiment de l'inanité qu'il y a à briser des individus pour les raccommoder ensuite. Nous avons invité Philip à venir à Asheham, dès qu'il pourra se déplacer.

En arrivant à la maison, nous avons trouvé Sydney Waterlow déjà installé dans un fauteuil auprès du feu. Il était de très belle humeur et faisait ronfler le mot « je » avec une sorte de frémissement d'orgueil ; c'est qu'il a négocié des traités à Paris depuis notre dernière rencontre[28]. Manquant d'aisance et peu sûr de lui, il jouit intensément de ses triomphes. On sent le même frémissement d'incrédulité et de satisfaction de soi dans sa voix lorsqu'il parle de ses enfants. Je me suis moqué de lui à propos de notre dispute. Il y avait bien réfléchi, a-t-il dit, comme si cela avait de l'importance ; et il s'est montré ravi de la dissipation du nuage. Saxon est arrivé très tard pour dîner. Je l'ai servi moi-même, et il s'est plaint de l'égoïsme d'Alix ; elle ne peut même pas faire ses paquets toute seule ; attend Carrington. Saxon attribue cela à l'amour ; moi, je crois que c'est l'exemple du bien-aimé. Elle a pris cela à James[29], le voit faire et se figure, je crois, que c'est chez lui le signe d'une conscience de sa supériorité. Sydney est resté pour la nuit ; et Saxon resté jusqu'à onze heures ; il n'a guère ouvert la bouche que trois fois, et pour parler, comme autrefois, de cette manière pédante à laquelle il avait plutôt renoncé ces derniers temps.

Samedi 15 décembre

Journée froide, mais ensoleillée. Il semble qu'il y avait longtemps que nous n'avions pas eu une journée à nous. Pas d'imprimerie. Nous avons fait une promenade à l'ancienne mode dans le parc, le long de l'avenue, avec retour en suivant le fleuve, qui montait très vite et nous a barré le chemin, nous obligeant à nous faufiler le long du parapet pour gagner la terre ferme. Les rues me rappellent celles de Cambridge. Les gens marchent au milieu de la chaussée. Cela vient en partie des queues d'acheteurs devant chez Lipton[30]. On a peine à rester

28. Sydney Waterlow avait rejoint le Foreign Office pour un poste temporaire, et devait réintégrer la diplomatie en 1920. Il avait présentement un fils et une fille.

29. James Beaumont-Strachey (1887-1967), le plus jeune des onze enfants de Sir Richard et Lady Strachey. Il marcha sur les traces de son frère Lytton à Trinity College, Cambridge, et à la Société des Apôtres. En 1909, il devint secrétaire de son cousin St Loe Strachey, rédacteur en chef du *Spectator*, mais fut remercié en 1915 pour ses vues pacifistes ; en 1916, un tribunal lui reconnut le statut de non-combattant.

30. Chaîne de magasins d'épicerie.

sur le trottoir et les autobus sont toujours à vous frôler de près. Retour à la maison pour un thé copieux en tête à tête. Masses de papiers. Perera, bien sûr, venu une fois de plus en consultation ; et il est encore en train de siéger avec L. dans sa chambre.

Lundi 17 décembre

Le lundi, je crois l'avoir déjà noté, est notre jour de marché — mais j'oublie Molly MacCarthy et Walter Lamb hier soir. Voilà comment c'est advenu : Wat nous a offert de nous prêter ses cartes du Norfolk. Trouvant un peu sans-gêne d'aller les emprunter sans invitation, nous lui avons demandé de nous les apporter. Nous nous sommes donc trouvés confrontés à l'insupportable perspective d'un Walter sans édulcorant. Mais qui inviter ainsi, à la dernière minute ? Personne chez les Strachey, à cause de Tidmarsh ; Squire pas libre ; enfin, Molly m'est venue à l'esprit, et le ciel nous a accordé cette faveur. Je ne suis pas sûre que sa surdité ne lui prête pas une sorte de piquant (comme un bégaiement) ; elle...

Le jeudi 20 décembre les Woolf partirent pour Asheham, afin d'y passer Noël. V. W. n'écrivit qu'une seule fois dans son journal d'Asheham un rapport sommaire concernant les provisions, le temps, les visiteurs, qui est récapitulé dans la note qui suit, écrite à son retour à Hogarth House.

[*Jeudi 3 janvier 1918*]

J'ai oublié qui est arrivé à cet instant-là, et je suis excusable de cet oubli puisqu'on est aujourd'hui le jeudi 3 janvier 1918 et que nous venons tout juste de rentrer d'Asheham. Je me rappelle cependant que nous avons vu beaucoup de monde les derniers jours. Walter et Molly, comme j'avais commencé à le rapporter. Elle a envoyé son roman à Chatto & Windus et l'intitule *L'Orchestre sur la jetée,* ou bien *Clôtures,* le second titre un peu terne à mon avis[1]. W. L. tiré à quatre épingles et un peu méfiant lorsque la famille royale est venue sur le tapis, comme il s'est trouvé ; n'a plus voulu tirer sur ces lièvres-là pour mon plaisir. Et puis je me souviens que nous avons eu Ka, qui songe à donner sa démission ; et puis, le soir suivant, Bob[2], les poches bourrées de poésie géorgienne, ne parlant que livres, coût de l'impression, nombre d'exemplaires vendus, au milieu de quoi Nellie a fait irruption pour dire qu'on avait sonné l'alerte. Nous avons donc dîné en partie à la cave, Bob parlant avec une telle volubilité qu'il fallait s'approcher du soupirail pour entendre les canons, pourtant violents. Je le revois cramponné à une assiette copieusement garnie de pudding, et L. assis sur une caisse à lire le journal, dans le réduit à charbon et trouvant là un de mes porte-plume rouges. La fin de l'alerte a sonné à dix heures ; raid sévère, cependant, et à Hampstead Barbara et Saxon ont souffert plus que nous.

Après cela — le soir suivant — nous avons assisté au dîner du Club 17, orgie pour quelque deux cents personnes assises à de longues tables. Les serveurs imitaient si bien les canons en faisant battre les portes à ressorts que divers officiels vinrent signaler un raid. Jos Wedgwood fit un discours. J'ai remarqué que la pauvre Marjorie écoutait les yeux baissés. Elle venait de Darlington et la malheureuse était en mousseline semée de roses rouges, et très décolletée, alors que toutes les autres personnes étaient plutôt en vêtements de travail et étoles de fourrure. J'ai été prise dans les filets de Silvia Whitham[3]

1. Le livre de Mary MacCarthy : *A Pier and a Band. A Novel of the Nineties* (« Une jetée et un orchestre. Roman des années quatre-vingt-dix »), paru chez Chatto & Windus en 1918.

2. Robert Calverley (« Bob ») Trevelyan (1872-1951), poète et érudit, frère de l'historien G. M. Trevelyan. Il fit ses études à Trinity College et prit rang parmi les Apôtres. Durant les années quatre-vingt-dix, il avait cohabité avec Roger Fry.

3. Sylvia Milman (voir plus haut, 21 janvier 1915, note 72) avait épousé en 1916 l'écrivain John Mills Whitham, dont le lugubre roman *Wolfgang* fut publié en 1917. Le couple effectuait en collaboration des traductions du français.

qui m'a fait subir un contre-interrogatoire sur les romans de son mari, et en désespoir de cause, ne pouvant révéler ma véritable opinion, j'ai prétendu n'avoir jamais lu *Wolfgang*. Par bonheur, de tous nos amis, elle est celle qui, voyant une bombe tomber chez ses plus proches voisins, l'accueillerait avec le moins de surprise. Et elle se met à la littérature et commence à traduire Flaubert — remarquable spécimen d'individu sans don d'aucune sorte, toujours à se pousser dans le sillage d'autres personnes mieux éclairées.

Le lendemain, nous sommes allés à Asheham et le voyage a été le pire que nous ayons jamais fait : cinq heures, passées pour la plus grande part aux abords de Clapham Junction ; brouillard, froid mordant ; nous n'avancions que pour nous arrêter net une minute ou deux plus tard. Ensuite en automobile, je me souviens, et nous avons trouvé les routes sous la neige ; mais ce fut très agréable de pénétrer dans le salon, sauf que nous n'avions pas de lait. Un Noël des plus froids, des plus beaux. Nous avons été plutôt soulagés de le passer seuls. Ray étant tombée malade, Ka devant venir en fin de semaine, ainsi que les enfants de Nessa. Nous avons eu comme de coutume la visite de Maynard et de Clive. Et pas plus que de coutume je n'ai réussi à me rendre à Charleston, exactement comme Nessa n'a pas réussi à venir à Asheham. J'ai passé une soirée là-bas, et me suis amusée [?] à percer la barrière assez sotte de ce pauvre Bunny, qui finit par aller se coucher, sans la moindre sympathie de la part de Nessa, celle-ci ayant souvent dû le mettre au lit sans raison perceptible, dit-elle. Duncan est rentré de Londres avec des ragots à notre intention, surtout au sujet d'Alix et d'un groupe, lors de la pièce de théâtre, qui a démoli la cloison, semé des mégots et que l'on a dû prier de vider les lieux[4]. Mais ce que j'aime par-dessus tout à Asheham, c'est que j'y lis des livres. Il

4. Il s'agit peut-être d'une soirée donnée après Noël au 46 Gordon Square, à l'occasion de laquelle Marjorie Strachey produisit son adaptation de la comédie d'Arthur Schnizler, *Reigen* (« La Ronde »).

est vraiment divin, au retour d'une promenade, de prendre le thé auprès du feu, et puis de lire et lire — mettons *Othello,* mettons n'importe quoi. Il semble que cela n'ait pas d'importance. Mais à Asheham mes facultés prennent une telle acuité que la page se détache d'elle-même dans toute sa signification véritable et ses mensonges, comme illuminée sous mes yeux ; vue dans son ensemble et sa vérité, non plus par à-coups spasmodiques, comme si souvent à Londres. Et puis les arbres maigres et dénués de feuilles ; le brun des labours et, hier, les collines énormes à travers une brume immatérielle, car seul le détail mort s'efface, et le vivant s'enfle de plus en plus et l'on aperçoit des feux qui brûlent au travers. Des chasseurs solitaires traquaient le canard et la bécasse dans les marais. Les fenêtres étaient presque toujours givrées le matin, et chaque brin d'herbe hérissé de gel. Les perdrix venaient se poser dans les champs, petites boules immobiles, à demi raidies de froid, sans doute.

L'habitude d'écrire son journal s'est ranimée à Charleston. Bunny a veillé tard à écrire le dernier soir de l'année, et Duncan est revenu avec un registre acheté dans Lambs Conduit Street. Le triste, c'est que nous n'osons pas nous faire confiance les uns les autres pour nous lire mutuellement nos cahiers ; ils gisent, telles de vastes consciences, dans nos tiroirs les plus secrets. Clive, à propos, a égayé Noël avec un petit livre de poèmes la prose fantastiquement affectée, mais les vers très jolis et légers, selon moi (ce qui signifie que ce n'est pas tout à fait l'avis de L.). Clive sait faire son « petit hibou » avec efficacité [5]. Toujours est-il que je préfère cela à la dernière production géorgienne, reliée en bleu, cette année, et qui héberge ce ridicule Squire [6].

5. *Ad Familiares,* plaquette de vingt-huit pages brochées, imprimée par The Pelican Press en octobre 1917, contenait treize poèmes, dont l'un est adressé « A V. S. avec un livre ». Ils furent réimprimés avec quatre poèmes supplémentaires par la Hogarth Press, en décembre 1921. L'expression « faire son petit hibou », employée fréquemment par V. W., signifie apparemment : « plastronner », « tenir un rôle ».

6. *Georgian Poetry* (1916-1917), troisième volume d'une série dirigée par Edward Marsh, fut publié par The Poetry Bookshop en novembre 1917.

Voilà donc l'année terminée, mais essayer un tant soit peu de la résumer me dépasse — ou même de jeter un dernier coup d'œil sur le journal du soir, qui vient d'arriver avec des nouvelles du front russe, et qui a arraché à L. cette remarque :

« Un état des choses bien intéressant.

— Et que va-t-il se passer ?

— Aucun être humain ne peut le prédire[7]. »

FIN

7. Le *Star* du jeudi 3 janvier portait en manchette « Retour à Brest-Litovsk ». En s'emparant du pouvoir en novembre 1917, le gouvernement des Soviets avait pris immédiatement des mesures pour l'ouverture de négociations, en vue d'une « paix juste et démocratique, sans annexions ni indemnités » ; et le 3 décembre leurs contacts préliminaires avec les puissances d'Europe centrale à Brest-Litovsk aboutirent à une trêve, suivie d'un armistice, du 15 décembre au 14 janvier. Les négociations officielles s'ouvrirent le 22 décembre ; et le 28 décembre les Russes suspendirent la conférence, sous prétexte d'obtenir la participation de l'Entente, mais dans l'espoir et l'attente qu'un soulèvement des travailleurs dans toute l'Europe renforcerait leur position dans les discussions ; mais en cela, ils furent déçus. Ils regagnèrent Brest-Litovsk le 9 janvier pour en venir finalement à signer un traité de paix humiliant le 3 mars 1918.

1918

1918

Ayant évoqué les deux dernières semaines de décembre 1917 dans sa longue note du 3 janvier, en fin du troisième cahier du journal, Virginia Woolf entame un nouveau cahier pour 1918, qui va lui durer jusqu'en juillet. La première page porte le titre :

HOGARTH HOUSE
PARADISE ROAD
RICHMOND
Janvier 1918

Vendredi 4 janvier

Somme toute, il n'y a aucune raison pour que l'on s'attende à des événements particuliers à la première page d'un cahier neuf, mais c'est ainsi, et je puis dénombrer trois faits d'importance inégale : que nous avons utilisé pour la première fois le Club 17, qu'il y a des bruits de paix, et que j'ai cassé mes lunettes d'écaille. Les bruits de paix (après tout, le plus important des trois) font surface environ tous les trois mois, dans une sorte de frémissement d'espoir ; puis ils se calment ; puis ils s'enflent à nouveau. Et quant à savoir où cela va nous mener cette fois, je n'ai même pas envie d'essayer de deviner, étant superstitieuse quand il s'agit de faire des prévisions ; et, en tout cas, on ne peut manquer de sentir que quelque chose bouge ; on pourrait découvrir au réveil que le murmure discret est clamé dans tous les journaux[8]. Le Club 17 est une réussite, à en juger par un unique thé. Nous y avons trouvé Alix, installée au coin du feu en habituée déjà ; en même temps qu'un groupe de révolutionnaires très juvéniles, un officier et deux démocratiques employés, au teint plombé. Les salles sont claires, portent l'empreinte de l'Omega et sont donc moins conventionnelles qu'on ne s'y attendrait. Avant d'y aller, j'ai fait mon tour habituel : Partridge & Cooper[9] ; traversée de Lincoln's Inn Fields, pour me rendre chez Mudie, L. passant son après-midi à un comité. Margaret vient de téléphoner pour le consulter au sujet de manœuvres de paix dans lesquelles elle trempe. Ai parlé avec Alix des livres qu'elle pourrait écrire.

« On est bien malheureux quand on ne travaille pas.

— Oh, terriblement malheureux », fit-elle en écho, avec, m'a-t-il semblé, un coup d'œil vers James.

« Aucun espoir que je puisse écrire bien ; je vois les choses comme elles sont. »

Samedi 5 janvier

Nous sommes allés à Hampton Court, où nous n'étions pas retournés, je crois, depuis que nous y avions patiné[10]. Nous avons traversé Bushy Park, et une troupe

8. Peut-être faut-il voir là un écho de Shakespeare :

Now entertain conjecture of a time
When creeping murmur and the poring dark
Fill the wide vessel of the universe.

« Maintenant, imaginez-vous l'heure
Où le murmure rampant et l'ombre envahissante
Emplissent le vaste vaisseau de l'univers. »

(*Henry V*, Acte IV, Prologue).

9. Partridge & Cooper, grande papeterie située à l'angle de Chancery Lane et de Fleet Street.

10. Dans son journal L. W. rapporte qu'il a patiné à Hampton Court avec V. W. les 8 et 9 février 1917.

de chevaux en a profité pour courir de côté et d'autre. La statue dorée était environnée de glace et il y avait un bon pouce d'eau sur la glace. Je l'ai transpercée avec mon parapluie [11]. Les plates-bandes de Hampton Court sont uniformément brunes, à part une de fleurs jaunes et une autre de fleurs roses, des primevères, je crois. Il y avait des sacs par endroits, dont L. a pensé qu'ils étaient étendus là pour les exercices de gymnastique de Mrs Creighton [12]. Nous avons regardé chez elle par la fenêtre. Comme d'habitude, nous n'avons vu que ces gros in-folio de parchemin qui contiennent de l'histoire d'Italie, du moins je le suppose. Nous avons suivi la chaussée surélevée, sous les arbres jusqu'à la rivière, et nous sommes assis sur un des sièges de bois vides disposés en demi-cercle. Il faisait froid, mais calme. Ensuite nous sommes montés dans un tram pour Kingston et avons pris le thé chez Atkinson, où l'on n'a plus droit qu'à une unique brioche. Tout est rationné maintenant. La plupart des boucheries sont fermées ; la seule qui eût ouvert était assiégée. On ne peut acheter ni chocolats ni caramels ; les fleurs coûtent si cher qu'il me faut cueillir des feuilles à la place. Nous avons des cartes pour presque toutes les denrées. Seules les vitrines des grands magasins regorgent de marchandises. Les autres exhibent des boîtes de conserve ou des cartons sans doute vides. (Je m'essaye ici à un style concis d'historien.) Voilà qu'on en est venu brusquement à voir partout la guerre. Je suppose qu'il doit bien y avoir encore ici ou là quelques poches de luxe que rien n'a touché — là-haut, dans les fermes du Northumberland ou de Cornouailles, peut-être. Mais partout en général

11. Aux abords d'Hampton Court Palace, dans Bushy Park (qui est également propriété de la Couronne), il y a un grand bassin, au centre duquel se dresse une fontaine ornementale, surmontée d'une statue de Diane en bronze doré, qui date de l'époque de Charles II.

12. Louise Creighton (1850-1936), veuve de Mandell Creighton, évêque de Londres, qui, à la mort de son mari en 1901, eut l'honneur de se voir accorder une résidence à Hampton Court Palace. C'était un écrivain prolifique d'ouvrages historiques. Les Creighton étaient des relations des parents de V. W.

on fait maigre chère. Les journaux prospèrent cependant, et il suffit de débourser six pence pour avoir de quoi allumer son feu pendant des semaines. Un type du nom de Richardson élabore un système mathématique extrêmement compliqué pour voter dans les tranchées[13].

Dimanche 6 janvier

Journée de pluie infernale. J'ai laissé L. à la gare. Il devait aller à Hampstead, répondre à une liste de questions pour Margaret. Thé seule à la maison. Alix et Fredegond pour le souper. La conversation, après s'être déroulée aux dépens de Clive, Barbara, Garsington, etc., s'est fixée sur la conscience : devoirs sociaux et Tolstoï. Gerald (Shove) lisait Tolstoï l'autre jour, et a décidé de renoncer à fumer; mais maintenant il avance que les instructions de Tolstoï s'adressaient à des hommes d'une vie plus relâchée que la sienne et qu'il peut se permettre de fumer la cigarette. Il songe sérieusement à créer une pépinière après la guerre, et il envisage de renoncer à sa fortune.

« A quoi cela servirait-il? demanda L. C'est bien la pire des choses à faire. Nous ne voulons pas que les gens n'aient que trente shillings par semaine pour vivre.

— Psychologiquement, c'est peut-être nécessaire si l'on veut abolir le capitalisme, remarquai-je.

— Je ne suis pas d'accord, dit Alix. D'autre part, à qui donnerait-il sa fortune?

— Dans l'Etat idéal tout le monde disposerait de trois cents livres par an, poursuivit L.

— Je vous en prie, donnez-moi une raison que je puisse retenir pour la rapporter à Gerald », implora Fredegond.

Je ne me rappelle plus maintenant quelle raison c'était.

13. L. F. Richardson (1881-1953), condisciple de L. W. à Cambridge.

« Il a terriblement mauvaise conscience, poursuivit-elle. A Noël il a dévoré un énorme dîner, puis son frère et lui ont réclamé des fruits au sirop ; et après avoir tout mangé ils ont eu honte. Ils se sont écriés : “Quels cochons, quelles brutes nous faisons ! ” Ils ne savaient plus où se mettre, tous les deux. » L. nous a donné de nombreuses raisons de conserver ce que nous avions et de faire le bien pour le bien. Je persiste à penser que j'ai un trop gros feu pour moi toute seule. Je suis de ces personnes qui ressentent comme une entrave psychologique le fait de posséder de la fortune. Alix était inspirée par ce sens de l'économie, solide et positif, qui lui vient de Strachey. Après une longue discussion, le moment vint pour elles de nous quitter.

Lundi 7 janvier

Eté à Londres aujourd'hui, L. avec mon article sur Jacks pour le *Times;* moi, chez Spiller[14] pour mes lunettes ; et il va m'en falloir des neuves à 2 livres 2. Nous nous sommes retrouvés ensuite à la London Library, puis nous avons pris le thé au Club, où il y avait Alix, qui joue plus ou moins les hôtesses, et la femme qui fume la pipe dans les coins. Lytton est venu, et j'ai achevé mon thé en sa compagnie. Il est en pourparlers avec Chatto & Windus pour son livre.

« Lorsqu'on me demande si j'aime Tidmarsh, je dis que la campagne me convient », a-t-il remarqué d'une façon bien sibylline.

Il affichait une gracieuse prévenance avec les jeunes dames : Fredegond, Alix, Faith. Je lui ai reproché de trop écrire à la manière de Macaulay.

« J'ai bien vu que Gordon ne vous plaisait pas vraiment », m'a-t-il dit.

14. Une critique de *Philosophy in Fiction,* de L. P. Jacks, qui parut dans le *TLS* du 10 janvier 1918. George Spiller Ltd, opticiens et fabricants de lunettes de Wigmore Street.

Il restait parfaitement sûr de lui, satisfait, onctueux presque. Les allées et venues incessantes rendaient la conversation difficile. Principal sujet : l'approche de la paix, encore que les journaux du soir eussent jeté un doute là-dessus.

Mardi 8 janvier

Signe des temps, je note que Fredegond, qui veut passer quelques mois à Londres, reçoit d'amis à l'esprit pratique le conseil de prendre pension dans un hôtel. On lui dit que même si elle trouve une chambre où se loger et une bonne, il lui restera la difficulté de s'approvisionner. En conséquence, elle va s'installer au « Thackeray Hotel »[15].

Quelques images fragmentaires me reviennent à l'esprit aujourd'hui et, n'ayant rien d'autre à rapporter, je vais en profiter pour les noter. Etant allée pour Nessa dans une agence de placement, j'ai remarqué que la femme avait six ou sept porte-plume sur son bureau, les essayait l'un après l'autre, les trouvait tous inutilisables, sauf un ; au niveau de la tige, les plumes s'embourbaient dans une croûte d'encre. Un soir de l'été dernier, descendant de l'autobus, j'ai vu un cabas plein de poissons abandonné sur la banquette, et l'ai tendu à la femme qui me précédait. Elle me remercia avec un petit sourire minaudant. « Ça vient de ce que je n'ai pas l'habitude de prendre un cabas. » Le cabas indiquerait évidemment que l'on se situe très bas dans l'échelle sociale. J'ai bien d'autres images encore dans l'esprit, mais elles se dissolvent à la moindre velléité de les utiliser. C'est curieux, étant donné leur trivialité, comme ces petites scènes reviennent encore et encore à n'importe quel moment : elles sont pensées, revécues, puis

15. Le « Thackeray » était un hôtel antialcoolique, situé en face du British Museum dans Great Russell Street.

disparaissent. Curieux aussi à quel point l'on pense en s'aidant d'images de ce qui nous entoure. Hier je ne me rappelais plus si j'avais laissé mon livre dans ma chambre. Et puis je me suis vue moi-même en train d'écarter mes lunettes, me suis rappelée que je les écartais de manière à faire de la place sur la table pour mon livre ; et il était là, comme de juste. Je donnerais beaucoup pour m'y connaître en psychologie. C'est un des livres que j'ai suggéré d'écrire à Alix, « mais à quoi bon si on n'est pas capable de l'écrire *vraiment* bien ? ». Eté chez l'imprimeur (MacDermott) aujourd'hui, pour le voir m'affirmer calmement qu'il lui était vraiment impossible de nous livrer la presse pour le 14. Ne trouve personne pour la transporter. C'est du toupet, alors qu'il a accepté notre avance de 10 livres pour qu'il nous l'apporte sans faute. Mais il ne faut pas prendre au sérieux ces petits bonhommes surmenés, glacés, à demi amorphes. Ils n'attachent pas le même sens que nous aux promesses même écrites et timbrées. Les gens le harcèlent pour de petits travaux, dit-il ; il n'a même pas le temps de réclamer son dû. Pour la première fois depuis des mois j'ai passé tout un après-midi à faire des courses. La monnaie s'accumulait dans ma bourse, des paquets pendaient à chacun de mes doigts ; mauvaise humeur des employés de magasin ; en fait, une obligation fort désagréable quand on fait des achats en masse.

Mercredi 9 janvier

Le Club 17 semble avoir beaucoup d'attraits ; il est assurément plus agréable d'y prendre le thé que dans un salon. Après m'être occupée de mes lunettes, je suis donc allée Gerrard Street. Y ai trouvé Fredegond et Faith, ainsi qu'un vaste demi-cercle de jeunes de Cambridge, dont un jeune homme avec une mèche de cheveux sur l'œil, qui a écrit une pièce de théâtre et l'avait apportée ; la jeune fille qui fume la pipe ; et une ou deux autres[16]. Cela m'amusa de constater la répétition de certaines vieilles scènes de mon propre passé — cette surexcitation qui transparaît et ce sentiment d'être la plus récente et la meilleure des œuvres de Dieu (mais non cependant la plus ravissante, vue de l'extérieur) d'avoir des choses à dire, neuves dans l'histoire du monde ; tout y était, et les jeunes gens si merveilleux aux yeux des jeunes filles, et des jeunes filles si désirables aux yeux des jeunes gens, encore que cela ne m'ait pas été perceptible à moi, personne d'âge, assise sur mon canapé. Une conversation de ce genre-là :

« Ah, mais avez-vous lu sa pièce ? Et vous plaît-elle ?

— Oui, sans contestation possible.

— Et en aimez-vous la manière ?

— Oh, prodigieusement ! »

Puis une seconde jeune femme, moins séduisante, se penche en avant pour dire :

« Mais ne pourrais-je pas la voir, moi aussi ?

— Certainement », dit le jeune homme ; et il la tire de sa serviette, à la grande joie de la jeune fille.

« Je représente le public, moi. Edith est par trop originale. »

Mais j'ai été appelée à l'autre bout de la salle, pour prendre mon thé ; et Lytton est arrivé, apportant Lord Morley, dont il a fait la critique pour L. [17]. Nous avons encore essayé de saisir la conversation du jeune Cambridge, et pour finir Lytton, relevant mon défi, est allé rejoindre le groupe que venait de grossir l'arrivée de plusieurs jeunes gens, au vaste front dégagé par des cheveux rejetés en arrière, qui se cachaient de la police.

J'ai pu alors parler un peu en tête à tête avec Faith,

16. D'après la lettre de V. W. à Vanessa Bell, datée du 17 janvier (*II/V. W. Letters*, n° 903), le jeune homme est Lancelot Hogben (1895-1975), à peine sorti de Trinity College, et qui allait devenir l'éminent socio-biologiste et auteur de *Mathematics for the Million* (1936). Objecteur de conscience, il venait de faire de la prison pour avoir défendu ses principes.

17. La critique donnée par Lytton Strachey des deux volumes de *Recollections* (1917) de John Vicomte Morley, parut dans le numéro de février 1918 de la revue *War and Peace*, où L. W. faisait temporairement office de rédacteur en chef.

d'après elle, Nick souffre beaucoup de la combinaison Saxon-Barbara-Nick. On ne tient aucun compte de ses droits ; Barbara préfère Saxon et semble avoir honte du manque d'intellectualité de Nick. Elle se refuse à l'emmener voir ses amis de Bloomsbury. Et Bloomsbury, je crois, va avoir encore un cadavre à son actif ; car les talents de cette pauvre B. ne sont pas tels qu'ils puissent l'y mettre en bien bonne posture. Et, à mon avis, un mariage avec Nick offre quelque chose de plus solide qu'un attachement sans chaleur, et à demi réel seulement, à Saxon. J'ai expliqué mes vues, et Faith et Fredegond sont tombées d'accord avec moi toutes les deux. J'ai promis de la bienveillance ; au cas où la bienveillance persuaderait Barbara qu'il y a plus en N. qu'elle ne sait le voir. Son snobisme est irritant mais bien naturel. Dans la rue, ma culotte grise a dégringolé. C'est ce qui est arrivé un jour à Emmy Fisher, qui s'en servit aussitôt pour en envelopper un chien famélique[18]. Fredegond m'a accompagnée jusqu'à Charing Cross. Je ressens les choses comme elle, d'une certaine manière fondamentale.

Jeudi 10 janvier

Nos canalisations ont éclaté hier avec le brusque dégel. D'un froid aigu nous sommes passés en une heure ou deux à un temps très doux. Lottie et Nelly prennent les choses calmement, mais nous sommes privés de bains. Ai composé pendant l'après-midi, puis sommes allés chez l'imprimeur. L. n'a pas perdu son sang-froid ; le petit MacDermott affirme que nous étions convenus verbalement qu'il ne serait dans l'obligation de nous livrer la presse que si la sienne était montée. Avec tant de douceur, d'obstination, de stupidité que nous n'avons

18. Emmeline Morris, née Fisher (1868-1941), était la quatrième des onze cousins Fisher de V. W. ; les filles de cette famille passaient pour raffoler jusqu'à l'idiotie des animaux.

rien pu faire. La vérité est qu'il nous considère comme des amateurs qu'il est inutile de prendre au sérieux. Il va nous falloir réfléchir.

Vendredi 11 janvier

Autre journée sédentaire, qu'il me faut cependant enregistrer pour le plaisir de rapporter que les Lords ont adopté le *Suffrage Bill*[19]. Je ne me sens pas beaucoup plus d'importance — peut-être légèrement plus. C'est comme d'être fait chevalier ; cela peut être utile pour impressionner les gens que l'on méprise. Mais il y a d'autres aspects à la question naturellement. L. est allé déjeuner avec Ka et un Serbe ; j'ai composé, et maintenant trouve qu'il m'est facile de faire toute une page en un après-midi. L. est revenu, nous avons fait un tour au bord du fleuve et sommes rentrés pour le thé. Beaucoup de livres (« La Vie de Keats », enfin[20]).

Samedi 12 janvier

Maintenant que nous avons commencé l'impression (nous sommes à la page 18) il n'y a pas grand-chose à écrire bien que les journées semblent aussi remplies d'éléments successifs qu'une image de puzzle. Nous sommes toujours privés de bains, et cela prête une certaine sévérité aux autres restrictions que nous avons à subir. Aujourd'hui on n'a droit qu'à un petit rôti de bœuf qui devra durer toute la semaine. On ne peut se procurer aucun corps gras ; pas de margarine, pas de *nutter*[21]. Nous sommes réduits à une livre de beurre par semaine ; les œufs sont à 5 pence pièce, un poulet de 10 à

19. Le *Representation of the People Act* (1918) accorda le droit de vote aux femmes de plus de trente ans.
20. *John Keats, His Life and Poetry, His Friends, Critics and After Fame,* de Sir Sidney Colvin, avait paru en novembre 1917.
21. Succédané de beurre à base de noisettes.

15 shillings. Mrs Langstone, pour son dîner de dimanche dernier, a servi des saucisses et du pain avec la sauce. « N'avais encore jamais eu un pareil dîner de dimanche, en vingt-cinq ans. »

Après avoir imprimé nous nous permettons une courte promenade, et j'ai cru voir Tinker — tout, à part le museau, concordait ; mais chaque chien a son individualité propre, sur laquelle on ne se trompe pas. L'espoir de paix est de nouveau en miettes ; gouverner se réduit, une fois de plus, à une vaine agitation, pour autant qu'on puisse le savoir.

Lundi 14 janvier

Nous avons eu Saxon à dîner samedi. Il était dans son trente-sixième dessous. Il s'avérait impossible de lui parler, mais j'ai supposé qu'il se désolait de l'inévitable faiblesse de la nature humaine ; son rêve d'amour et d'amitié triomphant de la jalousie a, je m'en doute, été brisé par les derniers événements ; et il se trouve dans une situation odieuse pour un homme aussi scrupuleux et sensible que lui. Toujours est-il que les effets ne sont pas très réjouissants pour ses amis. Sa lassitude s'étend jusqu'à ses gestes. Il ne s'est rendu nulle part, n'a vu personne. Je me rappelle ce fragment de conversation :

« Avez-vous vu quelqu'un, Saxon ?

— J'ai terminé le troisième volume de l'anthologie [22]. »

Il m'a apporté deux volumes de morceaux choisis de littérature italienne. Il a inscrit mon nom dedans avec une dextérité et une netteté extrêmes et il est parti accablé par les mystères de ce monde inintelligible.

Dimanche, Clive est venu pour le thé ; il était à peine installé que les Shove sont arrivés ; et nous avons passé

22. Une anthologie de la poésie grecque qui contenait quelque six mille courts poèmes, épigrammes, etc. œuvres de plus de trois cents auteurs des années 700 à 1000 avant J.-C.

une heure ou deux à bavarder. Lorsqu'on voit souvent Clive, ses stratagèmes pour toujours paraître à la hauteur et pour briller deviennent un peu trop évidents. Nous discutions du Club 17 ; sur quoi, il nous a sorti : « J'étais de ces arrogants qui ont refusé d'y adhérer quand on le leur a proposé ; mais maintenant, bien sûr, je m'aperçois que cela s'impose, et j'ai dû baisser pavillon » ; la vérité étant qu'il a voulu en faire partie, mais qu'il a été blackboulé par L. et d'autres. On pourrait rétablir ainsi la vérité, je crois, pour nombre de ses histoires, si on pouvait savoir. Mais on ne sait pas ; et les résultats sont tout à fait satisfaisants, quel que soit ce qui les amène. Et comme je l'ai persuadé de me prêter sa machine à écrire pour Asheham, je n'ai aucune raison de me montrer sévère. Il use des artifices d'une beauté fanée : une touche de rouge, une mèche de cheveux blonds, lèvres violemment rougies. Nous avons surtout discuté de l'hypnose qu'exerce Bloomsbury sur la jeune génération. L'image du « parfait maître d'école » à Tidmarsh, rapportée par Clive, a causé quelque amusement. F. et G. y sont allés et, après le thé, maître et élève se sont retirés ; mais elle [Carrington] est revenue chercher un volume de Lord Macaulay ; et plus tard elle a demandé des éclaircissements sur une anecdote concernant Rousseau. « Cela, vous le saurez quand vous serez plus âgée, ma chère », a dit Lytton, d'un ton paternel. Elle a pris F. à part pour lui confier certaines complications au sujet de Barbara et Nick. « Nick, a-t-elle dit, lit avec acharnement », comme s'il y avait là de l'espoir pour lui. Ils « lisent tous avec acharnement ». Saxon a demandé à Maynard, l'autre jour, si la lecture de Pétrone conviendrait, à son avis, à une jeune dame qui a aimé Apulée. Mais les jeunes dames n'aiment pas Apulée lorsqu'elles sont seules. C'est un sujet de comédie. Au fait, j'entrevois les données de bien des comédies en préparation à cet instant même parmi nos amis. Il y a la comédie d'Alix et de Bunny ; de James et Anonyma, et la tragi-comédie des deux cacatoès. Après le départ de Clive, F. et G. sont restés pour le dîner et ont paru plus à leur aise. F. nous a raconté la nuit de noces d'A., à laquelle celle-ci s'est décidée dans un désir méritoire d'acquérir de l'expérience ; mais comme l'expérience a comporté aussi une interminable autobiographie de B. et, je n'en doute pas, un panégyrique de son père et des péans en l'honneur de moindres lumières littéraires, elle l'a payée cher à mon avis. Pourtant « tout compte fait je me sens mieux ; c'est en partie grâce à Bunny ». F. a un grand talent d'imitation. Elle a imité Karin faisant irruption tard le soir, pour demander : « Vous n'auriez pas un morceau pour Carry ? » et entreprendre de vider leur garde-manger. Karin se frappant la cuisse en s'écriant : « Nous allons faire une balade ; nous allons bien rigoler ! » Et encore Karin fondant en larmes un soir, parce qu'elle avait l'impression que Maynard, etc. n'avaient pas envie de la voir. En fait l'ascendant que Bloomsbury exerce sur les sains d'esprit comme sur les fous semble assez fort pour tourner les têtes les plus solides. Par bonheur, je suis moi-même Bloomsbury et par conséquent à l'abri ; mais je n'ignore pas entièrement ce que cela peut signifier. Et c'est une hypnose dont il est très difficile de se débarrasser, parce qu'elle n'est pas sans bien-fondé. Chose curieuse, c'est Maynard qui semble être la principale source de magnétisme. Parlé argent avec Gerald. Il dit qu'il a l'intention de se défaire de son capital ; mais je crois qu'il entretient toujours quelque scrupule d'un genre ou l'autre, dont il joue en guise d'exercice intellectuel.

Vendredi 18 janvier

Encore un manque, dû en partie à la longue lettre que j'ai écrite à Nessa et qui a épuisé certains des sujets que j'aurais abordés ici[23]. Mais aux lettres je préfère ce

23. Voir *II V. W. Letters*, n° 903.

cahier. Peut-être devrais-je écrire des romans pour nous deux seuls. Je me rappelle différentes choses cependant : les Toynbee et Kot.[24], à dîner le mardi [15 janvier] ; et cet après-midi Lady Strachey nous a fait la lecture — à moi seule pour une bonne part, puisque L. est arrivé tard. Elle a lu *Les Masques* de Ben Jonson. Ils sont courts et dans les intervalles elle s'arrêtait pour parler un peu, si bien que c'était plus léger, cette fois, et cela m'a plu. Elle m'a dit qu'elle lisait tout au collège, et qu'elle se rappelle les livres parce qu'ils sont associés pour elle à certains lieux. A l'âge de dix-huit ans, elle a reçu de son père la permission de lire *Tom Jones* (je crois) à condition de ne jamais dire qu'elle l'avait lu[25]. Nous a dit que le fait que Lytton n'ait pu décrocher une bourse universitaire avait été une des grandes déceptions de sa vie « parmi beaucoup d'autres ». « Enfin, son prochain livre ne vous décevra pas », lui ai-je dit. Mais elle pense que les Arnold vont protester[26]. L'orgueil qu'elle a de Lytton et son désir de le voir devenir une célèbre personnalité littéraire sont évidents. J'en ai présumé qu'elle était bien disposée envers Tidmarsh, mais comme elle s'est figée tout à coup, et a prétendu ignorer où se trouve l'endroit, je suppose que c'est un sujet de discorde dans la famille. A vrai dire il saute rapidement aux yeux qu'elle n'est pas à son avantage lorsqu'elle est confrontée au présent — mais conventionnelle, très nerveuse, croit qu'ils sont ruinés ; dès qu'elle en vient au passé, plus rien ne la gêne ; elle raconte avec la plus grande animation des histoires sur les ravissantes

24. Arnold et Rosalind Toynbee (voir plus haut, 11 novembre 1917, note 16) ; et Samuel Solomonovitch Koteliansky (1882-1955), Juif ukrainien qui vint en Angleterre avec une bourse de recherches de l'université de Kiev en 1910, et ne retourna jamais en Russie. C'était un familier de Katherine Mansfield et de son entourage.

25. Le roman de Henry Fielding, publié en 1749, n'aurait guère été considéré comme une lecture convenable pour une jeune fille dans les années 1850.

26. Le Dr Thomas Arnold était le troisième des quatre sujets étudiés par Lytton Strachey dans son livre, *Eminent Victorians*. Les Arnold, en la personne de la petite-fille du docteur, Mrs Humphrey Ward, protestèrent en effet.

Pattle et Dalrymple ; comment le vieux Pattle[27] a surgi de sa cuve, causant ainsi la mort de sa femme qui croyait le voir ressusciter ; comment les marins avaient bu jusqu'à le mettre à sec pendant le voyage de retour en Angleterre ; que « Dal » était charmant, encore que peu agréable à avoir pour mari ; que le Dr Jackson était si beau et si gentil ; en fait, elle semble détacher de sa vie ce qui est le spectacle émouvant, resplendissant de lumière, romantique ; et le reste n'est que marche pénible dans les rues prosaïques, où l'on n'a rien d'agréable à attendre. Ses yeux se sont enfoncés, elle a perdu ses dents, elle est sourde ; mais qu'elle parle du passé ou de littérature — et tout s'illumine à nouveau. Mais la littérature doit appartenir aussi au passé. Elle nous a lu un poème intitulé : *The Old Way,* du genre bravache, patriotique, et s'est extasiée sur sa beauté, s'est écriée que tant que nous avions un poète comme Hopwood, il ne fallait pas se plaindre[28]. Son patriotisme a survécu à tout le reste. Patriotisme et sentiments familiaux et scènes aperçues il y a bien longtemps ; par exemple : « Vous ne vous souvenez sans doute pas de m'avoir rencontrée un jour dans un autobus, quand vous aviez dix ou onze ans ? Vous étiez avec votre mère, Vanessa et vous. » Elle a ce don de fantaisie propre à sa famille. Elle s'est précipitée hors de la pièce pour aller chercher deux petites boîtes de pastilles qu'elle avait recouvertes de morceaux de papier de couleur, provenant de vieux catalogues de magasins de nouveautés. Il ne lui est pas permis de lire ni d'écrire beaucoup, alors elle fait des

27. Le vieux Pattle était père de sept filles dont la quatrième épousa le Dr Jackson et fut la grand-mère de V. W. ; la plus jeune se maria avec John Warrender Dalrymple (voir arbre généalogique). Dans son ouvrage *Julia Margaret Cameron* (1973), Brian Hill examine les diverses versions des aventures peu vraisemblables du cadavre du vieux Pattle.

28. *The Old Way,* par le capitaine Ronald A. Hopwood, de la Royal Navy (1868-1949), parut d'abord dans le *Times* du 16 septembre 1916, et fut réimprimé dans *The Old Way and Other Poems,* publié chez John Murray, la même année. Les poèmes de la mer de Hopwood furent réédités en 1951, avec une préface d'Alfred Noyes, qui écrivait : « [...] ils évoquent un certain quelque chose que l'on peut sans doute appeler, en toute simplicité, l'âme de l'Angleterre. »

réussites toute seule — et je suppose qu'elle rumine son passé. D'après elle, c'était splendide de vivre à cette époque. En premier lieu, elle se souvient de la révolte des Cipayes. « C'étaient des hommes superbes, les serviteurs de la Compagnie. Les Prinsep, vos parents, étaient parmi les meilleurs. Imaginez un peu mon horreur, l'autre jour, lorsque je suis allée voir les vues de Delhi, et que j'ai découvert qu'on avait appelé la Prinsep's Pier, la « Princess Pier »[29]. Mais parler du vote des femmes ne la touche pas beaucoup.

De cet univers ancien, nous sommes passés à un autre, plus jeune que le nôtre, du moins par les années. Mais les Toynbee ne sont pas très jeunes d'esprit, bien qu'ils aient, chose surprenante, les mêmes vues que nous (vues que nous nous obstinons à considérer comme jeunes et avancées !) en politique. J'ai fait carrément comme si la chose allait de soi ; et Arnold m'a encore surpassée en antinationalisme, antipatriotisme et antimilitarisme. De temps à autre Kot se lançait dans un discours solennel, en mauvais anglais, sur la Russie. Il y a beaucoup à dire en faveur de Kot. Il ressemble un peu aux personnages de la littérature russe. Il se mettra à expliquer son âme, sans aucun préambule. Il a expliqué l'âme de Katherine Mansfield, pas entièrement à l'honneur de celle-ci. Il ne s'est pas laissé prendre à ses mensonges ni à sa pose, et il ne lui trouve guère qu'un petit talent de plume. Mais, quant à cela, je ne sais trop si cela me fait plaisir, bien qu'on puisse croire que je l'ai noté pour cette raison. Kot a des vues bien à lui en politique, estime que la Russie n'est pas assez civilisée pour tirer profit d'une révolution, mais qu'ici, en Angleterre, elle ne peut manquer de se produire avec des effets extrêmement bénéfiques

29. La troisième des sept filles de James Pattle, l'arrière-grand-père de V. W., avait épousé Thoby Prinsep, dont la famille comprenait bon nombre de fonctionnaires de l'East India Company et, après la révolte de 1858, de l'Indian Civil Service. On ne sait pas très exactement ce que Lady Strachey (ou V. W. qui rapportait ses propos) entendait par « vues de Delhi ». Prinsep's Ghat, ou Prinsep's Pier (« jetée »), se trouvait à Calcutta et était utilisée pour le débarquement des grands personnages, ou autres cérémonies. Lady Strachey avait lutté en pionnière pour le vote des femmes.

puisque nous avons déjà des tapis et le gaz jusque dans nos maisons les plus pauvres. La Russie ne l'intéresse guère ; il n'a pas l'intention d'y retourner jamais ; y prophétise la guerre civile pour le printemps, et qu'on n'en tirera aucun avantage. En 1905 on a incendié des maisons et poignardé des nobles aussi. Rosalind a certainement des mérites à considérer. Elle me plaît plus qu'Arnold, qui fait des progrès pourtant, et qui est visiblement dans son élément lorsqu'il discute d'Oxford. Il n'avait pas grand bien à en dire ; ils en sont écœurés tous deux et n'y retourneront jamais ; et il ne pense pas non plus qu'on continuera à trouver des jeunes qui voudront y vivre — sinon des étudiants à leurs débuts. Il a connu tous ces héros aristocratiques qui ont été tués et sont maintenant célèbres : les Grenfell, Lister, Shaw Stewart, Asquith[30], et il les a exécrés ; entre autres raisons, ils ont dû le considérer comme un petit être inférieur au sang de navet. Mais il a décrit leurs chahuts, leur insolence, leur intelligence rapide à la détente ; dit qu'ils étaient toujours à décrocher des bourses, à faire des brimades, à se rendre aux offices en poussant un fauteuil roulant plein de rats ; et qu'ils n'admettaient personne dans leur groupe, de sorte qu'ils finirent par être presque dominés par les coloniaux lesquels leur rendaient bien leur aversion. On croirait à un roman de Mrs Ward.

Mercredi, le 16, je suis allée à la bibliothèque où j'ai retrouvé L. qui avait accompagné sa députation au Colonial Office, où ils ont été mal reçus par le secrétaire[31], et ensuite au Club où nous avons trouvé Alix, bien entendu, et Fredegond. Toutes deux essayent non

30. L'Hon. Julian et l'Hon. Gerald Grenfell, fils de Lord Desborough, tous deux tués sur le front en 1915 ; l'Hon. Charles Alfred Lister, fils de Lord Ribesdale, tué sur le front en 1915 ; Patrick Shaw-Stewart, tué sur le front en 1917 et Raymond Asquith, fils de H. H. Asquith, Premier ministre de 1908 à 1916, tué sur le front en 1916.

31. Le 16 janvier, le sous-secrétaire parlementaire du Foreign Office repoussa la demande de la députation dont L. W. était le porte-parole. Elle demandait une enquête sur les méthodes employées pour réprimer les émeutes dans les communautés villageoises à Ceylan.

sans peine de trouver un arrangement pour vivre ensemble, mais elles ne parviennent à aucune décision, ni l'une ni l'autre, bien qu'Alix souhaite visiblement que cela aboutisse — pour autant qu'elle puisse souhaiter quelque chose. Elle était allée à Sidmouth, où sa tante est paralysée et condamnée à brève échéance. Ses paupières battent, ses lèvres remuent d'un côté, mais d'après les médecins elle ne pense ni ne sent plus rien. Alix n'en était ni plus ni moins lugubre, mais je crois pourtant qu'elle n'est pas indifférente sous le bon sens viril qu'elle affiche. Comme je partais, F. m'a fait signe d'approcher pour me supplier de décider à sa place si elle devait avouer à Alix que Gerald ne voulait à aucun prix qu'elles cohabitent — ou bien lui mentir. Je dis toujours qu'on ne doit pas cacher la vérité aux personnes aux cheveux courts. J'ai appris ce matin (samedi) qu'on leur offrait la maison d'Amber ; qu'elles devraient accepter, à mon avis, malgré Gerald[32].

Jeudi, vendredi et samedi, nous avons composé sans arrêt, de manière à avoir huit pages prêtes pour l'impression chez MacDermott. Temps invariablement froid et triste, qui tourne tantôt à la pluie, tantôt à la neige. C'est l'enfer de l'année. On a l'impression de marquer le pas dans la boue. Wright a dîné avec nous jeudi soir. C'est un homme bienveillant, enjôleur, mais verbeux, qui à chaque fois s'en est remis à L., renonçant à sa propre opinion quand ils étaient en conflit. Ils sont allés voir Rowtree ensemble[33]. J'ai mes suppositions, mais ne peux m'étendre dessus pour l'instant.

32. Amber Blanco White (née Reeves), brillante élève de Newham College de 1905 à 1908 et membre actif de la Société fabienne à Cambridge. Après une liaison avec H. G. Wells, elle s'était mariée en 1909. A présent mère de trois enfants, elle travaillait au ministère de l'armement. Sa maison était située au 44 Downshire Hill, à Hampstead.

33. Harold Wright (1883-1934), journaliste politico-littéraire, libéral. Penroke College (1908-1913), président de la Cambridge Union, rédacteur en chef de *Granta ;* rédacteur en chef du mensuel *War and Peace,* qui était financé par Arnold Rowtree (1872-1951), à cette époque MP pour York et directeur de la Westminster Press, qui publiait aussi *The Nation* et autres journaux libéraux.

Lundi 21 janvier

Nous avons eu Nick « pour examen », samedi soir ; Barbara est venue aussi. Il n'offre pas grand-chose à examiner, c'est certain ; mais il est si peu prétentieux que ce qu'il a à montrer est satisfaisant ; de plus, il a une agréable voix d'Irlandais et des manières calmes et très simples, qui le rendent tout à fait tolérable dans la maison. J'ai dans l'idée que Barbara était à l'affût de l'impression qu'il produisait sur nous. Il a surtout parlé de son propre métier. Des mitrailleuses Lewis et leur mécanisme. Il y a eu des émeutes et des grèves à Woolwich pour l'approvisionnement, et les gardes se sont vu notifier d'être prêts à s'y rendre d'un instant à l'autre, et de tirer sur les gens, ce que les régiments mêmes de Woolwich se refuseraient à faire[34]. Il prend les choses un peu trop au sérieux. Le lendemain matin, nous avons eu un long entretien sur le caractère irlandais. Il admire Synge ; dit qu'il a entendu ses propres hommes parler exactement comme Synge fait parler les siens[35]. Ils s'étendent sur le sol et s'entretiennent sans vouloir jouer à rien. Ils sont profondément religieux (la racine de tout mal en Irlande, dit-il), et meurent l'air heureux pourvu qu'il y ait un prêtre auprès d'eux. Les mères écrivent sans cesse pour demander si leur fils a eu de belles funérailles, si l'on a couché une croix sur sa tombe ; ce qui leur est une grande source de réconfort. J'imagine que la nature douce, sérieuse, un peu plaintive que l'on devine chez Nick tient à ce qu'il est irlandais ; et par là-dessus on entrevoit sa profonde admiration, pas du tout choquante, d'ailleurs, pour le fameux groupe de Bloomsbury, sa culture et ses problèmes. Par exemple il

34. Il y avait eu des troubles dans l'est de Londres, où la pénurie de margarine avait poussé les ménagères à assiéger le bureau local du ravitaillement. Le rationnement des denrées les plus courantes fut décidé le 24 février par Lord Rhondda, contrôleur du ravitaillement. Le sucre était déjà rationné.

35. John Millington Synge (1871-1909), poète et dramaturge irlandais.

déplore le gouffre qu'il y a entre ce qu'il appelle le regard quaker et le regard de l'artiste ; et il dit que l'esprit quaker prévaudra parmi les jeunes après la guerre. Il cite des auteurs avec grand sérieux. Quoi qu'il en soit, il est parti pour Hampstead et L. est allé, Dieu sait pourquoi, à moins que ce ne soit pour les échecs, déjeuner à Gipsy Hill, chez les Waterlow. Lytton est venu pour le thé, est resté dîner, et vers dix heures nous avions tous les deux cette impression de lèvres sèches et de vitalité épuisée que l'on a au bout de plusieurs heures de conversation. Mais Lytton s'est montré facile et agréable. Entre autres choses, il nous a fait un tableau surprenant de la British Sex Society qui se réunit à Hampstead. A l'écouter, on croirait à une troisième variété d'êtres humains, ce que confirme, semble-t-il, l'apparence de l'auditoire. En outre il y régnerait une franchise étonnante ; et cinquante personnes des deux sexes et d'âges divers ont discuté sans vergogne, entre autres problèmes, de la difformité du pénis du doyen Swift, de la masturbation, de l'inceste. L'inceste entre l'un des parents et l'enfant, ce dont ils n'ont pas plus conscience l'un que l'autre, a fourni le thème principal, emprunté à Freud[36]. Je songe à m'inscrire comme membre. Il est regrettable que la civilisation déverse ses lumières en premier lieu sur les nains, les infirmes et les asexués. Et Hampstead en fournit suffisamment à lui seul. Lytton, à divers moments, s'est écrié : « Pénis ! » en contribution à la franchise du débat. Nous avons discuté aussi de l'avenir du monde, de notre espoir de voir disparaître les professions libérales ; de Keats, de la vieillesse, de politique, de l'hypnose exercée par Bloomsbury — d'un grand nombre de sujets. L. a battu

36. Les idées et écrits de Sigmund Freud commencèrent à se répandre en Angleterre avant la guerre. L. W. avait lu *Le Rêve et son interprétation,* et avait donné en 1914 une critique de *La Psychopathologie de la vie quotidienne.* La British Sex Society est sans nul doute la British Society for the Study of Sex and psychology, qui fut fondée en 1914 et compta parmi ses membres Edward Carpenter, Montague Summers et Laurence Housman.

Sydney, étant le plus fort aux échecs. Ils vont quitter Gipsy Hill.

Aujourd'hui, lundi, je suis allée voir Harrisson, pour une dent cassée. L. à Staines ; Philip est revenu avec sa blessure rouverte une fois de plus, pour avoir manqué de soins à Fowley.

Là, je fus interrompue alors que j'allais me lancer dans une description de Londres au moment où se rencontrent le soleil à son coucher et la lune à son lever. J'ai fait le trajet d'Oxford Street à la gare Victoria sur l'impériale de l'autobus, et j'ai observé que les passagers suivaient le spectacle avec cet intérêt et cette attention muette que l'on sent au premier balcon avant le commencement d'une grande représentation. Soir printanier ; ciel bleu avec un brouillard de fumée au-dessus des maisons. Les magasins étaient encore éclairés, mais les réverbères pas encore allumés, si bien qu'il y avait des barres de lumière tout le long des rues ; et, dans Bond Street, je n'arrivais pas à comprendre ce qu'était cet énorme lustre allumé tout au bout de la rue ; mais il s'avéra être plusieurs vitrines aux lumières étagées, qui empiétaient sur la voie publique. Puis à Hyde Park Corner, le projecteur dardant son rayon à travers le ciel bleu ; partie d'un spectacle sur une scène où tout a été merveilleusement réduit au silence. C'était la douceur du tableau qui m'impressionnait ; une vue de Londres au crépuscule. Les maisons énormes et d'aspect imposant. De temps à autre, dès que la lune est apparue, quelqu'un faisait une allusion à la possibilité d'un raid. Nous y avons échappé toutefois, le ciel s'étant couvert à la nuit.

Mercredi 23 janvier

Je m'aperçois que j'ai oublié hier ; mais il ne s'y est rien passé. L. s'est rendu à une réunion, Barbara est restée maîtresse de la presse et je suis allée faire une promenade solitaire. J'ai suivi le fleuve jusqu'à Marble

Hill[37]. Il faut que je rétracte ce que j'ai dit sur l'enfer de l'année. Nous avons des aperçus du paradis. Il fait si doux que la fenêtre du palier est ouverte, et alors que j'étais assise au bord du fleuve, à observer la mise à l'eau d'un bateau, je m'attendais presque à voir des bourgeons sur les saules. Le fleuve, très haut, rapide et jaunâtre témoigne qu'il y a eu des inondations en aval. Il paraît qu'il a plu violemment ; c'est bien possible, mais je ne saurais l'affirmer sincèrement, tant la vie de Londres est civilisée. Avec les feux, l'électricité, le métro et les parapluies, comment pourrait-on remarquer le temps qu'il fait ? Mais nous jetons un coup d'œil dehors vers l'heure du coucher et remarquons la lune. Très nettement découpée et presque pleine, jusqu'à neuf heures environ ; et puis, comme si le Bon Dieu se retournait dans son sommeil et appuyait sur un bouton, un rideau de nuages tombe, et nous bâillons, et nous dormons à poings fermés. Hier soir, après avoir donné son thé à B., ce qui gâche le plus grand plaisir de la journée, encore qu'on ne puisse mieux se conduire qu'elle, la pauvre, et si elle était douée, on la détesterait sans doute activement — nous avons dîné de bonne heure, ayant la Guilde. Mr Adams [non identifié] a pris la parole. Le niveau n'est assurément pas bien haut. Même lorsqu'on connaît son sujet, comme c'était le cas, on ne le connaît pas toujours d'une manière qui permet de le rendre clair aux gens incultes. Je doute que plus de trois personnes dans la salle aient compris qu'il parlait de la Coop et de politique. Il a commencé par le milieu. Il a cité des phrases succinctes de la résolution du congrès. Il est parvenu à prononcer le mot autonome, mais cela m'étonnerait qu'on l'ait compris. Comme d'habitude, L. et moi avons été les seuls à parler, hormis Mrs Langstone ; comme d'habitude, il a fallu que la conversation

37. Marble Hill House (bâtie par George II vers 1723, pour la comtesse du Suffolk) et son parc, sur la rive opposée de la Tamise, en amont de Richmond, qui furent rachetés en 1903, pour être mis à la disposition du public et afin de préserver le panorama de Richmond Hill.

dérive vers le sujet de la nourriture pour qu'une des femmes rompît le silence. Elle réclamait une boulangerie. Elles vont toujours chercher du pain tard dans la journée ; pour une fois, elles ont parlé toutes en même temps — racontant qu'elles avaient été molestées soit elles-mêmes, soit leurs voisines. Quel flegme curieux chez ces femmes, pour la plupart, elles trouvent une sorte de plaisir passif à siéger là en spectatrices, comme autant d'anémones de mer gris pâle, collées à leur rocher. Mais les enfants, le ménage — bien assez d'excuses si on se donnait la peine de chercher.

Parler d'anémones de mer m'a rappelé que nous sommes en pourparlers avec D. H. Lawrence pour avoir sa maison de Zennor. C'est très loin, et improbable pour l'instant, mais suffisamment tentant pour me faire penser plusieurs fois par jour à cette mer, à cette falaise[38]...

Aujourd'hui, mercredi, B. ne s'est pas montrée, et nous avons fait de l'imprimerie. L. s'est chargé de la plus grosse part de la besogne, et, moi, j'ai fait deux petites incursions dans Richmond, l'une à la recherche de l'orthographe du mot « minah » ; l'autre pour acheter une pile neuve, prix : 1 shilling 3. Deux piles à moi ont péri durant la vie de la Mathusalem de L. La pauvre vieille continue à briller d'un éclat d'étoile. Je trouve que c'est sage de ma part d'en avoir une à moi, en prévision d'une alerte, bien que trois commerçants de Richmond tiennent pour certain qu'on en a fini à jamais avec les raids. Les vitrines des boulangers n'offrent à peu près plus que de petits plateaux de mornes biscuits, de tranches de cake ordinaire et de petits *buns* sans le moindre raisin. Si vous voyez un raisin, c'est invariablement un raisin factice. Il n'y en a pas d'autre. Ce changement à vue s'est opéré à la dérobée, impercepti-

38. En octobre 1917, les Lawrence avaient été sommés par l'armée de quitter la Cornouailles, où ils vivaient depuis dix-huit mois, dans un petit cottage de Tregerthen, près de Zennor, loué à un certain capitaine Short, pour cinq livres par an. Le projet n'aboutit à rien à ce moment-là, mais il reprit vie un an plus tard lorsque les Woolf durent quitter Asheham.

blement ; l'année dernière nous avions encore droit à des petits fours glacés.

Jeudi 24 janvier

Dernier jour de mes trente-cinq ans. On tremble à la pensée de ce qu'on écrira dans les années qui viennent ensuite, toutes assombries de l'ombre du chiffre quarante. Encore une journée de printemps ; je me passe de feu le matin. Le seul inconvénient est la privation du feu même et de ce sentiment d'être bien aise dans une caverne tandis qu'il fait humide et sombre à l'extérieur. L'extérieur est d'un gris pâle. Je suis allée à la [London] Library pour prendre une brassée d'histoires sur le surnaturel ; ai rencontré Sir Henry Newbolt[39], svelte belette à tête grise, mais nous ne nous connaissons pas ; ensuite j'ai arpenté tout Charing Cross Road, à la recherche des *Lettres* de Keats, mais on ne peut se les procurer nulle part. Alors j'ai rallié le Club, où j'ai trouvé Lytton tout seul, et, n'étant pas d'humeur à parler, nous avons lu l'un près de l'autre nos journaux. Fredegond a fait son apparition, mais après avoir ri un peu de son message téléphonique, je suis partie. Alix, Carrington et elle se sont liguées pour décider que je les critiquais, qu'elles ne le supporteraient pas, m'ont téléphoné pour me demander de me rétracter, ce que je n'ai accepté de faire qu'à la condition qu'elles couchent par écrit leurs griefs. J'ai bien peur qu'elles ne s'y refusent. Elles prétendent que je les déprime, et que la seule explication est que je suis une « saddhique ». C'est la première fois qu'elles se rebiffent. Barbara accepte pourtant toutes les critiques, qui glissent sur elle sans laisser de trace. L. a imprimé quatre pages chez l'imprimeur ; travail peu satisfaisant du fait de l'incompétence du bonhomme.

39. Sir Henry Newbolt (1862-1938), avocat, poète et homme de lettres, dont la femme était une Duckworth, et que V. W. devait connaître depuis l'époque de Hyde Park Gate.

Vendredi 25 janvier

Mon anniversaire. L. m'a glissé dans la main un joli couteau à manche de corne de vache ce matin. Nelly m'avait tricoté une paire de chaussons rouges qui s'attachent autour de la cheville et qui conviennent tout à fait à mon état le matin. Un nouvel événement m'a forcée à rester étendue. Barbara est venue, et nous avons ensemble « dissé » quatre pages[40], et L. a imprimé les quatre suivantes chez l'imprimeur — une très bonne journée de travail. A ce rythme la nouvelle de Katherine Mansfield sera terminée en cinq semaines. Nous songeons un peu à faire un petit volume de gravures sur bois, soit après ce livre-là, soit en même temps, sur notre petite presse. Notre dîner de ce soir a été un sacrifice de bonne taille au devoir. Jamais nous n'avions autant aspiré à passer la soirée seuls ; avec des livres à lire, et le sentiment d'avoir déjà beaucoup parlé cette semaine. Mais, vers sept heures et demie, Clara Woolf est arrivée, et les Whitham, que nous avions invités avec l'idée de leur faire un sort en même temps, pour limiter à l'inévitable le gaspillage. Le déballage littéraire de Whitham donne un juste aperçu de son esprit. Il incarne l'idée que doit se faire du génie un travailleur autodidacte ; et il est cependant si modeste et sans façon qu'il en devient amusant plutôt que rébarbatif. Sa passion pour l'écriture est la passion de l'amateur — ou plutôt de l'individu qui la tiendrait d'un manuel de morceaux choisis. Voyant le nouveau roman de Cannan[41], il a dit : « Ah, Cannan, oui, il est très faible pour ce qui est de la construction, n'est-ce pas ? » Et ainsi de

40. Distribuer les formes déjà imprimées, c'est-à-dire répartir chaque caractère dans son casier attitré, de manière à pouvoir le réutiliser.

41. Gilbert Cannan (1884-1955), romancier et auteur dramatique prolifique, était un ami de D. H. Lawrence, J. Middleton Murry et Mark Gertler. Ce *nouveau* roman était vraisemblablement *The Stucco House* (« La Maison de stuc »), paru en 1917.

tout le reste. Il m'a déclaré que ses livres « jaillissaient » en quelque sorte, et après m'avoir questionnée sur le sort de mon œuvre, ce dont on se fait un point d'honneur dans les milieux professionnels, il a énuméré avec enthousiasme tous les romans qu'il a en préparation, ou à demi préparés, ou qui ne demandent plus qu'à être rédigés — procédé qu'il applique en dernier lieu. Il commence par un résumé qui lui prend trois mois — mais je n'ai pas écouté jusqu'au bout. Ils ne vont pas tarder à se retirer dans leur Devonshire où, sitôt la guerre finie (mais la guerre ne l'a pas empêché d'ajouter un nouveau roman à sa liste), il va se mettre à travailler d'arrache-pied. Ecrivant toute la matinée, lisant et se promenant le reste de la journée. Et il nous est donc permis d'espérer une bonne douzaine de Whitham au cours des cinq ou six prochaines années. Après nous avoir dit tout cela, il a entamé le chapitre du spiritisme, leur propriétaire étant un gros avoué blafard qui reste étendu toute la journée sur un canapé, là-bas, dans le Devonshire, à communier avec les esprits, en se nourrissant de pain et de margarine. Whitham a vaguement donné dans le mysticisme, il a fait tourner les tables et entendu des frappements de fantômes et a cru à tout cela, mais a eu trop peur des effets possibles sur sa personnalité pour s'y mettre sérieusement. J'ai trouvé que cela dénotait de la faiblesse, et je me doute qu'il n'a pas la tête bien d'aplomb sur les épaules, comme ses discours sur la composition de ses romans le laissent deviner. Sylvia prenait patience, ravie de la bonne impression que son mari semblait nous faire ; et avec cette précision qui lui est propre avouait les principes les plus révolutionnaires, qui ne paraissaient plus que des propos de ménagère sur le prix du lard. Le silence de Clara montre, je crois, la position subordonnée qu'elle a dans la famille — celle d'une personne qui n'arrive pas à s'imposer, malheureuse, et jamais réconfortée sans doute. Elle est restée pour la nuit.

Aujourd'hui samedi, nous sommes allées à Kew. Des perce-neige, des cyclamens nains, quelques rhododendrons miniatures sont sortis ; et aussi les pointes de quelques scilles et crocus qui surgissent de l'herbe ou des feuilles mortes.

Dimanche 27 janvier

Alors que nous sortions, nous nous sommes heurtés de plein fouet à Desmond, qui tournait au coin à toute allure, sans crier gare, ce qui a démoli, mais aussi miséricordieusement que possible, notre espoir d'une soirée solitaire. Nous avons fait un tour dans l'Old Deer Park. Desmond paraissait déprimé. Le front barré de rides, il soupirait de temps à autre : « Oh, Seigneur ! Oh, Seigneur ! » en songeant à la guerre ou à des ennuis personnels, ai-je supposé. En fait, je trouve désagréable d'avoir toujours à éviter certaines questions avec lui : quand votre livre va-t-il sortir ? a-t-on accepté le roman de Molly ? écrivez-vous ? etc. Je pressens que les réponses le dépriment profondément au petit matin. Nous lui avons offert le thé, et avons discuté des progrès de la psychologie depuis Shakespeare. L. a nié qu'il y en ait eu. J'ai soutenu le contraire. Desmond jugeait Othello et Desdémone par trop simples, mais nous trouvait représentés de manière acceptable dans le roman. Je m'aperçois qu'il n'était nullement question de moi. Nous nous sommes demandé s'il fallait décrire des événements rapides en de courtes scènes, si la fiction devait reproduire la réalité, si Thackeray est profond. Desmond a lu récemment des passages des Newcombs ; n'y trouve aucune profondeur, mais le clapotis charmant d'un pittoresque de convention [42]. De là, nous sommes passés à la poésie de Bob Trevelan, « un bon poète terre à terre, a dit Desmond ; pas de l'espèce à s'arracher des entrailles quelque découverte ; considère le monde de tous les jours et trouve la phrase juste ; classique et par

42. William M. Thackeray, *Memoirs of a Most Respectable Family,* paru en feuilleton au cours de 1854-1855.

conséquent durable ». Mais je ne le suis pas sur ce point. Il a tiré de sa poche Enid Bagnold, et maintenant, j'en suis sûre, songe à en faire lui-même un compte rendu[43]. Pour ma part, je n'en ai pas l'intention après un coup d'œil sur ce qu'elle a dans l'esprit. De fil en aiguille, Desmond en est venu à parler d'un prince roumain qui, selon lui, a la voix la plus enjôleuse de Londres. Il lui a téléphoné (pour le prévenir qu'il ne serait pas à l'heure pour le dîner) et, tendant l'oreille, j'ai entendu à l'autre bout du fil une voix douce, hésitante, trébuchant sur les longs mots et plutôt romantique. Desmond nous a quittés enfin, ayant réussi à recouvrer sa belle humeur et sa loquacité, en sorte qu'il serait resté pour nous offrir le quatrième acte de *L'Ireniade,* s'il l'avait pu, et il l'aurait pu si nous avions insisté[44].

Lundi 28 janvier

Lundi, je suis allée chez le dentiste pour une dernière séance, terminant sur un thé au Club qui est devenu, selon l'expression de Goldie, « une vraie réunion de famille ». Lorsque vous entrez, vous apercevez une demi-douzaine de paires de jambes partant des fauteuils pour converger vers le feu. Vous entendez, ou du moins, j'ai entendu : « C'est un cas de révolution ou d'évolution », et puis, si cela vous a suffi, vous dénichez le *Manchester Guardian,* esquivez Silva Whitham et vous cachez pendant exactement dix secondes. Fredegond,

43. Enid Bagnold fut à un certain moment de la guerre infirmière dans le VAD. Son premier livre, *Diary Without Dates,* basé sur ses expériences personnelles, parut au début de 1918. Desmond MacCarthy, très épris d'elle, espérait convaincre V. W. de faire la critique du livre pour le *TSL,* suggestion qu'elle sut repousser. Le compte rendu de Desmond parut dans *The Nation* du 16 février. Le prince roumain n'était autre que le prince Antoine Bibesco, alors conseiller à la Légation de Roumanie à Londres.

44. *L'Ireniade* semble avoir été un longue saga donnée par Desmond MacCarthy de ses rapports avec Irene Noel, fille et héritière de Frank Noel Achmetaga (auxquels les Stephen avaient rendu visite lors de leur voyage en Grèce en 1906). En 1915, elle avait épousé Philip Baker, qui ajouta son nom patronymique au sien.

avec toutes ses excuses, enfonce la barrière. « Mais c'est qu'ils sont effroyablement ennuyeux, et j'ai absolument besoin de parler d'autre chose que de politique. » Cet « autre chose », pour autant que je m'en souvienne (on est maintenant samedi), fut Ottoline, Alix, poésie, amour, jusqu'au moment où Bob, qui ne cessait de tourner la tête dans notre direction, n'y tint plus et se planta de toute sa hauteur devant nous pour nous demander, en agitant un long feuillet d'épreuves, si nous nous racontions des secrets. « Malheureusement non », ai-je dit ; alors il s'est assis avec son immanquable assortiment de commis voyageur en potins littéraires. D'abord il nous a dit que Clive se propose d'acheter *The Egoist*[45] pour lancer une revue de Bloomsbury ; et puis nous a demandé ce que nous pensions de Waley[46], et ainsi de suite, malveillant, raffolant du scandale mais toujours aussi ingénu et infatigable. Je suis rentrée, et naturellement il y a eu un raid. C'était inévitable ce soir-là. De huit heures à une heure et quart du matin, nous avons erré entre cave au charbon, cuisine, chambre et salon. Je ne sais dans quelle mesure c'est de l'ennui, et dans quelle mesure de la peur, mais le résultat est pénible, avant tout, je crois, parce qu'il faut se forcer à une conversation brave et enjouée, échanger des riens avec les bonnes quatre heures durant, pour éloigner les crises de nerfs. Le lendemain matin...

45. *The Egoist,* revue à l'origine bimensuelle, puis mensuelle, qui avait pris la suite de *The New Freewoman,* était, depuis 1915, dirigée et presque entièrement financée par Miss Harriet Weaver (voir plus loin, 10 avril 1918, note 15). A cette époque (1918) Miss Weaver avait commencé à s'intéresser davantage à la publication de livres (en particulier ceux de James Joyce). T. S. Eliot, son rédacteur adjoint depuis juin 1917, cherchait un moyen de sauver la revue avec une autre organisation. Clive ne l'acheta pas, d'autres plans n'aboutirent à rien, et la publication cessa en décembre 1919.

46. Arthur David Waley (1889-1966), né Shloss, avait ainsi que toute sa famille changé de patronyme au début de la guerre du fait de la virulence des sentiments antiallemands en Angleterre. A sa sortie de Cambridge il était entré au sous-département d'Extrême-Orient du Département des Estampes et Dessins du British Museum. Ses premières traductions du chinois parurent en 1918.

Mardi 29 janvier

... les répercussions du raid ont été balayées par Barbara.

« Virginia, je ne viendrai pas vendredi parce que je me marie.

— Vous allez épouser ?...

— Oui, Nick.

— Et Saxon ?

— Cela lui est égal. Rien se sera changé. Nous sommes tous d'accord. »

Ce sont là les termes. Pour moi, je pense qu'elle n'a pas envie de se marier, mais qu'elle s'est persuadée qu'il le fallait. En outre, l'idée horrible que Nick devra retourner sur le front dans un mois la rend plus grave qu'elle ne le serait autrement. Elle n'a manifesté aucun désir d'être félicitée, ni rien de ce genre. Elle a travaillé à l'imprimerie, comme d'habitude. Nous attendant à un raid, nous l'avons invitée à dormir ici. Cette fois, cela commença à neuf heures dix ; l'alerte, tout au moins. Ce fut beaucoup plus violent, cette fois. Un aéroplane est passé au-dessus de la maison vers onze heures et demie. Peu après les canons grondèrent de si près que j'ai renoncé à aller chercher une paire de chaussures laissée dans ma chambre. Nous avions disposé des matelas dans la cuisine et, une fois le premier bruit calmé, nous nous sommes allongées côte à côte, L. sur la table de cuisine, offrant comme une illustration de la vie dans les taudis. Un grand bruit sourd a retenti tout près, mais une heure plus tard nous entendîmes les trompettes et nous allâmes nous coucher. Le grand bruit sourd que L. a distingué du reste provenait de l'explosion de bombes à Kiew. Neuf personnes, je crois, ont été tuées. Les bonnes ont commencé à geindre, et Lottie a parlé de l'effet des raids sur sa tête ; elles laissent entendre que nous devrions quitter Londres.

Mercredi 30 janvier

Suis montée à Londres pour un concert et un thé avec Ottoline. Elle est perchée dans la plus petite chambre d'un hôtel de Bloomsbury où elle moisit, déprimée, mal peignée, trop parée. La conversation n'eut guère d'intérêt pour moi, bien qu'amicale et pas aussi irrésistiblement à sens unique que d'habitude.

Jeudi 31 janvier

Epais brouillard toute la journée. Un plongeon dehors pour acheter une brioche pour le thé a suffi à nous ôter l'envie de respirer cet air-là. Je n'ai pas oublié comme nous avons été contents d'abord du brouillard, ensuite d'être seuls, car Barbara a passé la nuit à Hampstead.

Vendredi 1er février

Journée de nappes de brume. Hier soir le pire brouillard qu'on ait jamais vu depuis trente ans, et bon nombre de vieilles personnes qui partaient pour échapper au raid ont mis le pied dans le vide au bord des quais de gare, et ont été écrasées[1]. Une cuisinière s'est avancée jusque dans la Tamise ; les gens marchaient en tapotant nos grilles pour ne pas perdre leur chemin. L. est allé à Londres et, rentrant à dix heures et demie, a signalé un soir étoilé et un après-midi dégagé, alors qu'ici le brouillard s'est épaissi encore une fois à la nuit tombante.

1. Le *Times* du 1er février rapporte en effet plusieurs accidents de ce genre (dont un mortel).

Samedi 2 février

Promenade pour la première fois depuis bien longtemps. Journée humide, doucement vaporeuse. Un glas de funérailles s'est fait entendre alors que nous partions et des cloches de mariage lors de notre retour. Les gens faisaient la queue dans les rues pour leur ration de viande. Bourdonnement d'un invisible aéroplane. Soirée comme à notre habitude, bienheureusement seuls, et jusqu'aux genoux dans nos papiers.

Dimanche 3 février

Le dimanche est devenu, comme il l'était autrefois à Hyde Park Gate, le jour des mondanités. Les obligations sociales ont commencé de bonne heure, pour L., du moins, Riddell l'imprimeur [non identifié] venant non pas nous proposer une presse, comme nous l'espérions, mais simplement, comme nous l'avons découvert, pour nous dire qu'il était impossible de s'en procurer une. Il était accompagné d'une amie. J'ai écouté à travers la porte de la salle de bains. Au retour de notre promenade, nous avons trouvé Goldie ; et ensuite Pippa [2] est arrivée ; curieusement négligée, comme le sont les femmes, chez les Strachey, au moindre encouragement. Sans une certaine beauté, à quoi bon se montrer frivole ? Ce doit être là, je me le dis toujours, leur raisonnement. Nous avons été gênés dans la conversation par notre soupçon qu'elle est chauvine, et ensuite parce qu'elle appartient à une époque dont nous n'avons pas l'habitude. Elle a une manière déconcertante, bien que méritoire, de garder le silence lorsqu'elle n'est pas

2. Philippa (« Pippa ») Strachey (1872-1968) était la troisième des cinq sœurs de Lytton, et représentait une force discrète mais inlassablement à l'œuvre au sein du mouvement constitutionnel des femmes. Elle fut jusqu'en 1951 secrétaire de la National Society for Women Service.

d'accord avec vous. Elle n'a pas été d'accord avec moi quand j'ai dit que faire ménage à plusieurs (ce qui impliquait les lits) est certainement un progrès sur l'ancien usage. Goldie décochait ses flèches directes, bien aiguisées ; ma seule critique à son égard vise le sentiment qu'il vous donne que sa méthode est une méthode. Ils mettent trop d'habileté à creuser les idées, ces vieux doyens. Et pourtant, pourtant... Pippa s'est curieusement fanée, paraît plus âgée, plus usée. Elle parle des réunions du temps jadis, de H. B. Smith, de George Duckworth, de Jack Hills et des Noëls à Corby[3]. Elle estime que c'est encore ainsi qu'il faut vivre ; qu'on était bien plus « civilisé » que ces têtes-de-loup d'aujourd'hui. Mais, à présent, elle manque de temps pour les mondanités ; elle œuvre pour le vote des femmes, action qui va maintenant se transformer en une campagne pour l'égalité, de jour et de nuit. « Dieu merci, a-t-elle dit, il y a des personnes comme vous qui s'en tiennent à l'écart. C'est très important qu'il y ait des personnes telles que vous. Du moins, à condition qu'elles possèdent ou aient acquis une indépendance économique. C'est essentiel. Non, je ne suis pas intelligente. J'ai toujours ressenti plus d'intérêt pour les gens que pour les idées ; et maintenant, il me faut partir. J'ai du travail. Je ne dois pas succomber ici à l'attrait de la paresse. » Elle est donc partie. J'ai été frappée par l'idée que l'âge ne consiste pas à avoir un point de vue différent, mais à garder le même point de vue, et défraîchi. On voit cela aussi chez Goldie. Soirée solitaire.

3. Sir Henry Babington Smith (1863-1923), études à Eton et à Trinity College ; membre de la Société des Apôtres, fonctionnaire et financier.

George Herbert Duckworth, l'aîné des demi-frères de V. W., études à Eton et à Trinity College ; grande autorité familiale en matière de bonnes manières et mondanités ; il avait épousé en 1904 Lady Margaret Herbert, devint secrétaire de la commission royale sur les Monuments historiques, mais durant la guerre fut transféré au ministère de l'Armement.

John Waller Hills (1867-1938), études à Eton et Balliol College, Oxford, avoué. En 1897, il épousa Stella Duckworth, la demi-sœur de V. W., qui mourut trois mois plus tard. Il était depuis 1906 MP unioniste pour Durham City. Corby Castle, dans le Cumberland, était la demeure de ses parents.

Lundi 4 février

Suis allée au *Times* avec un article sur Coleridge[4] ; et une fois encore me suis perdue, en partie à cause des multiples ruelles. Ai rejoint L. au Club où, pour une fois, les gens avaient consenti à se taire et à lire un livre chacun de leur côté, si bien qu'on nous a laissés à nous-mêmes. Nous avons entamé un flacon de saccharine pour économiser notre sucre.

Mardi 5 février

Karin est venue faire sa conférence. Elle est arrivée à l'heure du thé. Elle me rappelle toujours un de nos chiens perdus — Tinker, surtout, c'est plus fort que moi. Elle court tout autour de la pièce, renifle les angles des fauteuils et tables basses, remue la queue de toutes ses forces et se saisit du moindre lambeau de conversation comme si elle en était affamée ; et elle avale une grande quantité de nourriture aussi, comme un chien. Cette énergie extrême est peut-être liée à la surdité. Elle est devenue bolcheviste. Elle a offert ses services au parti travailliste et espère qu'on va l'envoyer d'un bout à l'autre de l'Angleterre pour organiser des comités électoraux, puisqu'elle est lasse de lire et écrire — n'a jamais beaucoup aimé cela ; et maintenant elle flaire une bagarre et veut se trouver au cœur de la mêlée. Le socialisme chatouille nos amis d'une curieuse manière. Adrian et elle se font des scrupules de l'importance de leur revenu et désirent gagner de l'argent, en partie parce que la moitié de ce revenu leur vient de Mrs B[5].

4. L'article de V. W. sur *The Table Talk ans Omniana of Samuel Coleridge* par Coventry Patmore parut dans le *TLS* du 7 février 1918.

5. Mrs Berenson, née Mary Pearsall Smith, mère de Karin. Elle avait quitté son mari, Frank Costelloe, quelques années avant que la mort de celui-ci, en 1899, lui eût permis d'épouser Bernhard Berenson.

Karin, malgré un débit trop rapide, a fort bien délivré son exposé sur la Société des Nations. Mais l'éducation fait une très grande différence. Je pense qu'on l'a comprise. Il paraît qu'elle a été très soulagée quand ce fut terminé, ce qui me surprend. Elle est restée pour la nuit, et le lendemain matin, ce qui avec un parfait à-propos, maintenant manifeste, me vaut une dent en moins. D'autre part, elle s'assied toujours au coin du feu et cela m'oblige à crier. Mais je comprends qu'Adrian puisse trouver que son énergie, son esprit, ni blasé ni porté à la critique, mais généreux et enthousiaste, sa sincérité et son équilibre soient un grand appoint.

L. W. note que ce mercredi après-midi (6 février) il accompagna V. W. chez le Dr Craig, qui lui trouva un poids d'une insuffisance alarmante ; ensuite Harrison lui arracha une dent sous anesthésie. Le lendemain ils dînèrent chez Maynard Keynes à Gordon Square, pour y rencontrer Elizabeth Asquith, qui ne vint pas, mais Molly MacCarthy et Duncan Grant étaient là. Le vendredi, V. W. se sentit grippée et on fit venir le Dr Ferguson. Ils partirent pour Asheham le 19 février, et ils y restèrent jusqu'au 1er mars. Rien ne fut consigné dans le journal d'Asheham au cours de cette période.

Samedi 2 mars

A quoi bon terminer une phrase commencée il y a un mois ? Nous sommes ici ; c'est le soir. Il y a une heure que je suis rentrée d'Asheham, ou plutôt de Charleston. Après le départ de Karin, ce mercredi, une période bien monotone commença pour moi. La grippe s'est déclarée le vendredi ; j'ai gardé le lit pendant huit jours. Le mardi suivant, 19 février, nous partîmes pour Asheham. Mon principal grief est d'avoir été divorcée de ma plume ; coupée de tout un fleuve de vie. Ensuite je ne voyais personne ; je ne fus pas en état de lire pendant cinq jours ; mais j'ai fini par lire Morley et d'autres volumes ; mais lire pour tuer le temps a un aspect ingrat. On m'a demandé d'écrire un volume d'une série : *Créateurs du* XIX*e siècle*[1] ; mais, après délibération, j'ai refusé ; non pas que cela m'ait paru un seul instant possible. Mais je le consigne en partie pour donner un air officiel à ce journal et en partie parce que cela dénote que j'ai atteint l'âge mûr. Manifestement la vie à la campagne amplifie le côté spirituel de la vie. Un jour, assise au jardin j'ai lu Shakespeare ; je me rappelle mon extase. Une fois tous les deux jours au moins, nous devions aller chercher notre lait à Southease ; on n'avait droit qu'à un quart par jour, à 7 pence le quart. Le jardin promet beaucoup. L. a pioché une grande plate-bande et a transféré les fleurs du massif rond du milieu, dans notre plate-bande de l'allée. Bourgeons visibles sur les arbres, moutons dans les enclos, sur la pente de la colline. Nous n'avons vu personne pendant une dizaine de jours ; les lettres aussi me firent complètement défaut ; mais les journées se fondaient l'une dans l'autre comme des boules de neige cuisant au soleil. Le jeudi 28 février, Nessa vint passer la nuit, et je l'ai accompagnée quand elle est rentrée à Charleston le vendredi soir, L menant les bonnes en ville. Henry Moss[2] venait à peine d'arriver. Nous ne nous sommes tous réunis qu'au dîner, car à mon soulagement, Nessa et moi avions pris le thé seules au salon. Moss et Mrs B. créaient une épaisse atmosphère, genre hôtes payés et payants qui n'est pas agréable. Mrs B., une femme âgée, très droite, ferme et impassible, dont l'intégrité a été le principal atout dans la vie. Elle m'a fortement rappelé Miss Reid[3] : elle a la

1. Une série d'études biographiques présentée par l'historien A. F. Basil William (1867-1950), et publiée sous le titre *Makers of the Nineteenth Century*, par Constable, de 1915 à 1928.

2. Henry Moss, protégé de Mrs Brereton, vint à Charleston pour servir de précepteur à Julian Bell et Ann Brereton. L'arrangement ne dura pas très longtemps.

3. Une des gardes de V. W. après sa tentative de suicide en 1913 ; à son départ de Dalingridge Place en novembre, elle l'accompagna à Asheham, qu'elle ne quitta qu'en février 1914.

compétence et le calme de l'infirmière. Moss, un individu que l'on pourrait rencontrer à peu près n'importe où. C'est un jeune homme pâle et insignifiant soit très timide, soit complètement hors de son élément. Nous avons soutenu de notre mieux la conversation, sans être aidés en rien par lui, et si Mrs B. s'est senti le devoir de parler, elle n'en a pas moins empêché tout développement en prenant prosaïquement toute remarque au pied de la lettre. Ann, sa fille, est plus charmante qu'on s'y attendrait — mais sans doute les épreuves du mariage et de la pauvreté ont-elles effacé prématurement le charme de Mrs B. Elle appelle Moss son « fils adoptif », ce qui l'autorise à se retirer avec lui dans la chambre du jeune homme, où ils sont censés écrire des histoires pour *La Gazette de Westminster*[4]. Le samedi matin, je me suis installée dans l'atelier, avec Nessa et Duncan, pour bavarder. Nous avons discuté art. C'est ce que je préfère avec eux. Ils prétendent qu'il n'y a personne qui mérite d'être considéré comme un peintre aujourd'hui, en Angleterre — personne de semblable à K. M. ou même à Forster[5] avec qui il vaille la peine de discuter métier. En France, c'est le contraire. Nessa m'a montré les lettres de Saxon. Il a fait d'elle sa confidente. Il a été malheureux, et décrit ses moments d'exaltation et de dépression avec sa minutie habituelle. Dans l'une, il dit que c'est curieux de ne plus se soucier de rien, la mort étant aussi désirable que la vie. Et puis des détails sur sa santé. Nous avons discuté du péril que représente la haute société qui a emporté le meilleur de Desmond, et

4. *The Saturday Westminster Gazette*, fondée en 1912, publiait des articles de fond sur les affaires courantes et un vaste choix de critiques littéraires, poèmes, nouvelles, concours, etc. Mrs Brereton passait aussi pour écrire un roman basé sur la vie à Charleston et les personnes qu'elle y rencontrait.

5. Edward Morgan Forster (1879-1970) passa par King's College, Cambridge, et fut Apôtre. Vivant la plupart du temps avec sa mère à Weybridge, dans le Surrey, il était un familier, plutôt insaisissable, de Bloomsbury. Il avait voyagé en Italie et en Grèce et avait passé six mois aux Indes (1912-1913). De 1915 à la fin de la guerre, il occupa un poste dans la Croix-Rouge à Alexandrie. Tous ses romans furent publiés avant 1910, à l'exception de *A Passage to India* (« La Route des Indes »), 1924, et *Maurice* qui parut après sa mort, en 1971.

qui submergerait Maynard s'il était un artiste. Je suis partie à une heure et quart marchant dans un grand vent avec deux paquets en bandoulière jusqu'à Glynde ; ai traversé le parc. Suis arrivée pour le thé et j'ai rencontré L. qui achetait la *Hanwell Gazette*[6]. J'ai trouvé une lettre de Saxon, que je n'ai pu m'empêcher de trouver un peu froide, me montrant du moins, après ses lettres à Nessa, que dans cette crise je *ne* suis *pas* sa confidente. C'est étrange comme on choisit un être chaque fois que l'on est bouleversé, pour des raisons qui échappent à cet être lui-même. L'année dernière je devais tout entendre.

Samedi 3 mars

Une ignoble journée de vent. Envoyé mon article sur Conrad enfin[7] et j'ai imprimé quelques étiquettes pour Bunny[8], mais nous ne sommes pas sortis et avons été très heureux.

Lundi 4 mars

L. a emporté quatre pages chez l'imprimeur aujourd'hui pour les imprimer. Moi, étant inutile pour cela, je suis allée reprendre contact avec Londres, ce que j'ai fait aux trois endroits habituels : chez Mudie, la London Library et le Club 17. Londres s'est offert à moi sous son plus mauvais jour, semblable à une femme de ménage entre deux âges, dont les cheveux repoussés à la brosse à chiendent découvrent un front lugubre. Dans St James Square on a construit tout un village de maisonnettes, pour abriter un ministère quelconque, sans doute, et les

6. *The Hanwell Gazette & Brentford Observer*, hebdomadaire conservateur, patriotique, publié à Ealing.
7. L'article de V. W., *Mr Conrad Crisis* (« La Crise de Mr Conrad »), parut dans le *TLS* du 14 mars 1918.
8. Les étiquettes des pots de miel étaient imprimées à partir d'une gravure sur bois de Carrington.

troncs découpés dans les murs et les toits, afin de conserver les arbres sans les abîmer, faisaient un effet bizarre [9]. Certains des employés vont disposer d'un tronc d'arbre pour essuyer leurs plumes. Au Club, j'ai trouvé un groupe silencieux, rien que des hommes inconnus de moi ; excepté Alice qui, assise raide comme une statue, lisait un des livres de Bertie Russell [10]. Je l'ai interrompue dans sa lecture, au grand dam de mes principes, et nous avons pris le thé ensemble. Sa principale nouvelle était qu'elle va s'installer avec Saxon dans la maison de Faith après Pâques, pour jusqu'à la fin de la guerre, et six mois encore après. J'imagine qu'ils voient ce qu'a d'un peu comique cette combinaison d'amoureux sans espoir ; et, en effet, on a plutôt envie de sourire à l'idée des silences durant lesquels chacun des deux va penser à quelqu'un d'autre ; et on imagine que ce qui les réunit les conduira plus avant dans la solidarité agissante, mais c'est manifestement une bonne idée. Elle s'est imposée d'elle-même, d'abord à Mrs Bridgeman, la femme de charge qui a pensé que deux êtres aussi tranquilles étaient faits pour vivre ensemble. Cette fois, je me suis efforcée de mon mieux de garder un ton neutre, de me montrer sérieuse et aussi compréhensive que possible. J'avais donné à Alix [11] l'impression, à ce qu'elle disait, que je « flottais », et que je ne me souciais pas de savoir combien ma prospérité leur rappelait à toutes deux, Fredegond et elle, toutes les choses qui leur manquent. Mais pourquoi F. manquerait-elle de quoi

9. Il s'agissait d'un édifice temporaire, ressemblant à une auberge de campagne (et connu sous le nom de « Washington Inn »), à l'usage des officiers américains et d'outre-mer. Il ne disparut qu'en 1921.

10. L'Hon. Bertrand Arthur William Russell (1872-1970), philosophe et mathématicien, agrégé de Trinity College, Cambridge, et, lui aussi, Apôtre. Pacifiste passionné il dut démissionner de ses fonctions de maître de conférences à Cambridge. En 1918, un article qu'il donna à un hebdomadaire, *The Tribunal,* fut jugé séditieux, et lui valut d'être condamné à six mois de prison.

11. Ce n'était pas avec Saxon, mais avec James Strachey qu'Alix devait partager Henderson House dans Downshire Hill, Hampstead, pendant quelques mois. Mrs Bridgeman, la femme de charge de Faith, resta dans la maison.

que ce soit ? Je l'ai laissée assise là, où je crois qu'elle reste toujours jusqu'à ce qu'on éteigne les lumières ou que James vienne la prendre pour dîner. Que sera-t-elle à quarante-cinq ans ?

Ai trouvé les deux moricauds [Perera et Jayatilaka] ici en rentrant. L. a passé environ trois heures à imprimer, mais il en est venu à bout.

Mardi 5 mars

Encore une journée glaciale. L. est allé à une réunion au Club 17. J'ai passé l'après-midi à « disser », ai couru jusqu'à la High Street et je me suis laissé attirer dans le bazar-à-un-penny où il est si simple de faire des achats que cela incite à dépenser. La Guilde se réunit ce soir pour entendre Nick.

Mercredi 6 mars

Cette fois encore on se demande pourquoi les femmes sont venues — quel mobile peut pousser à une occupation aussi passive que celle-ci, qui consiste à rester assise en silence, à moitié endormie dans un fauteuil, pendant une heure. Nick a pourtant trouvé le ton juste avec elles, il a été simple, explicite, désinvolte et très à son aise. Il a parlé toute une heure. De sa conférence, j'ai surtout gardé dans l'esprit l'attente des trains, et la marche forcée, alors que « la lune et les étoiles paraissent très sarcastiques », a-t-il dit, sur des routes parfaitement droites, bordées de peupliers. Sa manière prosaïque de parler, sa résignation à la nécessité, si outrageante qu'elle pût être au regard de son sentiment des convenances et du bon sens, m'ont également frappée. Il semblait de bonne humeur, fier de Barbara ; nous racontant les conquêtes qu'elle fait, auxquelles il croit implicitement ; parlant plus qu'à l'accoutumée, et me disant qu'après la guerre il aimerait vivre à la campagne et fabriquer de bons meubles, d'après des dessins de Carrington. C'est un humain d'un excellent naturel, sans aucun talent particulier pour le courber de ce côté-ci, ou de cet autre ; cela est vrai aussi pour elle, je crois. C'est un produit rare dans notre cercle d'intimes. L. s'est rendu à une réunion. Nous avons maintenant la manie de parier en faisant la réussite du diable [12]. J'ai perdu ainsi 4 shillings en une semaine. Nous avons reçu de Williams une lettre impudente au sujet du livre de L. Il est en train de soumettre ou se propose de soumettre à ses collaborateurs les passages douteux et, par conséquent, ne peut encore en commencer l'impression. L. menace de « remettre l'affaire entre les mains de ses avocats ».

Jeudi 7 mars

Ces deux derniers jours, j'ai « dissé » quatre pages, dans l'espoir que nous pourrions achever huit pages de la nouvelle avant de partir encore une fois. Les raids sont tellement espacés maintenant que cette précaution semble exagérée. Les bonnes s'entêtent cependant à dormir dans la cuisine tant qu'il reste un soupçon de lune. Philip est arrivé après déjeuner, et L. l'a emmené se promener jusqu'à Kew. Je les ai rencontrés sur le chemin de halage. Philip est visiblement très malheureux ; il est évident qu'il ne souhaite rien dans l'immédiat, sinon repartir pour la France. Il a apporté quelques poèmes de Cecil, que nous avons proposé d'imprimer sur-le-champ, en un petit volume, avec nos vieux caractères [13]. Ce serait bien puisque cela lui fournirait une occupation et qu'il offre de venir nous aider. Plus on constate l'effet de la guerre sur des jeunes gens qui devraient être heureux,

12. Genre de réussite que l'on peut faire en compétition avec un ou plusieurs autres joueurs.

13. *Poems* de C. N. Woolf, privilège de la Hogarth Press, Richmond, fut brièvement signalé dans le *TLS* du 23 janvier 1919. C'était la seconde publication de la Hogarth Press.

plus on la déteste en bloc. Philip, je crois, s'intéresse plus que Nick au côté militaire de l'affaire. Il a refusé une offre de travail à Londres. Journée glaciale, et nous n'avons plus de charbon que pour un jour. Lors du dernier raid, une bombe est tombée sur les entrepôts.

Vendredi 8 mars

A relire ce que j'ai écrit hier, on pourrait croire que j'avais le pressentiment d'un raid et que Dieu l'a envoyé expressément pour me punir de mon arrogance. Quoi qu'il en soit, nous avons fait notre réussite : j'ai perdu mes 3 pence 3/4 et puis nous sommes allés nous coucher sans autre idée en tête que les réussites et l'imprimerie. Je venais de me retourner pour la troisième et dernière fois dans mon lit, quand il y eut une explosion. Pendant une demi-minute un raid nous parut tellement invraisemblable que nous avons décidé que c'était encore une de ces inexplicables pétarades d'omnibus à moteur. Mais l'instant d'après les canons tiraient de tous côtés et nous entendîmes les sifflets. Il fallait se rendre à l'évidence. Nous avons donc rassemblé nos affaires pour aller à la cuisine. Il était onze heures et demie. Un coup d'œil dehors ne nous a montré que des étoiles jaunâtres dans une sorte de brume ; pas de lune, mais une nuit calme. Lorsque nous fûmes étendus sur nos matelas, il y eut une forte, quoique lointaine, déflagration, suivie d'une canonnade très rapide et fournie au nord et au sud, mais qui jamais, sauf une fois, n'a dépassé Barnes pour se rapprocher de nous. A une heure moins le quart, nous avons pris du cacao et sommes allés au lit. Les trompettes ont retenti à une heure trente-cinq — deux heures en tout entre le début et la fin.

Je n'oublierai jamais la joie délirante de L. quand il s'est précipité dans ma chambre à l'heure du petit déjeuner. Ce scélérat de Williams a cédé. Il consent à résilier le contrat. L. était triomphant comme un fauve après un combat où il a forcé son adversaire à aller se terrer dans la jungle. Je pense qu'il a raison d'exulter. D'abord il semblait bien qu'il en aurait encore pour des mois de tracas et d'empêchements ; et il aurait peut-être été forcé de s'en remettre à un arbitrage. Mais ainsi la voie est libre et au lieu de discussions exaspérantes avec un chien galeux, hargneux, récalcitrant, rancunier, il peut poser lui-même ses conditions — ce qu'il fait cet après-midi chez Allen & Unwin. En montant dans l'ascenseur chez Holborn l'autre jour, je me suis trouvée près d'un jeune garçon de quatorze ans environ, dont on ne voyait que la tête dans la foule. J'ai remarqué qu'il avait une physionomie extrêmement intéressante, sensible, intelligente et attentive, plutôt rusée, mais avec un air d'indépendance. On ne pouvait dire à sa casquette s'il était d'un milieu aisé ou non. J'en suis arrivée à la conclusion que c'était le fils de l'officier avec lequel il se trouvait. Lorsque nous sommes sortis dans la rue, j'ai aussitôt regardé ses jambes. Il avait un pantalon troué. Cela m'a suffi pour juger quelle triste affaire serait sa vie. J'ai commencé à composer les poèmes de Cecil cet après-midi. Ils ne sont pas fameux ; ils montrent cette tendance au dénigrement, qui est le propre des Woolf, sans la vigueur de mon Woolf à moi. J'ai eu toutes sortes de mésaventures et n'ai terminé qu'un seul poème.

Samedi 9 mars

L. a trouvé Unwin[14] tout disposé à s'intéresser au livre sur la coopération, et, qui plus est, catégorique dans son désaveu de Williams ; que l'on pourrait, selon lui, attaquer en justice pour le tort qu'il a pu causer au livre. Il propose de sortir deux éditions, l'une brochée, l'autre reliée en toile, tout de suite ; ou plutôt, après avoir lu le livre, ce qu'il entend faire sans attendre. Je crains

14. Stanley Unwin (1884-1954) était le directeur de la maison d'édition George Allen & Unwin Ltd.

que Williams n'essaye de s'accrocher encore au manuscrit.

Cet après-midi à Kingsway nous avons assisté à une réunion, appelée un rally, du vote des femmes [15]. C'était un très bel après-midi, et, à travers une porte vitrée, on voyait la lumière au-dehors — une lumière difficile à faire oublier pour les orateurs. Si prosaïques, si raisonnables, si versatiles. La salle était bien pleine, l'auditoire presque entièrement composé de femmes, de même que le groupe des orateurs. A l'état pur, l'essence de l'un comme de l'autre sexe est un peu décourageante. En outre, qu'une réunion soit de femmes ou d'hommes, on ne peut s'empêcher de se demander pourquoi ils l'organisent. Le sentiment d'être très nombreux me donne un unique frisson de satisfaction ; puis je me sens dégrisée ; j'en viens à m'ennuyer et à être incapable d'écouter un mot. A vrai dire, cette réunion ne semblait que vaine agitation. Le vote des femmes étant acquis, une grande éloquence s'imposait pour célébrer ce triomphe. Personne n'en avait la moindre, mais il n'en fallait pas moins dire quelque chose. C'est la déléguée russe qui nous a fait la meilleure impression. Elle a montré de l'imagination et semblait convaincue de ce qu'elle disait. Mais, même dans le meilleur des cas, que mettrait-on dans un discours, sinon de flagrantes platitudes, bien déguisées et agencées? J'ai observé Mrs Pethick-Lawrence [16] qui se dressait sur la pointe des pieds et retombait, comme si elle avait eu le bas des jambes en caoutchouc, qui lançait les bras en l'air, ouvrait les mains, et je me suis fait une bien mauvaise idée de cette forme d'art.

Nous avons pris le thé au Club 17. Une des salles était

15. Un rally de suffragettes et sympathisants se tint à Kingsway Hall pour célébrer la récente extension aux femmes du droit de vote. Des personnalités féminines d'Angleterre et des pays alliés ou neutres firent chacune un petit discours de congratulation de cinq minutes.

16. Mrs Emmeline Pethick-Lawrence, née Pethick, personnalité en vue des mouvements féministes, qui fut fréquemment emprisonnée pour ses activités et fit la grève de la faim.

pleine et plongée dans le silence. Au fond de l'autre, Aldous Huxley et une jeune femme en velours gris tenaient ce qui aurait dû être une conversation privée. A. parle d'une manière lente et plutôt affectée. Tout s'est su, et les gens vertueux se courbaient sur nos journaux réformateurs dans un silence de mort ; de temps en temps, une phrase du dialogue étouffé nous arrivait distinctement de l'autre bout de la salle. Ils discutaient d'Evan Morgan et de ses affaires de cœur, je crois.

Nous sommes partis pour nous rendre à la London Library, et alors que nous descendions la rue en pente, quelqu'un nous a rejoints au pas de course, plié en deux : Bob T., chargé d'un sac de voyage infiniment râpé et bosselé, plein de livres, sans doute. Nous avons donc continué ensemble, et il s'est confié d'abord à L., puis à moi. Du moins, il avait l'air de faire une confidence ou d'en mendier une. Il voulait savoir s'il pouvait ajouter mon nom à la liste des fervents Jacobéens[17]. Percy Lubbock et Logan Smith[18] s'adonnent à ce jeu très caractéristique, d'un vif intérêt pour Bob, cela va sans dire. Ils sont arrivés à vingt, et Bob se dépensait sérieusement pour trouver un vingt et unième. Mais j'ai refusé, non sans véhémence, tout d'abord, croyant qu'on me demandait de souscrire à un monument commémoratif. Rien d'aussi substantiel ; un respectable jeu d'initiés, simplement.

Lundi 11 mars

J'ai dépensé 7 shillings en livres cet après-midi, fait à consigner, puisque c'est l'unique mention d'un achat de livres cette année, ou la dernière peut-être. Il se trouve

17. C'est-à-dire les admirateurs de Henry James.

18. Percy Lubbock (1879-1965), historien et biographe. Logan Pearsall Smith (1865-1946), né dans le New Jersey, fit ses études à Harvard et à Oxford et prit la nationalité anglaise en 1913. Tous deux étaient des hommes de lettres très exigeants.

en effet que j'ai accumulé 12 shillings reçus du *Times,* plus 5 d'un cadeau d'anniversaire, ce qui fait 17 shillings — gain sans précédent. Cependant, j'ai dû d'abord battre la ville à la recherche de chocolats ou de bonbons. Pas une once de chocolat dans tous les magasins mis ensemble, mais de simples pastilles carrées, comme on en avait jadis pour un penny. Elles sont à une demi-couronne la livre maintenant. Avec une demi-couronne on en aurait eu un plein seau à charbon autrefois. Puis je suis montée sur l'impériale d'un autobus, car la journée évoquait le mois de juin, en plus frais et en plus triste aussi, pour me rendre chez Nutt [19], afin de me procurer un Leopardi ; puis chez Mudie où j'ai acheté le livre de Stuart Mill sur la liberté ; puis à Charing Cross Road, où j'ai acheté *The Happy Hypocrite,* de Max Beerbohn, et *Exiles of the Snow,* de Lancelot Hogben [20]. J'ai ainsi déboursé 7 shillings. Mais j'ai découvert avec amusement que cette dévorante envie de livres renaît au moindre encouragement. J'ai besoin d'un exemplaire de Congreve. J'aurais pu en avoir un contenant toutes les pièces de théâtre qu'il me serait possible de lire pour 2 shillings 6, je crois ; mais ce démon m'a suggéré de m'enquérir de l'édition Baskerville en deux volumes [21]. Le libraire partageait mon envie dévorante, ce qui l'a encore accrue. Bref, je lui ai dit de s'informer. Il n'a pas voulu se compromettre en indiquant un prix approximatif, et j'en déduis qu'il spécule sur mon envie de posséder les volumes quand je les aurai vus. Et, après tout, on n'en a jamais autant pour son argent qu'avec un beau livre — décidément, je baisse. J'ai fait à loisir le tour de ses rayonnages, comme je l'avais fait chez la plupart des autres bouquinistes. C'est un libraire avisé, éclectique,

19. David Nutt, libraire au 212 Shaftesbury Avenue WC2.

20. *The Happy Hypocrite* (« L'Hypocrite heureux »), de Max Beerbohn (1872-1956), critique, essayiste, romancier et caricaturiste, parut en 1897. *Exiles of the Snow and Others Poems* (« Exilés de la neige et autres poèmes ») parut en 1918.

21. Parmi les livres trouvés à Monks House après la mort de V. W., il y avait deux (sur les trois) volumes de Congreve publiés par la Baskerville Press en 1761.

grand liseur ; pas de bonnes occasions, mais le genre d'ouvrages qu'on aimerait acheter. Ces librairies-là ont un certain cachet XVIIIe siècle. Les gens entrent en passant, pour parler littérature avec le libraire qui, en ce cas, en savait autant que moi sur les livres. J'ai surpris une longue conversation avec un pasteur qui avait découvert à Paddington une boutique pleine d'elzévirs. Il s'élevait contre le gouvernement, en particulier pour le gaspillage du papier. On devrait supprimer tous les journaux et afficher une feuille à la poste chaque fois qu'il y aurait des nouvelles.

De là, je suis allée au Club, où j'ai trouvé L., Fredegond, Gerald [Shove] Goldie, Brailsford [22] et Alix. Hogben, le poète, était là également. J'ai posé son petit volume sur le bras de mon fauteuil. Commérages du genre habituel. Le livre de ce pauvre Hogben est précisément cette triste contrefaçon à laquelle on pouvait s'attendre, et même pire qu'on pouvait s'y attendre — une de ces œuvres que Lytton qualifie d' « illettrées » ; c'est influencé par Swinburne, incroyablement dénué de talent et vaguement séditieux.

A la maison. L. à Lewes pour une réunion de la S. des N.

Mardi 12 mars

Je devrais consacrer toute cette page à des louanges au temps qu'il fait [23]. Un des curieux effets du printemps en banlieue est que l'on entend chanter le soir un nombre étonnant de voix masculines et féminines. Nous avons laissé les fenêtres ouvertes, et une dame, qui semble

22. Henry Noel Brailsford (1873-1958), socialiste influent et journaliste, s'employait, en association avec Lowes Dickinson et autres membres de l'Union of Democratic Control, à promouvoir une paix négociée et la création d'une organisation internationale permanente pour la défense de la paix.

23. V. W. était manifestement si surexcitée qu'elle s'est trompée dans les dates. Ces notes de ce jour-là et du lendemain sont datées du 7 et du 8 mars, la semaine précédente.

pâmée, lance des notes roucoulantes. On doit lui pardonner, vu les circonstances. Voici quelques faits. J'avais choisi pour m'asseoir un banc à l'ombre dans les jardins de Kew. J'ai vu une piéride des saules, crocus, scilles, tous en bouton ou en fleur. Les vêtements noirs ont un air de poêle funéraire poussiéreux. Quant aux fourrures, il y a de quoi rire. Nous nous sommes retrouvés à Kew.

Je peux dire que j'ai été « rejetée par le *Times* ». Pour rendre cette blessure encore plus cuisante, L. a deux livres de la *Nation.* C'est la deuxième semaine de mon éviction ; et en résultat j'ai travaillé à mon roman à une allure étonnante. Si je reste congédiée, je terminerai en un mois ou deux. Il devient très absorbant. Nous avons constaté que nous avions écrit ces derniers temps à une vitesse prodigieuse. L. quarante mille mots, alors qu'il n'a pas encore abordé le livre proprement dit. Quant à moi, j'ai largement dépassé les cent mille.

Jeudi 14 mars

Si j'avais écrit hier soir dans ce journal, ce que je n'ai pu faire, étant trop excitée, j'aurais terminé par une rangée de points d'interrogation. Cette surexcitation m'est venue du journal du soir. Après avoir fait de l'imprimerie tout l'après-midi, je suis sortie vers le soir, ai acheté le *Star,* y ai jeté négligemment un coup d'œil sous la lanterne du cabaret, et j'ai lu que le Premier ministre avait besoin de nos prières [24]. Que des décisions capitales nous attendent. Que nous autres Britanniques devons rester étroitement unis. Que, dans une semaine ou même d'ici à quelques jours, nous serons confrontés à des événements qui changeront à jamais l'Empire bri-

24. David Lloyd George, après avoir donné sa démission et ainsi précipité celle du gouvernement libéral de H. H. Asquith, en décembre 1916, devint lui-même Premier ministre d'un gouvernement de coalition qui resta en place jusqu'en 1922. Le lundi 13 mars, il s'était adressé à l'Eglise libre nationale (de là cette demande de prières). Il ne faisait là qu'exciter sa galerie, en effet.

tannique. De cela, nous avons déduit une offre de paix à la France ; mais il apparaît que c'est seulement pour L. G. une manière d'exciter du fouet sa galerie. Toujours est-il que cela m'a excitée, moi. Gerald[25], qui devait avoir dîné, a téléphoné pour dire qu'on annonçait un raid et qu'il fallait « se tenir paré ». La soirée était nuageuse et nous n'avons guère été alarmés, en partie parce que la mise en garde venait de sources officielles.

Mon congé est révoqué. Un gros livre sur Samuel Pepys est arrivé, que j'ai passé la soirée à lire, et maintenant un autre sur Swinburne m'attend à la gare. Je ne sais trop si je préfère avoir des livres ou bien écrire sans interruption des ouvrages romanesques. Mais il faut que je me fasse quelques shillings pour payer mon édition Baskerville.

Vendredi 15 mars

Par bonheur le temps s'est couvert ; le printemps est effacé, mais on doit sacrifier le printemps à la guerre. Philip est venu et nous avons fait de l'imprimerie — moi, gâchant plutôt les poèmes, à ma grande contrariété. Philip parlait de Blimey qui est berger près des Quantocks.

Lundi 18 mars

J'ai écrit la date, et puis je ne sais trop quoi m'a interrompue — une lettre, je crois, à Lytton pour lui expliquer pourquoi je *ne* ferai *pas* la critique de son livre[26]. Aujourd'hui est mercredi, et j'ai enfin un moment pour écrire après le thé. Samedi les parlottes

25. Gerald de l'Etang Duckworth (1870-1937) était le plus jeune des demi-frères de V. W. Après Eton et Cambridge, il fonda en 1898 sa propre maison d'édition. Il avait publié le premier roman de V. W., *La Traversée des apparences,* en 1915.

26. Voir *II V. W. Letters,* n° 914, datée du 15 par erreur, au lieu du 18 mars.

ont commencé. Lytton et Carrington sont venus pour le thé — elle avec des joues rouges et fermes de pomme, un corps vert vif et jaune, et infiniment ferme et large de partout. La conversation m'est sortie de l'esprit, et je ne pense donc pas que nous ayons dit quoi que ce soit de très important. Ils étaient allés à la soirée de Barbara, restant jusqu'à cinq heures du matin. Fredegond et Nessa entretinrent l'animation en donnant une imitation d'Ottoline. Nick et Saxon lugubres tous deux à l'arrière-plan. Carrington ayant quitté un instant la pièce, Lytton a expliqué qu'il aimerait rester avec nous, sans elle, si on pouvait arranger cela. Il m'a demandé de faire la critique de son livre. J'ai accepté étourdiment. A la réflexion, je n'ai pas très envie d'écrire sous surveillance, ni de demander à B[ruce] R[ichmond] un livre dont il n'ignore pas que c'est celui d'un ami. Dimanche le fardeau des visiteurs fut accablant. La liste est éloquente en soi : Gerald Duckworth et Saxon à déjeuner. Saxon au thé. Barbara, Nick, Middleton Mur[ry] à dîner. La ressemblance de Gerald avec un carlin dorloté, trop nourri, s'est beaucoup aggravée. Ses cheveux sont tout blancs. Il y a à peine une lueur de vie, sans parler d'intelligence, dans son regard. La faiblesse de sa prise sur la vie, à part celle de l'estomac, doit être effrayante. Il n'a pas d'opinion, il se laisse simplement dériver comme les algues dans le courant prédominant. Sa manière d'envisager n'importe quoi sous l'angle commercial m'a déprimée, en particulier lorsque j'ai pensé que mon roman était destiné à être tâté et bruyamment reniflé par lui. Mais, chose curieuse, il n'avait rien à dire[27]. Cela a duré jusqu'à trois heures à peu près. Saxon sous son jour le moins courtois et le plus insignifiant. C'est triste que le malheur puisse n'être pas seyant, mais j'ai bien peur qu'il en soit ainsi en ce qui le concerne. Son teint se brouille, son esprit paraît gelé. Il se fit battre aux échecs et partit comme s'il voulait éviter de rencontrer N. et B.

27. Le commentaire de L. W. sur ce déjeuner est : « Très difficile. G. presque muet. S. tout à fait. »

Nick fut le seul d'entre nous à se montrer plein d'entrain. Ce pauvre Murry, accablé par son triste sort, est resté hargneux et renfrogné. Il travaille toute la journée et se met à écrire aussitôt rentré chez lui. Le pire est que K. M. a été très malade, a eu une hémorragie pulmonaire là-bas, en France, et il va falloir le ramener en Angleterre, ce qui est difficile, pour juger de la gravité de son état. Mais je lui ai trouvé beaucoup plus de personnalité et d'intelligence que je ne lui en avais prêté jusque-là. Je crois que cela venait en partie du contraste avec Nick. Il y a une différence très nette entre un esprit solide et un esprit médiocre. Non que M. soit aussi facile à vivre ni aussi agréable que Nick. Mais il sait se servir de sa matière grise, l'a toujours fait travailler, et ainsi se fraye chemin dans une atmosphère qui ne lui est pas habituelle. J'ai beaucoup parlé livres avec lui, le genre de conversation qu'on ne peut avoir avec Nick, même s'il a lu Jane Austen et parvient à s'imposer par son bon sens et son goût inné. B. a été presque complètement effacée ; n'a pour ainsi dire pas ouvert la bouche, je crois. Ils sont partis les premiers ; nous nous sommes fait nos adieux ; la manière moderne, qui consiste à couvrir toutes les crises sentimentales d'un vernis de prose et de bon sens, donne à ce genre de séparation une désinvolture presque ostentatoire. Murry s'est attardé encore un instant à discuter des écrivains anglais et de Thomas Hardy. Il dit qu'il n'écrira plus jamais de roman. La poésie est un raccourci et « la vie me semble maintenant très précaire ».

Le lundi 18 mars, je suis restée ici, pour faire mon travail de typographe. L. est allé à Londres.

Le mardi, nous avons pris le thé au Club, y rencontrant les personnes habituelles, sauf Bryn, qui se fait rare, avons assisté à une réunion générale, où L. a été élu cinquième au comité, pour dîner ensuite avec Ka, l'autre convive étant Arnold-Forster[28]. A ma grande

28. Brynhild Popham, née Olivier (1887-1935), seconde des quatre filles du socialiste Fabien Sir Sydney Olivier, qui avaient toutes appartenu à ce

surprise, la première personne qui arriva après dîner, fut Hilton Young[29]. Je ne crois pas avoir échangé six mots avec lui depuis 1908, lors de cet entretien que nous avons eu. J'ai toujours soupçonné que de sombres machinations d'O. H. étaient intervenues. Toujours est-il que nous avons complètement rompu. Cette conscience du passé m'a, pour le moins, mise mal à l'aise. Mais nous sommes maintenant d'un âge rassis. Rasé de près, tondu, le visage rouge, tout en drap bleu et galons dorés, la poitrine barrée d'un ruban, il incarne à la perfection l'officier de marine. Ses airs ténébreux, énigmatiques (« le Sphinx sans secret ») se sont envolés ; et pourtant il m'a plu, je l'ai trouvé aimable, digne de confiance, et un peu romantique — non plus romantique à mon sujet, pourtant je le crains. Mais comment pourrait-on un tant soit peu deviner les sentiments d'autrui ? Je me suis surprise à m'apitoyer sur lui pour la toute première fois de ma vie. Autant que je sache, il a plus de quarante ans, et, après tout, il a aspiré à quelque chose dont il a dû se passer. Nous avons discuté ferme. Il ne trouve plus rien de romanesque à la marine au bout de quatre ans. Comment considérions-nous l'Angleterre ? Ne sachant pas jusqu'où allaient ses idées belliqueuses, il m'était difficile de sortir des sujets généraux. Les Shove ont fait leur apparition, ainsi qu'une sémillante amie de Ka, venant d'un bureau, je crois, au moment où nous prenions congé. Le petit W. A. F., très modeste, très insignifiant, très innocent, comme il l'était jadis.

groupe d'amis que V. W. appelait les « néo-païens ». William Arnold Forster (1885-1951) avait étudié la peinture à l'académie Slade de 1904 à 1908, mais il était à présent lieutenant de vaisseau dans la Royal Naval Reserve.

29. Edward Hilton Young (1879-1960), troisième fils de Sir George Young, Bt. Après des études à Eton et à Trinity College, Cambridge, il entra au barreau en 1904. Sa famille et celle de V. W. se connaissaient de longue date. En 1909 (et non en 1908 comme elle se le rappelait) il avait demandé V. W. en mariage. Olive Heseltine, née Ilbert, dont une des sœurs avait épousé un cousin de V. W. et une autre, George, le frère aîné de Hilton, fut soupçonnée de manœuvrer pour empêcher ce mariage. Hilton Young était à présent MP libéral et servait comme lieutenant dans la Royal Naval Reserve ; en 1917 il avait été décoré pour sa conduite dans les Flandres. C'était Desmond MacCarthy qui l'avait surnommé « le Sphinx sans secret ».

Mercredi 20 mars

Nous avons fait de l'imprimerie — mais ne sommes pas venus à bout du travail.

Le jeudi 21 mars, les Woolf se rendirent à Asheham et V. W. rouvrit son journal d'Asheham pour rappeler qu'ils étaient venus passer dix jours là en février, après sa grippe. Et, maintenant, pour ce séjour de Pâques, ses notes coutumières sur le temps qu'il fait, les phénomènes de la nature, les prix et ses allées et venues en compagnie de L. reprennent. Le 21 mars Duncan Grant vint déjeuner et L. le raccompagna à Charleston ; les nouvelles de la guerre furent très mauvaises le 25 mars, meilleures le lendemain Lytton Strachey arriva pour un séjour, mais Barbara Bagenal se fit attendre en vain. Malade, Lytton passa au lit toute la journée du 30 mars ; le 2 avril, James Strachey et Noel Olivier arrivèrent ; le lendemain Lytton partit pour Charleston. Le 5 avril, les Woolf regagnèrent Richmond, laissant James et Noel séjourner à Asheham et V. W. reprend le cahier IV du journal.

Vendredi 5 avril

Je crois que j'ai été interrompue net ce mercredi, comme il arrive toujours quand on est sur le point de se déplacer, et pour autant qu'il m'en souvienne il a neigé, grêlé, tonné des visiteurs. Nous sommes partis pour Asheham le jeudi, dans une telle explosion de chaleur estivale que les voyageurs du métro baissaient les stores et que la bruyante fougue (quel mot exprimerait l'éveil de la vie encore enfermée dans un doux étui de velours ?) avec laquelle Richmond rendait un culte à un char d'assaut[1] évoquait un bourdonnement d'abeilles autour d'un premier rameau fleuri. L'abeille et le rameau fleuri, nous eûmes cela à Asheham, et non pas méthaphoriquement parlant. Une fois de plus mes souvenirs sont surtout concentrés sur un après-midi de lecture au jardin. Je lisais Wordsworth ; le poème qui se termine par « ce que l'homme a fait de l'homme[2] ». Les jonquilles étaient en fleur et sans doute entendait-on le son du canon venir des collines. Et pour moi qui n'ai pourtant rien de directement en jeu et qui récuse l'importance de ce qui se fait, ces journées mêmes de soleil eurent une étrange pâleur. Le printemps a toujours sa tristesse, certes... Des visiteurs ont troublé ces états d'esprit qui donnent une texture si riche à la vie solitaire d'Asheham. D'abord Lytton. Puis nous avons attendu, les yeux sur l'allée, l'apparition de Barbara. Mais elle n'est pas venue et, dimanche, j'ai eu une lettre dans laquelle elle me raconte l'histoire presque incroyable de ses tentatives successives de monter dans un train. Trois jours de suite, elle s'est rendue à Victoria et tantôt elle a été retenue derrière le portillon, tantôt s'est trouvée coincée juste en face de l'intervalle entre deux voitures ; n'a jamais pu monter, et finalement a passé Pâques seule dans son atelier, s'attendant, elle nous l'annonce, à être dans neuf mois, moins quinze jours, mère d'un enfant. Lytton est resté une semaine avec nous, à un jour près. La route de Beddingham a presque toujours suffi à nos ébats. Nous avons eu de courts et, pour moi, très intimes entretiens ; intimes en ce sens que, pour saisir tout le corps d'une pensée dans votre esprit, il suffit à Lytton d'en apercevoir la queue. Ces pensées concernaient en général des livres ; mais les

1. En 1917, on utilisa la relative nouveauté du char d'assaut dans une campagne pour la vente des bons de la Défense nationale et de titres d'épargne en inaugurant des banques itinérantes, les *tank banks*, où le public pouvait en acheter.

2. *Lines Written in Early Spring* (« vers écrits au début du printemps ») 1798, poème qui commence par : *I heard a thousand blended notes...* « J'entendis mille notes confondues... »

livres englobent une bonne part de la vie. J'ai dans l'idée qu'il a maintenant tendance à se demander si *Eminent Victorians,* quatre en tout, et qui lui ont coûté quatre ans de travail, constituent un témoignage suffisant au regard de son âge et de ses prétentions. En tout cas, c'était pénible de le voir si ouvertement anxieux de notre opinion sur leur valeur ; et il a si souvent, encore qu'avec beaucoup de tact, reparlé de la critique que je pourrais peut-être en donner que j'en viens à hésiter. Il se peut que s'impose à lui le contraste (et pour moi il y en a un) entre ses propres réalisations et les réalisations de L. Et puis il a été malade un matin. « Maladie verte ! » a proclamé Lottie avec la passion et l'enthousiasme qu'elle met toujours à tout peindre des couleurs les plus vives. Il ne se porte vraiment pas bien. Et il est certain qu'à devoir ménager sa santé on prend un esprit précautionneux, voire hargneux. Que ce soit ou non la conséquence d'une mauvaise santé, j'ai remarqué chez lui un net redoublement de son orgueil familial, qui atteint maintenant une intensité quasi religieuse. Mauvais signe. Comme le patriotisme, cela montre bien qu'en vase clos certains sentiments prolifèrent et deviennent envahissants. Par exemple, il faut porter aux nues James pour sa « volonté de fer », parce que c'est un « superbe administrateur », etc. Mais le projecteur est braqué aussi sur chacun des membres de la famille et jusque sur les cousines, comme Mary H. Je trouve cela blessant. Puis James et Noel sont arrivés[3]. Notre patience a commencé à se lasser. Les visiteurs tendent à vous agacer, même si on n'a rien à leur reprocher sur le plan de l'amitié. Je me réjouis toujours, à la fin de chaque visite, de m'apercevoir que mon affection reste inchangée — et ce fut le cas ces trois fois. Pourtant je reste perplexe quand je cherche à m'expliquer cette tension et

3. James Strachey et Noel Olivier. Noel Olivier (1883-1969), la plus jeune des quatre filles de Sir Sydney Olivier, fit ses études à Bedales, puis à la London School of Medecine for Women, où elle obtint son diplôme de médecin en 1917. Rupert Brooke, Adrian Stephen et James Strachey tombèrent amoureux d'elle.

ce malaise que les personnes que l'on aime le plus parviennent à vous faire éprouver. J'en ai discuté avec L. Il dit que lorsque nous avons des gens à la maison ses heures de plaisir positif se réduisent à une seule ; qu'il a je ne sais plus combien d'heures de plaisir négatif et une marge respectable de profond déplaisir. Serions-nous en train de vieillir ? Nos habitudes s'établiraient-elles comme les vents alizés ? Mais cette fois les difficultés d'approvisionnement ont certainement aggravé notre inconfort. Un jour, au retour d'une longue promenade, nous avons trouvé le tiers d'une miche de pain sur la table. Il n'y en avait pas d'autre dans la maison. C'était la faute de Nelly, qui n'avait pas su s'organiser ; mais à Asheham il arrive souvent qu'on se débrouille mal, et s'organiser de façon à peu près convenable demande beaucoup de réflexion et d'allées et venues à bicyclette avec des paquets. A un certain moment, les bonnes en sont venues une fois de plus à se chamailler. Le soulagement d'être de retour au sein d'une abondance relative et d'avoir, en tout cas, des magasins à deux pas est plus que réel. Nous sommes revenus vendredi, avons piqué droit sur l'auberge de Clifford pour y déjeuner, nous sommes engouffrés chez Partridge & Cooper, et puis je suis rentrée à la maison, tandis que L. allait voir Bonwick[4].

Le résultat de l'entrevue avec B. est tel que je l'avais prédit (voir page [200]). Ils ont offert à L. le poste de rédacteur en chef de la nouvelle revue, et d'ailleurs ils font de son acceptation une condition du lancement — auquel ils se proposent de procéder sans tarder. Il faudra trouver un arrangement avec Wright, mais j'imagine qu'ils s'en chargeront eux-mêmes. L. a dix jours pour se décider. Il y a la question du personnel, du salaire et le reste. S'il accepte, il pourra renoncer à gaver de critiques

4. Alfred James Bonwick (1883-1949) était alors l'agent d'affaires d'Arnold Rowntree, qui songeait à financer un journal, *The International Review*, proposé par L. W., en complément et amélioration de *War and Peace*. Des discussions étaient en cours.

littéraires l'« Aigle[5] » omnivore, au gosier peu délicat. A considérer les mérites de cette créature vulgaire et exsangue (je parle de son journalisme), sa manière de diriger un journal, son manque d'énergie, de jugement et de compétence, j'estime qu'il serait sage de la part de L. d'accepter cet autre poste, ne serait-ce que pour trouver une porte de sortie. Mais il se pourrait que le poste soit précisément une fin et non un moyen. Notre retour a donc été d'un genre prometteur et joyeux, surtout lorsque l'on considère combien les retours sont en général décevants.

Samedi 6 avril

Ce matin j'ai eu une lettre de Barbara m'apprenant que Nick a été grièvement blessé le 30. Il a été touché dans le dos et aux reins et on l'a opéré. Aux dernières nouvelles, il avait bien supporté l'opération. Depuis, on ne sait plus rien. S'il se rétablit peut-être ne le renverra-t-on plus sur le front. Mais qui sait ? Du moins le coup ne s'est pas trop fait attendre ; et si j'étais à la place de Barbara, je trouverais que c'est en soi une bénédiction. Mais être dans l'attente de télégrammes et de lettres, sans trop savoir quand ils arriveront, et avec ce bébé en perspective, tout cela combiné doit représenter une fameuse torture à infliger à un être humain. Cependant Saxon déménage ; Barbara l'aide. Au téléphone, la voix de Saxon donnait à penser qu'il était encore capable d'éprouver quelque plaisir[6]. Mais lorsqu'une crise survient il est rare qu'on l'affronte avec naturel ; on est soit trop calme, soit à l'autre extrême. Saxon a son impasse personnelle.

Pluie toute la journée, jusqu'à cette minute même, où il y a une éclaircie. Pruniers fleuris dans le jardin, et

5. Autrement dit J. C. Squire, le directeur littéraire du *New Stateman*, qui écrivait sous le pseudonyme de « Solomon Eagle ».

6. Il déménageait pour s'installer au 37 Great Ormond Street, Bloomsbury.

fleurs à l'air très vigoureuses. Suis allée feuilleter des livres chez Hiscoke. J'ai acheté les poèmes de Collins et l'autobiographie de Colley Cibber — un shilling pour les deux[7]. L. à Staines. Le mari de Flora vient d'être envoyé à l'étranger[8].

Dimanche 7 avril

Nous rentrons à l'instant après avoir pris le thé avec Barbara et Saxon dans son studio. Nick a déjà été transféré dans un autre hôpital, d'où il a écrit lui-même. Du moins, il ne doit donc plus y avoir de danger immédiat pour lui. D'après eux il peut maintenant rentrer d'un jour à l'autre à la maison. Nous avons pris le thé. Saxon, dans son gilet de laine brune, allait et venait de manière extravagante en mettant le couvert. Barbara était si visiblement nerveuse que je suppose que le bébé est vraiment en route — mais ces quatre jours passés à attendre des nouvelles auraient mis à l'épreuve les nerfs de n'importe qui. Le couple dans cet intérieur offrait une illustration, presque trop parfaite pour mon goût, de l'esprit post-impressionniste. Il n'était jusqu'au chat noir et blanc qui semblait décoré par l'Omega. Chaux blanche dans laquelle se voit la marque du pinceau, un pilier rayé, tissu Burnet pour les sièges, et chiens de porcelaine pour le manteau de la cheminée, coton à carreaux partout où l'on pose le regard ; et, pour l'œil critique, une ou deux choses d'un goût équivoque ou des retours à un stade antérieur, par exemple un collier de perles accroché à un clou[9]. Toutefois en rentrant à la

7. Hiscoke & Son, libraires, 22 Hill Street, Richmond. Les *Odes* de William Collins furent publiées en 1747 et *The Apology for the Life of Mr Colley Cibber, Comedian,* en 1740. Le volume I de l'édition de 1826 de ce dernier se trouvait parmi les livres des Woolf, à la mort de V. W.

8. Flora Woolf avait épousé George Sturgeon (voir plus haut, 28 octobre 1917), qui fit toute la guerre comme officier, et fut envoyé à Damas en 1918.

9. Barbara Bagenal habitait un studio au 11 A Heath Street, Hampstead. B. Burnet & Co, « Art Furnishers & Upholsterers », au 22 Garrick Street, WC2, étaient réputés pour leurs tissus d'ameublement aux couleurs audacieuses, et faisaient des affaires considérables avec le théâtre.

maison j'ai trouvé ma chambre bien laide. La conversation a été posée, appropriée, mais pas intarissable. Je ne pense pas que Saxon (qui venait de se laver la tête) ait eu quoi que ce soit à dire ; et son comportement est un peu revêche et caustique en ce moment. Il m'a fait penser à une poule qui a pondu un œuf — mais un seul. Hampstead ne nous a pas plu. La vulgarité de Richmond est toujours un soulagement ensuite.

Lundi 8 avril

Il y a toujours un moment difficile entre le retour de Londres et le dîner, qui est providentiel pour ce cahier. Pour je ne sais quelle raison il est inutile d'essayer de lire alors qu'écrire semble pourtant l'exutoire qui convient à cet état de flottement agacé dans lequel on se trouve en général. Un état qui est peut-être plus prononcé après un thé au Club 17, surtout s'il arrive que l'on rencontre Roger dans Charing Cross Road, coiffé de son grand feutre, quatre ou cinq livres français à couverture jaune sous le bras. Pour moi il est le centre d'une trombe. Soumise à son influence, je suis chassée droit dans une librairie ; persuadée de débourser 6 shillings 7 pour un roman français, *Et Cie,* écrit par un Juif ; obligée de fixer un jour pour une visite à Durbins [10] ; invitée à une pièce de théâtre et complètement subjuguée — hérissée de partout d'idées, de questions, de possibilités qui ne peuvent pas se développer dans Charing Cross Road. Bien entendu, il était pressé par un rendez-vous à Burlington [11] et par le montage de deux pièces quelque part ailleurs — malade aussi, à ce qu'il m'a dit, mais l'esprit plus ou moins apaisé par la lecture de Fabre [12]

10. *Et Cie,* roman de Jean-Richard Bloch (1884-1947), paru en 1918. Durbins était la maison de Roger Fry, dont il avait lui-même tracé les plans, non loin de Guildford.

11. Dans Old Burlington Street se trouvaient les bureaux de la revue d'histoire de l'art, *The Burlington Magazine,* dont Roger Fry fut le directeur adjoint de 1913 à 1919.

12. Le naturaliste français Henri Fabre.

qui lui montre qu'après tout notre guerre, si atroce soit-elle... mais là nous nous sommes quittés. J'ai couru me plonger dans une sorte de flaque laissée par Roger au Club 17 : Goldie [13], Miss Dudley, tout au moins. On ne peut inclure sous cette appellation Mrs Manus, Langton Davies, ni L. Nous nous sommes installés au rez-de-chaussée, et le pauvre vieux Goldie a plissé le front et s'est lancé avec ardeur, d'un ton léger, dans une question après l'autre, à sa manière habituelle — la manière du célibataire qui vit d'exercer son esprit et se déplace par ce moyen d'une personne à l'autre, sans jamais avoir de domicile fixe. Une sorte de bohémien ou de vagabond. Il s'est lamenté sur la mort des jeunes gens — Eric Whitehead étant le dernier en date à se faire tuer [14]. A dit qu'il irait se battre s'il était assez jeune ; ne l'étant pas, il siège dans des comités. Je les ai laissés tenir un comité de plus pour aller chercher ma montre dans Poland Street. Chemin faisant, j'ai enfilé une petite rue étroite bordée de chaque côté de voitures à bras qui offraient des bas, de la quincaillerie, des bougies et du poisson. Un orgue de Barbarie jouait au milieu. J'ai acheté six paquets de rats-de-cave teintés. L'agitation, la couleur, le bon marché m'ont plu jusqu'au fond de l'âme. Mais je n'ai pu régler les 5 shillings 6, dus pour ma montre, du fait de la séduction magique de Roger dans Charing Cross Road ; et j'ai donc dû la laisser qui tictaquait comme une montre dans sa première jeunesse.

13. Goldsworthy Lowes Dickinson était un ami intime de Roger Fry depuis leurs études à Cambridge dans les années quatre-vingt.

Helen Dudley, Américaine qui avait étudié à Oxford sous l'égide de Gilbert Murray, quitta Chicago pour regagner l'Angleterre en août 1914, en réponse à une proposition de Bertrand Russell, qui lui offrait de vivre ensemble — proposition qu'il récusa à l'arrivée de la jeune femme. Elle posa pour Roger Fry en 1916 ; et un portrait d'elle exécuté par Vanessa Bell se trouve à la Tate Gallery.

Bernard Noel Langdon-Davies, socialiste, éditeur, conférencier sur les Affaires internationales, et président du Council for Civil Liberties. Mrs Marjory Manus y était son assistante et collaborait aussi avec lui à la Labour Publishing Company.

14. C'était le plus jeune des fils d'Alfred North Whitehead, le philosophe et mathématicien de Cambridge.

Suis rentrée par Victoria. Fin d'après-midi ensoleillée, fourmillante de passants.

Mardi 9 avril

Il fait un temps des plus curieux ; et aussi des plus désagréables. La pluie tombe par intermittence d'un ciel gris sombre. Même lorsqu'il ne pleut pas le ciel reste gris. Il fait chaud, humide, et les jeunes feuilles ont un aspect sinistre dans l'atmosphère hivernale. Le vert semble être vu à la lumière électrique. Nous nous sommes disputés hier au sujet de mon pot de crème ; et L. s'est montré déraisonnable et moi généreuse. La dispute s'est terminée à quatre heures vingt-cinq juste. A quatre heures et demie, Miss Mathaei est arrivée [15]. Je me rappelle l'avoir vue à Newham. Elle en est partie, à ce que nous avons compris, parce qu'elle y « portait ombrage ». Il est facile de voir à son attitude passive, effacée que cet « ombrage » a miné ses facultés de résistance. Nous avons effleuré le sujet de la guerre, mais elle s'en est écartée ; et cela semblait parfaitement odieux qu'on pût être ainsi effrayé de déclarer ses opinions — comme un chien si souvent battu qu'il craint jusqu'au simple geste de lever la main. Elle et Leonard ont discuté de leurs affaires, qui concernaient *Guerre et Paix* et pourraient aboutir à ce qu'on lui propose une place dans l'équipe. Elle a besoin de gagner sa vie. « Il faut que je vous avoue quelque chose, a-t-elle dit, lorsque l'entretien s'est terminé, mon père était allemand. Je trouve que cela fait une grande différence, que cela représente un obstacle certain au point de vue économique. » L. a reconnu que c'était vrai. C'est une grande femme maigre, gauche, sans attraits, d'environ trente-cinq ans, dont le visage se couvre brusquement de

15. Louise Ernestine Matthaei (1880-1969) après des études classiques et une bourse à Cambridge fut directrice des études à Newham College de 1909 à 1916. En 1931 elle devait épouser le veuf de sa sœur, Sir Albert Howard. L' « ombrage » venait de ce qu'elle était d'origine allemande.

plaques rouges et luisantes. Elle avait mis ce qu'elle devait avoir de mieux : des vêtements incroyablement raides et laids. Mais elle a l'esprit vif et c'est une enthousiaste ; a dit qu'elle aimait écrire.

Mercredi 10 avril

Journée très sombre et mouillée. Avons travaillé à l'imprimerie. J'ai composé une page en une heure et quart — mon record. A cette allure le livre pourrait être terminé en un mois. J'ai reçu hier une lettre de Miss Harriet Weaver, qui nous demande si nous pourrions envisager d'imprimer le nouveau roman de Joyce, dont aucun imprimeur ne veut se charger, sans doute à cause des sentiments qu'il exprime. Ils doivent être très enflammés, si l'on songe au succès qu'a eu le livre précédent. Elle viendra nous voir, bien que nous ne puissions guère nous attaquer à un livre[16]. J'aime plonger ainsi la main dans le sac à malices. A propos, je suis une fois de plus évincée du *Times ;* et ainsi je dévide mon livre à toute allure, et je suppose que des livres vont me submerger en masse un de ces jours. Sommes allés chez l'imprimeur, qui a presque monté sa nouvelle machine. Mais sans énergie et sans compositeur, nous sommes encore loin d'avoir ce qui nous est dû.

Jeudi 11 avril

Eté au Club 17 cet après-midi. Mais il faut décrire le temps. Imaginez que vous vivez dans un ballon jaune

16. Harriet Shaw Weaver (1876-1961), qui avait une fortune personnelle et des idées affranchies, de surcroît propriétaire virtuelle du périodique *The Egoist* (voir plus haut, 28 janvier 1918, note 45) avait non sans de grandes difficultés (dues sans doute au risque encouru par les imprimeurs d'être poursuivis pour obscénité) publié *Le Portrait de l'artiste jeune homme* en livraisons successives, puis enfin, en 1917, sous forme d'un livre. Elle était à présent impatiente d'organiser la publication d'*Ulysse,* dont les imprimeurs avaient composé, mais refusé d'imprimer le premier épisode. T. S. Eliot lui avait laissé entendre que les Woolf pourraient peut-être l'imprimer sur leur presse privée.

dont le plafond monte et descend, avec à l'intérieur une atmosphère raréfiée. Telle est notre situation. Lorsque le plafond s'enfonce presque jusqu'à toucher notre tête, il nous faut allumer l'électricité ; ce que nous avons fait pendant le déjeuner. Parfois il se met à pleuvoir, mais cela n'apporte aucun soulagement. Dans le train pour Londres toutes les lampes étaient allumées. Je suis allée à l'Omega, ai pris mes tableaux, et suis tombée sur Roger, qui portait un manuscrit roulé, sa traduction de *Lysistrata,* m'a-t-il dit. Cette traduction, il l'a effectuée à partir d'une modeste connaissance du grec, et il regrette de n'avoir pas fait du théâtre, mais se demande jusqu'où on peut aller. J'ai fait tout le chemin jusqu'à Gerrard Street en portant les tableaux, faisant halte dans Poland Street pour débourser mes 5 shillings 6, et emporter ma vieille montre en or, dont la distinction et la dignité sont très frappantes après six mois d'une Ingersoll. Au Club j'ai trouvé — faut-il que je répète encore une fois cette vieille scène ? Je crois que le petit pain avec miel, que j'ai pris au lieu de mon toast habituel, m'a plus intéressée que les bribes de Scurr, Cousins et Marshall [17], ou que la pâle solennité de commande de cette pauvre Alix. L'ayant privé de James pendant quinze jours, je me sentais plutôt coupable [18]. L. est rentré de la réunion des indigènes, et va se remettre en route pour une soirée d'adieu à Bertie, chez Mrs Hamilton [19]. Hier soir il est parti pour passer moins d'une demi-heure à une réunion du parti travailliste.

17. Probablement des membres du Club 17.

18. Ce sentiment de culpabilité provenait de ce que V. W. avait permis à James Strachey et Noel Olivier de prolonger, après son départ et celui de L. W., leur séjour à Asheham.

19. L. W. se rendit ce jour-là à une réunion de l'Anti-Slavery Society, puis à une soirée chez Mary Agnes Hamilton (née Adamson, 1882-1966), écrivain, socialiste et membre fondateur du Club 17. Bertrand Russell (voir plus haut, 4 mars 1918, note 10) ne comptait pas que son pourvoi en appel serait entendu.

Samedi 13 avril

La soirée d'adieu de L. a été copieusement truffée de nos amis dissidents. Je ne sais pourquoi, combinées, leurs vertus sont si déprimantes. Il y avait Dora [Singer] et Adrian avec Karin (elle annonce qu'elle est enceinte), et Burns[20] et Alix et les autres. Bertie effondré, sûr d'être emprisonné pour son article ou pour sa conscience[21]. La nouvelle loi ratisse les hommes des générations plus anciennes. Les voilà tous maintenant avec la conscience déchirée, mais jusqu'à présent ils paraissent reculer devant la prison.

Vendredi fut une journée agréable ; avec du soleil, et des fleurs et feuilles de couleur normale. Nous avons consacré l'après-midi à l'imprimerie. C'était la première soirée que nous passions seuls depuis longtemps. Enfouis profondément dans nos fauteuils, nous fûmes interrompus dans nos lectures par Walter Lamb. Revenant ensuite sur la conversation, nous avons convenu qu'il s'était montré légèrement au-dessus de son niveau habituel. Il s'est longuement étendu sur la tempête de neige qu'il avait affrontée, donnant à chaque détail un relief plus intéressant pour lui que pour nous. Sa voix, il est vrai, rendrait insipide le romanesque le plus effréné. Lord Canterbury est de nouveau porté au pinacle. C'est un spécialiste des études persanes, et il a donné *Les Mille et Une Nuits* à W. Il habite une maison qui n'est pas assez élégante pour lui faire tout l'honneur qu'il mérite. Il a un valet de pied italien qui obtient d'un ami

20. Dora Singer (1865-1955), née Pearse, femme de C. P. Singer (voir plus loin, 7 juin 1918, note 4), était une personne généreuse, qui s'adonnait activement à des œuvres philanthropiques, et que V. W. ne trouvait pas sympathique. Elle souffrait d'arthritisme sévère. Cecil Burns (1878-1943), socialiste et sociologue, avait à cette époque un poste au ministère de la Reconstruction.

21. *The Manpower Act* d'avril 1918 permit au gouvernement de mobiliser les hommes jusqu'à cinquante ans, et pour la première fois les Irlandais étaient également visés.

toute la viande qu'il veut. Une petite selle d'agneau a été déposée à la porte de W. l'autre jour. W. s'attend plus ou moins à succomber encore à la tentation. Il a renoncé à lire, n'en trouvant plus le temps ; mais il interroge les jeunes garçons sur les classiques. Nous a raconté des histoires de J. J. Thomson[22], dont la mère tient une petite boutique où Watty achetait des bonbons quand il était enfant. Ainsi passions-nous d'un sujet à l'autre ; W. assis entre nous ; L. bâillant sans le dissimuler, moi, bâillant en tâchant de le dissimuler. L'Académie entreprend de mettre en sûreté ses tableaux précieux, qui se limitent à dix-huit, dans un certain métro. On a averti les membres qu'il fallait s'attendre pour la fin du mois à d'énormes bombes qui s'enfonceront de dix pieds avant d'éclater[23].

Aujourd'hui samedi, nous avons travaillé à l'imprimerie, venant à bout de six pages. N'ayant commencé que mardi, nous avons donc établi un record. Journée froide, lugubre, avec de très mauvaises nouvelles dans les journaux[24]. On voit des hommes d'un certain âge, corpulents, au teint fleuri, montrer des airs bouleversés. Et la conscription touche l'Irlande. Si l'on n'avait pas conscience que la politique est un jeu compliqué, organisé pour maintenir en forme une équipe dressée à ce genre de sport, on pourrait être accablé ; on l'est parfois ; et parfois j'essaye de tirer au clair le sens de certaines expressions que l'on emploie pour nous gouverner. Je doute qu'il y ait beaucoup de personnes pour le faire. La liberté, par exemple.

22. Sir John Thomson, qui n'allait pas tarder à être nommé directeur de Trinity College. Il avait fait ses études à Owens College, Manchester, de même que le père de Walter Lamb, qui fut nommé professeur de mathématiques dans ce même collège, puis à l'université de Manchester. Manchester était donc la ville natale de Walter Lamb.

23. En avril 1918, vingt des plus importantes œuvres d'art de la Royal Academy furent, sous la supervision des autorités de la National Portrait Gallery, déposées dans un abri construit tout exprès dans le souterrain du métro, sous l'Hôtel des Postes. On y entreposa douze autres œuvres encore au mois de mai.

24. L'éditorial du *Times*, du 13 avril, avait pour titre « Dos au mur », et il reproduisait l'ordre du commandant en chef à l'armée : « Luttez jusqu'au bout. »

Hier soir Desmond nous a téléphoné. Je crains que les motifs de nos amis ne résistent pas à l'examen. Son livre sort lundi[25]. Lui, qui oublie toujours tout, se souvient pourtant d'une vague promesse de moi, faite en manière de plaisanterie, d'en donner une critique dans le *Times.* Il m'en envoie un exemplaire. Il voudrait qu'on l'héberge ici. Je me demande maintenant comment disposer de ces fichus auteurs...

Jeudi 18 avril

Il y a un grave défaut dans le plan de ce journal, qui prévoit que je devrais le rédiger après le thé. Lorsque des personnes viennent pour le thé, je ne puis leur dire : « Voyons, attendez un instant que je note ce qui vous concerne. » Quand elles s'en vont, il est trop tard pour écrire. Et, ainsi, au moment même où je brasse des pensées et des descriptions destinées à cette page, j'éprouve le sentiment décourageant qu'il n'y a pas de page ; mes pensées se répandent sur le plancher. Et, vraiment, ce n'est pas facile d'éponger pour les rassembler à nouveau. Et en ce moment la longueur de la liste des visiteurs que je n'ai pas encore consignés suffit à me détourner de commencer. Le juge Wadhams, Hamilton Holt, Harriet Weaver, Ka, Roger, Nessa, Maynard, Shepherd, Goldie, sans parler de la Guilde, ni d'Alix, de Bryn, de Noel (autrement dit le Club 17) ; tous se sont accumulés depuis dimanche, et tous méritent quelque chose pour marquer leur place ; et je l'ai marquée sur le moment. Mais comment retrouver l'impression que nous ont fait Wadhams et Holt[26] ? Ce fut une visite prodigieu-

25. Il y eut une critique de *Remnants* de Desmond MacCarthy dans le *TLS* du 2 mai 1918, mais non sous la plume de V. W. L'ouvrage rassemble des articles sur divers sujets déjà parus dans le *New Stateman, The New Witness, The Eyes Witness* et *The Speaker.*

26. Frederick Eugene Wadhams (1848-1926), juriste d'Albany N. Y., et Hamilton Holt (1872-1951), qui devait être par la suite directeur de Rollins College, se trouvaient en Angleterre au titre de membres d'une organisation intitulée The League to Enforce Peace. Leur visite aux Woolf résultait sans

sement réussie. Nous nous y étions fort bien préparés. Ils ont fait des discours, ont examiné les tableaux et complimenté L., comme on l'avait prévu. Pour moi, ils m'ont impressionnée d'abord par leur vivacité qui, combinée à leur corpulence d'hommes bien nourris, leur donnait une apparence énergique ; ensuite par le respect qu'ils m'ont témoigné ; et enfin pour la simple raison qu'ils se sont montrés profondément épris de la Société des Nations. Le juge Wadhams a « repéré » tous les pasteurs des Etats-Unis. Ils sont en relation avec tous les groupements d'individus qui existent de par le monde, à ce que j'ai compris, du moins, grâce à une armée de dactylos qui envoient des brochures, avec une touche personnelle, partout où une brochure peut se nicher. Comparée à cela nos performances sont insignifiantes. « Nous vous avons mis tout en haut de l'échelle des penseurs constructifs de la guerre, Mr Woolf, je vois d'ici où vous placer sur les rayonnages de ma bibliothèque... Excusez-moi, vous avez employé à plusieurs reprises le mot " social ". Je ne comprends pas très bien ce que vous entendez par là... » Nous avons tous deux donné des explications pendant dix minutes. « Non, je ne comprends pas. » « Enfin, il nous faut maintenant nous rendre chez les Sydney Webb ; mais nous n'avons fait qu'effleurer la surface avec vous, Mr Woolf ; et il faudra tâcher de faire mieux la prochaine fois. Nos remerciements, Mrs Woolf, pour nous avoir permis de connaître votre demeure... » et ils sont partis.

Mais presque aussitôt Harriet Weaver est apparue. Là, nos prédictions se révélèrent complètement fausses. J'ai fait de mon mieux pour qu'elle se révèle, malgré son apparence, telle que la directrice de l'*Egoist* se devait d'être, mais elle est restée invariablement modeste, sensée et cérémonieuse. Son strict costume mauve lui

doute de la publication d'*International Gouvernment,* qui réunissait deux rapports préparés par L. W. pour le Département de recherches de la Société fabienne, et qui parurent d'abord en supplément au *New Stateman* en 1915, puis furent publiés en un volume en 1916 (voir plus haut, 18 janvier 1915, note 59).

seyait corps et âme, ses gants gris, gisant bien alignés près de son assiette, symbolisaient la rectitude domestique ; à table, elle a montré des manières de volaille bien élevée. Nous n'avons pu amorcer une conversation. Sans doute la pauvre était-elle gênée par le sentiment que ce qu'elle avait dans un paquet de papier brun était tout à fait en contradiction avec ce qu'elle-même était intérieurement. Mais alors comment a-t-elle pu entrer en relation avec Joyce et les autres ? Pourquoi est-ce par sa bouche que leur fange cherche une issue ? Dieu sait ! Elle manque de compétence en affaires et ne savait trop quel arrangement proposer. Nous avons examiné tous deux le manuscrit, qui semble être une tentative de reculer encore plus loin, mais toujours dans la même direction, les bornes de l'expression. Et puis elle s'en est allée. Et Ka est arrivée, et on lui a fait boire de l'huile de ricin dans un coquetier, et elle s'est étendue sur le canapé, a failli vomir, a passé une nuit agitée et s'est trouvée mieux le lendemain matin.

Ensuite, je suis allée à Guilford. Je ne vois vraiment pas comment faire entrer trois ou quatre heures de la conversation de Roger dans ce qu'il me reste de cette page (et puis il faut que je m'arrête pour lire Viola Meynell[27]). Il a discouru sur toutes sortes de sujets : le fait de vieillir, la solitude, la religion, la moralité, Nessa, Duncan, la littérature française, l'éducation, les Juifs, le mariage et *Lysistrata.* De temps à autre, il se référait à une phrase soit d'un livre de Proust dont j'ai oublié le titre[28], soit de sa traduction de *Lysistrata.* Et le lendemain au réveil nous avons trouvé les collines couvertes de neige et nous avons affronté le vent coupant et la pluie pour regagner l'Omega et aller ensuite à Gordon Square, où l'on nous a montré d'abord le nouveau Delacroix, puis le Cézanne[29]. Il y a six pommes dans le

27. *Second Marriage,* de Viola Meynell, dont une critique de V. W. parut dans le *TLS* d'avril 1918.

28. *Du côté de chez Swann,* dont Roger Fry fut un des premiers admirateurs enthousiastes en Angleterre.

29. L'importante collection de dessins et de peintures de ses contemporains qu'Edgar Degas avait rassemblée fut vendue aux enchères à Paris, à la

tableau de Cézanne. « Que peuvent *n'*être *pas* six pommes ? » me suis-je aussitôt émerveillée. Il y a leur lien les unes avec les autres, leur couleur et leur densité. Et puis pour Roger et Nessa, c'était une question infiniment plus compliquée encore. Une question de couleur pure ou en mélange ; et, si pure, laquelle ? Vert émeraude ou vert Véronèse ? Et ensuite de technique d'application de la peinture, et du temps que le peintre y avait passé. Et comment l'avait-il retouché et pourquoi et quand l'avait-il peint ? Nous l'avons transporté dans l'autre pièce et, vraiment, quel mauvais tour il jouait aux tableaux qui s'y trouvent ! On aurait dit une pierre précieuse véritable parmi des fausses. La toile des autres semblait frottée d'une mince couche de couleur bon marché. Les pommes en sont positivement devenues plus rouges, plus rondes, plus vertes. Je soupçonne ce tableau de posséder un très mystérieux pouvoir d'intoxication. Il a plu toute la journée et L., qui prenait le thé au-dehors, a ramené Goldie pour le dîner. Goldie se disait « humilié » par la chute de Bailleul[30], mais il n'en a pas moins raconté ses petites histoires précises et bien troussées ; et je suis allée à la Guilde, où je me suis bien trouvée de son ambiance raisonnable et de la certitude qu'elle représente quelque chose de bien réel pour ces femmes. Malgré leur passivité solennelle, elles ont tout au fond d'elles-même un désir inexprimé de quelque chose d'au-delà de la vie quotidienne. Je crois qu'elles apprécient beaucoup les cérémonies militaires et le rituel des élections, parce qu'ils symbolisent en quelque sorte cet autre chose. Elles ont rétracté leurs commentaires injurieux sur la femme qui a parlé de la syphilis, ce qui, à

galerie Georges-Petit, les 26 et 27 mars 1918. Maynard Keynes s'employa à obtenir du Trésor un don de vingt mille livres sterling à dépenser pour la National Gallery, dont le directeur assista à la vente avec lui. La situation militaire peu encourageante fit baisser les prix, et Maynard Keynes put ainsi acheter pour lui-même deux dessins et deux peintures : *Le Cheval au pâturage*, de Delacroix, et *Pommes*, de Cézanne, qui se trouvent actuellement, à titre de prêt, au Fitzwilliam Museum, à Cambridge.

30. Bailleul fut évacué par la seconde armée britannique les 15 et 16 avril 1918, lors de l'offensive allemande sur la Lys.

mon avis, est tout à leur honneur. Depuis, disent-elles, elles ont appris que la femme n'avait exposé que la vérité[31]. Elles aimeraient que je leur trouve quelqu'un pour leur parler d'éducation sexuelle, Mrs Hiscoke nous ayant avoué qu'elle avait dû demander à une amie d'expliquer à sa fille ce qui lui arriverait chaque mois, et qu'elle continuait à être gênée si l'on parlait de sexualité en présence de sa fille. Celle-ci a vingt-trois-ans.

Le mercredi 17 avril, L. est allé déjeuner avec Rowntree et a franchi un échelon de plus vers le fauteuil de rédacteur en chef. On prépare une maquette. R. continue à se retrancher derrière la question d'argent, mais n'en a pas moins remarqué : « Tu es l'homme. » L. avait la main si tremblante qu'il n'a pu déjeuner. Cela provient uniquement d'avoir discuté la question avant qu'il ne parte pour Londres. Je me suis rendue chez Caslon[32] et me suis assise dans cette imposante salle sans fenêtres, parmi les pupitres vides et les tables bien polies, tandis qu'on allait me chercher pour 1 shilling 6 de « h » (bas de casse), et que l'imprimeur de la Banque d'Angleterre commandait pour une tonne de caractères, à livrer immédiatement par camion, le poids dépassant les possibilités d'un taxi. J'ai éprouvé une immense satisfaction à écouter la conversation de ces hommes d'affaires solides et compétents, qui donnent des ordres avec tant d'autorité et de simplicité, sans jamais gaspiller une parole et avec tant de rondeur bon enfant dans le geste et l'expression. Thé au Club 17. Alix, Bryn, Noel étaient là et m'ont toutes déplu. Le jeudi nous avons fait une petite promenade, mais ce ne fut guère agréable dans ce vent coupant. Puis L. dut aller dîner avec Margaret. C'est tout juste s'il n'accepte pas avec plaisir un dîner en ville. Mais dans notre cercle il s'agit plutôt

31. Le 23 janvier 1917, à Hogarth House, Mrs Bessie Ward, conférencière du Council of Civil Liberties (Conseil des libertés civiques), s'était adressée à la section de Richmond de la Guilde des femmes, et ses allusions à la question « morale » et aux maladies vénériennes avait choqué et offensé son auditoire.

32. Fondeurs typographes, dont les établissements, connus sous l'appellation de Fonderie Caslon, se trouvaient alors dans Chiswell Street EC1.

d'affaires que de plaisir. On s'y rend pour rencontrer quelqu'un ou pour décider de quelque chose, ou pour faire ses adieux à un prisonnier. Le cas de Bertie continue à traîner en longueur. Aujourd'hui, j'ai reçu le livre de Desmond, envoyé, je regrette de le dire, « sur la demande de l'auteur ». Richmond, lorsque je lui ai demandé les livres de Desmond et de Lytton, m'a répondu : « Certainement si vous êtes capable de garder le secret. » Ne pouvant rien promettre, je lui ai écrit de s'abstenir de les envoyer. Et maintenant il me faut avertir Desmond et Lytton. Ils n'en souffriront pas vraiment, mais au lieu d'être tranquilles, ils vont s'inquiéter ; et, quant à moi, je ne sais trop si je suis contente ou désolée. Je crois que j'aurais pu exprimer quelques idées très intelligentes et quelques vérités, mais il est bien certain que l'on ne peut éviter une certaine gêne lorsqu'on écrit officiellement sur des personnes que l'on connaît bien.

Vendredi 19 avril

Journée d'effort colossal pour L. Huit pages entièrement imprimées. Il est parti à une heure et demie et à cet instant, six heures du soir, il est toujours chez l'imprimeur, debout dans le sous-sol à glisser page après page entre les rouleaux, n'ayant pris qu'un court instant pour le thé. Ce soir j'aurai huit pages à distribuer et ensuite à composer ; mais les caractères suffisent pour neuf pages et trois lignes avec les *h* neufs, le *t* étant la première lettre à s'épuiser. Neige, tempête de vent, froid mordant et par instants du soleil.

Dimanche 21 avril

Combien de malheureux, clergymen ou officiers en retraite pour la plupart, doivent être en train de tapoter le baromètre et de considérer lugubrement leurs pelouses couvertes de fleurs d'arbuste flétries — flétries avant d'être tout à fait écloses, et arrachées aux rameaux par le vent. Les vergers sont probablement perdus maintenant. Hier, à Kew, les magnolias offraient un spectacle bien attristant avec leurs gros boutons rosés, qui étaient tout prêts à s'épanouir en fleurs des plus magnifiques, et désormais brunis et recroquevillés, condamnés à ne jamais éclore et à rester laids toute leur vie. Nous avons remarqué plusieurs branches gainées de blanc à leur extrémité, signe, selon L., que l'on procède à une expérience de greffe. Les narcisses eux-mêmes sont tout tordus par le vent. Les arbres fruitiers noircis et gelés. Le temps continue d'être au vent et à la pluie et, par instants, à la neige. Je suis allée au concert au Palladium cet après-midi, mais tout compte fait, je l'ai regretté. Un pianiste du nom de Julian Clifford jouait du Mozart comme si c'était un *Rêve de valse,* lentement, sentimentalement et avec une sorte de mélancolie sirupeuse qui a gâché mon plaisir dans le concerto en *sol* mineur. L. à Staines. Il faut maintenant que j'écrive à Desmond, qui a téléphoné avec en tête, je le crains, cette critique de son livre.

Vendredi 26 avril

J'ai laissé passer plusieurs jours — je ne me rappelle pas pourquoi, mais en partie, au moins, parce qu'il y avait trop à raconter. Le lundi *22 avril* je me souviens d'avoir pris le thé au Club 17, où j'ai rencontré quelqu'un que j'ai pris pour Bryn, mais qui répondait au nom de Daphne[33]. Les Shove sont de nouveau refoulés vers la terre ; ont attendu jusqu'à la toute dernière minute et, ayant une promesse de situation le lundi, hésitaient encore entre Cambridge, Hertford et Hamp-

33. Ermengard Maitland (1888-1966) était la sœur aînée de Fredegond et s'occupait d'une ferme dans le Gloucestershire. Daphne Olivier (1889-1950) était la troisième des quatre sœurs Olivier.

shire. J'ai surtout bavardé avec Ermengard — qui vient rarement, mais donne l'impression qu'on la connaît bien. Comme L. l'a remarqué, ces femmes qui vivent à la campagne prennent quelque chose de lent, de bovin, très rafraîchissant, à mon sens. Elle élève des taureaux primés, joue de la contrebasse le soir, et écrit des histoires peu édifiantes pour les enfants. Elle semble s'être installée dans une niche qui lui convient à la perfection, dans laquelle elle vit à sa guise, ayant maintenant une foi quaker qui complète son personnage. Elle m'a donné l'impression d'une grande fleur des jardins étalant confortablement ses racines en tous sens et bien plantée dans le sol — une giroflée ou une rose trémière, disons.

Le mardi 23 avril, Wright a dîné et couché ici. J'ai écouté avec respect une longue conversation dans laquelle L. et lui tenaient leur rôle avec une connaissance parfaite des règles du jeu. C'est l'impression que m'a laissée leur manière de parler, réfléchie, aisée, en même temps que concise. Il est difficile de dire dans quelle mesure W. est affecté par son sort. Les règles du jeu exigent une courtoisie sans faille. C'était extrêmement aimable à lui de jouer si bien. Il a offert toute l'aide qui lui serait possible. Ses propres pouvoirs de rédacteur en chef étant, dans son opinion, supérieurs aux nôtres et même à ceux du conseil d'administration, c'était très gentil de sa part, mais il semble qu'il y ait du vrai dans ce qu'il a déclaré ; qu'il préfère confier à d'autres l'exécution de ce qu'il désire plutôt que de s'en charger lui-même[34]. Il est affligé de diverses maladies, et se montre très lent, mettant deux fois plus de temps que nous à venir à bout d'un repas, et peut-être quatre fois à arriver au bout d'une phrase. La question des salaires a été débattue. W. pense que l'on s'en remettra à lui. Il

34. C'était pour supplanter la revue *War and Peace*, dont Harold Wright avait été le rédacteur en chef, que le groupe Rowntree entendait lancer *The International Review*, avec L. W. pour rédacteur en chef. Harold Wright était à demi infirme depuis l'enfance, et souffrait d'asthme et de troubles cardiaques.

propose de 200 à 250 livres pour Miss Matthaei ; entre 300 et 400 livres pour L. C'est plus que nous l'espérions. Toutefois cela ne dépend pas seulement de Wright. (Ici l'Aigle téléphone qu'il va se présenter au Parlement — comme candidat travailliste. A ce compte-là le chat de l'île de Man aurait sa chance[35].)

Mercredi [24 avril], Lottie a répandu sur le sol la moitié d'un plein casier de caractères, et j'ai dû passer quatre heures à trier chaque compartiment, travail éprouvant s'il en fut jamais. Elle avait tout mélangé pensant, ou espérant, que les lettres, bien que disposées dans divers compartiments, étaient toutes les mêmes.

Jeudi, je suis restée étendue et L. est allé s'occuper des épreuves au bureau.

Vendredi nous avons composé et nous sommes permis une courte promenade. Le temps oscille entre brouillard et soleil, ce qui du moins nous épargne les raids, bien que ce soit la pleine lune.

Mercredi 1er mai

C'est tenter le sort que de dire que l'on est à l'abri des raids. Vendredi [26 avril] je suis allée à l' « Hippodrome » pour me frotter à un certain monde, pendant que L. se frottait à une autre variété au Club 17. La stupidité du music-hall, incroyable et pathétique (car, vraiment, on aurait pu être stimulé davantage, et on ne riait que par politesse) m'a causé un vague malaise. Mais l'humour de Harry Tate[1], bien que de bas étage, n'en est pas moins ce bizarre humour anglais, naturel à notre race, qui nous porte tous à rire, je ne saurais dire

35. J. C. Squire se présenta comme candidat travailliste pour l'université de Cambridge lors des élections générales du 14 décembre 1918. Il obtint 641 voix, moins du huitième de la totalité de celles de sa circonscription, perdant ainsi les cent cinquante livres de caution exigées par la loi pour tout dépôt de candidature.

1. « The London Hippodrome » était un grand music-hall tout proche de Leicester Square. V. W. assista à une revue intitulée *Box O' Tricks* (« Boîte à malices ») avec Harry Tate, grand spécialiste du monologue comique.

pourquoi ; et dont on sent d'instinct qu'il est une chose authentique, tout comme les Athéniens le sentaient de la poésie. Suis rentrée vers onze heures. A minuit, les fusées à pétard habituelles et même des sifflements supplémentaires. C'était sans doute la clarté de la nuit qui nous valait cela. Nous avons fait un paquet de nos couvertures pour les transporter à la cuisine, où nous nous sommes installés à nos places attitrées, L. et moi étendus près de la grille, N. et Lottie chuchotant dans la cave. Au bout de vingt minutes, j'ai cru entendre les trompettes de fin d'alerte. On croit toujours s'imaginer entendre tant de choses que je n'ai rien dit. Dix minutes plus tard, Nelly s'est écriée : « Les trompettes ! » C'était bien cela. Nous sommes remontés, tentés d'incriminer un quelconque employé qui aurait eu des hallucinations auditives, transformées par la nuit en certitudes. Mais Desmond nous dit que ce sont trois aéroplanes américains survolant la côte sans préavis qui ont réveillé tout Londres avec cette fausse alerte, dont les journaux n'ont même pas parlé.

Samedi nous sommes allés à Hampton Court, pour la première fois depuis longtemps. Encore que par ce temps... (Mais je suis injuste, il a fait beau samedi.) Nous avons eu une conversation formidable sur l'équateur. Au beau milieu d'une démonstration avec deux cailloux, Jack Radcliffe[2] est passé (à ce qu'il m'a semblé, du moins). Cela détourna mon attention et me valut une sévère réprimande. Il s'est avéré que je prenais l'équateur pour une rondelle rouge sombre sur un ballon. L'ignorance aggravée d'inattention, qui ressortait de cette évidence, a paru si énorme que nous avons été réduits au silence pour près de vingt minutes. Cependant l'on m'a pardonnée, et puis éclairée sur les tropiques du Cancer et du Capricorne. Au départ, il avait été simplement question de connaître l'heure du

2. Probablement un des fils du juge Radcliffe, dont la femme était une cousine de Kitty et Susan Lushington, amies de la famille Stephen à l'époque de Hyde Park Gate.

lever et du coucher de la lune et du soleil au cours des différents mois de l'année.

Dimanche [28 avril] Desmond est venu dîner, ou plutôt venu après dîner. Engoncé dans du raide drap noir, avec quelques volutes dorées disposées sur sa personne, et des bottes de cuir, il a l'air intrépide d'un vieux loup de mer[3]. Mais, sous cette carapace, il est toujours aussi tendre et vague, et fatigué par sa journée de travail qui a, il s'en rend compte avec inquiétude, et nous aussi, un effet tangible sur son comportement. Son entrain avait quelque chose de factice ; on aurait dit qu'il continuait à faire fonctionner son esprit sous le regard de ses supérieurs ; mais cela s'est atténué à la longue, et il s'est mis à bâiller sans parvenir à se ressaisir ; il faut dire que les bâillements de L. y étaient pour beaucoup. Tard dans la soirée, il a entrepris de lire à haute voix le manuscrit de Joyce, et surtout d'imiter la nouvelle transposition que celui-ci donne du miaulement du chat. Mais L. est allé se coucher et, bien que me sentant capable de passer toute la nuit ainsi, j'ai éprouvé des scrupules et attiré Desmond vers l'escalier, en ramassant des livres sur mon passage. Le lendemain matin, alors qu'il avait dit que le petit déjeuner à huit heures et demie serait, à la rigueur, assez tôt pour lui, il est resté à parler livres jusqu'à dix heures, puis s'en est allé sans se presser, complètement désorienté, vers son bureau. L. a dîné chez les Webb. Arrivée là, il me serait fort commode de disposer de la plume du chroniqueur intelligent et bien informé, qui écrit pour l'avenir, et serait capable de rapporter ce que Sir Tyrrell, Camille Huysmans et les Sydney Webb ont dit de vraiment intéressant[4].

3. Desmond MacCarthy était alors affecté au bureau des renseignements de l'Amirauté et avait le grade (et portait l'uniforme) de lieutenant de la Royal Naval Volonteer Reserve.

4. Camille Huysmans (1871-1968), socialiste belge, écrivain et homme politique, ami personnel de Lénine et de la plupart des chefs socialistes. Elu à la Chambre des députés en 1910, il occupa divers postes importants après la guerre : ministre de l'Education, maire d'Anvers, président de la Chambre des députés, et il fut même, six mois durant (en 1946-1947), Premier ministre

(De la main de L. W.)

Eté dîner chez les Webb. Trouvé là Camille Huysmans et Sir William Tyrrell. Ce dernier est à présent chef du service de renseignements du ministère du Commerce, et occupé à rassembler tout un dossier sur nos conditions pour la conférence de la paix. Petit bonhomme rond, gris, aimable — ressemble plus à un littérateur bien élevé — si cela existe — qu'à un diplomate. Très franc — ostensiblement — et n'a pas cessé de parler de la politique et des gens. « Un de mes amis était à Kiel le jour de l'assassinat de l'archiduc, et a vu le Kaiser aussitôt après avoir appris la nouvelle. Le K. a dit : « *Es ist ein Verbrechen gegen das Germantum*[5]. » Quand j'ai su cela, j'ai compris que cela signifiait la guerre. » « Lichnowsky[6] n'est pas bien malin. C'est une sorte d'idiot du village. Son sang polonais lui donne toutefois un semblant d'intuition, de sorte qu'il voit parfois plus loin que des hommes plus intelligents — l'intuition de l'idiot du village. » Il dit que le seul espoir est que les Alliés se déclarent une fois pour toutes pour une Société des Nations et lui définissent une constitution. Et que nous serons surpris, si l'offensive allemande échoue, par la fermeté que les Allemands mettront encore dans leurs exigences. « Wilson, dans certaines circonstances, sera le plus inébranlable des jusqu'au-boutistes. » On n'a jamais rien écrit de plus impertinent que la réponse de Kühlmann au

du gouvernement belge. Sir William Tyrrell (1886-1947), diplomate, avait été de 1907 à 1915 le très influent chef de cabinet du ministre des Affaires étrangères, Sir Edward Grey. Il était pour l'instant membre du Phillimore Committee, créé pour étudier la possibilité d'une Société des Nations.

5. « C'est un crime contre le pangermanisme. »

6. Prince Charles Max Lichnowsky (1860-1928), ambassadeur d'Allemagne à Londres de 1912 à 1914, occupait alors un poste au ministère des Affaires étrangères à Berlin. Sa femme, la comtesse Mechtilde Arco-Zinneberg (1879-1958), écrivain et collectionneur de tableaux modernes, avait été avant la guerre une des plus brillantes hôtesses de Londres. C'était une amie de Roger Fry.

pape[7]. Un de mes amis a rencontré K. et K. lui a dit de me demander à son retour en Angleterre ce que j'en pensais. J'ai dit : « Répondez à K. que j'en pense exactement ce qu'il en pense lui-même ! » Il prétend qu'il a toujours su que la plus grande erreur des Alliés a été de refuser à nos représentants de se rendre à la conférence de Stockholm.

Mardi [30 avril], je suis allée à Londres. En fait, je suis allée voir les imprimeurs de Farringdon Street, où j'ai eu vent d'une presse d'occasion ; mais dans quelle mesure c'est encore des paroles en l'air de commerçants, je l'ignore.

Mercredi 1er mai, nous aurions dû achever l'impression ; nos huit pages étaient prêtes et une neuvième aussi (nous avons épuisé tous les caractères, cette fois). Mais la revue de l'imprimeur est sous presse jusqu'à samedi. Ces contretemps sont inévitables, mais irritants. Cela marchait si bien.

Jeudi, nous avons tenté d'imprimer la page de titres sur la petite presse. Impossible d'arriver à rien. La cause du mal nous a échappé. Nous avons abandonné en désespoir de cause — ou du moins à force d'exaspération. Toutes ces dernières journées ont été aussi noires que des jours de novembre, avec un grand vent d'est glacé.

Vendredi 3 mai

L. à Londres pour y rencontrer Henderson[8]. Au cours de cette visite il a vu toutes les célébrités du jour. Les

7. Richard von Kuhlmann (1873-1948), diplomate allemand, qui fut secrétaire d'Etat aux Affaires étrangères pendant dix mois en 1917-1918. Tout en croyant à la possibilité d'un compromis pour mettre fin à la guerre, Kuhlmann avait écarté les offres de paix du pape Benedict XV dans sa note aux puissances datée du 16 août 1917. Il dut quitter son poste pour avoir déclaré au Reichstag, le 24 juin 1918, que l'issue de la guerre ne dépendait pas seulement de mesures militaires.

8. Arthur Henderson (1863-1935), syndicaliste et pionnier du mouvement travailliste qui, en 1916, fit partie des cinq membres du cabinet de guerre de Lloyd George. Il fut avec L. W. un des instruments de l'adhésion du parti travailliste à l'idée d'une Société des Nations.

Webb, Goldie et le reste. Je me suis rendue dans un bureau de placement de King's Road, pour tâcher de trouver une bonne pour Nessa. La femme, très Chelsea, aussi identifiable qu'une porcelaine de Chelsea, mais par sa robe, sa manière d'être et son raffinement. Elle dispose d'une bonne, ce qui est le plus important. Ensuite, autobus et métro jusqu'à Hampstead, pour un thé chez Margaret. J'ai failli prendre Lilian, presque allongée sur un coussin vert, pour un chat persan. Janet était là, drapée dans un de ces classiques tissus rouges qui offrent aux personnes de Hampstead un compromis entre l'art et la mode. Margaret terriblement grasse et épaisse ; tout en noir. Elle avait disposé deux photographies d'Ottoline devant mon assiette. J'ai vu en cela l'expression même de la solidarité féminine. L. est arrivé et nous avons eu, à propos des cartels du lait, une longue discussion semi-politique sur le gouvernement. La conversation de Margaret apporte une note d'austérité dans la pièce.

« Ah oui, ma vie est un compromis, rien qu'un compromis », a-t-elle déclaré. J'ai été frappée comme toujours par ce que sa personnalité a d'authentique, et aussi par le bon sens tout simple de Lilian qui ne perd jamais de vue l'essentiel et se montre toujours prête à défendre ses idées, ce qui peut surprendre, étant donné son air modeste. En fait, je crois qu'elle aborde les choses sous un meilleur angle que la plupart des femmes, car elle est exempte de toute vanité, alors qu'elle pourrait s'en permettre. Dans sa façon de s'habiller, de se comporter, dans son apparence, elle est des plus ordinaires, et pour cela même sa conversation, sa pipe, frappent fortement. Janet montre d'incontestables signes d'âge ; non pas effacée, mais de plus en plus pensive — dodeline un peu de la tête. Mais elle paraissait très bien portante.

Samedi 4 mai

Hodson[9] est venu déjeuner. Il est soldat maintenant, bien que fonctionnaire de son métier. Homme dur, direct, qui parvient à donner à toute sa personne le même air rasé de près que son crâne. Très moyennement doué, je pense, et ainsi bon exemple de ce que la vie peut faire des humains. Il ne jouit d'aucun don particulier, d'aucune fortune qui puissent lui faciliter l'existence. Vu sous cet angle je l'ai trouvé plutôt attristant ; il a l'air si sévère, si dénué de prétentions, il est résigné à tout ce qui lui arrive comme étant bien assez bon pour lui, de toute manière. Il n'aimait pas la guerre, mais s'est engagé « par devoir ». En premier sont partis les célibataires, puis les hommes mariés, puis ceux qui en avaient les moyens. Son passage lui a coûté 200 livres. Mais dans tout cela, aucune trace d'héroïsme. Simplement « c'est la vie ». Il est allé à Kew avec Leonard. Et moi chez l'imprimeur, qui est encore fermé. Premier jour de beau temps depuis le 1er avril à peu près. Chaleur, ciel bleu, pas de vent. Les oiseaux chantaient, les promeneurs fourmillaient.

Dimanche 5 mai

Mais quand le vent souffle de l'ouest, c'est un déluge. Un printemps pareil, je n'ai pas le souvenir d'en avoir jamais vu, encore qu'il ait fait aussi vilain l'été que j'ai passé au lit à Twickenham[10]. Selon Nessa le temps est le même à la campagne. Toujours est-il que nous avons

9. T. A. Hodson avait été commissaire de police d'un district de Ceylan à l'époque, 1908-1911, où L. W. y était sous-agent du gouvernement.

10. En juillet et août 1910 V. W. avait passé six semaines dans la maison de santé privée de Miss Thomas, à Twickenham où l'on soignait des malades atteints de troubles nerveux. Elle y retourna durant l'été 1913, mais pour une quinzaine de jours à peine.

endossé nos imperméables pour aller nous promener en amont du fleuve, et ensuite descendre l'avenue. Nous n'avons guère aperçu qu'un couple. C'était grande pitié que de voir les charrettes d'oranges à demi recouvertes, flanquées un peu plus loin d'un homme trempé, s'abritant sous un arbre, ses ventes du dimanche réduites à rien. Les salons de thé de plein air avaient, eux aussi, un air échevelé, avec leurs jonquilles courbées et ruisselantes. En passant devant Dysart House[11] nous avons entendu un coucou; à l'intérieur quelques personnes, échouées là pour la fin de semaine, écoutaient un piano mécanique. Desmond s'est décommandé, à notre grand soulagement, je l'avoue. Sa mère s'est brûlée au visage en allumant un poêle à gaz. L. était plutôt migraineux, sans doute à cause d'une fluxion dentaire.

Lundi 6 mai

L. était si mal en point ce matin que nous sommes sortis à onze heures, car il faisait un beau soleil, le vent soufflant de l'est. Nous voulions nous asseoir dans Kew Gardens, mais les jardins n'ouvrent pas avant midi. Nous nous sommes donc installés sur un banc à Kew Green, qui a été converti en jardins ouvriers : vilaines parcelles de terrain nu, semé de papiers blancs fichés dans des bâtonnets. A midi nous sommes entrés. A la fraîcheur et à la beauté environnante, s'est ajouté le sentiment d'être dehors, alors que nous aurions dû être à la maison; cela transforme toujours les choses en une sorte de spectacle. Il semble se poursuivre en votre absence. Nous étions assis sous un arbre, où nous sommes devenus le pôle d'attraction des moineaux et

11. Ou plus exactement Ham House qui, en 1918, était encore la propriété des Earls de Dysart. Bâtie au XVIIe siècle pour le duc de Lauderdale, elle regarde la Tamise à Petersham. Elle est maintenant administrée par le Victoria and Albert Museum, ayant été remise au National Trust en 1948.

des rouges-gorges, mais avons aussi été dérangés par les attentions d'un gigantesque aéroplane.

L. est allé chez Harrison, qui lui a arraché sa dent, car elle était en très mauvais état et, selon lui, lui déversait dans l'organisme du poison en quantité suffisante pour provoquer d'innombrables migraines. Je suis allée à Londres, faire mon tour habituel, celui que je préfère. Dans ma béatitude, j'ai oublié la raison principale de ma venue : l'achat d'un ruban pour machine à écrire. Mais tant pis, ce sera l'occasion d'une autre partie de plaisir. Je n'aime pas tellement Mudie parce qu'on m'y fait attendre, mais j'adore Holborn et Charing Cross Road, et j'aime assez arriver au Club 17 pour y trouver ou y attendre quelqu'un avec qui j'ai à parler. Mais je n'aime pas acheter les chapeaux, même si j'ai presque surmonté l'horreur que cela m'inspirait, en apprenant à regarder les modistes droit dans les yeux et à demander ce que je veux d'une voix assurée. Dix-huit shillings pour un chapeau me semble bien cher, mais c'est ce que j'ai déboursé. Cela me soulage tellement de l'avoir acheté que je me retrouve toute contente finalement. Mais le visage des femmes dans la rue ! Aussi dénué de sens qu'une partie de cartes ; et leur langue de vipère ! Au Club j'ai trouvé James qui lisait *Antigone*. Leonard n'a pas tardé à arriver avec Adrian. Ce dernier paraît démesurément grand, et son petit nœud de cravate lui donne l'air plus frivole que distingué, comme si un papillon s'était posé sur lui par erreur. Il travaille dans je ne sais quel bureau. Nous avons bavardé. Rien de plus solide que les liens du sang ; tant de choses vont de soi, une fois passé la première timidité. Puis Barbara a fait son apparition, coiffée de son chapeau rond, le noir avec le ruban rouge cerise, pimpante à faire douter qu'elle soit jamais allée en France, mais tout de même un peu différente, il me semble. Nick est à l'hôpital, et de très mauvaise humeur. Elle passe tout son temps libre avec Saxon. Je crois bien que leur jeu de bascule ne s'avère plus très satisfaisant, mais on n'est pas forcément en droit de déduire cela d'une ombre autour des yeux de

Barbara. Nous sommes passés ensuite à la London Library. Et puis retour à la maison.

Mardi 7 mai

J'écris en attendant Philip Morrell pour le dîner — non pas qu'il soit nécessaire de s'étendre là-dessus. Vent d'est, pluie diluvienne, ciel gris une fois de plus. Lettre de Harry Stephen parlant d'une visite éventuelle, comme si, toutes ces dernières années, il avait eu coutume de passer nous voir après dîner une fois par semaine [12]. Les liens du sang ? L'esprit des Stephen fonctionne de façon très bizarre. L. mieux, mais pas tout à fait rétabli. Cette dent était un monstre préhistorique. Il faut maintenant que je lise *Trivia* de Logan. L. est parti pour une réunion à la Chambre des communes pour la Société des Nations. J'ai reçu une avalanche de livres, comme d'habitude : trois Tchekhov, Logan, Squire et Merrick me sont tombés dessus [13].

Les Woolf séjournèrent à Asheham du 17 au 28 mai. Le journal d'Asheham ne comporte cependant aucune note relative à cette période.

Mardi 28 mai

L'avalanche de livres a été déblayée ; et Squire proprement étrillé aussi. Mais cela a coïncidé avec un tel

12. Harry Lushington Stephen, cousin de V. W., avait été jugé à la Cour suprême de Calcutta jusqu'en 1914. Depuis lors, il siégeait au County Council de Londres.

13. La critique de deux volumes de nouvelles d'Anton Tchekhov, traduits par Constance Garnett, donnée par V. W. au *TLS*, parut dans le numéro du 16 mai 1918 ; celle de *The Gold Tree* (« L'Arbre d'or »), de J. C. Squire, dans le numéro du 23 mai ; celle de *Trivia*, de Logan Pearsall Smith, dans le numéro du 23 mai : et celles de *While Paris Laughed* (« Tandis que riait Paris ») et de *Conrad in Quest of His Youth* (« Conrad en quête de sa jeunesse »), tous deux de Leonard Merrick, dans le numéro du 4 juillet 1918.

afflux de visiteurs que j'en suis restée bloquée jusqu'à l'abêtissement complet, je le vois. Mais le fait que je prenne la plume aussitôt rentrée d'Asheham montre que j'espère pouvoir considérer ce journal comme une ramification naturelle de ma personne — une plante plutôt ébouriffée et envahissante, qui déploierait un mètre de tige verte pour de ses fleurs. La métaphore vient d'Asheham.

Mais tout d'abord parlons de Janet, Desmond, Katherine Mansfield et Lilian ; d'autres encore, car en effet il y a eu aussi Harry Stephen et Clive. Chacun m'a laissé de quoi remplir toute une page de commentaires — inutilisables à présent, en partie, je crois, à cause de cette habitude qui m'est propre de raconter à d'autres ces incidents-là. Et une fois qu'ils ont été racontés, je n'ai plus envie de revenir dessus, le récit ayant laissé dans mon esprit un sillon qui durcit le souvenir, le fige et le rend un peu ennuyeux. Mais j'ai vadrouillé dans Richmond Park au clair de lune avec Desmond. Nous avons escaladé une barrière pour nous retrouver dans le bosquet funéraire de Miss Hickman[14], où nous avons découvert que les tumulus vert sombre étaient hérissés de rosettes rouges. Le rhododendron est une fleur ravissante au clair de lune. Et nous aperçûmes une cuvette de cabinet en porcelaine, ravissante, elle aussi, à la clarté de la lune, providence du pensionnaire assisté, implantée parmi les fougères et les buissons en fleurs. Desmond qui, avec une insistance incompréhensible, me téléphonait, m'écrivait, venait me voir pour me convaincre de déjeuner avec le prince Bibesco n'a plus reparlé de cela, a bu toute une bouteille et lancé des roulades de rossignol enivré, tendre, drolatique, nostalgique et, lorsqu'il évoqua les morts, triste sans doute, mais quand même avec une sorte de bonheur. Mais il a parlé

14. Miss Sophia Hickman, médecin suppléant de l'hospice royal, disparut le 15 août 1903. En octobre de cette même année, on découvrit son cadavre décomposé dans Sidmouth Wood, Richmond Park, sous les rhododendrons. V. W. fit allusion à la disparition du Dr Hickman dans une lettre à Emma Vaughan, datée du 30 août 1903 (voir *I V. W. Letters*, n° 99).

pertinemment du charme et de l'intelligence de Molly.

« Ah ça, je n'ai jamais redouté de drames dans votre vie *à tous deux* », ai-je dit ; et cela est vrai, même si le bruit court parfois qu'ils tirent sur leur laisse. Mais la vie moderne permet de faire la part des choses. Katherine s'est montrée de marbre, comme d'habitude ; mariée depuis peu à Murry, et se plaisant à laisser entendre que c'est pour satisfaire aux convenances [15]. Elle a l'air affreusement malade. Comme d'habitude nous sommes parvenues à une entente étrangement complète. J'ai dans l'idée qu'à travers tous ces miasmes et failles qui écœurent ou déconcertent la plupart de nos amis j'atteins ce qui en elle est du vrai roc. C'est sa passion pour l'écriture, je pense. Mais la voilà partie pour la Cornouailles. Stephen Harry a débité ses vieilles histoires, plissé le nez et fait plusieurs allusions à son grand âge. Il a cinquante-huit ans. C'est indubitablement un raté, mais cela a toujours un effet rafraîchissant ; les ratés sont plus insouciants que les gens qui ont réussi ; mais on ne peut pas dire non plus que Harry soit insouciant. Il est modeste, plein d'humour — et tout cet orgueil qu'il a de son père et de ses ancêtres... Il continue à tirer de sa poche un énorme canif, et lentement en ouvre à moitié la lame, puis la referme [16]. Janet a montré plus d'entrain qu'elle n'en avait ces derniers temps. Elle a discuté grec avec L. Elle continue à se creuser la tête sur les théories de Platon ; reste très ouverte et disposée à admettre tout ce qu'on lui sortira. J'ai sorti en premier le roman de Joyce, et puis les Murry, qui seront bientôt ses voisins [17]. Lilian a lu à la Guilde un papier bien dans l'esprit du mouvement coopératif. Je pense que si j'appartenais au

15. Le divorce de Katherine Mansfield et de George Bowden, son premier mari, qu'elle quitta le matin même qui suivit leur mariage, le 2 mai 1909, fut rendu définitif à la fin du mois d'avril 1918. Et elle se remaria le 3 mai avec John Middleton Murry, avec lequel elle vivait depuis 1912. Elle déjeuna chez les Woolf le 9 mai.

16. Cf. Peter Walsh dans *Mrs Dalloway :* « Il mit la main dans sa poche et en tira un gros canif, dont il ouvrit à moitié la lame. »

17. Durant l'été de 1918 les Murry louèrent une maison au 2 Portland Villas, East Heath Road, où ils s'installèrent en juillet. Janet Case habitait Windmill Hill, Hampstead.

mouvement je me formaliserais du soin maternel qu'elles prennent de l'âme des femmes. Mais je vois quelle terrible tentation ce doit être, quand on se croit dans le vrai, de vouloir guider et influencer les autres.

Puis Clive s'est manifesté dans son grand rôle d'homme du monde, venant tout droit de chez Max Beerbohm et enclin à se croire un des plus grands d'entre nous. Il m'a envoyé son livre, où je me suis trouvée aux côtés de Hardy et Conrad ; et Nessa et Duncan classés premiers [18]. Il a discouru, péroré, fait des insinuations sur ses amis, ses sorties, ses occupations — mais pas d'une manière agressive, du moins pas avec moi. Il donne ou aspire à donner l'impression qu'il s'installe au Café Royal [19] avec Mary et que les jeunes poètes et peintres entrent en passant ; qu'il les connaît tous et qu'ils discutent le coup ensemble. Son livre est morale solide, mais non critique très éclairée. Il ne semble guère avoir d'intuition en littérature. Roger prétend qu'il ne connaît rien à la peinture. Par ailleurs, il possède la rectitude instinctive des Anglais. A Asheham nous avons reçu Roger, fait un pique-nique et j'ai passé une nuit à Charleston. Voilà pour ce qui est des fréquentations. Mais l'important fut le temps. Il régnait une telle chaleur qu'il était impossible de se promener avant l'heure du thé. Nous nous installions au jardin, moi lisant paresseusement, L. jardinant, mais pas assis. Nous n'avions encore jamais eu une aussi belle floraison ; plantes grimpantes à profusion, ancolies, phlox et, le jour de notre départ, de gros pavots rouges tachés de violet. Les pivoines étaient aussi sur le point de s'ouvrir.

18. *Potboilers*, de Clive Bell, parut le 9 mai 1918. Dans l'introduction, l'auteur fait allusion à « nos trois meilleurs romanciers vivants : Hardy, Conrad et Virginia Woolf ». Dans une des chroniques, *The Mansard Gallery*, jusque-là impubliée, sur une exposition organisée par Roger Fry chez Heal et que V. W. était allée voir le 17 octobre 1917 (voir plus haut), il s'attache surtout à l'œuvre de Duncan Grant et de Vanessa Bell, mais non moins à celle de Mark Gertler.

19. Le Café Royal, à l'extrémité de Regent's Street, du côté de Piccadilly Circus, était tout spécialement le rendez-vous des écrivains, des artistes et des étrangers

Il y avait un nid de merles contre le mur. La nuit dernière à Charleston, couchée, la fenêtre ouverte, j'ai écouté un rossignol qui s'approchait peu à peu du jardin. Les poissons faisaient un clapotis dans le bassin. Le mois de mai en Angleterre est tout ce que l'on en dit : opulent, extasié, prolifique. J'ai beaucoup discuté avec Nessa, surtout de domestiques et autres possibilités. Bien entendu, Roger est venu de Bo-Peep [20], et il y avait Mrs B.[rereton], très brunie, solide, impassible, la charité même, et très compétente. Roger et moi avons improvisé une sorte de chœur de crapauds, croassant que nous aimions, que nous admirions et ne recevions que des rebuffades pour notre peine — cependant que Nessa demeurait à peu près silencieuse à coudre une robe à la lumière d'une lampe. Roger devient plus égoïste, ou je m'aperçois davantage qu'il l'est. Ses plaintes étaient mieux fondées que les miennes. Tous les gens intéressants sont égoïstes sans doute, mais l'être n'est pas souhaitable en soi. A en juger par le bruit il y avait quantité de lapins belges et des enfants en proportion égale, mais ceux-ci ont des chambres et un horaire à eux, et Mrs B. veille à ce qu'ils s'y tiennent ; on ne les voit jamais. Saxon et Barbara nous succèdent aussitôt à Asheham ; c'est le compromis auquel nous sommes parvenus, car nous ne tenions pas à les y recevoir nous-mêmes, comme ils l'avaient tranquillement suggéré.

Jeudi 6 juin

Ces trous sont imputables au temps qu'il fait. Ce n'est pas un temps à s'installer au coin du feu. J'éprouve même des difficultés à lire. Les fenêtres sont ouvertes toutes deux, les enfants d'à côté jouent dans le jardin, la même ritournelle vient de la chambre du professeur de

20. Une ferme au pied des collines, à environ un mile au sud-est de Charleston, où Roger Fry avait loué un logement pour quelques semaines pendant l'été 1918, afin d'être près de Vanessa Bell.

chant, au-dessus de la blanchisserie. Les oiseaux s'égosillent dans les arbres. J'ai envie de me promener dans de grands espaces verts. Il est impossible de se concentrer. Il faut donc laisser passer les choses sans les consigner. On se montre très sociable par ce temps. Adrian et Karin sont venus dîner dimanche, elle, affectant résolument le genre artiste, mais affligeante en vert vif à gros motifs brodés. Ils vivent plutôt à l'écart de notre univers, de tous les univers, ne puis-je m'empêcher de penser, mais je me trompe peut-être. A. ne se donne jamais la peine de voir personne, et ensemble ils forment un bloc trop compact pour être des invités agréables à une réception. A. s'est montré amusant pourtant. Un préjugé me pousse à trouver remarquables mes proches parents. Il est certain qu'il nous a fait rire avec ses histoires sur Saxon : « Il lui faut un quart d'heure pour passer de la position couchée à la position assise. » A. est observateur, mauvaise langue, mais sans y mettre autant de méchanceté qu'autrefois. Lui possède le goût, elle l'énergie. J'ai vu Alix aussi, et même je lui ai demandé de rentrer dîner avec moi, L. étant sorti. Je crois que de la profonde noirceur de son horizon commence à se dégager une imperceptible lueur d'aube. Elle est capable de concevoir la possibilité de trouver un jour un livre qu'elle puisse lire. Elle a essayé les mathématiques de Bertie, a abandonné, mais n'a pas complètement écarté ma suggestion de l'histoire du droit. Elle veut travailler à quelque chose qui n'a d'importance pour personne, qui ne sera jamais utilisé ni regardé ni lu, et à quoi consacrer trois heures, ni plus ni moins, par jour.

Et puis Carrington est venue prendre le thé avec moi, L. faisant encore un discours. (Je perds le compte de ses activités, à présent, entre la Société des Nations et ses manigances, *War and Peace* et ses possibilités, à quoi s'ajoute l'obstination des moricauds et le comité du Club 17.) Carrington est restée plus de deux heures et je crois qu'il faut voir en cela un signe de jeunesse. Elle est étrange avec son mélange de spontanéité et de timidité.

Je me demande parfois ce qu'elle cherche : elle est si désireuse de plaire, conciliante, remuante et active. Je crois que sous le coup de l'influence de Lytton elle a beaucoup perdu de son équilibre intérieur. Elle continue à éprouver une immense et curieuse admiration pour lui et pour nous. Jusqu'à quel point est-ce en connaissance de cause, je l'ignore. Elle regarde un tableau comme le fait un artiste ; elle a adopté la manière Strachey d'évaluer les gens et l'art ; mais elle se donne tant de mouvement, elle est si pleine d'ardeur, si rouge et si solide, et en même temps montre tant de curiosité qu'on ne peut s'empêcher de l'aimer. Elle m'a mise au fait de tous les commérages. Jos a épousé sa gouvernante sourde, et ainsi anéanti les espoirs de Dieu sait combien de Marjorie[1]. Celle-ci est congédiée de la façon la plus brutale, humiliée au vu de tous ses amis — ou du moins c'est ce que je ressentirais à sa place. Lytton se plaint de ce que les critiques n'aient pas discuté ses jugements. Ils l'ont complimenté sans beaucoup de subtilité, en se copiant les uns les autres. N'empêche que l'on sort une autre édition de son livre. Les personnes d'un certain âge, les Ottoline et les Goldie ne ménagent pas leurs éloges. Je ne l'ai pas encore lu jusqu'au bout ; et j'ai même tâché d'éviter de formuler une opinion personnelle, sachant qu'elle sera peut-être trop compliquée. En tout cas, comme il est l'heure de préparer le dîner et que je dois ensuite aller à Londres pour *La Flûte enchantée*[2], ce n'est pas maintenant que je commencerai. Et Oliver s'est offert une nouvelle maîtresse, et Barbara et Saxon ont quitté Asheham, et c'est tout ce que je me rappelle en fait de commérage pour l'instant.

1. La nouvelle était prématurée. La première femme de Josiah Wedgewood entama une action en divorce au cours de l'été 1918. Son ex-mari n'épousa Florence Ethel Wilett, qui avait été la gouvernante de ses enfants et était en effet, sourde, que le 25 juin 1919. Dame Veronica Wedgewood, sa biographe, suggère que cette rumeur de son mariage peut fort bien avoir été lancée par Wedgewood lui-même, précisément dans le but de décourager « les espoirs de Dieu sait combien de Marjorie ».

2. Au Théâtre royal de Drury Lane, sous la direction du chef d'orchestre, Sir Thomas Beecham, dans le cadre des manifestations de « La Saison d'été du grand opéra en anglais ».

Vendredi 7 juin

Adrian m'a dit une chose qui m'a amusée : c'est qu'il était positivement effrayé de voir le visage des gens sur la lande [à Hampstead], « des espèces de visages de gorilles, d'orangs-outangs, parfaitement inhumains, terrifiants » et il a avançé les lèvres dans une grimace simiesque. Il attribue cela à la guerre — mais je me souviens d'autres déclarations de ce genre, bien avant. Peut-être est-ce l'horrible sentiment de promiscuité engendré par la guerre, cette impression que nous sommes tous enfermés ensemble dans un wagon de troisième classe, qui attire plus étroitement l'attention sur le côté animal de l'être humain. On a prétendu l'autre jour à L. que les raids aériens étaient effectués par des femmes. Qu'on a retrouvé des corps de femmes dans les épaves d'aéroplanes. Elles sont plus petites et plus légères, et laissent ainsi plus de place pour les bombes. C'est peut-être de la sensiblerie, mais il me semble que cela ajoute encore une touche particulière d'horreur.

Je suis allée à *La Flûte enchantée,* et l'humanité m'a paru meilleure, puisqu'elle possède cela en elle. Goldie était dans la même rangée que moi, plongé sans doute dans les pensées du même genre, encore que la proximité de deux jeunes gens ait pu les colorer différemment. Il y avait Roger et Pippa et Sheppard, et puis Mary Hutch, et Jack, Alix et James, tous rassemblés un instant dans le hall à la lumière du crépuscule, car le soleil, à dix heures par un jour de chaleur, avait à peine disparu du ciel. Mary et Jack [3], dans leurs vêtements de

3. St John (Jack) Hutchinson (1884-1942), études à Winchester et à Magdalen College, Oxford. Avocat et candidat malchanceux au Parlement pour le parti libéral, membre progressiste du London Council County, était à ce moment-là conseiller juridique au ministère de la Reconstruction. En 1910, il avait épousé Mary Barnes (voir plus haut, 15 février 1915, note 8), cousine des Strachey. Les Hutchinson étaient plus lancés que les Woolf, et ils avaient

soirée, m'ont ramenée quelque vingt ans en arrière, plus précisément aux années du Club anglais d'art nouveau, elle, avec ses cheveux plaqués et, lui, ses joues rouges et le ruban qui lui barrait la poitrine. En rentrant, une fois en voiture, j'ai aperçu Jean [Thomas] et me suis dissimulée derrière un officier. Au moment de descendre, j'ai réussi à l'éviter, et puis, alors que je me hâtais d'enfiler la rue principale, j'ai entendu distinctement qu'on m'appelait : « Oh, mais c'est Virginia ! » J'ai hésité, mais jugeant impossible une telle grossièreté, je me suis retournée, et j'ai vu Jean ! Fus accueillie avec une surprise extrême, car elle était en train de parler de prendre un cab, tout en pensant, prétendit-elle, à moi. Elle me présenta Ann, qui avait tant de réalité pour moi quand j'étais couchée — la dame à l'histoire d'amour aux Indes, que Jean souhaitait de toutes ses forces lui voir oublier. Je n'ai aperçu qu'une silhouette sans caractère et me suis remise en route, cependant que Jean demandait avec beaucoup de chaleur à venir nous voir.

C'est peut-être de la vanité de ma part, mais c'est vrai que les gens se montrent très chaleureux et tout disposés à faire le chemin jusqu'ici — je pense que nous offrons une mixture agréable. En tout cas, les Singer, Kot. et Gertler, Pippa, attendent tous qu'on leur fixe une date [4], et Ottoline est toujours à soupirer après un week-end. Et nous en avons promis un aux Waterlow.

des amis à la fois dans la génération d'avant-garde du monde des arts, et dans la génération plus âgée — en particulier George Moore et ses amis — du New English Art Club.

4. Charles Percy Singer (1871-1930), avocat, ami et condisciple de Bertrand Russell, à Trinity College, Cambridge, et Apôtre, lui aussi. Extrêmement doué, mais d'un naturel simple et bienveillant, V. W. le trouvait plus sympathique que Dora, sa femme (voir plus haut, 13 avril 1818, note 20).

Mark Gertler (1891-1939), peintre, né à Londres, dans l'East End, d'une famille pauvre de Juifs autrichiens. Son talent et sa vitalité remarquables lui valurent d'entrer à l'académie Slade, qu'il fréquenta de 1908 à 1912 et où il s'éprit de Carrington.

Lundi 17 juin

Un nouveau trou de dix jours m'amène à la fin de la visite des Waterlow. Avec une inconséquence qui leur ressemble bien, ils ont jeté leur dévolu sur une maison du village d'Oare[5] ; l'ont prise pour vingt-huit ans, bien qu'elle manque de tous les agréments qu'ils auraient certainement pu trouver, étant donné le choix qui s'offrait. On y a vue sur une cour de ferme sans intérêt, on aperçoit un bout de colline, et la maison est en bordure de la rue du village, trop dans un creux pour permettre le moindre horizon. Sydney s'est adouci, il est moins sensible aux bonnes et mauvaises opinions de ses amis. Quant à elle, elle a l'air d'un gnome ; mais fine mouche, comme les femmes peu séduisantes ont tendance à l'être, obligées qu'elles sont de se donner deux fois plus de mal pour avoir ce qu'elles veulent. Elle est excellente cuisinière et se passe de nurse pour ses deux enfants peu attirants. « Tout est noir autour de moi », a-t-elle dit au cours d'une discussion, le samedi soir, « je ne ressens rien fortement ; je me demande si rien en vaut la peine. » S. parle de se remettre à la littérature. Ce qui cloche dans ce ménage, c'est leur relation à tous deux. Elle n'a aucune admiration pour lui ; lui aucun sentiment pour elle. A voir clairement les choses il serait difficile qu'il en fût autrement ; mais combien je déteste la moyenne ! A proprement parler, ils sont tous deux au-dessus de la moyenne. La moyenne offre cependant un très étrange sujet d'études : elle est humble, ambitieuse et sans illusions.

Rien de tout cela ne concerne les personnes que nous voyons le plus. Il faut que je récapitule le nom de celles que nous avons vues pendant ces dix jours, si du moins

5. Parsonage House (Le Presbytère) à Oare, qui est situé entre Pewsey et Marlborough, dans le Wiltshire.

je puis m'en souvenir. Ray[6] pour la nuit ; Molly à dîner, et pour la nuit aussi. Les Sanger et Murry — j'ai oublié les autres pour l'instant. Ray a fait une conférence à la Guilde des femmes. Comme il est étrange de voir ses amis prendre leur forme définitive ! Comme il est facile de prévoir ce qu'ils seront dans l'âge mûr, de les voir, pour ainsi dire, avec les yeux de la prochaine génération ! « Elle avait du cran, celle-là ! » voilà ce que l'on dira de Ray, je crois. Elle a cet air de moralité consciente qui vient de toujours témoigner pour le bien. Elle s'est faite plus lourde, plus dogmatique. On voit à son comportement qu'elle a l'habitude de parler en public, qu'elle est de ces femmes qui sont toujours par monts et par vaux. Elle parle dans tous les comtés d'Angleterre. Elle a perdu ce qu'elle avait de charme féminin, a pris un air de maturité. Mais elle est faite d'une solide étoffe, et cela se voit et me plaît, et L. la préfère aux « têtes-de-loup ». Nous avons discuté de la supériorité morale de Moore[7], comparable à celle du Christ ou de Socrate, selon R. et L. Ils m'ont mise au défi de citer un de mes amis qui le vaille en cela. J'ai revendiqué pour Nessa, Duncan, Lytton et Desmond quelque chose de différent, mais d'égale valeur. R. a tendance à nous considérer comme un groupe de mauvais sujets, doués, mais bons à rien. Le travail qu'elle abat chaque jour lui donne le droit de nous regarder de haut, mais il serait injuste de dire qu'elle méprise ou juge. Elle vous fait simplement prendre conscience d'un autre idéal. Pour quel idéal Molly vit-elle ? Un feu follet très vagabond — mais elle le poursuit et s'embourbe dans le marais, la pauvre, et n'a pas la moindre idée de

6. Ray Strachey, secrétaire parlementaire honoraire de la National Union of Women Suffrage Societies, de 1916 à 1921, et présidente du Women Service Bureau, de 1916 à 1934, était une inlassable conférencière pour la défense des droits des femmes.

7. George Edward Moore (1873-1958), philosophe et Apôtre, après avoir obtenu une bourse de son collège (Trinity) en 1898, fut successivement maître de conférences en sciences sociales, puis professeur de philosophie à Cambridge. *Principia Ethica*, son plus grand livre, et celui qui obtint le plus grand retentissement, parut en 1903.

ce qu'elle recherche. La réputation de Desmond la préoccupe. Elle se figure qu'on parle beaucoup de lui et qu'on le tourne en ridicule. Cela vaut la peine de remarquer, pour mon édification personnelle, combien peu de choses sont réellement dites par rapport à l'idée que se fait la victime. Elle avait soigneusement préparé la défense de D., mais, comprenant que c'était superflu, elle a avoué la vérité : qu'elle le trouve un peu gâté, terriblement faible et à la merci de n'importe quel homme ou femme du monde qui ait du bon vin. Je n'ai pas pu dire le contraire. Je crois qu'elle se fait beaucoup de souci. Sans parler des soucis d'argent, elle est la proie d'un sentiment d'échec, de déchéance, d'insatisfaction. Elle a l'intention de quitter Londres, d'aller vivre à la campagne pour essayer d'arranger les choses. Mais cela peut paraître un peu lâche maintenant — ce n'est plus aussi drôle. Elle trouve que Desmond a l'esprit faussé, que ses idées ne sont plus aussi intéressantes.

Murry et Singer sont venus dîner dimanche dernier. Dora est de plus en plus impotente. Elle boite si fort maintenant que pour ôter ses caoutchoucs il lui faut d'abord lancer une jambe en avant puis ramasser tout son corps sur lui-même, de façon à l'empoigner pour la replier. D'ailleurs, j'ai dû m'en charger pour elle. Murry, pâle comme la mort, les yeux brillants, s'est affalé devant son couvert, dans une posture qui semblait indiquer une faim ou un désespoir intense. Charlie a toujours son intelligence glaciale, mais écrasé par cette compagnie de morts-vivants, il n'a pas fait entendre son plus beau ramage. Murry et Dora ont croassé un tel duo de désespoir que le cœur de Dora s'en est trouvé réchauffé.

« A Noël, a dit Murry, j'étais au bord du suicide ; mais à force de me faire du souci j'ai trouvé une formule qui me permet de vivre. C'est ce qu'on appelle l'indifférentisme. Je n'ai plus d'espoir. Je vis à deux niveaux de conscience. » (Mais j'ai oublié lesquels c'étaient.) Dora l'encourageait et chantait ses louanges, quand il a fallu recommencer de bout en bout la bataille avec les caoutchoucs.

Mais il nous a paru moins gentil, peut-être plus préoccupé de ses effets cette fois-ci. Les jeunes gens désespérés qui ont élaboré une philosophie et qui vous l'expose me rappellent par trop Henry Lamb[8]. Mais il y a quelque chose de plus chez Murry. Je suppose qu'il a pris l'habitude d'être un oracle des bas-fonds[9].

Puis Leonard a assisté au dîner annuel, qui était presque un dîner en l'honneur de Lytton, mais pas très intéressant, du moins pour L. Et moi, je suis allée entendre *Don Juan* avec un plaisir infini[10] ; et vendredi dernier nous avons assisté à la réunion de la Ligue de la Société des Nations. Les patriotards ont été battus par les illuminés. Ce fut un spectacle merveilleux[11]. Le patriotard en chef était H. G. Wells, homme épais, formidable de stature, mais, pour le reste, du genre joueur de cricket professionnel. Il prononçait certains

8. Henry Lamb (1883-1960), frère cadet de Walter Lamb, abandonna ses études de médecine en 1905 et se lança dans la peinture, étant très influencé par l'art et la manière de vivre d'Augustus John. Avant la guerre (durant laquelle il fut affecté au Service de santé et officiellement reconnu comme dessinateur de guerre) il avait été encouragé par Lady Ottoline Morrell et il fut pendant quelques années l'objet des tendresses de Lytton ; et s'il ne fut jamais un ami intime de V. W., celle-ci avait sans nul doute beaucoup entendu parler de lui.

9. *The Underworld* (« les bas-fonds ») est un terme que V. W. et L. W. utilisaient pour désigner ce qui correspond à peu près à la bohème littéraire, mais qui suggère aussi une certaine infériorité sociale.

10. La Royal Carl Rosa Company donna une représentation du *Don Juan* de Mozart au théâtre de Shaftesbury, le 13 juin toujours dans le cadre de « La Saison du grand opéra ». Le dîner annuel de la Société des Apôtres, auquel participa L. W., avait eu lieu la veille.

11. Le 14 juin, la réunion annuelle de la Ligue de la Société des Nations, dont L. W. était un des fondateurs, avec Lord Bryce, G. L. Dickinson, Sir Willoughby Dickinson et J. A. Hobson, fut l'occasion, selon le journal de L. W., « d'une belle empoignade sur la Constitution ». C'était en partie le résultat d'une tentative d'imposer une résolution confiant à la Société la tâche de former une Ligue d'où serait d'abord exclue l'Allemagne. Un des instigateurs de cette démarche était Herbert George Wells (1866-1946), l'écrivain, qui considérait la défaite du militarisme allemand comme un pas vers la disparition de tous les nationalismes, et voyait, dans cette exclusion, un moyen de concilier le soutien enthousiaste qu'il avait apporté antérieurement à l'idée de « la guerre pour mettre fin à la guerre » et son adhésion présente, en cette période de relâchement de la morale, à l'idée, pour l'après-guerre, d'une Société des Nations — mais non pas de toutes les nations.

mots avec l'accent des faubourgs. Contre lui, il avait Oliver [Strachey], Mrs Swanwick [12] et Adrian. Etaient également présents ces gnomes qui apparaissent toujours furtivement en de semblables occasions : vieilles femmes en veste et jupe, avec de volumineuses cravates rouges et de petits boutons ou insignes fixés sur leur personne, infirmes bégayants, vieux patriarches barbus, syndicalistes et nous-mêmes. Lord Shaw présidait, ainsi que Sir W. Dickinson [13]. C'était comique de voir l'horreur polie avec laquelle ils considérèrent notre groupe. Mais Hobson l'a emporté, grâce à son apparence universitaire, je crois. Lorsque Wells s'est vu battu, il a perdu cette bonhomie exubérante qui lui est coutumière, et s'est lancé à l'attaque aussi sauvagement que possible, a craché des sarcasmes à la figure de Williams et de Hobson, et, finalement, quitté la salle. Mais nous l'avons retrouvé qui complotait dans l'entrée avec McCurdie [14] et Spender [15] ; et L. est en ce moment à Londres, à une réunion des dirigeants, où il apprendra ce qu'il en résulte.

Lundi 24 juin

L'intrigue de la Ligue des Nations n'a pas consolidé notre avantage, en raison des divers subterfuges prati-

12. Mrs Helen Maria Swanwick, née Sickert (1864-1939), sœur du peintre Walter Sickert, avait été à Girton College, Cambridge, en même temps que Margaret Llewelyn Davies et Janet Case. C'était une inlassable propagandiste de la Société des Nations et autres causes progressistes.

13. Thomas Shaw (1858-1937), juriste et homme politique, avait été membre du Parlement jusqu'à son élévation à la pairie à vie, en 1909, au titre de « Lord of Appeal ». Sir Willoughby Dickinson (1859-1937), membre du Parlement, libéral, et président de la London Liberal Federation, était aussi le président de la League of Nations Society.

14. Charles Albert McCurdy (1870-1941), libéral, membre du Parlement, fut l'un des fondateurs de la League of Nations Union (voir note 15). John Alfred Spender (1852-1942), rédacteur en chef du quotidien libéral, la *Westminster Gazette,* était le journaliste politique le plus écouté de son temps.

15. Le « complot » en question fut peut-être un des premiers pas vers la création d'une société rivale pour la paix, la League of Free Nations Association, qui passe pour avoir vu le jour, soit en juillet, soit en septembre, mais qui devait fusionner en octobre avec la League of Nations Society, pour former la League of Nations Union.

qués par Sir Willoughby après l'assemblée générale [16]. Mais je ne suis pas assez compétente pour les rapporter clairement. L'amusant pour moi est de voir Adrian transformé en orateur, en agitateur, en homme à convictions. Je ne puis prendre cela tout à fait au sérieux — autrement dit j'attribue en partie son attitude à un besoin de défendre sa propre position d'objecteur de conscience. Il est un peu timide, et pourtant débrouille des idées, fait circuler des lettres, encourage les convertis et organise des réunions de dévots au Club 17, où l'on prend des mesures les plus extrêmes. C'est étrange de constater comme les gens retombent toujours dans ces groupements séparés, sans pouvoir s'unir, chaque groupe étant sûr de tenir l'entière vérité. Mais toute cette semaine a été consacrée, sans le moindre amusement, au grand problème des domestiques. N'en ayant pas consigné les diverses étapes, je ne le ferai pas maintenant. Il s'agissait de savoir si N. et L. iraient passer trois mois chez Nessa. Elles ont d'abord accepté avec joie, puis ont hésité, puis nous ont demandé de leur promettre de les reprendre ; ont formellement accepté, puis ont énergiquement refusé ; puis Trissie est arrivée soudain en ambassade, a passé la nuit ici, a discuté, a gagné la partie, l'a reperdue. Pour finir, elle et moi avons trouvé à Soho une veuve avec enfant, qui prennent la place ; et maintenant tout est rentré dans l'ordre après plus d'entretiens, d'émotions, de lettres, de télégrammes, de pourparlers, de compromis et de ruses diplomatiques qu'il n'en aurait fallu pour mettre le feu à l'Europe. Ce qui a souffert irrémédiablement, pour autant que je puisse le voir, c'est le caractère de Trissie à nos yeux. Le reste a pris un petit peu plus de valeur. Un

16. Il se peut que ce soit là une allusion à la préparation, qui fut décidée à peu près à ce moment-là, d'un rapport à présenter en septembre à la Société, sous le nom de Sir Willoughby, proposant que la Ligue soit formée de « ces nations dont les gouvernements sont disposés à coopérer les uns avec les autres ». Cette formule aurait sans doute paru acceptable à ceux qui voulaient à tout prix inclure l'Allemagne.

jour, au milieu de ce supplice [17], Gertler et Kot. dînèrent avec nous. Gertler est un jeune homme pâle et rondouillard, affublé très galamment pour la circonstance d'un vaste pantalon à carreaux. Il a un visage un peu tendu et pincé, mais visiblement le mot qu'il aimerait qu'on utilise en parlant de lui est « puissant ». Les Juifs ont tous quelque chose de concentré. Certes, son esprit possède une puissante élasticité. Il est aussi, visiblement, d'un immense égoïsme. Il a l'intention de maîtriser l'art par le simple pouvoir de la volonté. Mais abstraction faite de cette espèce d'agressivité, sa conversation est très digne d'intérêt. L. a remarqué son étonnante rapidité d'esprit. Il nous aurait volontiers raconté sa vie. J'ai eu l'impression avec lui, comme avec certaines femmes, que des refoulements injustifiés le poussaient à des affirmations injustifiées. Il a passé en revue nos meubles et nos tableaux. Il a dit qu'il préférait les bibelots pimpants des garnis. Il ne s'est jamais senti en affinité avec personne. Il se trouve plus intelligent que la plupart des peintres. Kot. gardait un silence indulgent, ayant à peine l'air de voir ce qu'il avait devant les yeux. Ils ont tous deux décrit leur famille juive. J'ai l'impression que l'on doit soupçonner Gertler, comme Murry et Katherine, d'appartenir aux bas-fonds. On ne pourrait lui faire confiance. Par principe, je l'imagine bien, il est dénué de scrupules. Kot. est différent — plutôt dans le style mobilier solide de garni, mais avec du romanesque aussi.

Nous avons eu la visite de Margaret [18], qui a parlé boutique, ouvrant le feu avec une terrible bordée de

17. Les degrés de ce supplice sont plus longuement retracés dans les lettres de V. W. à Vanessa Bell d'avril à juillet (voir *II V. W. Letters*) et V. W. y revient quelques pages plus loin (27 juin 1918). Gertler et Kot. vinrent dîner le 18 juin.

18. Margaret Llewelyn Davies vint prendre le thé et dîner chez les Woolf le 22 juin. Le Congrès 1918 de la Women's Cooperative Guild, qui se tint à Bradford les 10 et 11 juin, avait repoussé par 399 voix contre 356 une motion intitulée « Une paix du peuple », qui réclamait, entre autres choses, des négociations immédiates pour la paix, un désarmement général, la substitution d'une coopération universelle au capitalisme, et la création d'un gouvernement du peuple.

lamentations, d'espoirs, de prévisions trop optimistes au sujet de la Guilde, le tout exagéré, à mon sens, par rapport à sa portée réelle. Le refus de voter pour la paix au congrès lui semble d'une importance et d'une horreur inexprimables. Elle envisage encore de donner sa démission l'année prochaine ; mais là nous avons été interrompus par L., qui avait attrapé soudain quelque chose de bizarre dans l'œil. Il s'est précipité à la pharmacie, et, laissée seule avec Margaret, j'ai dit de pures polissonneries. L. s'est fait débarrasser par Ferguson[19] d'un moucheron qu'il avait dans l'œil, est rentré, puis reparti ; et Margaret est restée jusqu'au dernier train. C'est un bel échantillon de ces femmes qui participent à la vie publique, genre non moins accusé que celui des femmes de lettres, mais encore loin d'être aussi étudié et catalogué. Leurs excentricités m'amusent, alors même qu'à vrai dire j'ai cessé de m'intéresser à leurs complots et à leurs protestations. Elle ont l'habitude de considérer qu'elles se tuent à la tâche, qu'elles sont débordées de travail et n'ont pas la possibilité de se reposer ; et jamais, depuis que je connais Margaret, je ne l'ai entendue parler de sa santé autrement que pour se dire fatiguée. Mais ces singularités ne sont que des sujets de plaisanterie pour moi ; et la droiture et la superbe vigueur de son caractère me remplissent toujours d'admiration. Avec plus de pénétration et de subtilité, ou avec une certaine discipline, qu'elle n'a jamais eue, elle aurait pu accomplir des merveilles. Je la soupçonne parfois de trouver son travail moins bon qu'il n'aurait dû l'être. Ou peut-être n'est-ce que l'ombre terrifiante de la vieillesse, dans laquelle personne, pas plus Roger que Goldie, ni aucun des autres, ne pénètre sans un frisson. Mais ces remarques sur les fonctionnaires, on pourrait les répéter au sujet de Ka aussi. Elle a dîné avec nous hier soir, et elle est restée pour la nuit, partant ponctuellement à son bureau ce matin. Avec un effort, elle arrive à parler d'autres

19. Le Dr D. J. Ferguson, qui était le médecin des Woolf à Richmond.

choses, mais elle a l'air courbée et accablée par un poids de responsabilités qui, je crois, concerne le bois d'œuvre, en ce moment. De plus, elle ressasse des idées noires à propos de la guerre. Je pense que son bonheur s'est complètement éteint à la mort de Rupert[20] ; et j'ai dans l'idée qu'elle se résigne à une vie infiniment plus pauvre et plus froide qu'elle ne l'avait imaginée. S'il en est ainsi, ses illusions quant à l'intérêt d'un poste dans la marine marchande, et son obsession d'être exploitée, surmenée, épuisée, sont providentielles. Elles nous ont paru un peu excessives. Cela tient surtout à l'atmosphère qui règne dans les bureaux ; c'est l'attitude ordinaire. On lui a offert une salle à Newham. Voilà donc que nous prenons tous rang parmi les gens d'âge rassis, les responsables, les porteurs de charges. Cela me rend un peu mélancolique. Au moins l'échec nous garderait jeunes.

Avant de prendre le thé, cet après-midi, j'ai achevé de composer jusqu'aux derniers mots les nouvelles de Katherine — soixante-huit pages.

Jeudi 27 juin

Les échos de la grande affaire de Charleston se font encore entendre, surtout du côté de la cuisine. Mais l'occasion d'intervenir encore à leur sujet ne se renouvellera plus, je l'espère. J'ai gâché mon mardi après-midi à écrire une lettre, d'abord violente, puis pacifique, à Nessa, donnant ma version qui oppose notre vertu à la bassesse de Trissie[21]. Pendant ce temps, L. tirait des

20. Rupert Brooke, le poète qui mourut d'un empoisonnement du sang en service actif en mer Egée en avril 1915, avait écrit à Ka Cox au cas où il mourrait : « Vous êtes à peu près ce que je puis avoir de mieux comme veuve. »

21. En avril, Vanessa avait confié à V. W. qu'elle était enceinte et aussi que Trissie Selwood, sa cuisinière, la quittait à l'été pour se marier. Elle n'avait pas de femme de chambre et s'inquiétait de la difficulté d'entretenir la vaste maisonnée de Charleston. Très préoccupée du bien-être et de l'état de sa sœur, V. W., après s'être donné beaucoup de mal pour lui trouver mieux qu'une aide temporaire, lui proposa d'envoyer Nelly et Lottie à Charleston en juillet, pour trois mois, et avec l'arrière-pensée inavouée qu'elles pourraient

épreuves. Nous avons peine à venir à bout de ce livre[22] à cause, bien entendu, du congrès du parti travailliste. L. y a passé toute la journée d'hier et a pu jouir de la sensation causée par la visite surprise de Kerensky[23]. Je n'arrive toujours pas à m'y retrouver dans la politique travailliste, ni dans les autres d'ailleurs, mais je pense qu'avec de l'entraînement cela ne serait pas plus difficile que de faire la critique d'un livre de Mr Merrick. En ce moment la politique est en grande vogue parmi nos amis. Adrian et Karin se sont transformés en rebelles et en extrémistes et on les voit dans toutes les galeries et toutes les salles de réunion. Après le dîner L. a dû répéter par deux fois toute l'histoire, d'abord pour Margaret, ensuite pour Bella. Bella est antibolcheviste ; mais ce qui est significatif, c'est que chacun prend parti, dans un sens ou dans l'autre. Chacun se sent personnellement concerné par l'état du pays.

Mrs Woolf et Herbert ont dîné avec nous mardi. Elle, à mon avis malgré neuf enfants et tous ses soucis, reste typiquement la femme qui n'a jamais mûri. Elle bavarde, elle s'amuse et fond en larmes quand elle sent qu'il lui faut fondre en larmes ; mais elle raconte ses souvenirs avec entrain et, en un sens, elle prend la vie avec beaucoup d'ingénuité et de tranquillité, et un intérêt enfantin des plus vifs, auquel se mêlent les conventions les plus absurdes. Elle a longuement parlé de son premier mariage, racontant qu'ils avaient voyagé en Autriche, et qu'elle avait eu une parure de zibeline, et qu'elle avait acheté son trousseau chez Swan & Edgar.

peut-être y rester. Le peu d'enthousiasme de L. W. pour ce projet, la méfiance et les suppositions des deux bonnes elles-mêmes et l'impatience croissante de Vanessa fut cause pour V. W. d'agitation et de perte de temps exaspérantes. Pour finir, Nelly alla faire un bref séjour à Charleston et Vanessa trouva d'autres solutions, bien que sa situation au point de vue des domestiques dût encore rester longtemps précaire et peu satisfaisante.

22. Ce « livre » était toujours *Prélude* de Katherine Mansfield.

23. Le Congrès du parti travailliste de 1918 se tint dans le Central Hall, Westminster, et L. W. y assista les 26 et 27 juin. Alexandre Kerensky qui, de juillet à novembre 1917, fut Premier ministre du gouvernement provisoire de la Russie, prélude à la révolution bolchevique, y assista le 26 et fut accueilli par une ovation (voir *III L. W.*, 214).

« Mais Rasselas[24] dit la vérité — et une bien belle vérité, observa-t-elle. *Le bonheur n'est jamais parfait...* Je n'ai jamais connu le bonheur parfait, il manque toujours quelque chose, Virginia » — et la voilà qui emportait un bouquet de bleuets pour Bella parce que c'était l'anniversaire de la mort de Dick. Herbert, aimable, distant et détaché, comme d'habitude.

Hier, au Club, ramassant le *Times*, j'ai appris la mort, qui remontait à deux jours, de tante Minna, à Lane End[25]. On l'y enterre aujourd'hui. Elle était dans sa quatre-vingt-onzième année. On ne peut imaginer vie plus calme et apparemment plus inutile que la sienne. Elle s'est contentée de vivre pendant tout ce temps, sans aventures, sans soucis, sans difficulté, doutes ni actions. Elle était toujours impassible. Je crois que le bon sens fut sa grande qualité. Elle ne se montrait jamais, en aucune façon, absurde ni ennuyeuse, et elle a dû être le genre de personne à qui l'on pouvait demander conseil, si besoin était. Je l'ai vue il y a quelques semaines, ne s'attendant apparemment pas à mourir, renouvelant le bail de sa maison pour quatre ans et parlant exactement des mêmes choses que d'habitude : de bons et de mauvais romans, de George et Margaret, de Dalingridge qui ne faisait pas très distingué, « mais il ne faut pas le dire, bien sûr[26] ». Elle avait auprès d'elle une femme d'un certain âge, obséquieuse, autrefois une grande beauté, encore agréable à regarder, d'ailleurs ; et gentille, d'après tante Minna. Je crois que la pauvre vieille

24. *Rasselas, prince d'Abyssinie,* roman didactique de Samuel Johnson, qui parut en 1759.

25. Sarah Emily Duckworth (1828-1918), « tante Minna » sœur très riche de Herbert Duckworth, premier mari de la mère de V. W., n'était pas à proprement parler la tante des enfants Stephen. Elle s'adonnait à l'aquarelle et s'occupait des affaires de la famille, vivant soit à Hyde Park Gate, soit dans ce qu'on appelait alors un *cottage,* mais qui serait à présent considéré comme une demeure imposante, Lane End, à Bank, dans le New Forest.

26. George Duckworth avait épousé en 1904 Lady Margaret Eleonora Evelyn Herbert (1870-1958), seconde fille du quatrième comte de Carnavon. Ils avaient prêté leur maison de campagne, Dalingridge Place, près de West Hoathly dans le Sussex, aux Woolf pour trois mois, en 1913, alors que V. W. se remettait de cette dépression qui l'avait conduite à une tentative de suicide.

dame était plus stoïque qu'elle ne le montrait ; il est certain qu'elle n'a jamais paru égoïste ni dure ; elle avait ses propres petites affaires qui lui offraient bien assez d'intérêt, et elle était trop raisonnable et trop lucide pour affecter, ne fût-ce qu'une seconde, de ressentir plus d'émotions qu'elle n'en avait, ou pour s'attendre à des marques d'affection. Je pense que Gerald était son préféré ; ses sautes d'humeur lui causaient toujours bien du souci. Elle était très fière de George et de Margaret. Elle jugea nécessaire de me dire qu'à son âge elle ne pouvait monter à bicyclette. Je crois que sa grosse fortune l'a tenue à l'écart de la vie plus qu'il n'était bon pour elle. C'était un des piliers de la famille Duckworth, et avec elle meurt le dernier d'eux tous.

Lundi 1er juillet

Je rentre à l'instant d'un thé au Club, chargée de deux étoffes que j'ai prises sous conditions chez Souhami [1]. L. à la Ligue des Nations. Nous avons beaucoup parlé depuis la dernière fois que j'écrivais. D'abord il y a eu la soirée au Club, vendredi. Je suis arrivée tard, et j'ai rencontré en premier lieu Lytton, puis le petit Singer, son nom épinglé à la boutonnière. Toutes sortes de gens que l'on connaît plus ou moins par les journaux — des hommes aux cheveux hirsutes et aux énormes sourcils, des femmes squelettiques ou resplendissantes. Macdonald, Huysmans, Mrs Despard, Thomas, etc. [2]. Curieusement, je fus jetée dans les bras de la veuve Creighton,

1. Joseph Souhami, importateur de tapis et tissus d'Orient, avait son magasin dans Newman Street, qui fut transféré plus tard à Piccadilly.

2. Sans doute des délégués au congrès du parti travailliste. James Ramsay Macdonald (1866-1937), qui devint Premier ministre en 1924, était trésorier du parti travailliste, et à ce moment-là membre du Parlement pour Leicester, siège qu'il devait perdre à la fin de l'année pour son attitude pacifiste, impopulaire. Mrs Charlotte Despart (1844-1936), sœur aînée du maréchal-vicomte French d'Ypres, fondatrice de la Ligue pour la liberté des femmes, et, pendant la guerre, de la Croisade des femmes pour la paix. J. H. Thomas (1874-1949), cheminot, chef syndicaliste et homme politique, membre du Parlement pour Derby de 1910 à 1936.

qui se souvenait de moi, me dit-elle. L'âge, sans doute, a tempéré son dogmatisme. Je l'ai trouvée d'un abord très facile. C'est une superbe vieille dame, dont le visage émerge d'une brume de chair, infiniment couturé et las, semblable à un soleil prodigieusement vieux, brillant à travers la brume. Elle me dit que l'on est plus heureux dans l'âge mûr que dans la jeunesse. Je fus projetée plus loin. Nous avons dîné chez A. et K. — bon dîner au rez-de-chaussée, et puis nous nous sommes installés devant la fenêtre ouverte, qui donne sur la colline du Parlement[3]. A neuf heures, nous sommes partis pour la soirée de Ray — triste affaire, ni respectable ni bohème, submergée par une marée de Belges. J'ai pu m'entretenir avec Jack [Hills] cependant — très semblable à notre version de sa personne : énergique, sentencieux, très confiant et gentil. Je l'ai trouvé touchant aussi ; tant de choses semblent avoir mal tourné pour lui. Samedi, je suis allée prendre le thé chez Janet — mais j'ai la main si tremblante d'avoir porté des paquets que je ne puis écrire.

Mardi 2 juillet

Ma main ne tremble plus, mais mon esprit vibre désagréablement, comme toujours après une incursion de visiteurs — inattendus et légèrement antipathiques. J'ai dit des bêtises, j'en ai eu honte, eux n'étaient pas à l'aise ; le contact ne s'établissait pas. Je lisais la vie de Macaulay en prenant le thé (L. ayant rendez-vous avec Snowden[4] à Londres), lorsqu'on annonça Mrs Woolf. Edgar et Sylvie, de passage à Richmond, nous faisaient une visite. Il est bien plus sympathique qu'elle, comme je crois l'avoir déjà noté dans ce cahier. Je trouve qu'elle

3. Adrian et Karin habitaient Tanza Road, Hampstead.

4. Philip Snowden (1864-1937), fils d'un tisserand du Yorkshire, socialiste, pacifiste et défenseur des objecteurs de conscience, qui était alors membre du Parlement pour Blackburn et président national de l'Independent Labour Party (ILP).

représente presque à la perfection la personne type de son sexe, de sa classe et de sa génération, étant donné qu'elle est née à Putney, qu'elle appartient à la classe moyenne et qu'elle a des revenus très modestes. La Grande Machine fabrique des millions d'êtres comme elle chaque année. Mais comme on leur fournit par-dessus le marché un bon nombre de phrases toutes faites, nous avons pu bavarder pendant vingt minutes — et maintenant les voilà partis. Mais comment a-t-il pu l'épouser ? Elle l'appelle « mon cher petit ». J'ai commencé à plier la nouvelle de K. M. cet après-midi, et je suis allée chez l'imprimeur qui n'a qu'à moitié promis que sa presse serait libre demain. Tous les obstacles imaginables se mettent en travers de notre route, alors que nous faisons notre possible pour sortir le livre la semaine prochaine. La grippe, qui sévit partout, est arrivée chez nos voisins.

Jeudi 4 juillet

Nous avons été assaillis de visiteurs hier, comme il semble que nous y soyons voués ces temps-ci. Mary Hutch, Clive et Borenius[5]. Ils étaient allés voir les tableaux chez Sir Cook, et sont passés ici ensuite, élégants, désinvoltes, tous loquaces, à l'exception de Mary qui parle très peu ; et réclamant du thé. L. était en train d'imprimer, alors je me suis assise au milieu d'eux et nous avons engagé la conversation. J'ai dans l'idée que Borenius est un de ces raseurs bon enfant, du type étranger, qui racontent de longues histoires pleines de détails, dans lesquelles ils se lancent à la moindre provocation ; mais pour une soirée, cela peut passer. Ils

5. Tancred Borenius, l'historien d'art finlandais, se fixa en Angleterre vers 1910 et donna des cours à l'University College de Londres, où il devait être nommé professeur d'histoire de l'art en 1922, pour le rester jusqu'en 1947. La célèbre collection de tableaux de vieux maîtres de Sir Frederic Cook était rassemblée à Doughty House, Richmond Hill. Borenius avait dressé le catalogue des tableaux de l'école italienne qui en faisaient partie.

ont tous dîné ici ; et nous nous sommes à nouveau réunis au salon, où nous avons discuté à perte de vue. Les discours de Borenius nous ont occupés un bon moment. Il nous a dit qu'il était comte maintenant ; et comment il l'était devenu, et autres histoires auxquelles les Asquith et les Cunard sont mêlés[6]. Clive, éméché et jovial, faisait claquer son fouet et sautait de joie ; et nous discutâmes peinture et jalousie, et nous nous moquâmes de bon nombre de nos contemporains. Mais, comme toujours, cela m'amusa — beaucoup plus que L. J'ai fait faire le tour de la maison à Mary Hutch, qui est une personne très timide, ou peut-être très distante ; sympathique, il me semble, malgré beaucoup d'embarras et un tel raffinement de toilette qu'on pourrait penser le contraire. Elle va écrire une histoire pour nous, si du moins elle arrive à cesser de faire des ratures.

Aujourd'hui, vendredi [5 juillet] L. a achevé d'imprimer *Prélude ;* ne reste plus à faire que la page de titre et la dédicace. Aujourd'hui la machine de l'imprimeur est en service, à notre grande inquiétude, car il ne semble pas le savoir. Il se pourrait que nous ayons sa presse pour 25 livres. Temps beau et chaud.

Mardi 9 juillet

Je ne peux pas combler les trous de ces jours perdus, mais je puis à coup sûr imputer une bonne part de leur importance à notre travail à l'imprimerie. Nous avons enfin terminé la page de titre dimanche. Pour l'instant, c'est l'affolement du pliage et de l'agrafage, afin que tout soit prêt à être collé et envoyé demain et jeudi. En principe, ces opérations sont fastidieuses, mais il y a toujours un petit tour de main à combiner ou une petite économie, et le plaisir d'en bénéficier vous empêche de

6. Margot Asquith, femme de l'ex-Premier ministre et Maud (« Emeraude ») Cunard, l'épouse américaine du richissime Sir Bache Cunard, étaient des hôtesses célèbres dont les invitations constituaient une preuve de réussite sociale, intellectuelle ou artistique.

vous ennuyer. Hier, nous nous sommes accordé un jour de congé, et nous sommes allés, ensemble, par extraordinaire, chez Souhami ; et je fais ici le vœu qu'à l'avenir j'achèterai chez lui toutes les tentures, housses, étoffes et tapis, et que jamais plus je n'approcherai de l'Omega ni de chez Burnet. Nous avons fait disparaître ces carreaux qui font mal aux yeux sous une perse bleue et vert pâle — infiniment préférable. L. est à Londres, pour voir Bonwick au sujet de la maquette du livre et à la réunion du Club 17. Un Indien s'est maintenant installé dans cette institution d'utilité publique, où il joue en permanence aux échecs. A propos, Saxon a dîné avec nous samedi puis, en appendice à ce dîner, nous a offert au téléphone d'interminables confidences dont nous aurions pu nous passer, sur ses sentiments et sa santé. Il ne s'entend pas avec Nick, mais Barbara s'en tire très bien. Je crois qu'il prend un plaisir ingénu à se sentir préféré malgré ce que la situation a de délicat. Et maintenant, à l'agrafage !

Mercredi 10 juillet

Nous avons expédié nos premiers exemplaires ce soir, après un après-midi passé à coller et à relier. Leur aspect professionnel nous a étonné, le travail fini. Le bleu de la couverture rigide nous plaît tout particulièrement. Il va falloir que je lise ce livre après dîner, d'une part pour y repérer les fautes toujours possibles, mais aussi pour savoir si je l'apprécie en tant qu'œuvre littéraire.

Adrian et Karin ont dîné chez nous hier soir ; et Adrian a parlé de la paix à la Guilde — très calme, clair, s'exprimant bien, chaussant parfois ses lunettes pour lire ses notes, de sa voix cultivée au timbre agréable. Il a un esprit et une allure de juriste. Les femmes réagirent plus fortement que d'habitude, encore que leurs raisonnements ne fussent pas très solides ; et elles sont, bien sûr, ignorantes. Elles voudraient la paix tout de suite, à n'importe quel prix, et s'en prennent au gouvernement qui nous impose ses propres vues. Comme on les invitait à participer à une réunion pour la paix à Hyde Park, dimanche, Mrs Langston, leur porte-parole, a laissé entendre qu'il n'était pas question pour elles d'enfreindre le sabbat. Quelle emprise terrible possède encore sur les esprits le christianisme ! Elle s'est aussitôt raidie dans une attitude fanatique, comme si Dieu en personne la tenait entre ses griffes. C'est cela l'ennemi principal, je crois : la crainte de Dieu. Mais j'ai été assez discrète pour garder cette pensée pour moi. Karin, exposait avec volubilité ses idées d'avant-garde, encore que je ne voie pas très bien d'où elles lui viennent. On n'y décèle aucune passion.

Pluie pour la première fois aujourd'hui depuis des semaines, et un enterrement chez les voisins : la grippe espagnole.

Vendredi 12 juillet

Je rentre du Club à l'instant, et donc en proie à cette agitation que l'écriture est le mieux à même d'apaiser ; pas question pour moi de lire avant le dîner, bien que j'aie *Don Juan*[7], *Les Comédiens tragiques,* Verrall sur Meredith, Clees sur Meredith[8], les poèmes de Heredia et ceux de Laforgue, sans parler de l'autobiographie de Tagore, ni de la vie de Macaulay[9]. Mudie, je l'avoue, me dégoûte de la lecture ; je ne me sens même plus l'envie d'écrire ce qui deviendra peut-être un de ces livres qui ressemblent tant à des rouleaux de draps sur les rayons d'un magasin de tissus — sauf qu'ils ne

7. Le *Don Juan* de Lord Byron, publié en 1818-1924.

8. V. W. devait donner au *Times* une critique du livre de J. H. E. Crees, *George Meredith. A Study of His Works and Personnality* (*TLS* du 25 juillet 1918). Dans ce but, elle lisait le roman d'époque de Meredith, *The Tragic Comedians* (1880) et l'essai du professeur Verrall sur *Diana of the Crossway.*

9. Sir Rabindranath Tagore (1861-1941), poète indien, publia son autobiographie, *My Reminiscences,* en 1917.

The Life and Letters of Lord Macaulay, par son neveu George Otto Trevelyan, dont la première publication remonte à 1876.

possèdent pas les solides qualités de la bonne laine. J'étais là, parmi ces personnes blafardes et respectables, et j'ai reçu ma ration de lecture. Les tempêtes se déchaînent sur l'Angleterre depuis trois jours, provoquées par les sollicitations de l'évêque[10], Dieu se montrant, comme à son habitude, vindicatif dans ce qu'il accorde, et menaçant maintenant de détruire les récoltes. J'en veux à Dieu de son effet sur la Guilde.

Nous avions rendez-vous au Club avec Lytton, et nous y prîmes le thé ensemble, au rez-de-chaussée, en parlant surtout de son livre, de son succès, de la violente attaque de Mrs Ward contre lui dans le *Sup. Lit.* d'hier. Elle voit la brutalité allemande dans l'image qu'il donne de Nightingale et Clough, et feint l'indifférence envers la grossière caricature d'Arnold[11]. Que tout cela est révélateur du monde capitonné, de ce wagon de première classe dans lequel elle vit ! Lytton demande à Walter Raleigh[12] de répondre, mais je pense qu'il faudrait au moins être titulaire d'une couronne pour impressionner Mrs Ward. Il passe cette fin de semaine chez la duchesse de Marlborough, qu'il a rencontrée à l'Opéra, dans la loge des Cunard ; et il revenait tout juste de chez

10. Le *Times* du 8 juillet publia une longue lettre du duc de Rutland, suggérant que les évêques donnent des instructions au clergé pour qu'on lise la prière pour la pluie dans les églises. Du fait de l'effet désastreux d'une sécheresse de deux mois sur les cultures vivrières, cela semblait plus urgent que les services de pénitence et de demande d'intercession qu'ils allaient célébrer. Le lendemain parut une réponse d'un lecteur, qui déclarait que l'on avait déjà prié pour la pluie, car rares étaient les pasteurs qui jugeaient nécessaire d'attendre que les évêques eussent fixé une date météorologiquement correcte pour... « appeler leurs fidèles à prier afin d'obtenir ces " averses modérées ", dont nos champs ont si grand besoin ».

11. A propos des louanges déversées sur *Eminent Victorians,* Mrs Humphrey Ward, dans sa lettre publiée dans le *TLS* du 11 juillet, demandait : « Cet esprit de brutalité, est-ce là le moment, alors même que nous le combattons sur nos champs de bataille, de le laisser sans protester... s'insinuer dans le champ des lettres anglaises ? » Lytton Strachey s'était gentiment moqué du dévouement d'Arthur Clough envers Florence Nightingale. Le Dr Arnold, de Rugby, un autre des portraits brossés par Lytton Strachey, était le grand-père de Mrs H. Ward.

12. Sir Walter Raleigh (1861-1922), professeur de littérature anglaise à Oxford et parent par alliance des Strachey, fut la personnalité qui eut le plus d'influence sur Lytton avant son entrée à Cambridge. Il ne prit apparemment pas la défense d'*Eminent Victorians* dans le *TLS.*

Mrs Asquith. Mrs A. est d'avis que l'autobiographie de Haydon est supérieure aux *Confessions* de Rousseau. Elle a insisté pour qu'il emporte un numéro de la revue avec des nouvelles de Crackanthorpe [13]. Pour l'instant, il ne se fait pas d'illusions sur l'intelligence de ces gens, ni sur l'intérêt de les avoir pour amis, mais il est très heureux, à l'aise, et épanoui dans sa réussite. *Country Life* le presse de poursuivre la série, voulant la publier [14]. Lalla Vandervelde va jouer dans une pièce de lui [15]. Sa seule inquiétude est de ne pas savoir si son succès sera durable. Maynard l'observe, curieux de le voir se convertir, mais je ne vois pas comment, à moins que le plaisir ne le perde. Non, je pense qu'il ne risque rien, qu'il s'est vraiment amélioré, comme la plupart des gens, pour peu qu'on les encourage.

Nous avons passé les journées d'hier et d'avant-hier à coller le livre, et nous voilà maintenant quittes ; et j'imagine qu'à l'heure qu'il est quantité de langues qui s'activent à parler de K. M. Pour moi, je trouve une sorte de beauté à l'histoire ; un peu vaporeuse, j'en conviens, et abondamment abreuvée de réalisme bon marché, cher à K. M., mais elle possède en soi cette intensité de vie, cette existence à part qui est le propre de toute œuvre d'art. Je serais curieuse de connaître d'autres opinions. L. pessimiste à présent quant à l'avenir de sa revue. Thomas a retiré son nom du conseil, sous prétexte que les syndicats visent au même but. C'est du toupet, quand on pense que c'est L. qui leur en a donné l'idée. J'ai parié un shilling que tout rentrerait dans l'ordre avant le 1er octobre ; et que L. serait le rédacteur en chef et la revue bien en vie.

13. Hubert Crackanthorpe (1870-1896), considéré comme un hardi novateur dans le domaine de la nouvelle, contribua à la célèbre revue trimestrielle, *The Yellow Book*.

14. *Country Life*, revue d'art et de nature, n'était évidemment pas faite pour ce qu'écrivait Lytton.

15. Lalla Vandervelde, née Hélène Speyer (1870-1964), femme du socialiste belge Emile Vandervelde, passa les années de guerre en Angleterre et devint une amie de Roger Fry. Lytton avait écrit *Quasheomab, ou le Noble sauvage* à son intention et celle de St John Hutchinson, pour une représentation à un gala de charité.

Mardi 16 juillet

Samedi nous nous sommes mis en tête de faire quelques provisions puisque nous sommes débarrassés du livre pour quelque temps, et nous nous sommes donc rendus à Kingston avec un panier, mais nous avons trouvé que les petits pois et les haricots y étaient sensiblement aussi chers qu'ici. L. a fait l'achat d'un vélin de Grotius[16] qui promettait plus qu'il n'a tenu.

Dimanche, journée nuageuse et plutôt mouillée, comme toutes celles que nous avons eues depuis que le duc de Rutland est tombé à genoux. Nous sommes allés à Staines pour dire au revoir à Philip qui a reçu sa feuille de route pour être au front lundi. Je ne puis m'empêcher de ressentir beaucoup de sympathie pour ma belle-mère, pas seulement à cause de cette séparation, mais pour son attitude générale envers la vie, si peu égocentrique et qui procède d'un sens inné de ce qui est juste et sage, bien qu'elle-même ne dise jamais rien d'intelligent, mais au contraire beaucoup de sottises ; et puis ses préventions sont tellement absurdes qu'elles comptent à peine. Nous nous sommes promenées dans une allée étroite, entre les planches de légumes de Herbert ; et elle pleurait, riait, puis elle me donna deux gros œufs ; et elle allait de l'un à l'autre de ses enfants, très vive, primesautière, affectueuse, aimant visiblement par-dessus tout cette compagnie hétéroclite que forment ses fils et leurs femmes. Mais pour rendre cela il me faudrait tout un chapitre, et j'espère bien l'écrire un de ces jours.

Lundi fut comme d'habitude jour de Londres et du thé au Club. J'ai été assez sotte pour dilapider 3 shillings : 1 shilling 6 pour le porte-plume bleu avec lequel j'écris, et que je suce quand je n'écris pas ; et 1 shilling 6 pour du papier, dans une boutique de Pall Mall ridiculement chère. Ces folies m'ont paru justifiées par le fait qu'on

16. C'était *De Imperio Summarum Potestatum Circa Sacra*, de Hugo Grotius, Amsterdam, 1677.

puisse entrer gratuitement à la National Gallery. J'ai passé une heure à m'y promener, puis je suis rentrée et j'ai tenté de faire part de mes impressions à Vanessa [17]. Mais je vois bien pourquoi j'aime les tableaux, c'est en tant qu'objets qui m'incitent à les décrire, seulement, ils ne me font pas tous cet effet-là, et je tiens à dire (eu égard à mon côté esthète) que je ne cherche pas à déchiffrer dans les tableaux des histoires ou des émotions, ni rien de ce genre ; seuls les tableaux qui touchent ma sensibilité à la beauté des mots me font désirer les avoir comme objets inanimés dans mon roman. Mais l'ambiance des galeries de peinture, toujours lugubre, est pire que jamais, à présent que l'on éprouve le besoin de montrer la splendeur de la guerre à l'aide d'un portrait de Lord Kitchener, ou par des scènes de bataille presque grandeur nature, elles aussi, encore que ces batailles soient des batailles du XVIIIe siècle et qu'on puisse les considérer comme des scènes de gymnase à très grande échelle [18]. J'ai oublié qui était au Club pour le thé, mais je puis tout de même, sans risquer de me tromper, asseoir Alix dans un fauteuil et la vêtir d'un manteau et d'une jupe gris-vert ceinturée de cuir, une serviette de cuir à ses côtés. Comme elle ne travaille pas pour Alix en ce moment, je ne puis savoir ce que contient la serviette [19].

Mardi, je suis restée à la maison à plier et à agrafer du papier. Un secrétaire français de Mr David Davies [20] m'a

17. Dans cette lettre (voir *II V. W. Letters,* nº 951), V. W. expose longuement ce qu'elle appelle ses vues esthétiques.

18. Le portrait de Lord Kitchener, peint en 1890 par Sir Hubert von Herkomer et F. Goodall, était un prêt de la National Portrait Gallery. Les quatre grandes scènes de bataille, de Horace Vernet, représentaient les victoires de Napoléon, avaient été léguées par Sir John Murray Scott, en 1914.

19. La phrase aurait plus de sens si V. W. avait écrit *Leonard* au lieu d'*Alix*.

20. David Davies (1880-1944), philanthrope gallois, héritier d'une immense fortune, membre du Parlement, fut un temps chef du cabinet juridique de Lloyd George. Très intéressé par le projet d'une Société des Nations, il apporta son soutien à l'idée d'une force armée pour combattre les agressions. Après l'échec de la tentative d'obtenir que la Ligue de la Société des Nations en adopte formellement le principe (voir plus haut, 17 juin 1918, note 15), il fonda avec d'autres la League of Free Nations Association.

interrompue. L. fait du mardi une sorte de récipient où fourrer tous les rendez-vous.

Mercredi nous avons encollé cinquante exemplaires de *Prélude*. Jusqu'ici il nous en reste une bonne provision. Il est douteux que nous en vendions plus d'une centaine. Clive écrit une lettre indulgente, mais pas très enthousiaste à ce sujet : « N'est pas pour mettre le feu à la Tamise, ni pour faire tourner la tête d'un délicat comme lui », voilà ce qu'il en dit. Bob Trevelyan a dîné avec nous, et Adrian est arrivé plus tard. Bob vient de traverser la période critique de sa vie — dont il parlera encore d'ici longtemps. Il a échappé à l'armée, et va peut-être partir pour la France ou pour la Hollande[21]. Son activité littéraire est sérieusement compromise. Il m'a tellement renversée en déclarant qu'en son absence Bessy « vivra avec Crompton Davies[22] — je veux dire habitera avec lui — d'ailleurs elle y est ce soir, pour voir si cela lui plaît » que j'ai pu me contenter de rire de temps à autre, discrètement. Leonard et Adrian m'ont imitée. Bob est un personnage ridicule, exactement comme le faux Mandrill, surtout maintenant qu'il est tordu par les rhumatismes et qu'il ne se déplace plus qu'en rampant où en traînant la jambe. C'est un de nos égoïstes ; et qui plus est, sous le couvert d'excellentes dispositions, il parvient à dépasser en malveillance toutes les personnes que je connais. Il me rappelle le bonhomme à la canne pointue qui ramasse les bouts de papier. De la même manière Bob ramasse les bribes de commérages qui s'offrent à lui, ou même s'étire pour atteindre celles qui sont hors de sa portée. Il m'a dit qu'il avait appris que « je présentais mon livre un peu

21. Trevelyan se vit accorder le statut de non-combattant, et fut attaché à une mission quaker, à Paris, qui fournissait des livres aux réfugiés. Il avait épousé une Hollandaise en 1900, Elizabeth (« Bessy ») des Amorie van der Hoeven.

22. Crompton Llewelyn Davies (1868-1935) était un ami intime et un frère Apôtre de Bob Trevelyan. Conseiller juridique au ministère des Postes, il dut démissionner du fait de l'ardente sympathie que manifestait sa femme, Moya, pour le Sinn Fein. Bessy resta d'ailleurs chez elle, dans le Surrey, pendant toute l'absence de Bob.

partout, à des éditeurs » — qui, on le présume, refusent de le prendre. Il a ensuite déploré l'échec de la nouvelle de K. M., acceptant ma réfutation de ces deux faits, mais avec si peu d'enthousiasme qu'il les répétera quand même partout où il ira. Il voulait aussi absolument m'avoir rencontrée chez les Verrall[23], dans les années quatre-vingt-dix, alors qu'il était étudiant de première année. Et il s'est lancé dans un interminable exposé sur de grands musiciens et de grands écrivains ; et puis tout d'une haleine a fait l'éloge des livres de nos amis, pour, l'instant d'après, les dénigrer avec plus de force qu'il ne les avait loués. Mais il prend tant de plaisir à ces commérages et à cette malveillance qu'il est difficile de lui en vouloir. Il est parti ce matin, à neuf heures et demie, avec L., et a parlé pendant tout le trajet en train de ses expériences devant les tribunaux.

Jeudi 18 juillet

L. a passé trois heures à essayer de comprendre Sir Willoughby Dickinson et les autres ; et à quatre heures je l'ai rejoint dans la salle de lecture de la London Library. Mais, auparavant, j'avais croisé un cheval d'un blanc de lait sans St James Square, portant une selle espagnole ancienne, montée sur du velours rouge brodé. Un vieil homme le menait pas la bride. Il n'y avait aucun signe de publicité. Peut-être un duc célèbre le monte-t-il ainsi. Nous sommes ensuite allés prendre le thé au Club — et quel thé ! Deux biscuits secs, si bien que nous dûmes avoir recours à du gâteau à notre retour. Le dos de tous les exemplaires que nous avons collés hier a viré au blanc, nous ne savons pas pourquoi. Richmond a téléphoné pour me proposer la vie de Rupert pour la

23. Arthur Woolgar Verrall (1851-1912), boursier de Trinity College, Cambridge, où il fut maître de conférences, avant d'être en 1911 professeur de littérature à l'Université. Les familles Verrall et Stephen avaient des rapports d'amitié, et il n'est pas impossible que V. W. les ait rencontrés lors de séjours chez sa tante Caroline, qui se fixa à Cambridge en 1895.

semaine prochaine. Je lui ai dit que j'aimerais expliquer Rupert au public. Il a convenu qu'il y a bien des malentendus. « C'était un très chic type », a-t-il dit. j'essaye de soutirer des lettres à James[24].

Les Allemands n'arrivent pas à leurs fins cette fois-ci ; et il fait du vent, un temps chaud, avec de violentes averses et du soleil tour à tour. Nous traversons cette fois encore la pleine lune sans dommage.

Mardi 23 juillet

Je crois que c'est vendredi que le pharmacien m'a donné mon bocal vert — pour rien ! C'est un bocal que j'ai toujours convoité, car rien n'est plus décoratif que le verre, qui retient la lumière et la transforme. A Lewes, le pharmacien demande 2 livres 2 pour les ballons. Enfin, vendredi Jack Hills et Pippa dînèrent ici. Ce fut très amical et sans façons. Jack s'est tiré de sa vie tout à son honneur, soutenu, selon Pippa, par ses sentiments humanitaires, lesquels l'entraînent vers le droit de vote pour les femmes, la réforme, l'instruction des pauvres et le reste, bien qu'il garde son étiquette de conservateur. Il me rappelle toujours par son apparence extérieure, je ne sais pourquoi, une botte d'excellent cuir brun, très bien cirée et patinée par l'usage. Il semble toujours arriver tout droit de la campagne. Il nous a fait un long récit très vivant de sa vie de soldat, d'où ressortaient nettement ses immenses qualités de meneur d'hommes[25]. A ma grande surprise aussi, il connaît la poésie géorgienne ; il a lu le livre de Lytton et condamne les

24. L'article de V. W. sur les poèmes de Rupert Brooke, accompagnés d'une notice biographique, parut dans le *TLS* du 8 août 1918. Les amis intimes de Rupert Brooke, et les membres de sa génération estimaient, tout comme V. W., que la notice biographique d'Edward Marsh, qui était considérablement plus âgé que Rupert Brooke et ne l'avait connu que vers la fin de sa vie, était forcément tendancieuse et déformée. James Strachey avait été l'ami de Rupert Brooke tant à l'école préparatoire qu'à Cambridge.
25. John Waller Hills fut élevé au rang de lieutenant-colonel dans l'infanterie légère de Durham ; il avait été blessé en septembre 1916.

Victoriens. Peut-être avais-je tendance à le considérer de haut, à l'associer à George et Gerald. Pippa a passé la nuit ici, elle apprécie énormément Waller. Le lendemain matin nous avons discuté de l'avenir des femmes. Elle est à la tête d'une organisation qui forme et place les femmes désirant travailler; et elle voit l'avenir en fonction de cela, bien entendu.

Samedi [*20 juillet*] nous allâmes à Tidmarsh[26]. Du point de vue campagne, on ne peut, nous du moins, rien en dire de bon, bien que la maison et le jardin soient assez jolis. Le fleuve y charrie toute une populace ; villas roses, perchées un peu partout; gens passant la fin de semaine à Pangbourne, avec valises de cuir et cannes à pêche. Lytton et Carrington étaient seuls. Pas de domestique à l'horizon, et toutes les tâches de la maison semblaient incomber à Carrington. Elle est silencieuse, un peu éteinte et vous donne conscience de sa jeunesse pleine de sollicitude et d'admiration. On devrait peut-être s'inquiéter de sa situation, si l'on s'intéresse à elle — qui dépend tellement de Lytton et qui a bravé si ouvertement les conventions. Evidemment c'est à elle de prendre ses risques et de courir sa chance. Lytton revenait juste de chez la duchesse de Marlborough et d'Abernon[27], qui prend en main sa pièce de théâtre. Tout ce qui constitue la haute société de Londres s'offre maintenant à lui, je crois. Il y fait ses constatations, non pas dans l'idée de s'y établir en permanence, mais pour compléter sa vision de la nature humaine. Il affirme qu'il connaît plus de différentes catégories de gens qu'aucun d'entre nous; mais là nous ne fûmes pas d'accord. Beaucoup parlé de Rupert. Le livre n'est qu'une lamentable composition, sentimentale et mièvre, qui jette

26. Lytton Strachey et Carrington y vivait, à *The Mill House* (la maison du moulin), depuis le Noël précédent. Tidmarsh est situé au bord de la Pang qui se jette dans la Tamise à Pangbourne, à environ un kilomètre plus au nord.

27. Consuelo, duchesse de Marlborough, née Vanderbilt; l'héritière américaine qui épousa le neuvième duc en 1895, pour divorcer en 1920. Edgar Vincent, seizième baronnet, premier baron, et plus tard premier vicomte d'Abernon (1857-1941), financier et diplomate, qui devait être nommé ambassadeur auprès de la République d'Allemagne en 1920.

plutôt le discrédit sur Rupert. Lytton, très amusant, charmant, bienveillant, et un vrai père pour Carrington. Elle l'embrasse, s'occupe de lui, et reçoit de bons conseils et une certaine protection. Il est monté à Londres avec nous lundi, pour déjeuner avec d'Abernon. Margaret a dîné avec nous. J'étais allongée sur le canapé et n'ai saisi que quelques bribes inintelligibles de conversation.

Mardi L. est allé comme d'habitude à ses comités. Il y a des difficultés pour la revue. Macdonald veut en faire le complément de sa revue socialiste. Et il y a des difficultés avec la Ligue des Nations. Unwin va publier le livre sur la coopération, mais toutes ces entreprises sont aussi difficiles que possible, et non moins entravées par les jalousies et les rancunes.

Là s'achève le cahier. Le suivant (cahier V) est du même format, et la page de titre porte :

Samedi 27 juillet 1918
HOGARTH HOUSE
RICHMOND

Samedi 27 juillet

Ce journal a sauté un jour ou deux, selon son habitude. Mais d'abord une pause pour signaler qu'ici commence un nouveau volume, le troisième, ce qui, selon toute apparence, lui promet une vie longue, bien qu'entrecoupée. S'il ne meurt pas pendant l'été, où les soirées n'incitent pas à écrire, il devrait prospérer en hiver. Peut-être le manque de charbon aura-t-il raison de lui. Nous pourrions être obligés de vivre complètement au Club 17. Mais anticiper sur l'avenir est désastreux quand tant de choses du passé attendent encore d'être enregistrées. Mercredi [*24 juillet*] fut un de mes jours d'expédition. Suis allée à Londres, d'abord pour rencontrer James au Club. Il devait me parler de Rupert pour mon article. Toutefois, ses premières paroles furent :

« Avez-vous appris les fiançailles de Ka ?

— Avec Hilton ? ai-je demandé.

— Non, avec Arnold Forster. »

Cela m'a terriblement contrariée. Je suis contente qu'elle se marie, encore qu'elle parût vouée d'avance au célibat. Mais un mariage avec A. F. ne serait qu'une union de convenances et de commodité, et la rendra encore plus esclave de l'Etat. Puis, comme James avait un examen médical, nous n'avons guère pu parler de Rupert, sinon pour dire qu'il était jaloux, maussade, instable, ce que je savais, mais qu'il m'est difficile d'écrire. Fredegond a fait ensuite son apparition ; je l'ai accompagnée jusqu'à mi-chemin de Charing Cross. Elle venait de recevoir des confidences d'Alix et débordait d'affection pour elle. Ces émotions sont trop dans le goût Fisher pour me plaire. Ses poèmes vont bientôt paraître[28]. Puis, ayant communiqué ma nouvelle au sujet de Ka, que nous ne tenons que de Bob, qui la tient lui-même d'une lettre d'A. F. et qui pourrait donc être fausse, et j'espère bien qu'elle l'est, je me suis rendue à Gordon Square, où les camions de déménagement emportaient les meubles[29]. Nessa ne cessait d'entrer et sortir de la pièce et où Clive et Mary ne manquèrent pas d'apparaître ; et alors tout suivit son cours chaotique habituel. Nous avons tous dîné au « Mont-Blanc »[30]. Clive continue à m'en vouloir — de quoi ? Je me rends compte qu'il suit scrupuleusement un plan dans ses relations avec moi — et s'impatiente de toute tentative de l'en détourner. Ses remarques personnelles semblent

28. *Dreams and Journeys* (« Rêves et voyages ») de Fredegond Shove fut publié en 1918 par Blackwell, dans la série des « Jeunes Poètes inconnus ».

29. En 1916, lorsque Maynard Keynes avait pris la suite du bail des Bell à Gordon Square, ceux-ci y avaient conservé une possibilité de se loger et une bonne partie de leur mobilier. Mais Vanessa, qui voulait faire de Charleston un foyer moins précaire et plus confortable, avait maintenant décidé de faire transférer de Londres à la campagne certains de ses meubles et son équipement ménager.

30. Petit restaurant français de Gerrard Street, Soho.

toujours reposer sur un fond de griefs dont il a décidé de ne pas parler ouvertement.

« Vous avez gâché une de mes plus belles amitiés, me dit-il, avec votre manie d'interpréter les faits de votre point de vue... »

« Ce que tu appelles la vérité du Bon Dieu », dit Nessa.

« Lorsqu'on a une intimité avec toi, il faudrait cesser d'en avoir avec qui que ce soit d'autre. Tu parles des gens comme moi je peins des vases. »

« Vous entortillez les choses, et puis elles réapparaissent au grand jour ensuite », murmura Mary, du fond de son silence complice.

Cependant Clive mettait une certaine amertume dans ce qu'il disait. Il voulait me faire comprendre que j'avais en quelque sorte mis un point final à nos anciennes relations, et que maintenant rien n'avait plus la même valeur. Il était clair aussi qu'il vit dans la crainte d'une entente entre Mary et moi, qui mettrait en danger ses rapports avec elle. Il a protesté que ce serait déloyal de ma part, ou de celle de Nessa, de montrer à Mary des lettres de lui. Elle est un livre aux pages vierges, après nos feuillets écrits si serrés, récrits, raturés, déchirés. La situation est passablement compliquée et délicate. Il ne peut se résoudre à rompre tout à fait avec moi. Mais il a réglé mon dîner, et nous nous sommes séparés en bons termes. Il pleuvait à verse, et j'ai couru pour attraper mon train. Je regrette de n'avoir pas eu la patience de noter nos propos les plus intelligents — critiques de livres et de la vie, et non pas de personnes et de sentiments ; mais je suis de plus en plus sévère pour la critique bâclée, et j'écris avec tant de précipitation que ce serait certainement mauvais.

Jeudi nous étions libres et nous avons collé quelques exemplaires supplémentaires de *Prélude*. Je crois qu'il n'est arrivé qu'une seule nouvelle commande. Les gens se plaignent que, si intelligente, et tout, qu'elle soit, l'histoire tourne court.

Vendredi, le 26, L. a fait son tour habituel à la Ligue

des Nations et au Club. Moi, j'ai fait le mien à l'Omega, pour le nouveau papier de Roger, à Gordon Square[31] pour des tableaux et, chargée à m'écrouler, au Club pour le thé. Puisque c'est important, il faut que je signale que l'on a demandé aujourd'hui à L. de se présenter au Parlement[32]. Je ne me suis pas encore arrêtée à cette idée. Un penchant inné à trouver ridicule le Parlement met en déroute toute réflexion sérieuse. Mais peut-être n'est-ce pas aussi ridicule que les discours le donnent à penser. Au Club, on offrait le thé à des journalistes. Je suis montée me cacher derrière une porte, au sommet de l'escalier, et j'ai vu Mrs Hamilton pour la première fois, ou plutôt je l'ai entendue qui discourait comme un joyeux habitué des clubs, car je n'ai pas osé regarder.

James à dîner. Il promet de nous envoyer des lettres de Rupert pour que nous les tapions à la machine à Asheham, mais une bizarre intrigue Strachey se noue en ce moment à ce sujet.

Lundi 29 juillet

L'obligation de décrire une fin de semaine à Garsington me paralyse. Je crois bien qu'à nous tous nous avons prononcé un million de mots, et en avons écouté bien davantage encore, surtout de la bouche de Mrs Hamilton, qui tire sur sa laisse comme un épagneul, dont elle a d'ailleurs les grands yeux bruns pleins d'étonnement. Il y avait Gertler, Shearman et Dallas pour le thé[33], Brett, Ottoline, trois enfants et Philip. L'attaque de Philip

31. Papier fourni sans doute par Roger pour la couverture des livres de la Hogarth Press. Le 15 juillet, V. W. avait écrit à Nessa (*II V. W. Letters,* nº 951) pour lui demander de lui prêter quelques tableaux.

32. L. W. rapporte (*IV L. W.*, nº 33) qu'après les élections de 1918, il avait accepté à contrecœur d'être candidat au Parlement ; sans doute repoussa-t-il cette offre antérieure, qu'il ne mentionne pas.

33. Sir Montague Shearman (1885-1930), avocat et collectionneur de tableaux, était un ami et le patron de Mark Gertler, Patrick Dallas, un ami des deux ; et prêt, à ce moment-là « à tomber en petits morceaux ».

contre Murry dans *La Nation* pour sa critique de Sassoon mit du liant du début à la fin [34]. Philip était à la fois tout fier de lui et très embarrassé ; en tout cas, dix minutes ne s'étaient pas écoulées que j'étais accusée de prendre parti pour Murry ; ensuite, à l'appui de sa cause, Philip a lu l'article de Murry, sa lettre et la sienne à Murry, trois fois de suite, à ce qu'il m'a semblé, en appuyant sur ses arguments, le doigt levé pour attirer notre attention. Et il y eut aussi la lettre de remerciements de Sassoon. Je crois qu'Ott. s'ennuyait un peu. Heureusement, il faisait beau, on mangeait bien et nous sommes allés et venus allégrement, sans trop nous ennuyer, ce qui est plus qu'on peut attendre d'un séjour de fin de semaine. En fait, je ne sais trop pourquoi, j'étais fort contente. J'avais un lit où il me semblait reposer sur des couches superposées d'un gazon très élastique ; et puis le jardin a quelque chose de théâtral dans sa perfection, avec sa longue pièce d'eau grise et des bâtiments de ferme roses, son pavé d'un gris doux, tirant sur le blanc, et ses énormes haies d'ifs, bien lisses, d'un vert intense. Ces allées, nous les avons parcourues à l'aventure ; une ou deux fois avec Ott., une fois avec Mrs Hamilton. C'est une tâcheronne intellectuelle. N'a pas un sou à elle, et s'applique anxieusement à faire fonctionner son cerveau, en professionnelle tout occupée à gagner sa vie. Je n'affirmerais pourtant pas qu'elle ne soutienne pas la comparaison avec Ott. Un peu après le thé, nous prîmes nonchalamment toutes les trois le

34. Le 1er juillet parut dans *The Nation* une critique, non signée, de *Counter-Attack and Others Poems* (« Contre-attaque et autres poèmes ») de Siegfried Sassoon (1886-1967). L'auteur (qui était Middleton Murry) qualifiait les vers (« ce n'est pas de la poésie ») de « cris d'angoisse incohérents, touchant les sens plus que l'imagination ». Les Morrell, grands admirateurs de Sassoon, furent indignés, et Philip Morrell écrivit une lettre chagrine pour protester contre cette attaque d'un auteur « valeureux et distingué ». Les poèmes, pour la plupart, avaient été écrits alors que Sassoon, officier des Royal Welsh Fusiliers et décoré de la *Military Cross*, se trouvait dans une maison de santé galloise pour neurasthéniques, à la suite de la publication d'une lettre ouverte qu'il avait écrite à son commandant, pour refuser de servir plus longtemps dans l'armée, en signe de protestation contre la conduite de la guerre sur le plan politique.

chemin qui « conduit aux bois », mais nous ne parvînmes jamais jusque-là, bien entendu. Ott. eut tôt fait de s'asseoir sur une barrière pour discuter de la personnalité de Margaret Sackville[35], et comme toujours les traits de caractère qu'elle déplorait ou dont elle s'émerveillait étaient précisément ceux dont on pouvait penser qu'elle les tenait de première main. De plus, sa pensée décrit de tels méandres que c'en est déconcertant et souvent, à mon avis, elle ne sait pas elle-même pourquoi elle prend tel ou tel parti. L'ennui, c'est qu'en l'écoutant on perçoit toujours quelque mobile inavoué, si bien que sa conversation fatigue et déroute. A mi-chemin d'une pente, en plein soleil, elle s'arrêta, appuyée sur son ombrelle, pour promener un regard absent sur le paysage, et elle entama un discours sur l'amour. Il semble toujours qu'un vent emporte ses paroles — autre raison pour la trouver difficile à suivre...

« N'est-ce pas triste que personne ne tombe plus *réellement* amoureux de nos jours ? C'est la chose la plus précieuse, la plus précieuse — je veux dire qu'on ne s'idéalise plus mutuellement. Qu'on ne sent plus que chaque mot est quelque chose de sublime simplement parce qu'il a été prononcé par l'autre. A l'exception de Bertie, bien sûr — mais lui, il fait souvent un choix bien malencontreux... »

Là, surtout pour nous voir reprendre le chemin de la maison, j'ai dit que l'amour peut être beaucoup de choses différentes ; et qu'il était absurde de le limiter à l'amour romantique. J'ai soutenu aussi que l'on pouvait aimer des groupes de personnes, et des paysages. Par malheur, cette remarque a conduit Ottoline à s'appuyer une fois de plus sur son ombrelle, pour couver ardemment des yeux un champ de blé.

« Oui, j'aime ce paysage-là — rien que pour lui-même. La courbe de ce champ de blé me paraît aussi

35. Lady Margaret Sackville (1881-1963), fille du comte de la Warr, poétesse et pacifiste, était à cette époque une amie intime de Ramsay Macdonald, en compagnie duquel elle avait séjourné à Washington.

divine qu'un être humain. J'ai toujours aimé cela, du plus loin que je me souvienne. J'aime aussi la littérature... »

« Moi, j'aime des choses tout à fait absurdes, l'ILP[36], par exemple », dit Mrs Hamilton.

Enfin nous nous remîmes en marche, et nous demandâmes à la pauvre nigaude pourquoi, avec cette passion pour la littérature, elle n'écrivait pas.

« Ah, mais je n'ai pas le temps, pas le moindre, jamais. Et puis, j'ai une si mauvaise santé... Mais le plaisir de créer, Virginia, doit l'emporter sur tous les autres. »

J'ai répondu que c'était bien vrai, mais je trouve qu'elle aurait dû inclure Mrs Hamilton dans sa remarque. Nous sommes revenues tant bien que mal par le village, où tous les paysans flânaient dans la rue avec leur pipe, leurs chiens et jeunes enfants. Les salutations les plus aimables, mais aussi, je le crains, les plus obséquieuses, furent échangées, les dehors éblouissants d'Ott. avec ses perles, ne paraissant pas frapper le travailleur agricole par leur injustice ni par leur ridicule, mais faire partie de ce spectacle de l'aristocratie, pour lequel il a payé. Personne ne riait. De vieilles femmes en noir ne demandaient rien de mieux que de s'arrêter pour parler de la chaleur. Ils avaient tous l'air un peu excités et très soucieux de plaire. « De bien braves gens, n'est-ce pas ? » dit Ott., alors que nous rentrions ; et je gage que dans trois cents ans d'ici rien ne les aura changés.

On m'a conduite à l'atelier de Gertler, pour me montrer sa solide théière, « inexorable » (pour employer le mot de Brett[37]). Lui-même est un jeune homme décidé ; et si pour peindre de bons tableaux, il suffisait de le vouloir, il ferait des merveilles. Aucune considération basse ne l'animera jamais, et, pour cette raison même, je n'ai guère foi en lui. C'est une affaire

36. Independent Labour Party.
37. Portant la mention Mark Gertler, juillet 1918, ce tableau à l'huile se trouve maintenant à la Tate Gallery.

trop morale, trop cérébrale ; ou peut-être le don inné n'est-il pas assez luxuriant pour étouffer la conscience et la volonté. Il dit sans détours ce qu'il pense, s'assied très droit, tout chez lui étant crispé, tendu, musclé ; son art lui étant souvent un supplice, comme il me l'a déclaré. Mais il a fini par comprendre qu'il aspirait à rendre la forme avec des couleurs très vives. La forme l'obsède. En une lampe, il voit une masse de matière qui le domine, prête à l'écraser. Depuis l'enfance la solidité et la forme des objets le torturent. Je lui ai conseillé de rester lucide, pour l'amour de l'art, de s'accrocher, de ne pas exagérer et de mettre des panneaux de verre entre lui et la matière. Cela, prétend-il, est désormais son vœu le plus cher. Mais il est en droit de penser que la musique d'un piano mécanique vaut celle du virtuose, puisqu'elle montre la forme, et que le toucher et l'expression ne sont rien.

Mercredi 31 juillet

Sommes arrivés à Asheham. Je suis assise pour ainsi dire en plein air (le salon n'offrant qu'un semblant d'ombre par cette chaleur torride). L'air danse au-dessus des champs. Le jardin est envahi de mauvaises herbes, et les fleurs sont étouffées. L. n'en est pas moins occupé en ce moment à cueillir des haricots pour le dîner.

Nous avons passé la journée d'hier à diverses occupations à Londres. J'ai vu sur le trottoir un cheval mort — exemple parfait de ce que les hommes politiques entendent par « mourir sous le harnais », et très pathétique à mes yeux ; mourir dans Oxford Street, par un après-midi de chaleur, et n'avoir été qu'un cheval de trait... Lorsque je suis repassée, on l'avait enlevé. Ce qui montre quelles occupations m'avaient amenée là. Mudie, le Club. J'ai flâné aux devantures des bijouteries, à la recherche d'une pierre pour remplacer le saphir que j'ai perdu dans le train, en allant à Garsington. Je suis très tentée par de pâles émeraudes givrées, de valeur incertaine. Lytton et Alix au Club, dernier acte de cette pièce familière. Lytton avait un train à prendre. Alix, je le présume, n'en prend jamais. Si terrible que soit cette pensée, elle siège en ce moment même au Club 17 — sorte de Parque regardant chaque morale en engendrer une autre peu à peu. Lytton avait déjeuné avec Lord d'Aberdon, en même temps qu'avec Lord Ribblesdale [38] et un petit directeur vulgaire, élogieux, qui a demandé à lire sa pièce « chinoise » et laissé espérer qu'il la monterait [39]. Lytton affecte de ne faire pas grand cas de sa pièce. Pour moi, j'ai oublié ce que j'en pense. Je l'ai complimenté sur la transformation de Carrington — grâce à lui, elle a fait des progrès. Ah, mais l'avenir est très sombre — il me faut être libre. Un jour, je voudrai partir. J'ai suggéré qu'elle en aurait peut-être envie elle aussi, ce qui ne lui a sans doute guère fait plaisir. Dans la rue nous avons croisé Oliver et la resplendissante Ines [40]. Puis nous fûmes abordés par Kot. qui voulait nous inviter pour nous présenter D. H. Lawrence — ou peut-être que nous le recevions ici. Les yeux de Kot., injectés de sang, et son allure misérable nous ont frappés, là, au milieu de St James Square. C'est un personnage mystérieux, non seulement dans ce qu'il fait, mais aussi dans son désir d'être de nos amis, lui qui semble en avoir très peu. En tout cas, c'est la dernière personne que nous avons rencontrée à Londres, puisque Mr Cox [41], de la London Library, ne compte pas.

Aujourd'hui les bonnes ont pris un train à sept heures ; et nous, nous sommes venus par Clapham, alors

38. Thomas Lister, baron de Ribblesdale, beau-frère de Margot Asquith, était un curateur de la National Gallery, ainsi que de la National Portrait Gallery.

39. La pièce « chinoise » de Lytton Strachey, *A Son of Heaven* (« Fils du ciel »), qu'il avait achevée en 1912, finit par être montée au théâtre de la Scala en 1925.

40. Inez Ferguson (née en 1895), diplômée d'Oxford, qui devint secrétaire générale de la National Federation of Women Institutes en 1919 ; elle se maria en 1923.

41. Frederick James Cox (1865-1955) fut engagé dans le personnel de la London Library alors qu'il avait seize ans, et il y travailla jusqu'à l'année de sa mort. Installé près de l'entrée, il faisait office à la fois de sentinelle et d'encyclopédie.

que nous comptions passer par East Grinstead, mais nous avons trouvé des places dans le train de Lewes, après tout, et nous sommes arrivés à Glynde vers deux heures et demie — voyage plutôt agréable[42]. Tout le monde se félicitait d'avoir trouvé de la place, car le bruit avait couru qu'il y aurait foule. Dans mon compartiment, nous formions une « vraie famille », à en croire cet homme d'affaires juif, extrêmement débrouillard, gentiment autoritaire, qui nous avait pris en main. Voilà d'étranges rencontres, qui vous font une impression très forte sur le moment et qui s'effacent très vite. J'ai déjà à demi oublié le soldat qui avait une plaque de nickel au genou, et un arceau de métal sous le pied, bien qu'il ait parlé à tue-tête, qu'il se soit vanté et rendu détestable à mes yeux ; et j'ai oublié les mères de famille, mais il me semble qu'elles ont bu quelques gouttes de whisky, qu'on nous a offert à tous du thé et des sandwiches — et que nous nous sommes montrés serviables et gentils et conduits en homme et femme du monde. Nous avons déjeuné sous des arbres en venant de Glynde.

Samedi 3 août

Rien à consigner que des nouvelles campagnardes, puisque, comme nous nous y attendions, les Murry se sont décommandés. Katherine écrit qu'elle est malade[1]. Je ne puis m'empêcher de me dire qu'elle l'est peut-être gravement. De toute manière il est hors de question qu'elle vienne ici. Le temps n'est pas resté au beau. Hier, comme souvent, il a plu autant qu'il peut pleuvoir en Angleterre. La pluie n'y tombe presque jamais

42. Sur la page blanche faisant face à la note de ce jour est écrit :
12 Vict. via Grinstead
2,29
County Garage ou Slaughter.

1. Le 3 août, Katherine Mansfield écrivait à Lady Ottoline Morrell (qui lui avait écrit au sujet de *Prélude*) : « Nous étions censés nous mettre en route pour Asheham aujourd'hui, chargés de nos rations de pain et de beurre, mais je n'en ai pas eu le courage. » Elle était en effet très faible et malade depuis quelques mois.

l'après-midi ; et ce fut le cas, plus ou moins. Vers le soir, nous sommes allés aux champignons et nous en avons rapporté un mouchoir plein. Voilà donc que recommence un de nos grands plaisirs. Nous avons trouvé une mûre à point au sommet de la colline. Alors que j'étais couchée dans l'herbe, un lièvre est passé près de moi en bondissant. Peut-être nous trouvons-nous bien aise d'être seuls, après tout.

Temps meilleur aujourd'hui, encore qu'un ciel noir soit à peu près ce que la nature puisse offrir de plus horrible. L. à Lewes. Il est allé chercher au *New Stateman* un paquet qui n'y était pas. Moi, j'ai fait le tour par la promenade des M., et suis revenue par le sommet. Je n'ai à signaler que des scarabées et des papillons. Il suffit d'un rayon de soleil pour faire ressortir mille bruyères brunes. Au-dessus de Newhaven flottait un ballon dirigeable, et comme le ciel était bleu pour un instant la mer l'était aussi. L'idée que tout ce bleu étincelant puisse continuer tranquillement derrière les nuages m'a paru tout à coup singulière ; et aussi qu'un rayon de soleil fasse de cette terre un endroit tout autre. Il faut que j'aille ramasser des champignons, car le soleil se montre.

Lundi 4 août

Plutôt que d'attendre de faire l'achat d'un cahier où consigner mes impressions, d'abord sur Christina Rossetti, puis sur Byron, mieux vaut que je les note ici. Premièrement, il ne me reste presque plus d'argent, car j'ai exagéré avec Lecomte de Lisle. Christina a le grand privilège d'être une poétesse née, ce dont elle semble tout à fait consciente. Mais si j'intentais un procès à Dieu, elle serait un des premiers témoins à charge que je ferais citer. C'est une lamentable histoire[2]. D'abord elle

2. V. W. venait sans doute de lire l'édition de 1904 des *Poetical Works of Christina Georgina Rossetti*, publiés par les soins de William Michael Rossetti, accompagnés d'un mémoire concis sur « sa vie peu mouvementée et plutôt

s'est sevrée d'amour, ce qui veut dire aussi de vie ; puis de poésie, en égard à ce qu'elle croyait être les exigences de sa religion. Deux bons prétendants se présentèrent. Le premier montrait certes des bizarreries. Il avait une conscience. Christina ne pouvait épouser qu'un chrétien d'une certaine nuance. Lui ne pouvait guère rester de cette nuance plus de quelques mois d'affilée. Pour finir, il évolua vers le catholicisme et fut perdu pour elle. Pire encore fut le cas de Mr Collins, érudit tout à fait charmant, vivant à l'écart du monde, adorateur éperdu de Christina, mais qui s'avéra incapable de s'intégrer au troupeau. Pour cette raison, elle dut se contenter de lui rendre d'affectueuses visites chez lui, et s'y tint jusqu'à la fin de ses jours. Sa poésie fut aussi l'objet d'une castration. Elle entreprit de transcrire en vers les psaumes et de mettre ses poèmes au service de la doctrine chrétienne. Ainsi a-t-elle, selon moi, réprimé, réduit à un austère dépouillement un beau don naturel, qui n'avait besoin que de liberté pour prendre de lui-même une forme beaucoup plus belle que celle, disons, de Mrs Browning. Elle écrivait très facilement, avec ce genre de spontanéité enfantine que l'on imagine et comme il arrive toujours lorsque l'on possède un don authentique, encore en bourgeon. Elle est naturellement portée vers le chant. Elle a des idées. Elle a de la fantaisie. Elle aurait pu, si ce n'est pas une impiété de le supposer, se montrer paillarde et piquante. Et en récompense de tant de sacrifices, elle est morte dans l'épouvante, doutant de son salut[3]. J'avoue cependant que je n'ai fait que feuilleter ses poèmes, revenant inévitablement à ceux que je connaissais déjà.

retirée ». Dans le passage qui suit, V. W. semble avoir confondu le nom de James Collinson (1825-1881), peintre raphaélique avec lequel Christina fut un instant fiancée, mais qui se convertit au catholicisme, l'obligeant à rompre en 1851, et son second prétendant Charles Bagot Cayley (1823-1883), qu'elle repoussa plus tard. Il mourut en fait onze ans avant elle.

3. Christina Rossetti mourut d'un cancer en 1894, alors qu'elle avait soixante-quatre ans.

Mercredi 7 août

Le journal d'Asheham absorbe toutes mes observations méticuleuses sur les fleurs, les nuages, les scarabées et le prix des œufs. Et comme je suis seule, il n'y a rien d'autre à rapporter[4]. Point d'autre tragédie que d'avoir écrasé une chenille. Point d'autre sujet d'excitation que le retour des bonnes, hier soir, qui nous rapportaient de Lewes les livres de guerre de L., et pour moi l'*English Review*[5] contenant l'essai de Brailsford sur la Société des Nations et *Félicité* de Katherine Mansfield. J'ai jeté *Félicité* par terre en m'écriant : « C'en est fait d'elle ! » Je ne vois vraiment pas comment on pourrait encore lui faire confiance en tant qu'écrivain et même en tant que femme, après cette sorte d'histoire. Il va, je le crains, me falloir admettre que son intelligence n'est qu'une très mince couche de terreau, d'à peine un ou deux pouces, recouvrant un roc très stérile. Car, étant donné sa longueur, *Félicité* lui offrait la possibilité d'aller plus en profondeur. Bien au contraire, elle se contente d'afféteries de surface, et l'ensemble, qui fait pauvre et bon marché, ne permet pas d'entrevoir, serait-ce imparfaitement, un esprit digne d'intérêt. Et puis elle écrit mal. J'en ai gardé le sentiment d'avoir eu affaire à un être dur et insensible. Je relirai l'histoire, mais je ne pense pas que je changerai d'avis. Elle va continuer à écrire ce genre de choses, pour sa plus grande satisfaction et celle de Murry. Je suis soulagée maintenant qu'ils

4. Il y a des notes quotidiennes dans le journal d'Asheham, du 31 juillet au 6 octobre inclus (à l'exception de quatre jours, du 8 au 12 septembre). Elles sont écrites dans le même style laconique que celles de l'été précédent (voir plus haut, 3 août, 4 octobre 1917) et traitent des sujets que V. W. mentionne ici. Il n'a pas paru utile de les inclure dans ce volume, car ni par leur style ni par leur teneur, elles n'ajoutent quoi que ce soit de significatif au journal plus complet que V. W. tenait désormais.

5. Le numéro d'août de la revue littéraire *English Review* (dirigée par Austin Harrison) contenait en première publication *Félicité* de Katherine Mansfield ainsi que l'essai primé par la Ligue des Nations, Foundations of Internationalism, de H. N. Brailsford.

ne soient pas venus. Ou bien est-il absurde de vouloir porter un jugement sur elle à partir d'une nouvelle ?

Toujours est-il que j'ai eu grand plaisir à me replonger dans mon Byron. Lui, du moins, possède les vertus viriles. En fait, cela m'amuse de voir avec quelle facilité j'imagine l'effet qu'il dut produire sur les femmes, surtout sur les sottes et les ignorantes, incapables de lui résister. Tant d'autres aussi auraient voulu le réformer. Dans mon enfance déjà (comme dirait Gertler, de l'air d'y voir une preuve qu'il est quelqu'un de remarquable) j'avais l'habitude de me laisser pénétrer par quelque biographie, et de chercher à me créer un portrait imaginaire du personnage à l'aide des plus petits détails que je pourrais glaner sur lui. Tant que durait cette passion, le nom de Cowper, de Byron ou tout autre semblait surgir des pages les plus imprévisibles. Et puis, brusquement le personnage s'éloigne et redevient un mort comme les autres. Je suis très frappée par l'extrême médiocrité de la poésie de Byron — du moins par ce qu'en cite Moore[6] avec une admiration presque béate. Comment a-t-on jamais pu considérer ces vers d'album comme de la plus pure veine poétique ? C'est à peine plus lisible que L. E. L. ou Ella Wheeler Wilcox[7]. Et lui, on le dissuada d'écrire ce dont il se savait le mieux capable : la satire. Il était rentré d'Orient avec des satires (des parodies d'Horace) dans sa sacoche, et *Childe Harold*. On le persuada que *Childe Harold* était le plus beau poème qu'on eût jamais écrit. Mais lui-même, dans sa jeunesse, ne croyait pas en sa poésie — preuve, chez un être aussi catégoriquement sûr de lui, qu'il n'avait pas le don. Les Wordsworth et les Keats croient toujours en la leur par-dessus tout. Par certains traits de caractère, il me rappelle souvent Rupert Brooke, encore que la comparaison soit au désavantage

6. V. W. lisait probablement *The Life and Letters of Lord Byron* de Thomas Moore.

7. Letitia Elizabeth Landon (L. E. L.) [1802-1838] et l'Américaine Ella Wheeler Wilcox (1850-1919) étaient toutes deux des poétesses aux dons et à la facilité considérables, qui connurent un immense succès populaire.

de Rupert. En tout cas, Byron avait une vigueur superbe. Sa correspondance le prouve. Il avait aussi, a bien des égards, une très belle nature. Mais comme personne ne le corrigea jamais de ses affectations en les tournant en dérision, il en vint à ressembler à Horace Cole[8] plus qu'il n'était souhaitable. Seule une femme aurait pu se moquer de lui, mais toutes préférèrent l'adorer. Je n'en suis pas encore à Lady Byron, mais je suppose qu'au lieu de rire elle se contenta de désapprouver. C'est ainsi qu'il devint byronien.

Vendredi 8 août

A défaut d'un intérêt humain, qui nous apporte paix et satisfaction, autant que je continue sur Byron. Ayant indiqué que me voilà prête au bout d'un siècle à tomber amoureuse de lui, je pense que mon opinion sur Don Juan peut être partiale. Il n'existe pas, je crois, d'autre poème de cette longueur qui soit aussi lisible, qualité qu'il doit en partie à la souplesse d'une méthode improvisée, qui va galopant au gré de sa fantaisie. Cette méthode est en soi une trouvaille. C'est ce que l'on avait en vain cherché jusque-là : une forme élastique qui retiendrait tout ce qu'on se plairait à y introduire. Ainsi il pouvait écrire en s'abandonnant à son humeur et dire tout ce qui lui passait par la tête. Il n'était pas obligé de se montrer poétique et, de cette manière, il échappait au mauvais génie du faux romantisme et de la fausse imagination. Quand il est sérieux, il est sincère, il peut se mesurer avec tous les sujets qui lui plaisent. Il écrit seize cantos sans une seule fois se battre les flancs. Il avait à n'en pas douter cet esprit vigoureux et piquant qui est la marque de ce que Sir Leslie, mon père, aurait appelé un

8. William Horace de Vere Cole (1881-1936), personnage pittoresque, qui fit ses études à Eton et à Cambridge, et ami très en vue d'Adrian, à l'époque où celui-ci vivait avec V. W. à Fitzroy Square. Cole fut le meneur de jeu dans la farce du Dreadnought et autres plaisanteries du même goût.

tempérament profondément masculin. Je soutiens que les livres illicites de ce genre sont beaucoup plus intéressants que les livres conventionnels qui respectent de bout en bout, pieusement, les illusions. Toutefois, cela ne paraît pas un modèle facile à suivre, tant il est vrai que seuls ceux qui possèdent savoir-faire et maturité parviennent à rendre avec succès ce qui est naturel et spontané. Mais Byron regorgeait d'idées, ce qui prête à ses vers une incontestable vigueur, et me pousse, en pleine lecture, à de petites promenades alentour ou dans la pièce. Et ce soir j'aurai le plaisir d'en finir avec lui — quoique, si l'on considère que j'ai savouré presque chacune de ses strophes, je ne voie pas très bien pourquoi ce doit être un plaisir. Mais il en va toujours ainsi, que le livre soit bon ou mauvais. Maynard Keynes avouait de la même manière que lorsqu'il lit il sépare toujours d'une main les annonces en fin du volume, afin de savoir exactement combien de pages il lui reste encore.

Jusqu'ici tout le monde nous a fait faux bond : Katherine est malade ; Ka et Will A.-F. obligés de travailler dimanche prochain. Alors, désespérant de trouver quelqu'un à inviter avec Bonwick, pour tempérer l'ennui qu'il inspire, nous avons télégraphié à Marjorie et à Mrs Hamilton. Pour Marjorie, j'ai insisté plutôt méchamment sur les cheveux blonds de B., mais c'est elle qui s'est attiré cela par sa confession, ou plutôt sa déclaration, qu'elle entend bien se marier.

Lundi 12 août

(Je crois que c'est à peu près notre anniversaire de mariage, il y a six ans.) Bonwick est venu, mais Marjorie et Mrs Hamilton se sont contentées de télégraphier. En bon homme d'affaires, il a su tirer parti de ses vacances, gravissant péniblement la colline pour nous rejoindre à l'endroit où nous ramassions des mûrons. C'est ce genre d'homme honnête, quelconque, rigide, fermé à tout ce qui sort un tant soit peu de l'ordinaire. En redescendant la colline, il nous a dit qu'il dépensait un cinquième de ses revenus pour les prisonniers de guerre, afin de compenser d'être exempté du service armé, au titre d'objecteur de conscience. Nous avons parlé presque exclusivement de *La Nation.* C'est son unique sujet. Le pauvre a un fort accent des faubourgs de Londres ; un esprit tenace, ambitieux, plein de suffisance, et il met en avant ses relations littéraires et veut faire croire qu'il est le facteur déterminant du « nous » quand il parle de *La Nation,* ce qu'il fait constamment. A vrai dire, en l'écoutant parler, j'ai eu pour la première fois une idée de la fascination qu'exerce l'argent. Il laisse entendre qu'il manipule des mille et des cents. Ce sont les mille et les cents de Mr Rowntree, mais Mr B. a l'air dégagé, l'air d'autorité de celui qui en dispose. « Rowntree m'a demandé si *La Nation* pouvait se le permettre (mille livres par an) et j'ai dit que oui. Alors il m'a écouté... oui, nous avons maintenant augmenté les tarifs pour nos écrivains. Hobson a remarqué en passant qu'il n'avait jamais aussi peu gagné qu'à *La Nation,* alors j'ai dit à Rowntree qu'il fallait augmenter les honoraires. » Je l'imagine assis à un bureau, dans une antichambre, introduisant les personnes qui demandent à voir Massigham[9]. Il nous a dit qu'on a offert cinq cents livres à Mrs Philimore[10] pour un recueil de ses *Esquisses religieuses.* Il nous a rapporté quantité de commérages : comment Edward Garnett a été évincé, et qu'ils reçoivent des monceaux de lettres de protestations contre les articles de Roger, et que des fous leur écrivent : « Je suis le fils de Dieu. » Mais il m'a impressionné davantage par son aplomb en affaires que par ses anecdotes. Il les racontait un peu du haut de sa supériorité sur tous ces littérateurs... (Mais il me faut avouer que des mousti-

9. Henry William Massingham (1860-1924), journaliste, rédacteur en chef de 1907 à 1923 de l'hebdomadaire libéral, *The Nation,* appartenant au Trust Rowntree, dont Bonwick était le gérant.

10. Mrs Philimore est probablement Lucy (« Lion »), femme de l'Hon. R. C. Philimore, qui devait publier plusieurs livres d'inspiration religieuse.

ques me dévorent les orteils, qu'un papillon de nuit tombe sans cesse de la lampe et que cela m'empêche de retrouver tout ce que je voulais dire au sujet de Mr Bonwick.) Leonard va passer la nuit chez lui — « sous mon toit » — près de Croydon, devant partir demain pour York où il doit voir Rowntree. L. soutient que le psychologue des profondeurs s'intéresserait à Bonwick, surtout pour son absence totale d'humour.

Vendredi 16 août

Mon séjour à Charleston et celui de L. à York sont tous deux partiellement responsables de ce trou. Mais j'ai sauté trop de jours pour qu'il me soit possible de donner un récit complet de l'un comme de l'autre. La villa de Bonwick exprime exactement Bonwick ; et avec une odeur de renfermé en plus. Epais rideaux blancs aux fenêtres, clichés du Niagara. Le voyage à York, aller et retour, a pris dix-sept heures. Et quant au résultat, il faut encore attendre la prochaine réunion des directeurs, bien que Bonwick soit sûr de leur accord. On devra laisser tomber les travaillistes. J'ai passé le plus clair de mon séjour à Charleston assise au salon, à bavarder avec N., pendant qu'elle se confectionnait un paletot marron. Duncan entrait et sortait, tantôt bêchant une plate-bande de légumes, tantôt travaillant à une aquarelle épinglée à une porte. Le soir, il y avait ce lourdaud de Bunny qui a tendance à se montrer renfrogné, et N., tendance à le lui faire remarquer vertement. De quoi discutions-nous ? Il y eut les fiançailles de Ka, au sujet desquelles Duncan avait beaucoup à dire, une de ses remarques étant qu'A.-F. a quarante-cinq ans et les a toujours eus. Une autre, qu'il a certains penchants, auxquels il s'adonne dans une résidence italienne. J'ai compris qu'il désignait là Garsington. Cette pauvre Ottoline s'est proposée pour *n'importe* quel jour de l'été après le 8 juillet, ce qui prouve à quel point elle aspire à quelque considération dans le Sussex. Elle s'est vue signifier qu'aucun ne convenait — d'où son impatience à avoir un pied ici. Ensuite, nous avons parlé d'A. [drian] S. [tephen] : lui serait un poids mort, elle, un poids vivant, si l'on en croit N., qui me prévient que nous regretterons de les avoir invités ici — tout cela devant Duncan, qui n'a rien avancé pour la contredire. Ainsi changent nos relations, très imperceptiblement. Lorsque nous nous retrouvions seules, N. et moi, je crois que nous parlions des deux perroquets, et d'argent qui n'est plus autant qu'autrefois, du moins pour elle, une chose inaccessible et hypothétique. Nous discutions aussi des enfants ; enfin ce genre de conversation que l'on a lorsque l'on connaît toutes les données, mais que l'on veut savoir comment elles ont évolué... Quelle est, par exemple, l'opinion de Lytton sur Mrs Asquith, et celle de Mrs Asquith sur lui ; et celle de Maynard sur les deux. La conception qu'a Gertler de la peinture, son avis sur *leur* manière de peindre ; le succès de Duncan, les idées socialistes de Bunny ? Lui-même définit ainsi sa position : les capitalistes ont toujours tort ; donc, ce n'est que justice qu'il vive aux crochets de Vanessa, du moment qu'elle profite d'un argent auquel elle n'a pas droit, et qu'elle ne pourrait mieux dépenser ses revenus qu'en l'entretenant, lui. Cela faisait suite à une déclaration sentimentale de sa part, selon laquelle il devrait consacrer sa vie à fournir gratuitement du miel à ses amis. Je crois qu'il a la tête farcie de bons sentiments et d'idées socialistes pas très bien assimilées. Je suis rentrée à bicyclette mercredi, et j'ai trouvé L. à la maison. Nous fûmes très heureux jusqu'au moment d'en venir à cette histoire de grosse galette... quand, hélas !...

Lundi 19 août

Il se pourrait que nous ayons résolu la difficulté que représentent nos invités en nous abstenant de les voir. En ce moment, A. et K. sont dans la maison, comme l'indiquent les bruits qui nous parviennent du salon.

Mais nous ne nous voyons qu'aux repas ; ainsi, il est possible, dans les intervalles, de réfléchir à ce que nous nous dirons. Je découvre que la surdité impose un ajustement de l'esprit autant que de la voix. Elle effarouche les pensées les plus rapides, les plus timides, les plus profondes, en sorte que tout ce que l'on dit à un sourd a forcément une tournure bien sentie, simple, prosaïque. On a beau faire, il ne peut en être autrement. Carrington est venue passer la fin de la semaine avec nous[11]. C'est la plus facile des invitées, car elle ne cesse de s'activer : elle pompe l'eau, elle manie la faux, ou bien elle marche. Je pense que c'est en partie de propos délibéré, de peur d'ennuyer, mais cela a ses avantages. Après être venue à pied ici, elle est allée à pied à Charleston, et n'est rentrée qu'à onze heures hier soir, alors que nous fermions les volets. Ce pauvre renfrogné de Bunny l'accompagnait, protestant qu'une marche de dix miles n'est rien en comparaison de la joie d'avoir quelqu'un à qui parler. Elle est repartie à pied ce matin, pour aller faire la valise de Lytton, ou lui acheter une brosse à dents à Londres — offrant une silhouette robuste dans sa robe imprimée, inspirée d'une robe d'un tableau d'Augustus John[12], avec son épaisse toison blond roux et son visage plein, aux grands yeux bleus brillants. L'ensemble évite de justesse la vulgarité, mais l'évite incontestablement. Elle a l'air d'une artiste — je dis bien *l'air,* car dans notre cercle ce courant-là est si fort qu'il entraîne dans cette direction des personnes qui, comme Barbara, n'ont rien à voir avec l'art. Pourtant, et cela tient en partie à sa manière de regarder les tableaux, je crois que Carrington se soucie vraiment de l'art.

J'ai terminé aujourd'hui l'*Electre* de Sophocle, sur quoi je traînais depuis mon arrivée ici, bien que ce ne

11. Carrington vint séjourner chez les Woolf du samedi au lundi. Adrian et Karin Stephen, que V. W. avait trouvé à loger non loin, provisoirement, vinrent s'installer à la maison après son départ.

12. Augustus John (1878-1961), bohème et peintre célèbre. Ses personnages féminins portent des robes caractéristiques, aux manches et au corsage ajustés et à la longue jupe froncée.

soit pas si terriblement difficile, après tout. Ce qui me frappe à chaque fois, c'est la nature superbe du sujet. Il semble presque impossible de n'en *pas* tirer une bonne pièce. Peut-être est-ce inévitable avec ces thèmes traditionnels, déjà élaborés, puis améliorés et dépouillés de tout élément superflu par le fourbissage d'innombrables acteurs, auteurs et critiques, au point qu'ils en deviennent semblables à des tessons de verres usés et polis par la mer. En outre, lorsque tous les spectateurs savent ce qui va se passer, des touches plus fines et plus subtiles font leur effet, et l'on peut économiser les mots. En tout cas, je reste d'avis que l'on ne saurait mettre trop de soin à la lecture, ni attacher trop d'importance à chaque ligne, chaque allusion ; et que la nudité apparente n'est là que de surface. Il n'en demeure pas moins que l'on peut mal interpréter les émotions exprimées dans le texte. En général, je suis mortifiée par tout ce que Jebb parvient à y trouver[13] ; encore que je me demande parfois s'il n'en voit pas trop, comme on pourrait le faire, je crois, avec une mauvaise pièce anglaise moderne, pour peu qu'on s'en donne la peine. Finalement, le charme particulier du grec demeure aussi fort et aussi difficile à élucider que jamais. On sent dès les premiers mots la différence insondable entre le texte et la traduction. L'héroïne tragique est à peu près la même en Grèce et en Angleterre. Elle est du type d'Emily Brontë. Clytemnestre et Electre sont clairement mère et fille et devraient, par conséquent, éprouver quelque sympathie l'une pour l'autre, encore qu'une sympathie qui s'égare puisse engendrer la haine la plus féroce. Electre est de ces femmes pour qui la famille prime tout ; et aussi le père. Elle vénère la tradition plus que ne le font les fils de la famille, se sent fille de son père et non pas de sa mère. Il est curieux de constater que les

13. Sir Richard Claverhouse Jebb (1878-1961), helléniste, dont le principal ouvrage est une édition de Sophocle qui comporte, outre le texte grec, une traduction anglaise en prose, des notes critiques et un commentaire. Le volume d'*Electre* parut en 1894.

conventions, parfaitement fausses et ridicules, ne paraissent pourtant jamais mesquines ni méprisables, comme il en va toujours des conventions anglaises. Electre menait une vie beaucoup plus recluse que les femmes de l'époque victorienne, mais cela n'a aucun effet sur elle, si ce n'est de la rendre âpre et splendide. Elle n'aurait pu mettre le pied dehors toute seule. Chez nous c'eût été affaire de femme de chambre et de fiacre fermé.

Samedi 24 août

J'ai dû vérifier avant d'écrire le mot samedi. Qui plus est, je ne pense pas que demain je saurai que c'est dimanche. N'était ma paresse, je tenterais sans doute de décrire la campagne, mais je n'y parviendrais pas. Je ne pourrais faire réapparaître devant mes yeux l'effet magnifique de ces vieux tapis très usés, étendus au bas des pentes, pas plus que je ne saurais suggérer l'aspect d'émeraude trouble, cette semi-transparence, alors qu'évoluent le soleil et les ombres, et que le vert tantôt s'avive et tantôt se brouille. J'avoue toutefois que je ne recule pas moins devant la tâche, qui s'accumule depuis sept jours, de décrire nos visiteurs. Ils sont encore là pour une semaine, je n'ai donc pas besoin de m'attaquer à eux tout de suite. Le bridge a fait tomber les barricades dans nos salons. L. joue en ce moment, cinq heures quarante, se jurant de s'arrêter à six heures, mais on peut douter qu'il y parvienne. J'hésite à écrire du mal de mes invités, et d'ailleurs je n'en pense pas non plus — pas exactement. Je fais allusion, un peu par la bande, à quelque chose de grossier, de terre à terre et d'insensible chez Karin. On ne lui trouverait jamais beaucoup d'intérêt ; mais rien non plus de méprisable ni de mesquin. Non, mais c'est une Américaine [14] douée, qui

14. Les grands-parents maternels (Pearsall-Smith) de Karin étaient des Quakers américains, établis en Angleterre. Son père était anglo-irlandais et catholique ; mais lorsque sa mère l'eut quitté pour vivre avec Bernhard Berenson (qu'elle épousa plus tard) Karin et sa sœur Rachel furent confiées

obtiendra tout ce qu'il est possible d'obtenir sans peine, et rien de ce qui en exige. J'ai dans l'idée que lorsqu'un sens fait défaut, un autre travaille pour deux et, quant à elle, elle se bourre de nourriture. Elle n'a aucun vice caché. Serait-elle plus intéressante si elle en avait un. Elle n'est pas bête, ni ennuyeuse ni ordinaire. Bien au contraire, elle est brillante, douée et stimulante. Elle pousse Adrian à lire des livres d'économie, le pousse même à apprendre la sténo qui, dit-elle, est très utile pour une carrière littéraire. Elle a décidé qu'il ferait carrière. En tout cas, elle veillera à obtenir cela aussi, car Adrian n'a aucune ambition pour lui-même. Malgré tout (j'avoue que pour moi c'est « malgré tout ») il est heureux, donne l'impression d'être bien loti, de même que K. est comblée par ses bonnes manières, sa beauté, son bon goût. Je me sens terriblement si supérieure, si raffinée que j'en suis presque confuse vis-à-vis de Leonard, si imprégnée de sentiments délicats, de perceptions subtiles, de goûts intellectuels, etc. que j'en rougis presque d'être assise seule ici à écrire ou à lire Milton. Elle m'informe qu'avec mes goûts je m'entendrais très bien avec Hope Mirrlees[15]. « Avec mes goûts », franchement ! Ces considérations mettent l'accent sur nos différences. En apparence, nous sommes tous bons amis, bavards et parfaitement d'accord, et nous ne nous bornons pas à des commérages pour expédier le dîner. Nous parlons du parti travailliste, de politique, d'anarchie et du gouvernement. K. suit la discussion, traite d'un article, vaillamment, et, à sa manière, c'est quelqu'un de bien, de vrai ; pas si sûre de soi lorsqu'il s'agit de goût, et qui s'en rend compte aussi, même si son goût l'a poussée, hélas, à broder une paire

aux soins de leur grand-mère américaine. Elles firent toutes deux un long séjour aux Etats-Unis avec les Berenson, en 1908, et fréquentèrent le collège de Bryn Mawr.

15. (Helen) Hope Mirrlees, après avoir renoncé à des ambitions d'actrice, avait fait des études classiques à Newham College, Cambridge, où elle avait eu pour condisciple Karin, avec laquelle elle étudia également le français à Paris.

de chaussons qu'A. porte docilement. Il va me falloir remettre à la prochaine fois ce que j'ai à dire sur Milton, les prisonniers allemands, la vie et autres sujets.

Mardi 27 août

Je dois avouer maintenant que j'ai à peu près oublié ce que je voulais dire sur les prisonniers allemands, Milton et la vie. Il me semble que c'était... Enfin, tout ce dont je me souviens à présent (vendredi 30 août) est ma réflexion que la vie qui habite un autre être humain est aussi difficile à appréhender qu'une pièce de Shakespeare une fois le livre refermé. Cela m'est venu à l'esprit en voyant Adrian parler au grand prisonnier allemand. En principe, ils auraient dû s'entre-tuer. S'il est facile de tuer autrui, ce doit être que notre imagination est trop paresseuse pour concevoir ce que la vie d'une autre personne représente pour elle — les possibilités infinies d'une succession de journées qui sont enfouies en elle, et déjà vécues. Mais j'ai oublié la suite de mon raisonnement. Le prisonnier, qui est très maigre et désespéré, semblait apprécier de pouvoir parler. Je l'ai revu plus tard et nous nous sommes souri, mais il n'y avait pas de sentinelle.

Nous voilà bientôt à la fin du mois d'août et du séjour d'A. et K. Ils partent demain pour Charleston. C'est curieux comme on passe par différents états d'esprit au cours d'une visite comme celle-ci. Les miens, dans l'ensemble, touchent plutôt à des sentiments chaleureux et affectueux qu'à de l'irritation. Nos relations comportent cependant un élément critique, qui tient en partie au comportement de K., à son appétit et à son physique. Quant à ce dernier, la pauvre, elle n'y peut rien ; mais elle pourrait quand même éviter d'attirer l'attention sur le processus naturel [16], en s'abstenant de porter une robe

16. Karin était enceinte de six mois. Sa première fille, Anne, était née en janvier 1916.

de chambre orange, maintenue par une large ceinture... Elle a un véritable appétit d'écolier. « Quel rôti ! » s'est-elle écriée aujourd'hui. « Est-ce que vous ne vous sentez pas transportés à la vue d'un beau morceau de viande ? » Les repas apportent un peu de piquant à sa vie, comme en apportent dans la mienne, disons, le courrier ou les journaux. J'imagine fort bien Karin pensant avec un petit frisson de joie que, par exemple, demain est le jour du bœuf gros sel, comme il m'arrive à moi de penser que je recevrai peut-être mon livre du *Times* ou une lettre intéressante. D'autre part, L. est agacé, et comme ce sont de petits désagréments superficiels qui l'agacent, il leur trouve des causes plus profondes sur lesquelles je ne suis pas tout à fait d'accord avec lui. Nous commençons habituellement par : « Pourquoi Adrian l'a-t-il épousée ? » Alors je dis : « Je le comprends tout à fait. Elle a de l'énergie », etc. Alors L. dit : « Moi, j'aurais plutôt mille fois épousé K. En fait, j'aurais plutôt épousé n'importe qui d'autre au monde. Je ne pourrais pas rester assis dans une pièce avec elle. » Je n'en vois pas moins pourquoi Adrian l'a épousée. D'abord, et c'est le plus important, elle le rend semblable aux autres. Il a toujours eu dans l'idée, je crois, que les autres sont des professionnels, tandis qu'il reste un amateur. K. lui fournit un foyer, des enfants, des factures, une vie quotidienne, si bien qu'il a toutes les apparences d'un homme comme les autres. Je crois qu'il éprouve un besoin constant d'être rassuré sur ce point, et qu'il prend un plaisir constant à la nature positive de sa femme. Oui, quand des amis nous rendent visite, nous aimons qu'ils nous trouvent occupés à des choses ordinaires. J'éprouve cela, moi aussi, jusqu'à un certain point. J'imagine même que j'ai beaucoup de sentiments communs avec A. L'impression me gagne, quand je suis avec lui, qu'au lieu d'être confortablement obscurs l'un pour l'autre, nous sommes crépusculaires, ce qui, entre autres choses, nous rend affreusement timides lorsque nous nous retrouvons seuls. Quand il y a d'autres personnes dans la pièce, nous nous entendons beaucoup mieux.

Nous avons fait une petite promenade jusqu'à la poste, marquée par un de ces embourbements qui sont si déconcertants. Rien ne va plus, et puis, avec une détestable secousse, on se remet en branle. Nous nous en sommes mieux sortis qu'autrefois. Il a perdu sa réserve et son air de s'écouter parler, pour m'expliquer que Karin est vraiment très sourde, que cela la désespère parfois, qu'elle se figure que les gens se refusent exprès à parler plus fort, et que c'est pour cette raison qu'elle déteste tous les Strachey et autres chuchoteurs de la même espèce. Il est très fier de la vitalité de sa femme. Je suppose qu'il y puise une bonne dose de cette matière dont la vie est faite, et dont il ne dispose pas lui-même.

Hier, le 22 [17], je suis allée à Charleston à bicyclette, y ai déjeuné et suis rentrée dans la soirée. C'était le premier jour de l'automne, chaud, d'un bleu doux et embrumé. Duncan a passé la nuit précédente chez nous. Il a bafouillé jusqu'au moment où, par des moyens dont lui seul a le secret, il nous a tous fait rire aux larmes. Son chef-d'œuvre fut une imitation de Lady Strachey lisant à haute voix *Le jeune laboureur agonisant parle d'outre-tombe* de Laurence Housman [18].

« J'entends carillonner les cloches, et je repose dans le lit de ma mère. Le plus beau des poèmes de notre langue aussi. » Puis nous avons discuté des gens dont la vessie éclate, de la National Gallery, de l'inceste, je crois, et autres potins, tous assis au salon tant qu'il restait un peu

17. V. W. a confondu la date de deux jeudis successifs. Ce fut le 29 août qu'elle se rendit à Charleston.

18. Sans doute une version burlesque, improvisée par Duncan Grant de *Blind Love* (« Amour aveugle »), de Laurence Housman, publié dans *The Heart of Peace ans Others Poems* (« Le Cœur de la paix et autres poèmes), 1918.

There is a grumble of guns on the hills, lass
But under it, where I lie
The ground of my grave is still, lass.
And stiller beneath, I am...

« Le canon gronde sur la colline, ma mie,
Mais plus bas, où je repose
Tout se tait sur ma tombe, ma mie
Et moi, au fond, plus encore me tait... »

de jour pour y voir. Il nous faut presque des lampes pour le dîner, mais pas encore tout à fait. J'ai bavardé avec Nessa. Un nouveau plan est sur pied pour qu'elle emploie Liz à la cuisine. Trissie la quitte et ne se placera plus jamais[19]. Elle offre un de ces cas de transition : la domestique qui n'est pas encore une dame, mais qui a dépassé l'état de domestique. Karin et A. sont allés à Brighton voir un spécialiste pour les oreilles de K.

Mardi 3 septembre

Pernel est arrivée samedi[1]. Sa venue devait coïncider précisément avec le départ des Stephen, mais il y a eu un contretemps ici, puisque le fiacre refusa de les prendre, ce qui nous a valu encore le plaisir d'un repas avec Karin. Mais je suis au regret de dire que, soit révolte de la nature, soit notre désapprobation muette, son appétit a diminué au point qu'elle n'était plus un phénomène à exhiber aux visiteurs. Elle a proclamé son intention de monter sur la bicyclette d'Adrian pour se faire pousser jusqu'à Charleston ; ce qui, si l'on considère sa petite taille, sa corpulence et ses grosses jambes, semblables à des poteaux, promettait un tableau comique, ainsi qu'a dû en juger Adrian qui l'a convaincue de ne pas monter avant le bas du sentier.

Je crois que je ne pourrais mieux résumer l'impression que produit Pernel qu'en citant ce que nous nous sommes écriés d'une seule voix, samedi soir, en allant nous coucher : « Quel soulagement que d'avoir un être humain à qui parler ! » Une bonne part de ce soulagement provient, bien sûr, de ses bonnes oreilles ; mais, surtout, elle est fine, elle a beaucoup de classe, une intelligence et des perceptions nuancées, qui n'ont, après tout, pas grand-chose à voir avec les oreilles.

19. En septembre Trissie Selwood épousa Gerald Stacey, fils du propriétaire de Vanessa, important fermier du voisinage.
1. Joan Pernel Strachey (voir 7 septembre 1917, note 4).

J'imagine que si Karin devait plaider sa propre cause elle ferait état, chez Pernel, d'un certain flou, d'un certain détachement, d'un certain académisme. Peut-être voit-elle la vie à travers une visière teintée, mais elle a de bons yeux et elle est trop raisonnable, elle a trop d'humour et d'indolence pour s'être transformée en professeur, ou même pour croire profondément en Newham ou en l'enseignement, ou en rien d'autre que les livres, les idées, la poésie et choses de cet ordre. Il n'y a pas moins ambitieux qu'elle, mais elle n'est ni ennuyeuse, ni insignifiante, comme le sont généralement ces vieilles filles effacées, dénuées d'égoïsme. De quoi avons-nous parlé ? D'abord de Hope Mirrlees à qui nous avons demandé d'écrire une nouvelle, puis de Jane [2], de Lady Strachey, de l'art du roman et d'approvisionnement. Hier soir, L. a lu à haute voix les poèmes de Thomas Hardy. La veille nous avions discuté des complexes. Puis il est apparu que P. avait assisté à une conférence sur le mildiou des pommes de terre. Je ne serais en aucune manière surprise de découvrir que les turbines ou les abeilles n'ont pour elle aucun secret ; autrement dit qu'elle sait tout ce que l'on peut apprendre dans les livres. Elle n'a pas l'ambition, ni peut-être la capacité, de s'attaquer aux choses en soi. Là aussi, à mon avis, Karin a ceci en sa faveur qu'elle a fait beaucoup plus de choses que Pernel. Le vent a beaucoup soufflé, mais les champignons ont réapparu. P. était à peu près incapable de les voir, et je crois qu'elle rêvassait plus qu'elle ne regardait autour d'elle. Elle arrive toujours ici munie de livres de quatre sous, à la couverture alléchante, un pour lire à l'aller, l'autre au retour. Pendant le repos de fin de semaine, elle lit toujours un classique et une biographie inepte, dans le

2. Jane Ellen Harrison (1850-1928), helléniste et maître de conférences d'archéologie classique à Newham College, Cambridge, depuis 1898. Elle en vint dans sa vieillesse à considérer Hope Mirrlees comme sa fille spirituelle, et toutes deux vécurent ensemble à Paris et à Londres, lorsque Jane Harrison quitta Cambridge en 1922.

genre de celle de Lady Jeune[3]. Je n'en imagine pas moins que sous ses airs de placidité rêveuse elle est d'une conscience obstinée et se fait marcher elle-même au doigt et à la baguette.

« Rien ne pourrait jamais m'inciter à me marier », a-t-elle dit avec la plus grande conviction. J'ai bien dans l'idée qu'avec ses nombreuses amies, tous ses livres et ses conférences à préparer sur la littérature française, sa vie de célibataire lui convient tout à fait.

J'écris cela au retour de notre partie de plaisir à Brighton. Tout s'est passé à merveille. L. avait prédit la pluie, d'après la lumière qui filtrait à travers nos volets, mais en les ouvrant nous avons découvert un matin de septembre idéal. Le soleil est moins éclatant, mais très clair, et l'air étincelle maintenant que le mois d'août est passé. Sur les arbres, les couleurs prennent du brillant. Les ombres paraissent plus légères et plus pâles. Personne ne prendrait jamais un 3 septembre pour un 31 août. Une parfaite partie de plaisir doit comprendre une visite aux bouquinistes (j'ai fait l'achat d'une biographie du colonel Hutchinson[4]), des bonbons (nous avons trouvé du chocolat à discrétion), déjeuner chez Mutton, l'orchestre sur la jetée, quelques individus grotesques, le thé chez Booth, des petits pains chez Cowley[5] ; des flâneries au long des vitrines, auxquelles, pour la plupart, on résiste, des folies dans quelque papeterie ; et puis le retour chez nous, pour retrouver les collines et cette maison plus ravissantes que jamais. Toutes ces choses nous les fîmes ; et nous éprouvions aussi un sentiment de légèreté à la pensée de tous ces

3. *Memories of Fifty Years* (« Cinquante années de souvenirs ») que publia Lady (Mary) St Helier sous le nom de (Lady) Mary Jeune avant que son mari, juste avant de mourir en 1905, ne fût premier baron St Helier.

4. *Memories of the Life of Colonel Hutchinson... by His Wife Lucy* (« Souvenirs de la vie du colonel Hutchinson... de la plume de Lucy, sa femme »), publiés pour la première fois en 1806 et souvent réimprimés. John Hutchinson, qui représentait le Nottinghamshire au Parlement, fut un des juges de Charles Ier dont il signa l'arrêt de mort en 1649.

5. Le restaurant Mutton, sur le front de mer, la boulangerie Cowley, dans Pool Valley et Booth, dans East Street, étaient tous situés dans un faible rayon de la jetée.

villages reconquis en France. Caen et Lens sont repris, comme nous l'avons appris par une vitrine. Ne voyons-nous pas le rideau se lever, imperceptiblement, sur la promesse d'un monde où il y aura assez à manger, et tout ? Je n'ai pu m'empêcher de penser que la vue d'un gentilhomme anglais, battant les chaumes pour dénicher les perdrix en compagnie de ses fils et de son chien rabatteur, offrait un avant-goût de jours meilleurs.

Dimanche 8 septembre

En tout cas aujourd'hui, je suis mariée à un rédacteur en chef. Leonard a reçu une lettre de Bonwick lui disant qu'il lui faudra sortir son premier numéro en janvier. Il veut savoir de quel genre de bureau L. aura besoin. C'est, à mon avis, une grande victoire que d'avoir su naviguer sans s'échouer sur les Macdonald, syndicats, Rowntree, Bonwick et les autres[6]. Cette idée est très amusante en même temps que stimulante. J'aime jouer à imaginer des bureaux, des liasses de notes, des petits grooms à boutons dorés, et moi-même qui monte prendre une tasse de thé et regarde le Strand par la fenêtre. Peut-être y aurait-il un divan improvisé dans le coin. Et puis Miss Matthaei dans son petit box, et les longues bandes des épreuves ; des visiteurs étrangers, pleins de distinction ; des télégrammes venus de lointaines capitales ; une ambiance générale d'importance et de renommée, tout y respirant une réussite solide et grandissante. Oui, c'est une perspective très agréable, jusque dans son côté pittoresque, celui auquel je suis le plus sensible, je le reconnais. En même temps, nous avons reçu une lettre de Hoper, qui nous propose pour Asheham un bail à renouveler chaque année, pour le cas où il aurait besoin de la maison, éventualité qui ne se

6. Les bureaux de la revue se trouvaient dans Red Lion Court, Fleet Street (en prolongement du Strand). Miss Matthaei (voir plus haut, 9 septembre, note 15) devait être rédactrice adjointe.

présente pas pour l'instant. Nous nous sentons de nouveau en sécurité. Ka, à ce que nous annonce une autre lettre, se marie demain à onze heures. Je ne puis m'empêcher de déchiffrer dans ce qu'elle écrit une protestation des qualités de Will et de son amour pour lui. Mais je n'en dois pas moins avouer que lorsque je pense à elle je la vois plus ronde, plus chaleureuse et plus complète que lorsqu'elle vivait seule. Sans doute m'étais-je habituée à l'imaginer fidèle, solitaire, malheureuse jusqu'à la fin des temps. J'aime trop le bonheur pour faire la difficile quant au mari.

Que s'est-il passé durant toute cette semaine qui a suivi la belle réussite de Brighton ? Tout d'abord, le temps s'est montré d'une générosité prodigieuse, nous faisant cadeau, après un voile de brume matinale, de tant de soleil et de tels nuages d'albâtre, fermement découpés sur le bleu du ciel, que même des personnes comme, disons, Melian Stawell[7], ont dû se sentir gaies et folâtres et très détachées des hautes préoccupations morales. Ou bien continueraient-elles à se demander comment partager le soleil ? Je me souviens qu'allongée au bord d'un creux j'attendais que L. vint aux champignons, lorsquc apcrccvant un lièvre qui bondissait sur la pente je me dis tout à coup : « Voilà la vie sur terre. » Je crus percevoir combien tout était bien du domaine de la terre, et me voir moi-même, avec les yeux d'un visiteur venu de la lune, comme une sorte de lièvre évolué. La vie est bonne à de tels instants. Mais je ne puis retrouver cette étrange impression que j'ai eue, que c'était la vie sur Terre vue de la Lune[8].

Hier ce pauvre Bunny est venu passer la nuit, apportant huit rayons de miel pour lesquels il demande deux

7. Florence Melian Stawell (1869-1936), humaniste, parfois chargée de cours à Newham College, Cambridge, qui entretenait des rapports étroits avec la Société de recherches psychiques. Amie de G. L. Dickinson et de Roger Fry, on la disait irrésistible par son physique et par son esprit.

8. Peut-être faut-il voir là un rappel de l'histoire qu'on racontait dans la famille Stephen, d'un jeune peintre qui, avec son *Lever de Terre sur la Lune* avait connu un succès spectaculaire, comme il n'en devait plus jamais connaître.

shillings pièce. Nous nous sommes fait voler à Brighton ! trois shillings pour un mélange de lait et de saccharine. Pauvre Bunny ! On le croirait encroûté de terre, dur comme une motte ; on voit presque l'oseille sauvage et les orties lui pousser du crâne. La rouille fait grincer sa voix. Il arrive tout juste à trouver les mots les plus simples. Je crois que Mrs Attfield le dépasse maintenant sur le plan du vocabulaire, et que Fred l'égale. Cependant, à force de gentillesse, nous l'avons dégelé, et je dois reconnaître qu'en vingt heures nous avons fait merveille. Nous voulions en savoir plus long sur les champignons, et Bunny fait autorité en matière de cryptogames ; au fait, il en a déterminé lui-même un des plus petits. Après cela il a été capable de nous parler du syndicat des travailleurs agricoles, qui est en train de se former plus ou moins secrètement parmi nos Fred et nos Will. Son humanité n'est pas toute théorique, même s'il tient à se casser la tête sur d'éventuelles réunions travaillistes. Il s'entretient avec les prisonniers allemands, qui sont social-démocrates, n'ont accepté de se battre que parce qu'on les aurait fusillés s'ils refusaient, et considèrent toute la guerre comme une combine de l'aristocratie. Bunny n'envisage qu'un avenir démocratique. J'ai sacrifié la moitié de ma matinée à lui tenir compagnie en ourlant des mouchoirs. Il m'a raconté sa mésaventure avec Hope Mirrlees, à Paris, qui offre un bon exemple de cette absurde balourdise que l'on ne peut s'empêcher de trouver sympathique chez lui. Il était furieux — le malheureux est fanatique en amitié — parce qu'on venait d'apprendre que le roman de D. H. Lawrence avait été brûlé[9]. Hope était descendue au même hôtel que lui. Il s'est récrié devant elle sur l'injustice qu'il y a à brûler des livres. C'était la première

9. En novembre 1915, où plus de mille exemplaires de *The Rainbow*, le roman de son ami D. H. Lawrence, furent saisis par la police et condamnés à être brûlés. David Garnett occupait alors une chambre sous les combles, à l'hôtel de l'Elysée, ayant l'espoir de se mettre au travail à l'Institut Pasteur. Jane Harrison et Hope Mirrlees étaient venues à Paris pour apprendre le russe.

fois qu'ils se rencontraient. Elle pensait tellement comme lui qu'il s'exclama : « Vous êtes un amour ! » ce qui offensa Hope ; et, pourtant, comme il me l'expliqua, il se trouvait à l'autre bout de la pièce, et il n'avait pas employé le mot amour dans le sens qu'elle croyait. J'imagine qu'il n'a jamais eu un vocabulaire très riche. Toujours est-il que Hope laissa entendre qu'il aurait dû être aux armées. Quant à Bunny, il ne voyait pas en quoi dire à une jeune femme qu'elle est « un amour » pouvait être choquant ou déplacé.

« Virginia, m'a-t-il dit en confidence, je voudrais vous demander une photographie de... d'Alix. » Il savait très bien laquelle, et je fus obligée de la lui donner, pour qu'il y rêve, j'imagine, au long des heures, avec cette sentimentalité diffuse, simple et bienveillante, qui lui est propre, tout en labourant à la charrue mécanique les champs de Mr Hext. Mais j'ai été intéressée par son récit du sauvetage d'un Indien, un certain Sovercar[10]. Bunny m'est apparu comme le héros viril, sérieux et romantique d'un roman de Meredith.

Mardi 10 septembre

Ce cahier ouvert, j'ai passé cinq minutes à essayer de repêcher du bout de ma plume deux mouches noyées dans mon encrier, mais je commence à comprendre que c'est une de ces entreprises qui s'avèrent bien impossibles — absolument impossibles. Darwin, pas plus que Platon, n'y parviendrait avec cette plume. Et maintenant les mouches s'accumulent et se désagrègent. Aujourd'hui il y en avait trois. A Asheham, je pense tout naturellement à Darwin et à Platon mais en cela je ne suis pas la seule. Mon snobisme intellectuel a subi un

10. Mr Hecks, de New House Farm, près de Firle, qui employait David Garnett et Duncan Grant. On peut lire l'histoire de Vinayak Damodar Savarkar dans le premier volume de l'autobiographie de David Garnett, *The Golden Echo,* 1953, chapitre VII.

rude coup quand j'ai appris de Janet qu'elle consacre ses soirées à lire *Don Quichotte* et le *Paradis perdu,* et sa sœur, à lire Lucrèce. Janet, ce qui est très caractéristique de sa part, soutient qu'il y a plus d'humour dans *Don Quichotte* que dans Shakespeare. La crudité de Shakesp. la rebute, je le vois. Elle la considère sous l'angle intellectuel. Toutes les personnes de sa génération se creusent trop consciencieusement la cervelle sur les livres, leur cherchant un sens, au lieu de s'abandonner au plaisir qu'elles y goûtent, ce qui est plus ou moins ma manière, et donc la plus enrichissante et la meilleure. Il paraît que Margaret ne va pas très bien. J'ai tendance à me montrer sans pitié pour les petits accrocs de santé des gens d'un certain âge en général, dont je m'attends à faire moi-même l'expérience un de ces jours ; et pour ceux de Margaret en particulier. J'ai l'impression qu'elle vit dans une ambiance où avoir les pieds froids est plus grave qu'une bronchite ailleurs. C'est une part de ce qui donne de l'intérêt à sa vie, comme la nourriture pour Karin et la critique des livres pour moi. Et puis, Lilian et Janet lui font écho avec tant d'attention et de sollicitude ! Margaret les domine, et elles, qui trouvent leur bonheur dans l'abnégation, dispensent leur sympathie et en viennent en quelque sorte à établir pour Margaret un baromètre de santé différent de celui du reste du monde. Mais ici je brode un peu, et cela provient en partie de savoir que j'écrirais une longue lettre affectueuse et amusante à Margaret si j'étais gentille. J'en suis empêchée par mon préjugé contre la condescendance envers les personnes âgées. Je ne veux ni en manifester ni en subir. Et il me semble que le genre de lettre que l'on écrit en ces occasions n'est qu'un geste de charité, et donc qu'on ne doit ni le faire ni l'accepter. Le professionnel de la charité n'aborde le non-professionnel que dans le dessein d'en obtenir ce qu'il peut donner, le rabaissant, si peu que ce soit, ce donneur qui a tout au plus à lui offrir une distraction. L'ennui est le domaine des philanthropes. Ils font la loi dans la métropole.

Mais si je ne suis pas la seule personne du Sussex à lire

Milton, je ne m'en vais pas moins, tant qu'à faire, noter mes impressions sur le *Paradis perdu.* Impressions est bien le terme pour décrire ce que j'en conserve dans l'esprit. J'ai laissé passer bien des énigmes sans les déchiffrer. J'ai glissé trop négligemment sur le texte pour en goûter toute la saveur. Cependant je vois, et consens dans une certaine mesure à croire, que cette pleine saveur n'est perceptible qu'au prix d'une très haute érudition. Je suis frappée par l'extrême différence qui sépare ce poème de tout autre. Elle réside, je crois, dans le détachement sublime et le ton impersonnel de l'émotion. Je n'ai jamais lu ce qu'écrit Cowper sur le *Sofa*[11] ; mais je puis imaginer ce *Sofa* comme une vile contrefaçon du *Paradis perdu.* L'essentiel de Milton est tissu de merveilleuses, de magnifiques et magistrales descriptions des cohortes des anges, de leurs batailles, de leurs vols à travers ciel, de leurs séjours. Il traite de l'horrible et de l'immense, de la dégradation et du sublime, mais jamais des passions du cœur humain. Quel grand poème a jamais jeté aussi peu de lumière sur nos joies et nos chagrins ? Je n'en tire aucune aide pour juger de la vie ; j'éprouve à peine le sentiment que Milton a vécu et connu des hommes et des femmes, si ce n'est lors de commentaires grognons sur le mariage et les devoirs des femmes. Il fut le premier des masculinistes. Mais ses considérations méprisantes procèdent de ses propres malheurs et font même figure de point final à ses querelles de ménage. Cependant que d'aisance, que de force, que d'adresse il y a dans tout cela ! Quelle poésie !

11. Le premier livre de *The Task* (La Tâche), le poème en vers libres de William Cowper (1731-1800), publié en 1785, est intitulé *The Sofa* et commence ainsi :

I sing the Sofa. I who lately sang
Truth, Hope and Charity, and touch'd with awe
The solemn chord...
Now seek repose upon an humbled theme.

« Je chante le Sofa. Moi qui naguère chantais
La vérité, l'espérance et la charité, faisant vibrer, subjugué,
Les accords solennels...
A présent trouve le repos dans un plus humble thème. »

Je conçois qu'ensuite Shakespeare puisse paraître un peu agité, personnel, fiévreux et imparfait. Je conçois qu'on puisse voir là l'essence dont presque tout autre poème n'est que la dilution. Le raffinement inexprimable du style, dans lequel on perçoit chaque nuance successive, suffirait à vous maintenir en contemplation bien après que l'on a expédié la tâche de la lecture superficielle. Tout au fond l'on découvre encore des combinaisons, des désaveus, des bonheurs et des prouesses. De plus, bien qu'il ne contienne rien de semblable à l'épouvante de Lady Macbeth ni au cri de Hamlet, ni pitié, ni sympathie, les images sont pleines de majesté. En elles se résume une bonne part de ce que les hommes ont considéré comme notre rôle dans l'univers, notre devoir envers Dieu, notre religion.

Mercredi 18 septembre

J'ai laissé ma toute première image des Webb s'effacer du miroir de mon esprit. Mais qu'on me permette d'en considérer une autre, qu'ils m'ont imposée le dimanche, vers la fin de la journée. Je suis portée aux nues au-dessus d'une immense étendue marine presque sans houle, d'un gris pâle, bosselée d'ombres plus foncées, provenant de petites irrégularités et de vaguelettes qui représentent le caractère, l'amour de la vie, le génie et le bonheur, mais ce n'est pas mon « moi » qui est porté aux nues. Mon « moi » n'existe à peu près pas. Cette image-là résultait d'une conversation avec Mrs Webb. Certes, ils méritent pourtant qu'on les traite avec plus d'attention. Mais par quel effort d'imagination pourrais-je faire renaître cet étrange malaise intérieur que me cause Mrs Webb chaque fois que je la revois ? Dans les intervalles, j'oublie. Mais il suffit d'une minute avec elle pour que cela me reprenne. Il y a chez elle quelque chose d'absolument naturel et d'impersonnel. Elle vous donne le sentiment que vous êtes insignifiante et un petit peu dérangée. Elle repousse toute chaleur et originalité.

Elle accepte mal votre personnalité. Elle devine un peu quels sont vos penchants naturels, et elle braque sur eux le faisceau de sa torche électrique.

Nous avons eu une journée de pluie torrentielle, le samedi — une de ces journées qui ne portent guère à la cordialité. Mrs Webb, qui a un manteau, s'en débarrasse cependant ; elle est nue comme un ver. Nous nous attablons pour le thé sans attendre George Young [12]. Les Webb mangent rapidement et solidement, et me laissent avec des monceaux de gâteaux sur les bras. Après le thé, comme nous avions presque fait le tour de tous nos sujets de conversation, j'ai commencé à trembler à l'idée que nous allions en être tout à fait à court. Puis G. Young a fait son apparition, ravi, comme tous les Young, de s'être mesuré à la distance et à la pluie. Bonne promenade, nous dit-il. Pendant qu'il se changeait, Mrs Webb s'est empressée de m'exposer ses raisons de soutenir qu'elle n'avait jamais rencontré de grand homme ; et c'était valable aussi pour les femmes. Tout au plus, disait-elle, les grands hommes possèdent des qualités isolées qui sont remarquables, mais à considérer globalement leur personnalité, ils n'ont aucune grandeur. Shakespeare, elle ne l'appréciait pas, parce qu'une sœur, qui était une sotte, le lui citait toujours de travers quand elle était enfant. Goethe, oui, à la rigueur, on pouvait concevoir qu'il eût été un grand homme. Le sujet étant clos, L. et G. Young descendirent, et tous ont foncé ensemble dans la discussion d'un point de détail tout à fait hors de ma portée. Je crois qu'il s'agissait des élections générales et de l'opinion du simple soldat. Young s'appuyait sur des faits qui, à mon avis, ne résistent guère à l'examen. C'est un

12. George Young (1872-1952), frère aîné de Hilton Young (voir plus haut, 18 mars 1918 note 29). Doués de talents variés et considérables, il était resté près de vingt ans dans la diplomatie, mais durant la guerre, il entra au bureau des renseignements de l'Amirauté. En mars 1918, il s'engagea comme simple soldat, et puis fut nommé officier dans l'artillerie de marine. Dans le journal d'Asheham, V. W. note pour le samedi 14 septembre : « Journée de pluie sans interruption. Les Webb sont arrivés pour le thé... G. Young plus tard. Froid et beaucoup de vent. »

homme bienveillant, lent et rigide, qui a tout le charme de Hilton, mais moins d'intelligence et qui, ayant quitté la diplomatie pour vivre en accord avec ses principes, se retrouve maintenant officier de marine à Portsmouth. Après le dîner, Mrs Webb est passée brusquement de la discussion passionnée aux ronflements sonores. Alors ce fut le tour de Sidney. J'ai pensé qu'il parlait un peu précipitamment pour couvrir les ronflements ; mais il n'y a qu'à lui poser une question, et il n'en finit pas d'y répondre, jusqu'à ce qu'on n'en puisse plus. Il nous a donné un bref aperçu de ses idées sur une autorité supranationale et sur l'avenir des lettres de change. La tâche du gouvernement sera considérablement accrue dans l'avenir. J'ai demandé si j'en aurai jamais ma part. « Oh, mais oui, vous aurez une petite charge quelconque bien entendu. Nous disons toujours, ma femme et moi, qu'un garde-barrière est le plus heureux des hommes. Il a de l'autorité et il est responsable vis-à-vis d'un gouvernement. Ce devrait être le cas de chacun de nous. »

Ensuite nous avons discuté d'un Etat tel que le conçoit L., si complexe que chacun aurait une tâche à remplir. Suivit une longue discussion sur le fossé qui s'élargit entre les individus de couches sociales et de professions différentes. Young défendant cette interprétation, récusée par les Webb. J'ai posé une de mes questions les plus pertinentes (lorsqu'on rapporte une conversation les choses que l'on a dites soi-même ressortent comme des phares), j'ai demandé : « Est-ce vraiment facile pour un individu de passer d'une couche sociale à une autre ? » Cela déclencha un déluge d'informations, mais disons que, venant des Webb, ces déluges ne sont que d'eau de Seltz. Ils n'engloutissent ni ne désaltèrent jamais personne. Webb nous a indiqué le nombre de bourses d'études attribuées à Londres au cours de telle et telle année ; et fait un rapport sur l'organisation de l'enseignement dans l'est du Sussex qui, si mauvais qu'il soit, est quand même meilleur que dans l'ouest. « En ce qui me concerne, dit-il, je suis arrivé trop tôt pour profiter de l'enseignement secondaire. Mes parents étaient de petits bourgeois commerçants, animés, comme beaucoup de leurs semblables, d'une farouche détermination de voir leurs enfants faire des études, coûte que coûte, mais qui n'avaient pas la moindre idée de la voie à suivre. Ils se mirent en tête de nous envoyer, mon frère et moi, en France et en Allemagne, et, ainsi, nous avons au moins appris le français et l'allemand. Je les lis encore, bien que j'en aie rarement l'occasion. » Nous avons dû parler uniquement d'éducation, car je revois Mrs Webb se réveiller en sursaut et se soulager de son opinion que les Allemands ont fait fausse route ; puis corriger Young sur quelque point concernant le rapport de la personnalité et de l'intellectuel. Il était assez sot pour les dissocier, et pour préférer ce qu'il était bien incapable de définir. Elle l'a brocardé tant et plus, mais il s'est obstiné.

Le lendemain, qui commençait soi-disant à cinq heures et demie pour les Webb, heure à laquelle ils prennent du thé dans leur chambre, j'ai dû me battre avec une critique très récalcitrante de *Joan and Peter* de Wells [13]. Mon inspiration était paralysée par le claquement des talons de Mrs Webb qui arpentait la terrasse et par le son très aigu de sa voix très moqueuse, alors qu'elle discourait à l'adresse de L. en attendant soit l'arrivée de W., soit la fin de la pluie. Ils se sont promenés sur les collines jusqu'à l'heure du déjeuner. Ici, il me faut sauter une bonne partie de la conversation. Imaginons donc que Sidney, Beatrice et moi-même sommes assis au bord de la route qui surplombe Telscombe, fumant des cigarettes en plein soleil, tandis que la *Silver Queen* patrouille lentement au-dessus de Newhaven. Les collines étaient plus belles que jamais ; et Mrs W. s'est lancée dans un discours sur la beauté du paysage, et dans ses souvenirs de l'Inde, vers lesquels elle se tourne lorsqu'elle a des insomnies, se délectant du

13. La critique que V. W. donna du roman de H. G. Wells, *Joan and Peter*, parut dans le *TLS* du 19 septembre 1918.

souvenir plus qu'elle ne l'a fait de la réalité. Sidney, cela saute aux yeux, n'a pas le moindre organe de la vue, et n'y prétend pas. Mrs W. a une case réservée à la nature. Ainsi, alors qu'ils racontaient avec animation leurs impressions de voyage, sans faire preuve d'aucun respect pour l'Empire britannique, nous avons repris le chemin de la maison. Je les voyais de dos, couple peu reluisant, sans prétention, mal fagoté, marchant de ce pas mal assuré des personnes dont la force décline, elle, s'accrochant au bras de Sidney, ses formes anguleuses la faisant paraître beaucoup plus vieille que lui. On aurait cru à une de ces photographies de touristes anglais que l'on voit dans les journaux français ; il ne leur manquait que les lunettes et le Baedeker. Leurs vêtements avaient un aspect mal brossé ; ils regardaient devant eux, les yeux plissés. J'eus mon petit tête-à-tête, comme je l'avais prévu, lorsque Mrs W. me retint en arrière alors que nous passions devant l'église de Southease. Elle m'a questionnée sur mon roman, et je lui ai fourni une intrigue soigneusement agencée. Je souhaitais, ou du moins, c'est ce que je lui ai dit, découvrir vers quel but tendent les gens, et s'ils sont illusoires ou non. Elle me décocha promptement : « Deux choses ont gouverné ma vie : l'une est la passion de l'enquête menée scientifiquement ; l'autre la passion de créer un certain ordre social satisfaisant à partir de ces enquêtes. » Par un biais quelconque, elle a entrepris de me mettre en garde contre la perte d'énergie qu'entraînent les amitiés sentimentales. On ne devrait avoir qu'une seule grande relation personnelle dans sa vie, disait-elle, ou deux, tout au plus : l'une avec son mari, l'autre avec ses enfants. Le mariage est un exutoire nécessaire aux émotions, et il représente aussi une sécurité pour la vieillesse, lorsque cesse la séduction personnelle ; et une aide dans le travail. Nous étions empêtrées dans les grilles du passage à niveau, quand elle a remarqué : « Oui, j'irais même jusqu'à dire qu'une vieille domestique de famille ferait tout aussi bien l'affaire. » En remontant la colline elle a affirmé sa conviction que l'on doit souhaiter le bien du monde entier, sans discrimination aucune. A son avis, les différences ne sont pas énormes ; les défauts, toujours les mêmes. Il faut cultiver avant tout l'impassibilité. Dans la vieillesse les gens ne comptent plus beaucoup, m'a-t-elle dit, on ne spécule jamais que sur la possibilité ou l'impossibilité d'une vie future. Cette vision pessimiste m'a de plus en plus déprimée, en partie, je pense, du fait d'un sentiment égoïste de n'être rien dans son champ de vision. Pour finir, nous avons un peu parlé politique, et abordé le chapitre des souvenirs auquel Mr et Mrs Webb ont contribué à part égale. Et puis, au lit. Et, comble de l'horreur, Mrs W. est entrée dans ma chambre le lendemain matin, pour me dire au revoir, et s'est plantée de toute la hauteur de son impassibilité au chevet de mon lit, en évitant du regard mes bas, ma culotte et mon vase de nuit. Tout cela m'a pris si longtemps à écrire que nous voilà déjà au...

Lundi 23 septembre[14]

... et tant de choses se sont accumulées que j'ai peine à m'atteler à ce résumé magistral que j'avais projeté d'écrire sur les Webb. En particulier j'aurais voulu m'interroger sur cette tournure malveillante et cynico-humoristique que prend, quoi qu'on en ait, toute description des Webb. J'aurais voulu montrer ces qualités qui naissent d'habitudes intellectuelles bien entretenues et vivaces, montrer combien les Webb se sont révélés larges d'esprit, et raisonnables, complètement, envers et contre tous. Cela mérite d'être souligné. Le bon sens m'apparaît comme leur caractéristique invariable. C'était du bon sens de ne pas s'embarrasser d'adieux ni d'une lettre de château. Ils abordent toujours chaque

14. Dans le journal d'Asheham, V. W. rapporte que George Young est parti le dimanche, et les Webb le lundi 16 septembre. Le mardi, « scène avec Lottie, au sujet de l'eau à pomper. Les bonnes sont parties en vacances », et V. W. s'est rendue à Charleston à bicyclette.

difficulté avec un parfait bon sens, qu'il s'agisse de domestiques ou de politique, mettant leur intelligence à votre service sans la moindre ostentation, ni la moindre flagornerie. L'horizon qui s'offre à eux est parfaitement dégagé, à moins que, dans le cas de Mrs Webb, un nuage de poussière ne les environne, comme disait le médium. Ils sont sans illusions. Ils contemplent stoïquement les perspectives, étrangement claires à leurs yeux, tant pour la race humaine que pour eux seuls. Sidney est le plus chaleureux et le plus humain des deux et on pourrait même commettre l'inconvenance de l'aimer pour lui-même, ce qui n'est vraiment pas possible en ce qui concerne Mrs Webb. Avec quel stoïcisme il a déclaré, son éternel petit sourire aux lèvres, qu'ils ont maintenant soixante ans et doivent donc s'attendre à une attaque au cours des cinq prochaines années ; mais que s'il lui était possible de se concerter avec le messager divin, il s'arrangerait d'une manière ou d'une autre pour mourir exactement en même temps que son « épouse ».

En bonne justice, je devrais consacrer tout un chapitre à Lottie, mais vivre des incidents de ce genre est déjà assez déplaisant sans avoir encore à les récapituler ici. A cet instant, du fait de ce que Lottie a entendu L. me dire avant le petit déjeuner, j'ignore si nous avons deux bonnes ou pas du tout ; et à vrai dire cela m'est totalement indifférent, tant est grand mon soulagement d'être débarrassée d'elles pour quinze jours. A considérer leur peu d'importance, on peut les comparer à ces moucherons qui vous entrent dans l'œil, et vous cause tant de désagréments malgré leur petitesse. Mais parlons d'autre chose.

Je suis allée à Charleston mardi dernier, et Quentin m'a montré ses coquillages. Seule avec Nessa, j'ai dévoilé mes peines, que surpassent encore les siennes. Et puis Clive et Mary sont arrivés pour le thé, en automobile, tant ils avaient de paquets et de sacs, et en effet Mary en a tiré des chocolats, des gâteaux et des bonbons à profusion. J'ai honte de dire que c'est ce qui m'a fait le plus d'impression ; mais je suis partie peu après, et comme ils m'ont promis de venir passer une soirée ici, j'ai gardé pour moi mes idées et mes questions. Mary, selon son habitude, était muette comme une truite — je dis « truite », à cause de sa robe mouchetée, et aussi parce que malgré son silence elle a le calme et la brusque vivacité d'un poisson. Je suis rentrée en poussant ma bicyclette, une mauvaise crevaison m'empêchant de rouler.

Ensuite, j'ai reçu une avalanche de livres envoyés par le *Times* et j'en ai été réduite, à un certain moment, à écrire ma critique l'après-midi, encore que je ne voie pas pourquoi l'intelligence ne fonctionnerait pas entre trois et cinq heures. Lorsque la jeune télégraphiste est arrivée à bicyclette avec un télégramme de Clive, qui se décommandait à cause de je ne sais quelle maladie de Mary, nous avons été tous les deux extrêmement soulagés. J'ai envoyé promener ma plume, comme l'on dit, et dévoré un énorme thé, et ma tâche d'écrire m'a paru bien allégée. Quand on me demande une critique par télégramme, et que Mr Geall doit pédaler sous une averse jusqu'à Glynde pour en rapporter le livre, et qu'il vient frapper au carreau vers dix heures du soir, pour recevoir son pourboire en échange du paquet, je me sens très demandée, très importante et même un peu surexcitée. Par extraordinaire le livre, de Hudson, valait la peine d'être lu[15]. Puis samedi, nous sommes allés à Lewes par le train, et nous avons fait l'achat d'une scie passe-partout, de poisson et d'enveloppes ; et puis nous sommes allés chercher Gertler à la gare, et nous sommes rentrés.

Je ne sais si nos exclamations au départ de nos invités prouvent quelque chose, mais, cette fois, nous nous sommes écriés ensemble : « Mon Dieu, quel égoïste ! » Nous avions parlé de Gertler à Gertler près de trente heures durant ; c'est comme de regarder au microscope.

15. La critique de V. W. de *Far Away and Long Ago* (« Au loin, il y a longtemps »), de W. H. Hudson, parut dans le *TLS* du 26 septembre 1918. Mr et Mrs Geall habitaient un cottage proche d'Asheham, et apportaient parfois une aide dans la maison ou au jardin pour remplacer Mrs Attfield.

Une unique taupinière est merveilleusement visible, le monde environnant cesse d'exister. Mais Gertler est un jeune homme persuasif. Même s'il a des limites, il est capable et respectable à l'intérieur de ses limites ; dur comme une balle de cricket, aussi étroitement gainé, et rembourré sur le pourtour. Nous discutions... enfin, nous en revenions toujours à Gertler. « J'ai un caractère très particulier... Je ne suis pas un artiste comme les autres... Il n'y aurait pas ces espaces vides dans mes tableaux... Je ne peux approuver cela, car, en ce qui me concerne, je possède un certain sens que les autres n'ont pas... J'ai vu en un clin d'œil ce qu'elle n'avait jamais rêvé de voir... » et ainsi de suite. Et si vous vous écartez un tant soit peu du sujet, il reste aux aguets, replié sur ses positions et, d'une manière ou d'une autre, vous ramène habilement à lui-même. Il est habité d'une vanité insatiable. Je le soupçonne, en fait, d'être très dépendant de la bonne opinion de gens comme nous, et passionnément désireux d'être apprécié de Duncan, Vanessa et Roger. Il n'a connu que des succès trop faciles jusqu'ici. Pourtant, et je parle sans mâcher mes mots, s'il a des capacités et de l'intelligence, s'il va peindre, c'est évident, de bons tableaux, pleins d'intérêt, ce n'est qu'au prix de quelque éclatement de l'intellect qu'il pourrait devenir un peintre.

Dans son journal d'Asheham, V. W. rapporte que Gertler les quitta le 23 septembre, dans l'après-midi. Aucun autre visiteur ne lui succéda, et L. W. se rendit par deux fois à Londres pour toute la journée. En l'absence des domestiques, les tâches ménagères et la vie quotidienne accaparèrent l'attention de V. W. et ne lui laissèrent sans doute que très peu de temps à consacrer à son journal principal. Le charbon commença à manquer, alors qu'on ne pouvait plus s'en procurer. Il se mit à faire très froid, si bien qu'ils durent couper du bois chaque jour pour se chauffer. Le 27 septembre V. W. note : « On annonce que la Bulgarie fait la paix. » Le lendemain, tous deux furent malades, ce que V. W. attribua à un empoisonnement causé par de la viande avariée ou par des mouches. Elle resta alitée la plus grande partie de la journée suivante, avec une migraine. Le mardi 1er octobre, les Sturgeon — Flora, la sœur de V. W. et ses beaux-parents, qui habitaient Ashcombe House, près de Lewes — vinrent en se promenant, et restèrent pour le thé.

Mercredi 2 octobre

Non, je ne puis écrire à Margaret Davies. J'ai épuisé pour elle ma première inspiration d'après le thé. C'est une grave erreur de n'écrire pas ce qu'on veut écrire, au moment où l'on a envie de l'écrire. Ne contrariez jamais un penchant naturel. J'avais aussi tant de choses à dire ici ! D'abord que le temps a changé et que nous sommes au seuil de l'hiver. Nous avons reculé nos pendules dimanche soir. En même temps, j'ai mis des vêtements chauds, le soleil a perdu la moitié de sa chaleur et les nuits sont devenues glaciales. Nous avons commencé à allumer du feu avant le thé, à dîner à la clarté d'une lampe et à frissonner faute de couvertures de fourrures sur nos lits. Mais l'impulsion qui devait rapprocher, façonner et permettre l'enchaînement de toutes ces idées dont j'ai la tête pleine, s'est engloutie dans cette malencontreuse page à Margaret Davies [1].

Lundi 7 octobre

Je regrette profondément l'élan généreux qui m'a poussée à cette lettre où je décrivais les Webb à Margaret. Ce soir-là, mon esprit fourmillait d'idées ; et Asheham méritait un adieu plus somptueux que je ne suis en mesure de lui donner, troublée comme je le suis par l'excitation du retour à Londres, et un peu énervée

1. Cette lettre, pour autant qu'elle ait jamais été envoyée, n'existe plus.

par le problème des bonnes qu'il va falloir affronter demain. J'ai envie de m'étendre longuement sur le confort et la beauté de cette pièce. J'ai acheté un autre bocal de verre pour 2 shillings. Ces choses sont au premier plan. C'est un peu à cause d'elles et de l'effet de douche de la presse de Harmsworth que je ne parle pas d'abord et avant tout de l'offre de paix de l'Allemagne. Certes, elle nous a fait battre le cœur ce matin, à Asheham. Mais comme le *Times* veut à tout prix la minimiser, il ne nous reste plus guère de joie au cœur.

Nous sommes revenus par East Grinstead pour éviter la cohue, un long voyage, par conséquent, avec des arrêts aux endroits les plus mornes du Sussex — West Hoathly, entre autres. Nous avons déjeuné chez Walcheras, où nous avons pu contempler ce qu'il y a de plus bas dans la nature humaine ; vu de la chair qui n'avait pas encore pris forme humaine. Est-ce le fait de manger ou de boire, qui est dégradant, ou bien les gens qui déjeunent au restaurant sont-ils par eux-mêmes des dégénérés ? Toujours est-il qu'après cela on a peine à envisager sa propre humanité.

Samedi 12 octobre

La première semaine à Londres est toujours une des plus riches ; et les semaines riches ont toujours tendance à passer sans qu'on n'en consigne rien. Il me faut aussi célébrer un anniversaire : ce journal a un an, et, revenant en arrière, je m'aperçois qu'on refait toujours exactement les mêmes choses. Par exemple, cette semaine, nous sommes allés faire l'achat d'un pardessus pour L. L'année dernière, c'était des bottines. De nouveau, il a été question d'une réception ; de nouveau, nous avons eu ce que j'appelle par euphémisme une discussion. Nessa était à Londres aussi, et j'ai dîné avec elle et Clive, mais cette fois il y avait Duncan, et c'est à Gordon Square que nous avons dîné[2]. Toutefois la

2. Au restaurant du Quadrant, près de la gare de Richmond.

réunion de Lord Grey[3] n'a pas eu son équivalent l'année dernière, et je n'aurais pas non plus pu écrire, comme je le fais maintenant, que le journal de demain apportera peut-être la nouvelle de l'armistice. Il est fort possible que les combats aient cessé la semaine prochaine à la même heure. Quoi que nous ayons fait, cette semaine-ci aura eu cet extraordinaire arrière-goût d'espoir, le même sentiment, en infiniment plus fort, que je me souviens d'avoir ressenti quand j'étais enfant à l'approche de Noël. Les journaux de Northcliffe[4] insistent tant qu'ils peuvent sur la nécessité et les délices de la guerre. Ils amplifient nos victoires pour nous allécher par la perspective d'en connaître d'autres. Ils poussent des cris de joie lorsque les Allemands coulent le bateau-courrier d'Irlande[5] ; mais ils montrent aussi quelque inquiétude à l'idée que les conditions de Wilson puissent être acceptées. L. revient à l'instant de Staines en apportant le journal qui dit, avec une évidente consternation, que le bruit court que l'Allemagne accepterait l'évacuation des territoires. En aucun cas, bien entendu, l'Allemagne n'aura le droit de poser des conditions, ajoute le journal. En attendant, Philip est en pleine action, et le fils de Davies s'est fait tuer[6].

La réunion présidée par Grey fut imposante, pour

3. Le 10 octobre 1918, une grande réunion eut lieu à Central Hall, Westminster, où Lord Grey of Falloden, premier président de la League of Nations Union, formée par le fusionnement de la League of Nations Society et de la League of Free Nations Association, prononça un important discours sur la politique de la nouvelle association.

4. Alfred Harmsworth (1865-1922), baron, puis vicomte de Northcliffe, fondateur du *Daily Mail* et principal propriétaire du *Times,* soutenait dans ses journaux et propageait de belliqueuses opinions antigermaniques, affirmant qu'il fallait poursuivre la guerre jusqu'à ce que l'Allemagne fût non seulement battue mais dévastée et humiliée.

5. Le 10 octobre, le *Leinster,* bateau-courrier de l'Irlande, qui transportait 650 passagers et un équipage de 70 hommes, fut torpillé et coulé peu après avoir quitté le port de Kingstown, en Irlande, ce qui coûta la vie à 450 personnes. Le *Times* du 11 octobre fit une large place à l'incident dans ses colonnes et un article le présenta comme « le premier coup porté à ce pays par la barbarie allemande ».

6. Roland Arthur Llewelyn Davies, lieutenant dans les fusiliers du roi, fut tué sur le front le 4 octobre 1918. C'était le fils unique du second des six frères de Margaret Llewelyn Davies.

une réunion, s'entend, ce qui ne veut évidemment pas dire grand-chose ; mais cela revient quand même à dire que Grey lui-même m'a frappée par ce qu'il a du « seigneur du village » anglais, solide et sans détours, une curieuse ressemblance physique avec oncle Herbert[7], en plus marquant, et cette espèce d'honorabilité et de sagesse campagnarde que l'on sent aussi dans une certaine mesure, chez un homme comme Waller [Jack Hills]. Il n'a rien dit de plus que ce que l'on a déjà pu lire et approuver à propos d'une Société des Nations, mais il l'a dit simplement ; et qu'un « grand homme d'Etat » puisse avoir du bon sens, de l'humanité et une absence totale de grandiloquence me remplit d'un étrange sentiment d'étonnement et d'humilité, comme si la nature humaine valait quelque chose, après tout. Toutefois mes sentiments charitables ne s'étendent pas à Lord Harcourt, qui était assis en face de nous, ni à Mrs Asquith et à Elizabeth[8]. Ils n'inspiraient en aucune manière la vénération, et n'avaient même rien de frappant, mais on voit que Mrs A. a triomphé grâce à une irrépressible vitalité. Elle est aussi tendue qu'un arc, aussi maigre et nerveuse qu'un petit lévrier de course, vibrante comme un violon, mais sans le moindre signe de quelque chose de plus profond ou de plus intéressant. Et quant à cette pauvre Elizabeth, avec sa figure de papier mâché, elle avait l'air de sortir tout droit de derrière le comptoir du rayon des chapeaux de dames, chez Marshall & Snelgrove. Il y avait une assistance innombrable, et à notre départ le bruit commençait à courir que le Kaiser avait abdiqué.

Je suis allée ensuite à ce dîner de Gordon Square, et

7. Herbert William Fisher (1826-1903), père de L. A. Fisher et mari de la tante Mary de V. W., qui avait été précepteur, puis, de 1860 à 1870, secrétaire particulier du prince de Galles. En 1890, il fut nommé *vice-warden* des Stannaries, les mines d'étain de Cornouailles et du Devon.

8. Lewis Harcourt (1863-1922), homme politique, libéral et membre du Parlement de 1904 à 1916 et ministre du gouvernement de Mr Asquith. Il devint vicomte en 1917. Elizabeth Asquith (1897-1945), fille unique du précédent Premier ministre et de Margot, sa seconde femme. Elle devait épouser le diplomate roumain, prince Antoine Bibesco, en 1919.

de là, avec Nessa, au Coliseum où nous avons dû supporter Miss Clarice Mayne avant de voir notre ballet : *She...*[9] (je ne parviens pas plus à écrire qu'à prononcer le nom) qui n'est pas un des meilleurs. Dans mon souvenir, il avait été mieux dansé à Covent Garden. Maynard, qui a maintenant la générosité et un peu l'allure d'un prince oriental, avait loué un coupé fermé pour Nessa, toute petite voiture, lente et archaïque, tirée par un quadrupède qui faisait très écurie de louage. Roger, Duncan, Maynard et moi-même nous sommes entassés à l'intérieur et avons tranquillement gagné Chelsea en traversant Londres clopin-clopant. Par hasard nous croisâmes Ottoline, peinturlurée, aussi voyante qu'une catin, bien visible au milieu des omnibus, à la lumière d'une lampe à arc ; et elle réapparut dans le salon des Sitwell[10]. La veille [au 46 Gordon Square], j'avais fait la connaissance des deux frères Sitwell, qui m'avaient invitée à la réception. Le matin même, ma critique des poèmes d'Edith Sitwell avait paru dans le *Times*. C'est curieux comme des groupes entiers de personnes s'introduisent soudain en bloc dans votre vie. Ce groupe, auquel Gertler et Mary H. sont rattachés, m'était inconnu il y a un an. Je les ai observés avec un calme considérable et un peu inquiétant. Je me demandais ce qui, dans une réunion comme celle ci, vaut la peine que l'on s'échauffe et se querelle ; et je me suis surprise à dire des choses très maternelles à Gertler, pour la première fois en habit de soirée, acheté à cet éméché de Mr Dallas. Nous avons comparé nos impres-

9. La compagnie des ballets de Diaghilev donnait une série de représentations pour la saison, au London Coliseum, où elle partageait l'affiche avec des artistes de music-hall, dont Clarice Mayne. *Sheherazade* était au programme du 10 octobre. La prévenance princière de Maynard s'explique par le fait que Nessa était enceinte.

10. Edith (1887-1964), Osbert (1892-1968) et Sacheverell (né en 1897) Sitwell, les trois enfants de l'excentrique Sir George Sitwell, de Renishaw Hall, Derbyshire, commençaient à se faire chacun un nom à soi dans le monde littéraire. Edith publiait une anthologie annuelle de poésie antigéorgienne, *Wheels* (« Roues »), à laquelle ils contribuaient tous. L'article de V. W. sur des poèmes récemment publiés, y compris *Clown's Houses* (« Maisons du clown ») d'Edith Sitwell, parut dans le *TSL* du 10 octobre 1918, sous le titre *Adventurers All* (« Tous aventuriers »).

sions. Edith Sitwell est une jeune femme très grande, qui arbore en permanence une expression effarée et que complète curieusement une haute coiffure de soie verte qui lui dissimule les cheveux, si bien qu'on peut se demander si elle en a. A part cela, je connaissais tout le monde, je crois : Nina Hammet, Mary H., Jack H., Ottoline, Sheppard [11], Norton, etc. Je me suis surprise à discuter de Sophocle avec Sheppard. Jamais encore je ne l'avais vu aussi sérieux, même un court instant.

« Je suis obsédé par le théâtre grec et ses personnages, disait-il, et je me demande si je ne vois pas en tout le monde un personnage du théâtre grec. » Je l'ai trouvé plus sympathique, cette fois. Mais je crois qu'il s'est senti gêné de rester planté à discuter gravement de Sophocle ; et nous nous sommes quittés là-dessus. On peut mesurer mon aptitude à ce genre de soirée à l'indifférence avec laquelle j'accepte qu'on me quitte, et au sang-froid avec lequel je choisis mon interlocuteur suivant. J'en ai été très frappée. Et avec quel calme aussi j'ai regardé ma montre ! Ai vu qu'il était l'heure de prendre congé, suis sortie seule, me suis fait conduire à Sloane Square, pensive et recueillie, et non pas agitée ni déprimée [12].

Mardi 15 octobre

Je ne pensais pas trouver si tôt l'occasion de décrire une rencontre avec un ministre du Cabinet, mais il semble bien que nous dérivions, sans grand enthou-

11. John Tresidder Sheppard (1881-1968), successivement boursier, chargé de cours et maître de conférences à King's College, Cambridge, et plus tard principal. Elu membre de la Société des Apôtres en 1902, en même temps que Lytton Strachey. C'était un commentateur persuasif des idées et de la civilisation de la Grèce. Durant la guerre, employé au bureau des renseignements du ministère de la Guerre, il occupa avec Maynard Keynes et d'autres l'ancien appartement des Bell au 46 Gordon Square, Bloomsbury.

12. L. W., qui avait dîné avec G. L. Dickinson, retrouva V. W. à Sloane Square, d'où ils purent rentrer ensemble à Richmond. La phrase écrite un peu plus tôt : « Ce qui, dans une réunion comme celle-ci vaut la peine que l'on s'échauffe et se querelle », suggère que L. W. avait essayé de la dissuader de se rendre chez les Sitwell.

siasme de notre part, vers un milieu où l'on est parfois amené à rencontrer les grands personnages officiels. *The International Review,* surtout, y est pour quelque chose. Mais ce n'était pas la revue qui nous amenait Herbert Fisher ; sa visite tenait manifestement à de vieux liens de famille. J'étais seule à la table du thé, dimanche, avec pour lecture mon odieuse feuille de chou (les Allemands ayant accepté samedi, tard dans la nuit, d'évacuer les territoires occupés), car L. était à Sutton, pour une conférence sur nos colonies, et les bonnes avaient congé, lorsque la sonnette s'est fait entendre et que j'ai aperçu plusieurs silhouettes derrière la vitre. Ayant ouvert, je suis d'abord restée interdite. C'était Olive et H. Heseltine, plus Herbert Fisher [13]. Les H. se sont retirés et Herbert est entré, comme il en avait été convenu entre eux. Etais-je intimidée ou fière, ou simplement intéressée et impatiente de lui soutirer des nouvelles ? Je ne crois pas avoir ressenti la moindre agitation. Tout d'abord, il n'a plus son air hâve d'intellectuel ; ses joues creusées se sont arrondies, ses yeux ont cet aspect givré que prennent les yeux bleus chez les personnes âgées. Tout son maintien respire le calme et la simplicité, et lorsqu'il ne parle pas, il paraît affligé, éteint. Peut-être est-ce dû à de nombreux décès dans sa famille [14] ; mais je ne puis m'empêcher de penser que la vie à Londres l'a débarrassé de sa démangeaison de dire des choses intelligentes à longueur de journée aux étudiants de première année. Toujours est-il que nous parlâmes sans interruption et sans difficulté.

« Nous avons gagné la guerre aujourd'hui, me dit-il tout de suite. J'ai vu Milner ce matin, et d'après lui nous aurons la paix d'ici à Noël [15]. Les Allemands ont reconnu

13. Olive Heseltine était la belle-sœur de H. A. L. Fisher (voir plus haut, 18 mars, note 29). Née Ilbert, elle avait épousé Michael Heseltine en 1912. Le mariage fut un échec et devait être dissous en 1921.

14. H. A. L. Fisher avait perdu sa mère et deux de ses frères au cours des deux dernières années.

15. Alfred Milner (1854-1925), vicomte en 1902, avait en 1916 fait partie du Cabinet de guerre de Lloyd George. En avril 1918, il avait été nommé secrétaire d'Etat à la Guerre.

qu'ils ne pourraient battre en retraite. L'état-major général s'est rendu à l'évidence, ce qui était faire preuve d'un considérable courage à mon avis. Bien entendu, nous ne pouvons accepter leurs conditions actuelles. Voyons, ils seraient toujours la plus grande puissance militaire d'Europe ! Ils pourraient recommencer dans dix ans. Mais cela dépend des Français. Lloyd George part lundi pour Paris ; mais les Français tiennent bon pour avoir comme garantie l'évacuation de l'Alsace-Lorraine. Nous exigerons sans doute aussi le désarmement de certains régiments. Mais nous avons gagné la guerre. »

Alors il m'a raconté comment nous l'avions gagnée. Selon lui, c'est en prenant un risque énorme au cours du mois de juillet, lorsque nous avons laissé les lignes anglaises sans réserve, et retiré l'armée pour renforcer le coup de Foch qui, avec une précision toute française, devait précéder de dix minutes l'attaque allemande. Si ce coup avait échoué, il n'y avait rien entre les Allemands et les ports de la Manche. On a maintenant bon espoir d'une défaite totale de l'armée allemande. Foch dit : « Je ne me suis pas encore battu. » Malgré le ton extrêmement vindicatif de notre presse et de la presse française, Herbert croit que nous allons priver Foch de sa bataille, en partie parce que les Allemands sont prêts à accepter n'importe quelles conditions pour l'éviter. « Lloyd George m'a répété sur tous les tons qu'il a l'intention de se montrer généreux envers les Allemands. Nous voulons une Allemagne forte, dit-il. Le Kaiser s'en ira probablement. Oh, j'admirais beaucoup les Allemands au début. J'ai fait mes études là-bas et j'y ai beaucoup d'amis, mais j'ai perdu ma foi en eux. La proportion de brutes est plus forte chez eux que chez nous. On leur a enseigné la brutalité. Mais cela n'a pas payé. Chacun de leurs crimes leur a coûté cher. Personne ne peut envisager une nouvelle guerre. Voyons, dans dix ans, ils pourraient raser complètement Londres avec leurs aéroplanes. Chaque Allemand tué à la bataille de la Somme nous coûtait mille livres ; maintenant cela nous en coûte trois mille. Mais il y a un très grand nombre d'hommes qui n'ont jamais été blessés ou qui n'ont jamais rien vu d'horrible. Seeley[16] m'a dit l'autre jour qu'il avait parlé à des milliers de soldats et que tous désiraient que les conditions de vie demeurent celles de la guerre, mais " sans ces bon dieu d'obus ". Il y aura du grabuge quand ils reviendront. Ils vont trouver trop terne leur vie d'autrefois. Je vais m'attaquer à leur éducation, c'est vrai, mais là on ne fera rien de sitôt — pas de mon temps. Je veux réformer les universités, et ensuite je me retirerai. Je peux rester au Parlement sans y remplir de fonctions. Très probablement je retournerai enseigner à Oxford. »

La conversation s'est poursuivie [non pas ?] tout à fait comme dans un roman de Mrs Humphrey Ward. J'ai tâché, mais cela m'était difficile, de la trouver extraordinaire, ou plutôt de trouver extraordinaire d'être en contact avec quelqu'un qui est au cœur du cœur des choses, assis à un bureau, dans une petite pièce de Downing Street où, dit-il, des messages affluent des quatre coins du monde sur les ondes, à une vitesse d'un million de kilomètres à la minute ; où l'on doit constamment résoudre au pied levé des questions d'une difficulté et d'une importance considérables — où le sort d'entières armées dépend des décisions de deux ou trois vieux messieurs. D'après lui, il y a deux ou trois hommes de génie au cabinet ministériel (Lloyd George, Balfour et peut-être Winston Churchill[17] — leur génie consistant, pour Herbert, à éclairer les choses d'un jour nouveau) et quantité de médiocrités. Quant aux qualités de Herbert,

16. Major-général John Edward Bernard Seely (1868-1947), plus tard premier baron Mottistone, avait été secrétaire d'Etat à la Guerre au commandement de la brigade de cavalerie canadienne, mais, en 1918, il retourna à Whitehall comme délégué au ministère de l'Armement !

17. Arthur James Balfour (1849-1930) avait été Premier ministre d'un gouvernement conservateur de 1902 à 1905. Membre du Conseil de Guerre en 1914, il devint secrétaire aux Affaires étrangères dans le gouvernement de coalition (1916-1919) de Lloyd George. Winston Leonard Spencer Churchill (1874-1965), officier dans l'armée de 1895 à 1916, était entré au Parlement en 1900. Après avoir déjà, depuis 1906, occupé divers postes ministériels, il était alors ministre de l'Armement.

je suppose qu'elles sont l'équilibre, la clairvoyance et la culture. Le prestige semble effacer les excentricités de surface, donner aux gens une apparence de simplicité, les rendre très courtois, mais leur faire perdre en quelque sorte leur spontanéité ; ils y prennent comme un relent de majordome de famille. Mais cela fut plus apparent à l'arrivée de L. Seul avec moi, H. s'est montré très amical et très modeste ; il n'affectait pas ces airs de dignité.

Vendredi 18 octobre

Il saute aux yeux, bien sûr, que pour une certaine raison, qui n'est peut-être pas à mon honneur, j'estime que H. F. mérite qu'on en écrive beaucoup plus long sur lui que sur Ka, par exemple, ou sur Saxon, les deux ayant dîné ici depuis sa visite. Ma théorie est que l'esprit humain est toujours en quête de ce qu'il considère comme le centre des choses, qu'on l'appelle réalité, ou encore vérité, ou encore vie. Pour moi, j'ignore quel mot employer, mais je me représente cela comme un bien dont H. F. détient une plus grande part que tous les autres gens. Pour l'instant, il donne l'impression que tout le restant des activités du monde sont des ramifications rayonnant de sa propre personne. Mais voilà qui est plutôt mal exprimé.

En tout cas cette pauvre Ka n'est pas en plein cœur de la toile. Elle est venue seule, Will s'étant blessé au genou ; et s'il n'était pas là en chair et en os, on ne le sentait pas non plus présent en esprit. Ka ne paraissait pas changée, mais est nettement plus heureuse, je trouve, et un peu provocante sur le chapitre de Will. De ce pauvre petit bonhomme doux et faible, elle dit qu'il est sauvage et étrange, et qu'elle en voit la preuve dans le fait qu'il a renoncé à son patrimoine et refusé d'entrer à Baillol. Pour ma part, je me méfie des jeunes gens qui retournent à la nature sur les collines de Wiltshire, ne peignent que des ciels et désirent par-dessus tout voler.

Mais je reconnais que je juge d'après des impressions qui me sont restées de lui, du temps de Fitzroy Square. Quant à Saxon, nous présumons qu'il s'est tout à fait consolé avec Mrs Stagg [18], et de nouvelles dents en or. Nous ne l'avons encore jamais vu aussi guilleret, confiant et bavard. Il parle déjà de son prochain séjour à Bayreuth. Il n'a pas tricoté les culottes de l'enfant de Barbara, et n'a montré qu'une légère âpreté lorsqu'il était question de Nick. Mais je me dépêche d'écrire, sans rien raconter de ma visite à l'Albert Museum [19], ni de notre attente de ce qu'un des journaux appelle « le gouffre de la paix », car il faut que je me documente sur Voltaire avant de me rendre à un concert-promenade au Queen's Hall. La vérité est que l'on n'a pas encore de bien grandes précisions sur la paix. Mardi, on a connu la seconde note de Wilson, dans laquelle il emploie l'expression « sans l'ombre d'un doute » [20]. Jusqu'à présent les Allemands n'ont pas répondu, mais ils continuent de se retirer, et la soirée d'hier, belle et sans nuages, calme et éclairée par la lune était, à mon sens, la première soirée de paix, puisque nous sommes tous allés nous coucher avec la quasi-certitude que de toute notre vie nous n'aurions plus à redouter le clair de lune.

Mercredi 23 octobre

Je suis allée au concert où j'ai entendu de vagues échos de choses ravissantes, dont la vraie substance m'a échappé, tant à cause de mon humeur que de cette

18. Mrs Stagg était la propriétaire de Saxon, dans Great Ormond Street.
19. Voir *II V. W. Letters*, n° 980.
20. Datée du 14 octobre, la seconde note du président Wilson aux Allemands équivalait à une véritable demande de reddition sans conditions. Elle exigeait que les Alliés décident eux-mêmes de la manière dont seraient évacués les territoires occupés ; elle stipulait également, en vue d'écarter l'Empereur et l'armée, qu'il ne pourrait y avoir de négociations qu'avec un gouvernement légalement constitué : « Il est indispensable que les gouvernements [alliés] sachent *sans l'ombre d'un doute* avec qui ils traitent. »

vulgarité qui caractérise Wood[21]. Même ainsi brouillés, les deux morceaux de Bach furent un délicieux ravissement. Edith Sitwell[22], dont l'âme n'a plus de secret pour moi, grâce à ses lettres m'accule à la décision de ne plus commenter ni tableaux ni musique. Elle m'oblige à voir que le gouffre que nous avons franchi en passant de Kensington à Bloomsbury est celui qui sépare la vie, fruste et insolente, peut-être, mais réelle, de son simulacre respectable et momifié. L'esprit de South Kensington hante chacune de ses pages — ne serait-ce que parce qu'il n'y est jamais fait mention de fornication ni de W.-C. Mais voilà qui m'amène à notre dîner chez les MacCarthy, où l'on m'a prêté son livre. Il exerce sur moi une sorte de fascination. Je vois les dehors de ce monde avec tant de netteté ! Et je prends presque un plaisir paillard à animer ces personnages, les envoyant visiter des taudis, à des concerts populaires, à la National Gallery, sans qu'ils renoncent jamais à leurs pensées élevées, leurs principes moraux, leur bienveillance, ni qu'ils voient jamais plus loin que la grand-rue de Kensington. Molly, grâce à Bloomsbury, a échappé à l'influence Richtie[23]. En tout cas son livre lui procure bien du plaisir, et de la peine aussi. Sa tête, selon Desmond, s'était rétrécie jusqu'à n'être pas plus grosse qu'une pomme ; la voilà qui reprend ses proportions normales. Ils étaient tous deux de fort belle humeur — ce qui est extraordinaire si l'on pense qu'ils étaient chez eux, et le vin interdit. Ils nous ont offert un excellent dîner de viande. D. a

21. Sir Henry Wood (1864-1944), chef d'orchestre et directeur des programmes des concerts-promenades depuis leur inauguration en 1895. Les morceaux de Bach en question étaient la *Suite n° 2 pour flûte et instruments à cordes* et le *Concerto n° 3 pour deux violons et orchestre.*

22. Edith Sitwell (1862-1914), femme de lettres. V. W. lisait alors *New and Old* (« Maintenant et jadis »), publié en 1917. En 1905, elle avait fait la critique d'un livre d'Edith Sitwell sur Catherine de Médicis — son second article pour le *TLS* — qui fut refusé.

23. Blanche Warre-Cornish, la mère de Molly MacCarthy, était née Richtie, vaste famille aux nombreuses ramifications dans la haute bourgeoisie de Kensington, l'administration, l'Inde, la littérature et autres. V. W. avait lu le roman de Molly, *A pier and a Band* (« Une jetée et un orchestre »), pendant son séjour à Asheham, en septembre.

quelque espoir d'être démobilisé si la Turquie fait la paix ; et de pouvoir alors vagabonder et écrire beaucoup plus pour les journaux[24].

Jeudi 24 octobre

Les plumes d'acier s'abîment si vite qu'après avoir essayé de mon mieux d'en tailler une et de la limer, j'ai dû me rabattre sur un stylo Waterman bien que je les tienne en profonde méfiance et me refuse à leur reconnaître la faculté de traduire les pensées les plus nobles et les plus profondes. Oui, aujourd'hui, j'ai plus d'assurance pour parler de moi-même comme d'une personne noble et profonde. Je puis me présenter au Parlement[25], y remplir une fonction et devenir semblable en tout point à Herbert Fisher, pourquoi pas ? Un ecclésiastique retiré au fin fond des vallées du Westmorland, qui verra sans doute dans le résultat du scrutin le glas de la liberté, et prêchera dimanche en ce sens, n'aura pu en être plus surpris que moi. Et puis la grande dame de Stocks[26] doit se sentir sur des charbons ardents, encore que, comme je suis assez méchante pour me le dire, si elle avait été choisie au terme d'une quelconque sélection pour représenter tout Belgravia, le changement lui paraîtrait moins désastreux. Imaginez-la, accoutrée d'un strict pantalon noir (c'est ainsi que je me la représente), siégeant à la conférence de La Haye ! Les critiques avancent que son livre fait ressortir qu'autrefois l'on considérait ses œuvres comme des bijoux.

Nous rentrons à l'instant de Kingston — car aujourd'hui est férié, L. n'a pas eu à monter à Londres et aucun

24. La Turquie signa l'armistice à Mudros, le 30 octobre 1918.

25. Corollaire naturel au droit de vote accordé en mars 1918 aux femmes de plus de trente ans, la Chambre des communes, le 23 octobre, vota une loi permettant aux femmes d'être élues au Parlement.

26. Stocks était la maison de campagne que possédait dans le Hertfordshire Mrs Humphrey Ward, adversaire acharnée et tapageuse du vote des femmes. Son livre, *A Writer Recollections* (« Souvenirs d'un écrivain »), parut en octobre 1918.

travail d'imprimerie n'est en cours. MacDermott est généralement invisible et au moment où nous le tenions enfin, il était sur le point de sortir, « en partie pour m'occuper de vos affaires, voyez-vous », et il a lancé des allusions inquiétantes au déclin de son entreprise, ce qui signifie la perte de nos sept livres sterling, pensons-nous. (J'en reviens à l'acier, supérieur en souplesse et en vigueur.) Enfin, après avoir traversé Bushy Park et entendu un cerf se racler la gorge d'impérieuse manière, sa biche couchée à ses côtés, nous avons pris le tram pour Kingston, et là avons entendu les petits crieurs de journaux annoncer le message du Président, que nous avons acheté et dévoré dans le train. Ses points essentiels sont que le Président poursuit les négociations (alors que le *Times* a paru ce matin avec une énorme manchette : « Pas de pourparlers »), et qu'il fait une discrimination entre le peuple allemand et le Kaiser, voulant bien envisager un armistice avec l'un, mais exigeant une capitulation totale de l'autre. En tout cas l'Angleterre et la France sont maintenant saisies de la question et une nouvelle étape commence dans cette fastidieuse procédure.

En ce qui nous concerne personnellement, nous sommes très préoccupés par une invitation à Tidmarsh pour dimanche. Lytton nous a télégraphié pour nous supplier de venir, stipulant : « Extrême désolation. » Les difficultés proviennent de l'ennui de se déplacer, du travail que nous avons à faire, de ce que Herbert Woolf et sa Freda viennent dîner ici dimanche. Oui, Herbert a été accepté par une certaine Freda Major — qui elle est et ce qu'elle est, à part très active à ce que l'on dit, je l'ignore.

Samedi 26 octobre

Je suis en train d'essayer la mère de toutes les plumes, la plume lance, dont je pensais autrefois, comme pour d'autres objets, d'ailleurs, qu'elle était la plume « par excellence » parce que maman l'utilisait et que, par conséquent, toutes les autres plumes étaient des aberrations et des extravagances. C'est avec cette plume que je rapporte la nouvelle réjouissante que me voilà une fois de plus (pour l'occasion précédente, voir p. [? 116]) sur la sellette — ce que je dois, cette fois-ci, à Gertler, Monty, Shearman, Mary, Clive, Vanessa, qui m'ont accablée pour avoir mis Vanessa en très mauvaise posture. J'ai la conscience tranquille ; mais j'en viens à penser que des amitiés entretenues dans cette ambiance sont par trop fougueuses, fragiles et douloureuses. J'ai écrit à Charleston en ce sens [27]. Si je pouvais recevoir des lettres de Mary et de Clive, je me sentirais récompensée. L. est à Tidmarsh, et j'écris pour échapper à l'impression qui me submerge en son absence d'être une ville assiégée.

Nous avons passé la journée d'hier à Londres. Je ne sais pourquoi le charme de ces journées n'est plus ce qu'il était. Deviendrais-je blasée, le Club 17 aurait-il perdu de sa séduction ? Nous sommes allés à l'exposition de l'Omega, avons rencontrés Roger, fûmes invités à prendre le thé dans son studio, ou nous discutâmes du changement de style de Duncan, de l'enterrement de son père, mi-église d'Angleterre, mi-quaker, représentation, réalité et ainsi de suite, Waley arrivant au moment où nous partions [28]. Nous dinâmes dans un endroit très couru de Soho, où l'on vous donne des tonnes de nourriture pour 2 shillings 3 [29]. Ensuite au Club, où Leonard faisait son exposé sur l'Autriche-Hongrie. Je

27. Voir *II V. W. Letters,* n° 983 (curieusement datée du dimanche, lendemain de ce qu'elle note ici). V. W. passait pour avoir dit à Mark Gertler que Vanessa n'appréciait pas Mary Hutchinson ; la propagation de cette histoire causa beaucoup d'ennui à Clive, et à Vanessa qui tenait beaucoup à rester en bons termes avec Clive comme avec Mary.

28. Le père de Roger Fry, le Rt Hon. Sir Edward Fry (1827-1918) juge à la Haute Cour, mourut chez lui à Failand, près de Bristol, le 18 octobre. Il appartenait à une famille de Quakers et ses funérailles eurent lieu dans l'église de la paroisse du lieu, le 22 octobre. Waley était probablement Hubert Waley, le jeune frère d'Arthur qui parfois travaillait pour l'Omega.

29. Cette corne d'abondance était « Chez Molinari », 23 Frith Street. Au Club 17, L. W. ouvrit les débats du groupe international.

trouve toujours qu'il est non seulement très clair, mais qu'il a juste ce qu'il faut de passion pour intéresser. L'assistance, comme toujours au Club 17, semblait se composer de gens bizarres, qui doivent à leurs difformités physiques d'avoir émergé peu à peu des eaux stagnantes de la vie, où ils demeurent dans une semi-obscurité, ne sortant de leurs refuges que pour enfoncer des flèches dans les flancs d'élégants citadins. Si ce n'était si laid, ce serait pittoresque. Ou est-ce le corps qui proteste contre un trop grand usage de l'esprit ?

Lundi 28 octobre

L. a trouvé Lytton avec un doigt enflé et deux ou trois taches sur la main, assis au coin du feu, ne se déplaçant qu'enveloppé dans une nappe de soie, la main enveloppée aussi dans des mouchoirs de soie, se plaignant du froid et décrivant ses nuits de supplice, quand une douleur semblable à une rage de dents s'empare de lui et grandit peu à peu, jusqu'à devenir une torture abominable que seule la morphine soulage. Cela dure depuis un mois, et Carrington ne sait plus de quel côté se tourner, comme il va de soi. Les Strachey abhorrent tout ce qui ressemble un tant soit peu à la douleur, mais même en faisant la part de l'exagération et de la peur, le pauvre diable a dû passer des moments terribles, j'imagine, et le docteur a pris à part Carrington, pour la prévenir qu'un zona peut durer des mois. Mais Lytton va probablement s'installer chez Mary[30] d'ici à un jour ou deux, pour éviter Londres à cause de la grippe espagnole (à ce propos, nous sommes au plus fort d'une épidémie comme on n'en a plus vu depuis la peste noire, d'après le *Times* qui semble redouter qu'elle ne s'empare de Lord Northcliffe et ne nous précipite dans la paix). Mais je suis loin de la paix. Il y a quinze jours, tout Bloomsbury

30. Les St John Hutchinson avaient loué une maison de campagne, Glottenham, près de Robertsbridge, dans le Sussex, et Lytton y séjourna pendant presque tout le mois de novembre.

retentissait de mes crimes ; M. H. se faisait conduire à travers Londres, à moitié évanouie dans des taxis ; on appelait Lytton à son secours ; Duncan, Clive, Vanessa, tous étaient au supplice et au désespoir. Pourquoi personne ne m'a accusée à ce moment-là, je l'ignore. Mon idée personnelle est que Clive a soufflé cette lettre à Vanessa pour se protéger contre de futures indiscrétions, et qu'il lui a strictement défendu de mentionner mon nom. Je me suis calmée en dévoilant ces machinations, et maintenant je ne suis même plus capable de ressentir de l'irritation. A mon avis, tout vient de l'imprudence avec laquelle des personnes comme M. H. acceptent des responsabilités qu'elles ne sont pas à même d'assumer, et ainsi, se dérobant et s'effarouchant constamment, mettent tout le monde mal à l'aise. Je proclame mon intention d'éviter ce groupe à l'avenir ; et voilà qu'au moment où j'écris cela le facteur apporte une lettre d'Eliot[31] qui demande à nous rendre visite.

A ma grande surprise une voix au téléphone s'est avérée être celle de Lady Mary Murray ; elle nous invitait à déjeuner hier. Nous avons troqué le déjeuner contre le thé et nous sommes mis en route pour More's Garden, un immeuble sur l'Embankment, où, après avoir sonné assez longtemps, nous avons cogné très fort et Lady Mary[32] en personne nous a ouvert. L. a failli la prendre d'abord pour une femme de chambre peu soignée, mais aimable. Les Fisher-William[33] étaient là.

31. Thomas Stearn Eliot (1888-1965), le poète d'origine américaine, ayant épousé Vivienne Haigh-Wood en 1915, gagnait désormais sa vie comme employé à la banque Lloyd, en même temps qu'il était rédacteur adjoint de l'*Egoist* (voir plus haut, janvier 1918, note 45). Les Woolf avaient entendu parler de lui, ils possédaient des amis communs, mais si L. W. l'avait sans doute déjà rencontré, il semble que V. W. ne fit sa connaissance que le 15 novembre, où il vint les voir, comme on le verra plus loin.

32. Lady Mary Henrietta Murray, née Howard (1865-1956), fille aînée du comte de Carlisle, épousa en 1889 le professeur Gilbert Murray (1886-1957), humaniste et internationaliste. Se dépensant beaucoup pour la création d'une Société des Nations, il appartenait au groupe que V. W. appelait les « patriotards » (voir plus haut, 17 juin 1918), qui mit sur pied la League of Free Nations Association.

33. John Fisher-William, libéral, juriste et internationaliste, avait un poste à cette époque au service des étrangers du ministère de l'Intérieur.

Etre reçu pour le thé est la situation la moins naturelle qui soit et celle qui vous cause le plus grand malaise, je trouve. Et puis, les F.-W., à eux deux, possèdent tout juste le cerveau d'un lapin de taille moyenne. Pourtant ce fut la respectabilité qui m'a pesé, et non l'absence d'intelligence. Il existe en automne certaines journées brumeuses, d'une couleur brunâtre qui me rappelle l'atmosphère qui règne chez les Murray. Gilbert était remarquable de propreté ; une solide gouvernante doit le passer à la pierre ponce tous les matins. Il est si discret, si sensible, si effacé et irréprochable dans ses goûts que l'on a peine à imaginer qu'il ait l'audace de procréer. Quant à elle, c'est un petit bout de vieille dame extrêmement énergique, un peu cavalière, et très aristocrate dans sa désinvolture, en même temps que gentille, pointilleuse, raffinée. Oh oui, raffinés, ils le sont tous ! J'ai discuté avec Gilbert de notre amour des bonbons, ensuite de l'amour du vin chez les Grecs, et puis de son soutien au gouvernement. Il dit qu'il a refusé bien des honneurs, mais qu'il s'est fait réprimander pour avoir envoyé en Amérique la critique d'un livre sur Job. Non sans dépit, j'ai pris conscience que sa simplicité a résisté à des années de culte et d'adulation, et qu'il n'y a qu'une chose à dire : « Quelle merveilleuse simplicité a ce cher Gilbert Murray ! » Mais sa gentillesse n'a pas de limites. Les Toynbee sont arrivés. J'ai eu avec Arnold une longue conversation incohérente sur ses fonctions, sur son savoir, etc. Je crois que je lui fais peur ; ou peut-être ne suis-je pas habituée aux façons d'Oxford. Cette suavité, cette politesse ne sont pas mon fait. Arnold est si myope qu'il a les yeux vilainement bordés de rouge comme un jeune collégien à qui son assiduité au travail a valu d'être élevé à des honneurs qui le dépassent. Je m'étonne toujours de voir à quel point il peut être bienveillant, et même franc malgré tout cela.

Boursier de New College, Oxford, comme Gilbert Murray, leur intérêt commun pour la littérature grecque et la Société des Nations resserrait encore les liens existant entre leurs familles.

Retour à la maison, pour apprendre que Freda Major était en plan à la gare, de sorte que L. a dû aller la chercher. Herbert est arrivé après une journée de grandes manœuvres. Il était dehors depuis six heures, a raccompagné F. chez elle et sauté dans le dernier train pour Staines. Freda n'est qu'un bichon dans une enveloppe de chair humaine, mais qui a conservé les mignardises et les manières geignardes et hargneuses de sa nature de chien. Elle a encouragé Herbert a parler de la grève de la police et des automobiles Ford, ce qu'il a fait avec plus d'aisance et d'entrain que de coutume [34].

Mercredi 30 octobre

Nous rentrons à l'instant d'une promenade dans le parc par cette journée d'automne d'une incroyable beauté. Certaines maisons sont couvertes de baies rouges ; les hêtres ont des teintes si vives qu'après les avoir regardées tout semble pâle. (Combien je déteste écrire lorsque je viens de lire du Mrs Humphrey Ward ! Elle représente un aussi grand danger pour l'esprit que la grippe espagnole pour le corps.) Nous parlions de la paix, voyant déjà les saucisses ramenées à terre et les pièces d'or réapparaître petit à petit ; les gens oublier la guerre et les fruits de notre victoire devenir aussi poussiéreux que les ornements sous globe des salons de maisons meublées. Les bonnes gens de Richmond se réjouiront-ils souvent à la pensée que les bonnes gens de Potsdam ont acquis aussi la liberté ? Je crois volontiers cependant que nous montrerons plus d'arrogance quant à nos propres mérites. Le *Times* continue à parler de la possibilité d'un prolongement qui permettrait de porter la guerre en Allemagne, et, là, d'inculquer le respect de la liberté aux paysans allemands. Que le commun des

34. Le 31 août 1918 la police de Londres entama une grève en vue d'obtenir une amélioration des conditions de travail et le droit de former son propre syndicat.

mortels soit fort éloigné de sentiments de ce genre est à mon avis la seule garantie et la seule assurance que l'on en finira sans changement, ni en mieux ni en pire.

Nous avons passé la journée à Londres hier ; elle s'est terminée pour moi en conversations avec Ka et James au Club, qui semble maintenant renaître à la vie. Ka, du fait de la maladie de Will, a renoncé à la bureaucratie, s'est dépouillée de son pouvoir, comme une châtaigne de sa bogue, et reste la même intérieurement. James rentre à peine de Cornouailles, où il a eu la grippe espagnole. Alix est de retour aussi — sans avoir eu la grippe, et prête, je le suppose, à commencer sa campagne d'automne, qu'elle gagnera, comme le parie Oliver[35]. Je note ici que j'ai acheté ma nouvelle pile électrique le mardi 29 septembre — extrêmement puissante pour l'instant.

Dimanche 3 novembre

Je suis allée dîner chez les Arnold-Forster vendredi soir, en partie, je l'avoue, pour échapper au discours de Mr Seymour-Cocks[1] sur les traités secrets, puisque je croyais déjà savoir ce que Mr Seymour-Cocks avait à dire. Ka et Will habitent juste après les bureaux du *Spectator,* dans le petit groupe de maisons en demi-cercle, dressé en retrait de la rue, mais quand même assez bruyant. Will habitait déjà là avant son mariage. Il paraissait plus petit que de coutume, hagard et blême comme il en est de ces visages vus à la clarté d'une lampe à pétrole, mais cela provenait de sa maladie ; et puis, il n'est plus tout jeune. Il me fait beaucoup penser à ces vieilles dames, qui ont des cheveux blonds et des joues

35. Elle finit par y parvenir : James Strachey l'épousa en effet en juin 1920.

1. Frederic Seymour-Cocks (1882-1953), auteur et journaliste (plus tard membre travailliste du Parlement), prit la parole à une réunion de l'Union of Democratic Control, qui se tint à Hogarth House, le 1er novembre. Il avait annoté le volume *Ententes et traités secrets,* publié par les soins de l'UDC au printemps 1918.

très roses, mais dont on décèle l'âge à la manière dont leur peau est tendue sur l'os et délicatement marquée de fines rides. Son physique et son comportement lui nuisent. Il donne l'impression d'être très tranchant, impatient et revêche. Je crois que c'est dû pour une bonne part à sa voix hargneuse et à son petit corps anguleux, qu'il agite en tous sens dès qu'il s'excite ; et un rien le rend catégorique. Je n'ai pas aimé non plus la pâleur acidulée du décor : les murs lavande et la rose isolée, qui languissait dessus, ni ce tableau des collines, fignolé et sentimental, signé de lui. On sentait comme un manque de chaleur, de profondeur et de consistance. Peut-être rien de tout cela n'est-il vraiment très important. Ses principes sont ceux du mari moderne — liberté et indépendance pour la femme, mêmes plaisirs. Les principes importent eux aussi. Ka sera heureuse avec lui. La conversation a été très animée. Je ne pense pas que je partagerais ses goûts en littérature ; je n'aime pas son argot ni ce qu'il admire mais j'ai apprécié son enthousiasme à propos de la gazette du ministère de la Guerre. J'ai dans l'idée qu'il a un esprit très capable, réceptif, presque fébrile qui, par principe, s'est tourné vers la peinture. Et je jurerais sur ma propre tête pleine de talents qu'il ne peindra jamais un bon tableau[2].

Samedi fut un de ces après-midi que nous consacrons à Hampstead, L. allant chez Margaret, moi, chez Janet. J'ai fait cela tant de fois ! J'ai trouvé Janet dans cette pièce badigeonnée de vert, aux affreux tableaux. Je connais si bien le regard débonnaire de feu Mr Case jeune[3], dessiné sur un papier jaune et très légèrement coloré aux joues, plus grand que nature dans un cadre doré, œuvre de feu Mr Richmond ! Je connais les

2. Tout en continuant à peindre jusqu'à la fin de sa vie, Will Arnold-Forster adhéra au parti travailliste après la guerre et consacra beaucoup de son temps et de son énergie à la cause de l'internationalisme.

3. William Arthur Case, le père de Janet et de ses cinq sœurs aînées, dirigea avec sa femme, Sarah, une école mixte, appelée Heath Brow, à Hampstead, où toutes ses filles firent leurs études. Son portrait était sans doute l'œuvre de George Richmond RA (1809-1896). Diana est probablement une chatte. Quant à Mr Marshall, il n'a pu être identifié.

photographies de jeunes soldats et les portraits-silhouettes ; les livres de Janet, qui semblent n'être jamais lus, et le dictionnaire grec avec son bout de papier qui dépasse. Et puis, il y a Diana, qui accapare beaucoup l'attention, mais qui s'est désormais assagie. Emphie, telle une petite vague, entre et sort de la pièce. On prépare le thé. On insiste pour que je reprenne de tout. On m'interroge sur le beurre et le charbon. Hier, Emphie avait à me montrer une nouvelle sorte d'alcool à brûler qu'on ne trouve qu'à Highgate. Mr Marshall apporta un certain changement au cérémonial. C'est un monsieur bien de Hampstead, très soigné, d'un certain âge, qui a clamé son désir de gouverner le monde et sa crainte que l'Amérique ne le fît à sa place. On avait là, en chair et en os, un éditorial du *Times.* Mais c'est aussi un vieux bavard ; et Emphie et lui avaient remarqué tant de maisons sans lumière, tant de nouveaux venus presque inconnus, d'arbres qui demandaient à être taillés, de voitures attendant Mr Gallsworthy [4], de préparatifs pour l'ouverture de l'YMCA que l'on aurait cru entendre un passage de *Crandford* [5]. Puis ils nous ont laissées, et Janet m'a parlé littérature, et j'ai sombré passagèrement dans une humeur morose. Janet dit qu'on écrit beaucoup de romans et que, selon toute évidence, pas un ne sera « immortel ». J'ai dû voir là une allusion à mes propres romans. Et en effet elle a beaucoup insisté pour que j'écrive une biographie pour Basil William. Mais je crois que ce qui m'a déprimé n'est pas seulement ce qui se rapporte à moi, mais le relent de moralité moisie. Aucun de nous, ni Lytton, ni Forster, ni personne, ne s'est montré à la hauteur. Bien, mais par-delà cette critique plutôt inoffensive, j'ai senti l'effet déprimant d'une discussion avec quelqu'un qui semble vouloir que toute littérature procède de la Chaire, qui en fait une affaire

4. Le romancier et auteur dramatique John Gallsworthy (1867-1933) habita Grove Lodge, à Hampstead, de 1918 à sa mort.

5. *Cranford,* ouvrage de Mrs Gaskell retraçant la vie de la bonne bourgeoisie rurale au début du XIXe siècle, qui parut en volume pour la première fois en 1853.

infiniment méritoire, salutaire et respectable. Cela m'a conduite à tenter de définir ma propre recherche — non pas souci de la moralité, ni de la beauté, ni de la réalité, mais recherche de la littérature en soi, ce qui a légèrement inquiété Janet, et l'a poussée à insister, comme si, en bonne logique, quelque chose lui avait échappé. Où l'avais-je trouvée ? Comment l'expliquais-je ? Nous sommes tombées d'accord sur un passage de Sophocle, mais comme elle a renchéri avec un autre du *Roi Lear,* je crois que nous ne parlions pas de la même chose. Et elle me suppliait de m'expliquer, et, bien sûr, je n'y parvenais pas ; et pour finir elle m'a déclaré qu'elle commençait vaguement à entrevoir ce que je voulais dire — après toutes ces années passées à lire les auteurs grecs ! Oui, j'étais déprimée d'avoir pris conscience de l'âge de Janet et d'un je-ne-sais-quoi d'instable chez elle. Mais je l'étais également par sa critique implicite de *La Traversée des apparences,* et par l'insinuation que je ferais mieux de me consacrer à autre chose qu'à du roman. Vraiment, cela me paraît absurde — et j'aimerais bien trouver un moyen de m'en guérir — de me laisser affecter par des rencontres de ce genre, qui sont appelées à se renouveler chaque mois de ma vie. C'est la malédiction des écrivains que d'avoir un si grand besoin d'éloges et d'être si découragés par la critique ou l'indifférence. La seule attitude raisonnable est de me rappeler qu'écrire, après tout, est ce que je sais le mieux faire, que me livrer à toute autre occupation me semblerait gâcher ma vie ; que, dans l'ensemble, j'y prends un plaisir infini, que cela me rapporte cent livres par an et qu'il existe des gens qui aiment ce que j'écris. Mais Janet ne tiendrait compte que de l'amour. De ses amis, elle dira simplement qu'ils ont « réussi » dans la vie, non réussi comme artistes.

Lundi 4 novembre

Puisque me voilà de retour au Club, et que j'attends L. (qui est allé voir Mr Hawkins du Temple [non identifié]), autant soulager mon impatience avec une plume et de l'encre. J'ai même un stylo de malachite, ou de vulcanite (?), que je puis mordiller, comme un bébé son anneau dentaire. Je n'ai reçu aucune nouvelle de Charleston, ce qui me donne l'impression d'être mise en quarantaine, mais je pense que Clive et Mary continuent à communiquer. Et puis je persiste malgré moi dans l'idée que je me ressens encore de la douche froide des réflexions de Janet sur les dernières pages de mon roman. Cependant cette dépression prend désormais la forme d'une certitude absolue que rien de ce que je fais ne compte, sentiment qui vous rend à la fois accommodant et irresponsable. Je me demande si cet état n'est pas plus heureux que celui d'exaltation où l'on est plongé lorsque l'on vient de recevoir des éloges. Au moins, on n'a rien à craindre, et le simple plaisir d'écrire apparaît singulièrement sans mélange. Il se révèle si authentique que même un déluge d'eau froide venue de Hampstead ne pourrait l'altérer. Les éloges ? La célébrité ? La bonne opinion de Janet ? Comme tout cela est hors de propos !

Je continue à réfléchir à différentes façons d'agencer mes scènes ; imaginant d'innombrables possibilités, voyant la vie, alors que j'arpente les rues, comme un énorme bloc de matériau opaque, auquel il me faut trouver un équivalent dans le langage. (J'ai dû soigner le feu de Lottie comme un petit chat mourant — ce feu est le mien maintenant, celui de Lottie étant mort, bien sûr, et il m'a fallu vingt-cinq bonnes minutes pour faire jaillir une flammèche d'entre les morceaux de charbon.) Entre-temps, j'ai beaucoup pensé à la tristesse où vous plonge l'approche de la vieillesse. A voir comment Janet prenait certaines de mes réflexions sur la soixantaine comme un âge limite (pour les Webb), j'ai eu l'impression qu'elle considérait la vieillesse comme une maladie honteuse, dont le seul nom vous fait reculer. En tout cas, il est évident que lorsqu'elle est seule elle doit y penser, mais sans la regarder en face, en s'en détournant. Et puis on dirait maintenant qu'elle cherche toujours à louvoyer. Elle nourrit une sorte de ressentiment personnel contre tous ceux qui, comme Lytton, par exemple, se moquent de ce qu'elle considère comme sacré. Elle tombe dans cet insidieux traquenard qui consiste à croire que toute divergence d'avec les notables est temporaire et insolente, et elle défend ce point de vue avec émotion comme si sa propre réputation dépendait de la leur. Et en même temps elle ne cesse pas d'aspirer anxieusement à être à l'avant-garde, à partager les sentiments des jeunes. Mais si je représente les jeunes, mes sentiments tendent à se développer dans des directions tellement différentes que je ne puis qu'agiter la main par-dessus des kilomètres de mer.

Chez Souhami, Mudie, puis au Club.

Samedi 9 novembre

Aujourd'hui, fête du Lord Maire[6], entre autres choses, et l'un des deux derniers jours de la guerre, sans doute. Il est fort possible que d'ici à une heure Lottie apporte la nouvelle de la signature de l'armistice. Les gens se jettent sur la presse, mais si ce n'était parfois quelques remous autour d'un petit crieur de journaux et, dans le train, quantité de demoiselles de magasins armées de l' *Evening News,* on ne sentirait aucune différence d'atmosphère. Il semble que règne partout l'hébétude de la satiété. Ici, nous sommes allés de soulagement en soulagement. On entend le petit crieur de journaux annoncer que la Turquie s'est rendue ou que l'Autriche renonce, mais l'esprit n'en tire pas grand profit. Toute l'affaire était-elle trop lointaine et dénuée de sens pour qu'on en soit vraiment touché, tant lorsqu'elle durait, que maintenant qu'elle s'achève ?

6. Le deuxième samedi de novembre, chaque année, le Lord Maire de Londres, accompagné d'un cortège splendide, se rend en grande pompe de la City aux cours royales de Justice, dans le Strand, pour prêter serment devant le Lord Chief Justice.

Katherine Murry, que j'ai vue mercredi, aurait tendance à penser que la plupart des gens n'ont vraiment saisi ni la guerre ni la paix. Il y a deux ou trois semaines dans le train, j'ai entendu un civil débiter à une dame qui lui demandait si, à son avis, on allait faire la paix : « J'espère bien que non... nous sommes en train de leur accorder tout ce qu'ils veulent, sans rien obtenir en échange. » Depuis, il est difficile de concevoir comment les civils les plus assoiffés de sang pourraient extorquer quoi que ce soit de plus à l'Allemagne. Le Kaiser continue à porter son semblant de couronne[7]. Par ailleurs, il y a la révolution, et, on l'imagine, un certain éveil de la population à la futilité de toute cette affaire. Et si nous nous réveillions, nous aussi ?

Nous avons commencé à composer *Kew Gardens* cette semaine — jeudi exactement, je crois. MacDermott s'est séparé de ses sept livres, après avoir bien inutilement traînassé. Mercredi, je suis allée à Hampstead, ai trouvé l'affreuse maison des Murry, tout en hauteur et qui donne sur la vallée. Katherine, debout mais enrouée et faible, se traînait dans la pièce comme une vieille femme. A quel point elle est malade, c'est difficile à dire. De prime abord elle fait un peu mauvaise impression, mais cela s'améliore ensuite. Je crois que quelque part en elle subsiste, quoique beaucoup dénaturé, quelque chose de l'enfant. Elle dit que la maladie détruit l'intime de l'être, de telle sorte qu'on ne peut plus écrire — la longue nouvelle qu'elle a écrite ne respire que la haine. Murry et le Monstre[8] (L. M.) veillent sur elle au point qu'elle les déteste, tous les deux. Elle ne fait confiance à personne, elle ne trouve aucun « réel ».

7. Ce fut précisément ce jour-là que l'empereur d'Allemagne Guillaume II fut contraint de renoncer à sa couronne et de s'exiler en Hollande.

8. En juillet 1918, avec Ida Baker (L. M.) pour « s'occuper de tout », les Murry s'étaient installés au 2 Portland Villas, East Heath Road, dans une maison qu'ils surnommèrent l' « Eléphant ».

Lundi 11 novembre

Il y a vingt minutes on a tiré le canon pour annoncer la paix. Une sirène a ululé sur le fleuve. On les entend encore ululer. Quelques personnes coururent regarder à la fenêtre. Les freux tournoyaient, qui semblèrent un instant les participants symboliques d'une cérémonie mi-action de grâce, mi-honneurs funèbres. Journée très nuageuse, sans un souffle, la fumée chavirant lourdement vers l'est, et cela aussi parut être un instant quelque chose qui planait, battait des ailes, retombait. Regardant par la fenêtre nous vîmes le peintre jeter un regard vers le ciel, puis reprendre son travail, et le vieux bonhomme qui trottinait dans la rue, équipé d'un sac d'où sortait une grosse miche de pain, son chien bâtard sur les talons. Ni cloches ni drapeaux jusqu'à présent, mais le hurlement plaintif des sirènes et les salves intermittentes des canons.

Mardi 12 novembre

Nous aurions bien fait, je crois, de nous contenter de cet aspect de la paix, des freux qui volaient lentement en cercle et de la fumée qui retombait ; mais je devais aller chez Harrison, et je pense que nous étions tous deux affectés par une certaine agitation qui nous fit paraître naturel de monter à Londres. La désillusion a commencé au bout de quelques minutes de train. Une grosse femme débraillée, en velours noir et plumes, avec ces dents gâtées qu'ont les pauvres, voulait absolument serrer la main de deux soldats. « Un grand merci pour vous, les gars ! » etc. Elle était déjà à moitié ivre et n'a pas tardé à exhiber une grosse bouteille de bière, dont elle leur a fait boire, puis elle les a embrassés, et pour finir nous l'avons vue courir le long du train en agitant la main vers les soldats impassibles. Mais avec ses semblables elle avait pris possession de Londres, et eux seuls fêtèrent la paix, à leur manière sordide, trébuchant sur les pavés rendus boueux par la pluie, brandissant chacun des drapeaux, et volubiles à la vue des drapeaux des autres. Les cieux désapprouvèrent et firent de leur mieux pour les doucher mais ne réussirent qu'à faire crouler les plumes et languir les drapeaux. Les taxis étaient pleins de familles qui paradaient au grand complet, avec grands-mères et bébés ; et pourtant il n'y avait aucun pôle d'attraction, rien qui s'offrît pour fixer cette émotion errante. La foule n'avait nulle part où aller ni rien à faire ; elle était en proie au même désœuvrement que des enfants dont les vacances sont trop longues. Peut-être les gens respectables réprimaient-ils la joie qu'ils ressentaient, mais il semblait n'y avoir aucun état intermédiaire entre l'ivresse paillarde et la désapprobation amère. D'autre part, les gênes de toutes sortes mettaient à l'épreuve l'humeur de chacun. Au retour, partant à quatre heures nous ne fûmes pas chez nous avant six heures. Les queues, la pluie qui trempait tout le monde, nombre de magasins fermés, aucune lumière à se procurer encore, et au fond de chacun la même agitation et la même impuissance à se calmer, en même temps que la même répugnance à faire ce qui s'offrait.

[*Fin du cahier*]

Pour terminer le journal de l'année 1918, et même pour les notes du 20, 22 et 24 janvier 1919, V. W. reprend par la fin un cahier d'écolier à couverture rigide qu'elle avait commencé à utiliser en janvier 1918 pour prendre des notes sur les livres qu'elle lisait ou dont elle faisait une critique (cahier VI).

Vendredi 15 novembre[9]

Je n'ai pas d'argent pour faire l'achat d'un autre cahier ; d'ailleurs, si j'attends, la question du papier reprendra peut-être une fois de plus sa place dans l'échelle de mes plaisirs. Les beaux cahiers, les cahiers bon marché, les cahiers qui vous donnent l'envie de les finir pour avoir le plaisir de s'en procurer un neuf vont peut-être s'entasser contre les murs des papeteries. La paix disparaît rapidement à la lumière du train-train journalier. Vous pouvez aller à Londres sans rencontrer plus de deux soldats ivres. Tout au plus, de temps à autre, un rassemblement bloque-t-il la rue. D'ici à un ou deux jours, il sera impossible à un soldat de menacer un officier de lui casser la figure, comme je l'ai vu faire l'autre jour dans Shaftesbury Avenue. Mais le changement n'est pas moins remarquable dans les esprits. Au lieu de sentir tout le long du jour et pendant le retour chez soi à travers les rues sombres que toute la population fixe son attention sur un point précis, on sent maintenant que toute la bande s'est égaillée et envolée au plus vite dans des directions différentes. Nous revoilà devenus une nation d'individus. Certains s'intéressent au football, d'autres aux courses, d'autres à la danse — bref, chacun court gaiement de droite et de gauche, se dépouille de son uniforme et se remet à s'occuper de ses affaires personnelles. En rentrant du Club ce soir, j'ai cru un instant que c'était encore le crépuscule à cause des lampadaires flamboyants de Piccadilly Circus. Les rues sont remplies de gens qui flânent tout à leur aise, les boutiques resplendissantes de lumière. Mais c'est déprimant aussi. Nous avions du moins élargi notre esprit pour envisager quelque chose d'universel ; voilà que nous nous dépêchons de le ramener à l'échelle des

9. V. W., commettant une erreur de date, a écrit en fait : « Vendredi 16 novembre 1918. »

chipotages de Lloyd George et des élections générales [10]. Les journaux sont illisibles. Notre optique a tellement changé que l'on ne voit pas tout de suite quel sens peuvent bien avoir tous ces commentaires des partis politiques. Cela n'éveille pas l'intérêt. D'autres ont plus que moi le droit de se montrer paresseux. On prévoit un an ou deux de relâchement, sauf dans les professions libérales. Ils feront valoir leur volonté. Les masses [?] joueront au football et au cricket, et iront chasser à la campagne. Dans notre cercle, le premier effet de la paix est que Desmond a recouvré sa liberté et que Gerald Shove est revenu de Londres en annonçant qu'il lui fallait trouver un moyen de gagner cinq cents livres par an. Avant peu il y aura une foule considérable d'intellectuels à la recherche d'une situation. Desmond fait en ce moment ce qu'il sait faire à la perfection : se rendre à son bureau un peu plus tard chaque jour, prendre de plus en plus de temps pour déjeuner, et parfois ne pas retourner travailler. Il se propose de continuer ainsi pendant une quinzaine encore, puis il veut remiser pour toujours sa vareuse bleu et or — à moins qu'en tranchant les boutons de cuivre il ne puisse s'en servir comme d'un pardessus ordinaire. Il a un excellent moral, encore qu'il lui arrive parfois d'être déprimé par le souci de gagner sa vie. Il s'est avéré qu'il a l'intention de se proposer pour remplacer Solomon Eagle au *New Statesman*, car l'aigle s'envole plus haut [11]. « Je connais tant de gens qui écrivent bien », dit-il ; et, si cela suffisait, il ferait un rédacteur en chef parfait. Après le thé, il nous a raconté le dernier épisode de l'*Ireniade*. Je crois qu'il y aurait là matière à tout un livre. La fin est caractéristique de Desmond : il a promis à sa belle de venir déjeuner — et

10. Il n'y avait pas eu d'élections générales depuis que les libéraux étaient revenus au pouvoir en 1910, le cabinet de coalition de Lloyd George ayant remplacé le gouvernement Asquith en 1916. Après l'Armistice, le parti travailliste retira son soutien au gouvernement et le 14 novembre on annonça des élections générales.

11. J. C. Squire abandonnait le poste de rédacteur littéraire du *New Statesman* pour fonder son propre mensuel, *The London Mercure*. Desmond MacCarthy lui succéda en effet.

il a attendu onze ans pour la revoir. Il la faisait revivre très nettement dans son récit, et peut-être a-t-il eu raison d'en finir ainsi. Mais on devrait plaindre toute jeune femme fiancée à un jeune diplômé de Cambridge qui n'a encore jamais été amoureux — un jeune diplômé, devrais-je préciser qui a lu et connaît par cœur tous les romans de Henry James.

J'ai été interrompue à un certain moment de cette page par l'arrivée de Mr Eliot. Le nom donne bien l'idée de ce qu'est Mr Eliot : un jeune Américain distingué, cultivé, réfléchi, qui parle d'une voix très lente, comme si chacun de ses mots méritait un soin particulier. Mais, derrière cette façade, il est bien évident qu'il est très intellectuel, intolérant, qu'il a de solides convictions personnelles et un credo poétique. Je suis au regret de dire que ce credo met Ezra Pound et Wyndham Lewis au rang des grands poètes[12], ou, selon l'expression en vogue, des écrivains « fort intéressants ». Il admire prodigieusement Mr Joyce. Il nous a apporté trois ou quatre poèmes pour que nous y jetions un coup d'œil — sa production de deux ans, car il travaille toute la journée dans une banque ; et il estime d'ailleurs, à sa manière raisonnable, qu'un travail régulier convient aux tempéraments nerveux. J'ai vaguement entrevu les grandes lignes d'un système poétique infiniment complexe et très organisé, mais étant donné la prudence de Mr Eliot et le soin excessif qu'il apporte à manier les mots, nous n'avons pas réussi à en savoir grand-chose. Je crois qu'il s'en remet aux « phrases vivantes », et à ce qui les différencie des phrases mortes, à une écriture très élaborée, au respect absolu de la syntaxe et de la grammaire ; et qu'il pense pouvoir ainsi faire fleurir cette poésie nouvelle sur la tige de l'ancienne.

12. Ezra Pound (1885-1972), le poète d'origine américaine, fixé en Europe, qui apportait son soutien, tant critique que matériel, à l'avant-garde, laquelle incluait à cette époque Eliot en personne, James Joyce et Percy Wyndham Lewis (1882-1957), l'écrivain et artiste. *Tarr*, le premier roman de Lewis, avait paru en juillet, par les soins de The Egoist Ltd, firme lancée par Miss Harriet Weaver, comme une ramification de son périodique *The Egoist* (dont Eliot était toujours le rédacteur adjoint).

Pour illustrer les idées d'Eliot, je puis ajouter ce que Desmond vient de me dire (jeudi 21 nov.). Il a demandé à Eliot comment diable il en était venu à insérer cette remarque à la fin d'un poème sur sa tante et le *Boston Evening Transcript*, cette phrase où il est question d'une rue infiniment longue et « Moi, qui dis adieu à La Rochefoucauld[13] » (ou quelque chose d'approchant). Eliot lui a répondu que c'était un rappel du *Purgatorio* de Dante.

Jeudi 21 novembre

Je suis accablée par toutes les choses que j'ai laissées passer sans en rien noter. La paix est tombée comme une grosse pierre dans ma mare personnelle, et les remous n'ont pas fini de s'étendre jusqu'à la rive opposée. Nelly Cecil s'est-elle noyée dans l'oubli ? Et ce concert à Shelley House, présidé avec tant de prestance par Bruce Richmond[14] ? Pour le bon renom de mon journal, il me

13. *When evening quickens faintly in the street*
Wakening the appetites of live in some
And to others bringing The Boston Evening Transcript
I mount the steps and ring the bell, turning
Wearily, as one would turn to nod good bye to Rochefoucauld
If the street were time and he at the end of the street,
And I say : Cousin Harriet here is The Boston Evening Transcript

(Extrait de *Prufrock and Other Observations,* Faber, Londres, 1917.)

« Quand le soir s'anime tant soit peu dans la rue
Eveillant chez ceux-ci des appétits de vivre
Et portant à ceux-là *Le Bostonien du soir*
Je monte les marches et tire la cloche, me retournant
D'un geste las, comme on le ferait pour dire adieu à La Rochefou-[cauld
Si la rue était le temps, et lui tout au bout de la rue
Et j'annonce : Cousine Harriet, voici *Le Bostonien du soir* »

(Le Bostonien du soir, traduction de Pierre Leyris, in *Poèmes,* de T. S. Eliot, 1910-1930, Editions du Seuil, Paris, 1948.)

14. Nelly Cecil s'était liée d'amitié avec V. W. tout au début du siècle. Née Lady Eleanor Lambon, troisième fille du comte de Durham, elle avait épousé en 1889 Lord Robert Cecil, troisième fils du marquis de Salisbury qui, Premier ministre, avait reçu le Kaiser à Hatfield House, sa demeure familiale, du 11 au 13 juillet 1891. Les Woolf prirent le thé avec Lady Robert le 10 novembre, puis se rendirent avec elle à un concert à Shelley House, demeure de St John Hornby, imprimeur, amateur d'art et associé de W. H. Smith & Son. Ce concert faisait vraisemblablement partie d'une série de concerts-abonnements privés, organisés par Bruce Richmond.

faut rapporter que Nelly Cecil a rencontré le Kaiser à Hatfield. Elle dit l'avoir vu comme un homme de petite taille, en complet gris. « Ses gens avaient peur de lui ; ils n'osaient pas le prévenir que son automobile serait en retard... Il était romantique... très romantique... »

Je manque de place pour une description détaillée de Shelley House en bref, c'est une luxueuse copie d'une demeure du XVIIIe siècle, mais, comme les St John Hornby et leurs semblables ne mettent jamais tous leurs œufs dans le même panier, la Renaissance italienne y est également représentée ; Arthur Hughes [15] aussi, qui est là, j'imagine, pour montrer qu'ils encouragent l'art anglais. Mais ils misent surtout sur George III. A combien se montait le revenu annuel de l'assistance, j'aime mieux ne pas le savoir. Chacun en portait une bonne partie sur le dos. Les fourrures sombres étaient somptueuses, les étoffes, du plus beau noir. Et puis cette musique ravissante, montant comme une offrande devant cette assemblée — parmi laquelle, comme on dit, j'ai remarqué Mrs Rathbone, Pearsall Smith, Hervey Vaughan, William et Mr Muir Mackenzie [16].

Toujours est-il que la paix est venue dissiper tout cela. Et maintenant où en sommes-nous ? D'après Roger, au bord de la révolution. Ou pour dire toute la vérité d'après Ray ; et Ray qui se présente au Parlement, comme candidate de la coalition [17], dit que si jamais elle devait être tentée d'amasser des provisions, ce serait maintenant. Les masses ouvrières sont amères, impatientes, puissantes et bien entendu déraisonnables. Par exemple, elles réclament des maisons de dix pièces à

15. Arthur Hughes, peintre et illustrateur, adhéra aux principes des préraphaélites, mais ne fit pas partie du groupe. V. W. devait le considérer comme très pompier.

16. Mrs Rathbone était la mère de Mrs Bruce Richmond. Hervey Vaughan William, le frère aîné du compositeur Ralph Vaughan, William, qui avait épousé Adeline Fisher, la cousine de V. W. L'Hon. Muir-Mackenzie avait habité la maison voisine de celle des Stephen, à Hyde Park Gate.

17. Ce n'est pas exact. Mrs Oliver Strachey se présenta comme candidate indépendante dans le Middlesex, Brenford et Chiswick contre les candidats de la coalition des conservateurs et unionistes et du parti travailliste.

Guildford, et elles ont un prophète du nom de Ditcher[18], qui détient la vérité. Il sait de quoi est fait l'esprit, et ne voit aucune utilité à l'idéalisme bourgeois qui entretient des doutes sur certains sujets et prêche la liberté, la tolérance et autres balivernes ; car Ditcher détient la vérité. Ce sont les quelques faits que j'ai soutirés à Roger par-dessus un plat de tripes aux poireaux. Je l'ai un peu réconforté en lui rappelant l'existence du football et celle du roi George. Mais comme affluent en moi les souvenirs de cette dernière semaine ! Cette mention du roi George me fait revoir Harry Stephen assis comme un crapaud, jambes écartées ; tout en ouvrant et refermant un gros canif, il affirmait, avec cet égoïsme propre à tous les Stephen, qu'il savait se conduire et comment les autres devaient se conduire aussi, science qu'il a enseignée, avec succès selon lui, au banc des magistrats, à Calcutta. Il a besoin de la famille royale ; il lui faut sur le trône un descendant d'Egbert, pas un maître d'école dans le genre de Wilson. Le mur impénétrable de la bourgeoisie conservatrice n'a jamais été aussi consistant. La dynamite le réduira peut-être en poussière, mais il est imperméable à la raison, ou à l'imagination ou à l'humanité — comme le prophète Ditcher — l'éducation en plus.

Le pauvre James Strachey était doux comme de la mousse, léthargique comme un ver de terre. James, inscrit au Club 17 pour une conférence sur l'onanisme, se propose de gagner sa vie en exploitant les idées de Freud dans Harley Street. D'abord, on peut se passer de diplôme[19].

Mais la véritable nouvelle de cette dernière semaine est de nature confidentielle. Gilbert Murray a demandé à L. d'être son secrétaire particulier si, comme cela est

18. Il n'a malheureusement pas été possible de découvrir quoi que ce soit sur ce curieux personnage.

19. James Strachey s'était lancé dans des études médicales avec l'intention de se consacrer à la psychanalyse. Il dut abandonner ces études pour cause de maladie, mais, en 1920, il devait se rendre à Vienne auprès de Freud, pour être son élève et se soumettre à une analyse.

possible, il est choisi pour représenter l'Angleterre au comité de la Société des Nations délégué à la conférence de la paix. Cela signifierait un séjour à Paris. Il n'est pas nécessaire d'en dire plus. Mais c'est une possibilité dont il faut tenir compte [20]. Venant après cela, la nouvelle que j'avais écrit aujourd'hui les derniers mots de mon roman est tombée un peu à plat. Cinq cent trente-huit pages !

Samedi 30 novembre

Je m'aperçois que j'ai plutôt paressé, et maintenant je n'arrive plus à me rappeler exactement la cause de ma paresse. Certainement pas les élections générales. J'ai rogné sur ma lecture des journaux, bien que le *Daily News* ait une feuille supplémentaire. Ils parviennent, je ne sais trop comment, à suivre le mouvement. Mrs Dacre Fox vocifère dans High St [21]. MacDermott réclame un gouvernement qui forcera les Allemands à payer. Il imprime affiche sur affiche à l'encre rouge. J'ai une nouvelle nièce, Judith, pas bien accueillie, mais dont on s'accommode, et Barbara a eu une Judith [22], elle aussi ; et Saxon a dîné ici, parlant de la mort sans enthousiasme. Il était absolument certain qu'il mourrait un jour précis de l'été dernier, et puis... il n'est pas mort.

Nous sommes allés voir les danseurs russes un soir, et ce que l'on offrait là, au brave public indulgent et réjoui qui avait poussé des mugissements de taureau à la vue des efforts d'un individu essayant de clouer un tapis,

20. Il n'est plus fait mention de cette possibilité. Le roman de V. W. était *Night and Day (Nuit et Jour)*.

21. Mrs Dacre Fox, qui avait brillamment milité pour le vote des femmes, se présentait à Richmond comme candidate indépendante. Dans son discours électoral, elle disait entre autres choses : « [...] si l'on veut regagner la confiance du peuple, il faudrait que les chefs de la nation prouvent leur sincérité en débarrassant les conseils d'Etat et la vie publique de tous ceux qui appartiennent par le sang ou par alliance à la race à laquelle la civilisation fait la guerre. »

22. Judith, la seconde fille de Karin et Adrian Stephen, naquit le 20 novembre. Judith Bagenal, le 8 novembre.

était bien incongru[23]. Un public indulgent, mais, à ce qu'il m'a semblé, un brin dédaigneux de ces postures et de ces bonds devant un mur tout bleu. Comme c'est étrange d'être toujours condamnée au rôle de spectatrice du public, sans pouvoir jamais en faire partie. C'est un peu la raison pour laquelle je vais voir K. M. à Hampstead chaque semaine, car là, en tout cas, nous formons un public à nous deux. Ce jeudi, Murry fit une apparition, et nous eûmes une conversation embarrassée, intéressante ; trop contrainte pour être éclairante. A mon avis, ils possèdent tous deux un je-ne-sais-quoi de discordant. Peut-être que dans mon arrogance je sens un peu trop qu'ils appartiennent aux bas-fonds, qu'ils ont toutes sortes de recettes à eux. Et puis cette manière de toujours mettre en avant qu'ils sont des artistes. Je m'exprime mal. Ce que je veux dire est peut-être simplement qu'ils ont quelque chose d'équivoque. Derrière la façade qu'ils présentent, j'imagine qu'ils sont très anxieux de plaire, pas très sûrs d'eux ; et puis Murry se torture l'esprit et se désespère de plus en plus de trouver quelque chose en quoi il puisse croire. Je n'aime pas ces couples mariés où le mari admire démesurément le travail de sa femme.

Arthur Ponsonby[24] s'est approché pour nous parler l'autre jour, au Club. Il se présente je ne sais où, et voudrait être élu, ne serait-ce que pour prouver que le parti qu'il a choisi a ses chances. Il dit qu'il ne se soucie guère du Parlement en soi. C'est un homme faible, moyennement intelligent, bienveillant, que l'étrange ordre du monde déconcerte en permanence, et inquiète

23. Le 28 novembre, les Woolf allèrent voir Lydia Lopokova et Leonide Massine dans *Carnaval*, au London Coliseum. La compagnie des ballets Diaghilev partageait l'affiche des variétés, avec, entre autres numéros, un récital de musique populaire et Will Evans dans *Laying the Carpet* (« La Pose du tapis »).

24. Arthur Augustus William Harry Ponsonby (1871-1946), plus tard baron de Shulbrede (1930), écrivain, homme politique et pacifiste, qui tout au long de la guerre avait plaidé pour une paix négociée. Elu au Parlement comme libéral en 1908, il se présenta à Dumbfermline sous l'étiquette de démocrate indépendant, en 1918, et fut sévèrement battu. Son père avait été pendant trente-cinq ans le secrétaire particulier de la reine Victoria.

aussi. Le fait qu'il vive dans un milieu différent de celui dans lequel il est né explique peut-être cela. Puis nous avons eu le Dr Ley[25] à déjeuner mercredi (le 27, je le note comme point de repère). Il a passé dix-sept ans en Afrique-Orientale et, étant un Ecossais très franc et très direct, a une histoire terrible à raconter sur les indigènes. Comme ils savent condenser, comme ils s'embarrassent peu des détails inutiles ces intellectuels des professions libérales !

Nous avons commencé aujourd'hui à imprimer avec notre petite machine ; et maintenant il me faut consacrer mon attention la plus aiguë au manuscrit de Murry, *A Fable for Critics,* que j'ai rapporté dans mon sac, pour voir si nous ne pourrions pas l'imprimer[26].

Mardi 3 décembre

(A quel caprice de la mémoire dois-je de me rappeler que c'est l'anniversaire de Carlyle ? Peut-être est-ce parce que je lis Froude — mais cela m'entraîne plus loin, et je me demande si quelqu'un d'autre y pense, et en ce cas si cela fait le moindre plaisir à Carlyle ; et, ensuite, j'en viens à cette étrange superstition des littérateurs qui attribue une valeur à la mémoire de la postérité... mais mieux vaut m'en tenir là[1].)

Il va me falloir reprendre une seconde fois le poème de Murry, que j'ai trouvé difficile à lire — pour des

25. Le Dr Norman Mac Lean Leys, retiré du Service de la santé publique du Kenya, devait écrire plusieurs ouvrages sur des questions africaines, qui furent publiés par la Hogarth Press.

26. « Fable pour les critiques », ce poème, daté d'octobre 1913 et rebaptisé *The Critic in Judgement or Belshazzar of Baronscourt* (« La Critique jugée, ou Belshazzar de Baronscourt ») fut publié par la Hogarth Press en mai 1919.

1. Thomas Carlyle était né le 4 décembre 1795 (et mourut en 1881). Leslie Stephen, qui le connut, retraça sa vie pour le *Dictionnary of National Biography*. J. W. Froude (1818-1894), exécuteur littéraire de Carlyle, écrivit sa biographie. V. W. préparait un article de critique sur *English Seamen in the Sixteenth Century* (« Marins anglais du XVIe siècle ») de Froude, en même temps que sur *Voyages, Travels and Discoveries of the English Nation* (« Voyages sur mer et sur terre et explorations du peuple d'Angleterre »). Cet article parut dans le *TS* du 12 décembre 1918.

raisons opposées à celles qui me font trouver Eliot difficile. Chez Murry, il y a pléthore de mots ; son poème est complexe, touffu, épais comme une grosse haie d'églantiers. Il pense tout haut, il ne vous oblige pas, comme Eliot, à aller chercher sa pensée dans les profondeurs du silence. Nous nous sommes promenés au bord du fleuve, et même assis sur la rive tant l'air était chaud, suave, laiteux, sans un frémissement. Les mouettes se laissaient dériver sur le courant, par jeu, j'imagine, en petits groupes de trois ou quatre, qui s'éloignent en glissant, et puis l'un plonge et réapparaît. Nous discutions de l'origine de mon nouvel accès de mélancolie, et je fus rassurée d'une manière adorable par L., si bien qu'assise là maintenant je me sens bien et en sécurité, ramenée une fois de plus à ce degré de confiance qui permet de vivre. Mais je laisse de côté l'analyse, sur laquelle je me suis déjà suffisamment étendue. J'ai dans l'idée que tous les gens subissent de ces marées spirituelles — Dieu sait pourquoi. Somme toute, plus on y réfléchit, plus étrange nous paraît notre propre structure intime.

Le dimanche, c'est-à-dire le 1er décembre, nous avons donné un grand dîner. A partir de six personnes on peut parler de grand dîner. Il n'y a plus de conversations particulières. Il faut se mettre en frais. Nous avions Nick, Carrington, Mrs Manus et Singer, et je crois que ce fut réussi. Nous avons montré suffisamment d'entrain et de spontanéité. Charlie a fait ses petites plaisanteries. Nick n'a pas dit grand-chose, mais son silence était d'approbation. J'entrevois un Nick irascible dans l'âge mûr. Mrs Manus a savouré son dîner. Carrington a plus de qualités que la plupart des jeunes. Nous avions descendu des fauteuils et supprimé le divan. Je ne me souviens absolument pas de quoi nous avons parlé, sauf que Charlie a énergiquement dénigré à la fois Herbert Fisher et Gilbert Murray. Il a déclaré qu'il n'aimait pas qu'on l'invite à rencontrer des personnes qu'on lui prétend intéressantes. « Non, bien sûr, ai-je dit, vous n'aimez que les ratés. » Lundi, je suis d'abord allée chez

Harrison avec L., puis j'ai traversé Regent's Park pour prendre le thé avec Barbara. Regent's Park à quatre heures et demie, par un après-midi de décembre, est un endroit lugubre. Il semble qu'on ait écrasé d'innombrables feuilles pourpres dans les allées. Puis les gardiens du parc commencent à lancer des coups de sifflet et cela me rappelle que j'avais peur de rester enfermée quand j'étais enfant. Alors la brume se coule sur le vaste espace découvert. A votre droite ou à votre gauche montent les grognements et les grondements des pensionnaires du zoo, surtout des cochons élevés là aux fins de la guerre sans doute. Cela ne crée pas un état d'esprit bien joyeux pour rendre visite à une malade et, à ma grande horreur, j'ai découvert que Barbara partage une chambre avec une autre personne, une veuve dont le mari a été tué ; et la pauvre femme affectait de lire un livre et de ne pas regarder de mon côté, tandis que je bavardais avec Barbara, sans beaucoup d'entrain. B. aurait préféré un fils. Les fils, dit-elle, sont plus turbulents, nerveux, pénibles dès la naissance. C'est sans doute la préférence la plus naturelle, mais qui ne me semble pas tellement désirable. L'agressivité lui paraît intéressante. Son bébé, qui a le nez de Nick, dormait dans un berceau ; « elle grogne un peu, mais est très sage », dit B. La pensée de l'avenir m'a paru l'oppresser.

Samedi 7 décembre

Pour je ne sais quelle raison, qui n'a rien à voir avec mes mérites, je crois, je reçois du *Times* deux ou trois livres par semaine, et ainsi affronte vague après vague d'une mer houleuse. Cela occupe mon temps pendant que *Nuit et Jour* sommeille. J'éprouve un plaisir marqué, je l'avoue, à formuler rapidement une opinion sur Henry James ou Mr Hergesheimer[2], surtout parce que je

2. La critique de *The Methods of Henry James*, de Joseph Warren Beach, parut dans le *TLS* du 26 décembre 1818, et celle de *The Three Black Pennys*, de Joseph Hergesheimer, le 12 décembre 1918.

retombe là dans une de mes anciennes marottes. Mais je suis toujours à court de temps pour ce genre d'écrits, quel que soit celui dont je dispose. Par exemple, j'ai passé la semaine (mais j'ai dû m'interrompre pendant deux jours, et un autre encore a été très raccourci par un dîner avec Roger) sur Halkuit, dont l'examen, à la lumière d'une plus grande maturité, me confirme de bout en bout dans le jugement de ma jeunesse. J'écris, j'écris ; on m'appelle au téléphone pour me dire d'en finir. Il faut que l'article soit remis vendredi. Je tape à la machine jusqu'à l'apparition du messager du *Times.* Je corrige mes pages dans ma chambre, tandis qu'il m'attend au coin du feu.

« Un numéro de Noël qui n'est pas du tout du goût de Mr Richmond, me dit-il. Très différent du style du supplément.

— Des livres d'étrennes, sans doute, suggérai-je.

— Oh non, Mrs Woolf, il est fait pour les annonceurs. »

Mais pour en revenir à ma chronique, j'ai dîné avec Roger jeudi, ce qui m'a valu l'histoire qui suit.

Mrs McColl[3] à Mr Cox, de la London Library.

« Avez-vous *La Traversée des apparences,* de Virginia Woolf ?

— Virginia Woolf ? Voyons un peu. C'était une Miss Stephen, une fille de Leslie Stephen. Elle est la sœur de Mrs Clive Bell, je crois. Ah, c'est curieux ce que sont devenues ces deux jeunes filles. Elevées dans une famille si bien, pourtant. Mais il faut dire qu'elles n'ont jamais été baptisées ! »

Nous nous entendons bien maintenant, Roger et moi ; nous sommes plus naturels et plus libres qu'autrefois, dans le désarroi de Gordon Square. Nous tombons d'accord sur bien des points, et lui, du moins, perçoit l'isolement de notre petit groupe dans le vaste monde

3. Andrée Désirée Jeanne MacColl (née Zabé), la femme, d'origine française, du peintre et critique d'art D. S. McColl, qui, à cette époque, était conservateur de la collection Wallace. C'était une grande amie de Roger Fry.

hostile des MacColl et des Duckworth. Puis nous discutons prose, et il y a toujours un livre à discuter ; je dois lire un passage par-dessus son épaule. On échafaude des théories. On place des tableaux sur des chaises. Là, je commence à me sentir plutôt perdue, et à désespérer. Wolfe apporte une toile. La difficulté concerne une touche de vert sur la pomme du milieu. N'efface-t-elle pas le violet qui borde la pomme de terre ? « Masquez-la, et voyez comme les couleurs ressortent ici, un peu plus loin — bon, essayez du vernis alors. — Je pense que c'est la meilleure chose que j'ai jamais faite jusqu'à présent. — Oh, oui, c'est plus vivant... C'est très fort, Wolfe, très fort[4]. »

Et puis, en retard comme il est inévitable, je me rends au Club 17, où Mrs Manus et L., installés dans la salle du premier, corrigent des épreuves, mais Couch [un imprimeur ?] n'en a envoyé qu'un seul jeu. De toute manière, c'est trop tard pour que je puisse les aider ; mais non pour servir du thé à Miss Matthaei. Pourquoi une femme de son intelligence devrait-elle s'excuser tout au long de sa vie de n'être pas séduisante ? Elle vous regarde de biais, comme une enfant qui n'a pas été sage, et pourtant, à elle seule, elle a plus de choses dans la tête que toutes les « têtes-de-loup » prises ensemble. J'ai trouvé Alix qui déclamait pompeusement en bas avec, bien mal à propos, des airs de colonel aristocrate pérorant sur l'iniquité du bolchevisme. Son thème à elle est l'iniquité des colonels ; la méthode est à peu près la même, et la voix aussi.

Vendredi, comme je l'ai dit, se passa pour moi à écrire, et pour L. à déjeuner avec Will A.-F. et à corriger d'autres épreuves encore. Je n'avais pas plus tôt fait un peu de composition et décidé de renoncer à l'heure et demie d'avant le dîner où j'aurais lu le romancier américain distingué [Hegesheimer] recom-

4. Edward Wolfe (né en 1897), peintre né à Johannesburg, étudia à l'académie Slade de 1916 à 1918, puis travailla aux ateliers Omega avec Roger Fry.

mandé par Mr Galsworthy, que Lottie a introduit Sydney Waterlow. Mon seul espoir d'échapper à l'ennui était de le voir se livrer à quelques commentaires introspectifs, mais je n'ai pas eu cette chance. Il est florissant, suffisant, sûr de lui au point d'affronter sans la moindre confusion la désapprobation de Gordon Square. Il fait pour l'instant le tour de ses amis, non pas, il a bien pris soin de l'expliquer, pour nous sonder, mais pour jouir de notre compagnie. Nous avons convoqué pour le dîner Mary Sheepbanks[5] afin de discuter de la revue et de la perfidie de Macdonald[6]. Plus pâle, peut-être plus maigre, s'enfonçant imperceptiblement dans l'âge mûr, mais non débarrassée de son amertume envers un certain monde — et, en ce moment présent, il s'agit des femmes de la haute société qui réclament une indemnité. Pourtant, si je la compare à la majorité de mes connaissances, elle se révèle plus capable, mieux informée, plus raisonnable qu'elle ne l'était dans mon souvenir de l'époque de Fitzroy Square. Néanmoins, elle ne daigne accepter son « agréable soirée » qu'avec la mauvaise grâce des pauvres acceptant une charité qui n'est pour eux qu'un pis-aller.

Mardi 10 décembre

Dimanche fut une journée mémorable pour moi du fait d'une autre invitation à Shelley House, où j'ai bel et bien serré la main de Miss Sands, de Kathie, d'Elena Rathbone[7]. Toutes ont manisfesté une grande surprise à

5. Mary Sheepbanks (1870-1958), fille d'évêque, fut à partir de 1899 directrice de Morley College, et elle avait persuadée V. W. d'y enseigner en 1905. Elle se démit de ses fonctions en 1913 pour se consacrer à la cause internationale du vote des femmes.

6. Ramsay Macdonald avait commencé par encourager, pour ensuite les contrecarrer, les projets de L. W. pour l'*International Review.* (On peut lire le récit de sa perfidie dans *III L. W.*, 223-6.)

7. Ethel Sands (1873-1962), peintre originaire de Newport, Rhodes Island, avait étudié la peinture à Paris, travaillé avec Sickert et était membre fondateur du groupe de Londres. Riche et sociable, elle prit la nationalité britannique après la guerre. Kathie est Lady Cromer, née Lady Katherine

ma vue, comme si j'étais un oiseau d'une espèce différente, se joignant en plein vol à leur bande. Je me sentais en effet très bizarre, mais la première impression passée, leurs manières me sont redevenues curieusement familières. Elena s'est conduite en vieille amie, en très vieille amie toujours la même, n'ayant rien oublié de ce qui s'était passé avant que je fasse mon plongeon, et elle, le sien. Elle a insisté, d'une manière quasi affectueuse, pour que j'aille les voir. Je ne m'y risquerais pas sans appréhension. Et si nous n'avions absolument rien à nous dire ? Toutes ses manières charmantes, ouvertes et caressantes pourraient s'envoler. Et puis il y a l'éternelle et insoluble question vestimentaire. Kathie, très congestionnée et bien en chair, mais les traits empreints de beaucoup de dignité et de grandeur, assise bien droite, les yeux mi-clos, au premier rang, écoutait Ravel et Schumann, qu'elle déclara aimer autant l'un que l'autre.

Lundi, j'ai fait ce qui est devenu maintenant ma visite hebdomadaire à Katherine. Murry était là, ce qui a imposé une certaine contrainte, bien que je les aime l'un et l'autre et que je la préfère, elle, dans son rôle d'épouse. Murry ouvre à peine la bouche, vous fait sentir que presque tout ce que l'on dit est inutile. Mais comme il a ses idées à lui, je ne m'en formalise pas. D'autre part, il s'agit plus de timidité que de parti pris. J'ai raconté toutes les histoires qui me sont venues à l'esprit. Et puis Murry m'a expliqué qu'il avait une confession à faire. C'était simplement qu'il a acheté pour son frère une presse à bras, sur laquelle de courts poèmes de lui vont être imprimés, luxueusement, comme les livres de Kelmscott. Arthur fréquente une école d'arts et métiers et souhaite faire de l'imprimerie d'art[8]. J'ai mes doutes sur l'idée qu'Arthur se fait de

Thynne (1865-1933), seconde femme d'Evelyn Baring, comte de Cromer. V. W. la connaissait, ainsi que sa sœur Beatrice, depuis l'époque de Hyde Park Gate. Elena Rathbone est Mrs Bruce Richmond.

8. Arthur, l'unique frère de Murry (qu'on appelait Richard), était son cadet d'une douzaine d'années. La presse fut installée à Hampstead, chez les Murry, et une nouvelle de Katherine Mansfield fut la première œuvre

l'art. Mais de toute façon nous sommes libres de disposer comme nous l'entendons du long poème de Murry. Pour l'instant, le confier à MacDermott semble l'arrangement le plus pratique, lorsque les grandes affiches rouges qui, ces derniers jours, ont commencé à couvrir les murs de Richmond seront toutes livrées. « Paiement », « punition » et autres mots en « p... », voilà la politique qu'elles préconisent. Nous ne voterons sans doute pour personne. Journée de pluie, mais nous sommes sortis, ayant « quasiment » terminé *Kew Gardens,* ce qui revient à dire que tout est prêt pour l'impression, à part quelques lignes. On cesse de voir clair dans mon bureau à trois heures et demie. Maintenant je vais essayer de composer quelques lignes d'Eliot avant que nous partions. Une de ces habituelles intrigues de cuisine est en train de se nouer pour que nous prenions Liz et ses enfants à Asheham, pour Noël. Nelly n'ose pas me le demander et Lottie invente un conte à dormir debout sur les économies que cela nous vaudra et sur le fait que c'est sa dernière occasion de quitter la maison. Comme c'est terrible de dépendre ainsi d'autres adultes !

Lundi 16 décembre

De retour après avoir passé la fin de la semaine chez Roger. Avec, par conséquent, les lèvres douloureuses d'avoir trop parlé, non que je me sois ennuyée ou lassée, certes, tant le champ de la conversation de Roger est étendu, et tant nous avions de choses à dire aussi, tous les deux. Pamela était là, toute ronde et souple, évoquant quelque nymphe des bois dans un tableau de l'école italienne. Elle en a aussi le teint brun doré. J'ai idée que les enfants prennent modèle sur leurs parents, mais à l'inverse. Un père plein de vivacité, sociable, enthousiaste donne une fille calme, dénuée d'égoïsme,

imprimée par la Heron Press. La Kelmscott Press avait été fondée par William Morris en 1890, à Hammersmith. Les Woolf n'envisageaient pas de faire de l'édition d'art à la Hogarth Press.

plutôt passive. Pamela n'a que seize ans, mais son comportement dénote la maturité, ce qui lui vient de vivre avec des adultes[9]. C'était jour de vote samedi à Guilford, comme dans d'autres parties du monde, et Roger se lamentait sur l'avenir du monde. A coup sûr, il oubliera vite la politique. La guerre est déjà presque oubliée. Tout le dimanche, malgré la pluie et le brouillard, il a peint jusqu'au moment où le ciel a été noir, après avoir été gris tant qu'il y a eu du jour. Je n'ai guère d'espoir pour ses tableaux mais j'ai dû feindre d'apprécier l'effet produit sur la solidité d'une coupe par une matinée de travail. Il dit qu'il regrette chaque heure du jour passée à ne pas peindre, puisque la vieillesse approche et qu'il doit dire ce qu'il tient à dire avant de mourir. La vieillesse, il se propose de la passer seul, à peindre toute la journée. Du moins, il semble faire ce qu'il a toujours essayé de faire. Nous avons eu quelques tristes révélations sur la perfidie de certains amis envers l'Omega[10]. La grande supériorité de Roger c'est que son sens des proportions, bien que superficiellement faussé et exagéré, est toujours exact en fin de compte. Il se montre toujours magnanime et indulgent quel que soit le poids qu'il attribue à des griefs imaginaires ou semi-imaginaires. L'affaire de l'Omega, c'est que ses artistes acceptent une commission sans passer par l'Omega. Pour cela, et pour d'autres raisons, ce pauvre atelier a été pour lui une véritable source de déception, de fatigue, de mécontentement. Les gens ont l'art en horreur, et lui, qui l'aime, ennuie souvent maintenant par sa conversation. Et je n'ai pas trouvé grâce à ses yeux, moi non plus, en ce qui concerne la peinture, du moins. Nous sommes allés ensemble à la National

9. Agnes Pamela (née en 1902) fille de Roger Fry et de sa femme Helen. Elle avait été presque entièrement élevée par son père et les sœurs de celui-ci, sa mère étant enfermée dans un asile psychiatrique depuis 1910.

10. L'été précédent, Duncan Grant et Vanessa avaient, en s'assurant directement une commission, décoré une pièce à River House, Hammersmith, pour Mary Hutchinson. Roger Fry s'était montré profondément blessé par ce qu'il considérait comme une déloyauté envers les Ateliers Omega dont ils étaient les directeurs.

Gallery, ce matin. J'ai estimé « très beau » un Rembrandt qui pour lui était pure dramatisation. Un petit Greco ne me dit rien tant qu'il ne l'eût pas éclairé pour moi, me montrant qu'il comportait plus de couleurs authentiques qu'aucun des tableaux qu'il y avait là. Puis le Ingres qui me rebutait se révéla être pour lui un des plus merveilleux dessins qui soient. Je constate toujours qu'aimer ce qu'il ne faut pas et n'aimer pas assez ce qu'il faut aimer le hérisse comme le font les fausses notes ou la sentimentalité dans l'écriture.

Mardi 17 décembre

Je crains que cela ne soit malgré moi ma dernière occasion d'écrire avant notre départ pour Asheham vendredi. Je continuerai là-bas, Dieu le veuille, en entamant un nouveau cahier, quel qu'il soit. Demain je vais chez K. M. Jeudi, je prends le thé chez les Richmond et dîne peut-être au Club, et ainsi on arrive à vendredi sans que je dispose d'un instant entre le thé et le dîner ; et même aujourd'hui je vole le temps qui appartient à Sophocle en attendant Mrs Hamilton qui doit arriver à sept heures pour faire une conférence à la Guilde. Si j'achetais un bloc avec feuilles détachables peut-être pourrais-je saisir au vol beaucoup plus de pensées vagabondes. Sans doute n'est-ce là qu'une illusion, mais ce qui est du domaine de l'esprit est bien souvent gouverné par l'illusion. Nessa nous a demandé de prendre les enfants pour quinze jours à la naissance du bébé qui est imminente maintenant. Elle avance le 28 pour date exacte. Les bonnes iront pour huit jours à Guilford, ce qui nous épargnera Liz et son rejeton. Nous passerons toute une semaine seuls à Asheham, le plus grand et le plus pur des plaisirs que le monde puisse offrir ; très rehaussé dans mon esprit par l'absence des domestiques, car alors il n'y a souvent personne d'autre que nous dans la maison. Je vais lire de bout en bout mon roman et décider ce qu'il convient d'en faire. Le livre de L. est presque terminé. Il en verra la fin en février très vraisemblablement[11]. Nous avons imprimé tout le texte de *Kew Gardens* et obtenu de MacDermott un devis d'imprimerie pour le poème de Murry. Il demande 4 livres, ce qui nous paraît peu pour deux cents exemplaires d'un volume de vingt-quatre pages. Nous fournissons le papier et la couverture. Des possibilités s'offrent là, je crois.

Il a fait si doux que je ne pense pas avoir allumé du feu dans mon bureau plus de trois ou quatre fois, et cela seulement lorsque nous imprimions l'après-midi. La grippe espagnole semble terminée, bien que Lottie l'ait attrapée pour une heure ou deux samedi dernier. On trouve désormais des petits fours glacés, mais rien de plus pour l'instant. Quant aux nouvelles générales, la guerre paraît maintenant un événement sans importance, une de nos dérobades politiques et, à cette minute même, les petits crieurs de journaux clament que la Russie se prépare à la guerre[12]. On a peine à voir comment même un patriotard pourrait croire encore à l'heure qu'il est qu'un bien puisse sortir de la guerre, ou croire en un idéal, ni à rien, on serait tenté d'ajouter, qui soit entrepris de concert par des formations d'êtres humains. On prétend que le parti travailliste a obtenu de bons résultats et la coalition des résultats moyens seulement aux élections. Ray aurait, paraît-il, des chances. Nous avons voté samedi, mais L., pris de panique, a très vraisemblablement voté pour Mrs Dacre Fox[13].

11. A l'instigation de Sidney Web, L. W. avait entrepris en 1917 de préparer un rapport sur le commerce international pour un comité du service des recherches du parti travailliste. L. W. décida un peu plus tard de limiter le sujet à l'Afrique, et le livre fut achevé en 1919, mais il ne parut qu'au début de 1920, sous le titre *Empire and Commerce in Africa. A study in Economic Imperialism* (« L'Empire britannique et le commerce avec l'Afrique. Esquisse d'un impérialisme économique »).

12. Les bolchevistes avaient envahi l'Estonie, et investi Narva ; et une intervention de la marine britannique fut signalée le 17 décembre.

13. Cela se révéla trop optimiste. Les résultats de la consultation du 14 décembre (annoncés le 28) montraient une énorme majorité en faveur de la coalition Lloyd George-Bonar Law. Mrs Strachey obtint 1 263 voix contre les 9 077 du candidat conservateur unioniste et les 2 620 voix du travailliste. Mrs Dacre Fox arrivait seconde à Richmond avec 3 615 voix contre les 8 364 du candidat conservateur unioniste.

La note datée du 17 décembre fut la dernière de 1918. V.W. partit pour Asheham le vendredi 20 décembre, un jour avant L.W. Maynard Keynes et Duncan Grant vinrent prendre le thé le jour de Noël, où Vanessa donna naissance à sa fille (dont le père était Duncan) trois jours avant la date prévue. Julian et Quentin Bell, dont V.W. avait accepté de se charger pendant les couches de Vanessa et que L. W. alla chercher à Charleston le 23 décembre, accompagnèrent les Woolf à leur retour à Hogarth House, le 1er janvier 1919. Ce jour-là V.W.fut prise d'une sérieuse rage de dents, et le lendemain il fallut procéder à une extraction qui lui occasionna un abondant saignement et des migraines. Les petits garçons furent ramenés à leur père à Gordon Square, le 9 janvier, et V.W. resta alitée jusqu'au 16 janvier.

Appendice

Les cahiers intimes de Virginia Woolf

On trouvera énumérés ici les trente cahiers du journal tenu par Virginia Woolf après son mariage, et qui font partie de la collection Berg, déposée à la Bibliothèque publique de New York. Certains sont des cahiers d'écolier ou des carnets de notes achetés tout faits dans une papeterie ; le septième, le neuvième et suivants jusqu'au quatorzième inclus ont fort probablement été reliés par Virginia elle-même ; d'autres sont constitués de feuilles volantes, autrefois placées dans un classeur à bague ou à ressort ; le dix-neuvième et les suivants jusqu'au vingt-cinquième inclus ont été reliés tout exprès (et par des professionnels) à l'usage de Virginia Woolf, et recouvert du papier à dessin ou marbré de la Hogarth Press. L'écriture à l'encre bleu-noir ou rouge est ordinairement réservée aux pages recto sur une surface délimitée par une marge tracée à la main ou imprimée en rouge ou en bleu, mais il y a parfois des dates, des additions et des annotations ou commentaires postérieurs sur la page verso opposée.

Cette liste comporte aussi le nom des lieux où furent écrites la majorité des notes, ainsi que les dates de la première et de la dernière. D'autres dates et lieux y sont indiqués, qui, lorsqu'ils n'étaient pas évidents en soi, ont été déduits des carnets de Leonard Woolf. Le nombre total des pages, y compris les pages supplémentaires, soit collées, soit insérées, y est également noté ; mais il n'a pas été tenu compte des pages de titre.

I	1915	17 THE GREEN, RICHMOND. 1er janvier-15 février 1915. 40 pages. Notes 1er janvier-2 février inclus, feuilles attachées, papier blanc réglé, 28 × 22,5 cm ; notes du 13, 14 et 15 février, sur trois feuilles volantes, papier ordinaire, 32 × 20 cm.
II	1917	ASHEHAM HOUSE. 3 août 1917-6 octobre 1918. 65 pages. Carnet à 8 pence, 15,5 × 10 cm.
III	1917	HOGARTH HOUSE, RICHMOND. 8 octobre 1917-3 janvier 1918. 66 pages. Cahier d'écolier à couverture rigide, 22, 5 × 18 cm.
IV	1918	HOGARTH HOUSE, RICHMOND. 4 janvier-23 juillet 1918. 114 pages. Cahier d'écolier à couverture rigide, 22 × 18 cm.
V	1918	HOGARTH HOUSE, RICHMOND. 27 juillet-12 novembre 1918. 77 pages. Cahier d'écolier à couverture rigide, 22,5 × 17,5 cm.
VI	1918	HOGARTH HOUSE, RICHMOND. 16 novembre 1918-24 janvier 1919. 25 pages. Cahier d'écolier à couverture rigide, 22 × 18 cm. (21 pages de notes

		de lectures, écrites à partir de la fin, commencées le 14 janvier 1918.)
VII	1919	HOGARTH HOUSE, RICHMOND. 20 janvier-28 décembre 1919. 99 pages. Couverture souple, 26,5 × 21 cm.
VIII	1919	MONKS HOUSE, RODMELL. 7 septembre-1er octobre 1919. 16 pages. Carnet de notes à couverture souple, 21 × 17 cm.
IX	1920	HOGARTH HOUSE, RICHMOND. 7 janvier 1920-2 janvier 1921. 90 pages. Couverture souple, 27 × 21 cm. Sur les quatre premières pages sont collées des pages arrachées au cahier VIII, écrites à *Rodmell.* Les notes du 2 août au 1er octobre inclus sont écrites aussi à *Rodmell.*
X	1921	HOGARTH HOUSE, RICHMOND. 25 janvier-19 décembre 1921. 80 pages. Couverture souple, 27 × 21 cm. 2 pages insertées sont écrites en Cornouaille, le 28 mars. Notes du 8 août-28 septembre inclus, écrites à *Rodmell.*
XI	1922	HOGARTH HOUSE, RICHMOND. 3 janvier 1922-3 janvier 1923. 83 pages. Couverture souple, 27 × 21 cm. Notes du 3 août-octobre inclus écrites à *Rodmell.* A la fin du cahier se trouvent 4 pages de l'ébauche d'une critique de livre, datées du 18 mai 1921, et 17 pages d'ébauche de passages de la Chambre de Jacob, datées du 7 et du 12 octobre 1921. 15 pages ont été arrachées à ce cahier, laissant des dents de papier où l'on voit un peu d'écriture.
XII	1923	HOGARTH HOUSE, RICHMOND. 7 janvier-19 décembre 1923. 71 pages. Couverture souple, 27 × 21

		cm. Notes du 6 août-18 septembre inclus, écrites à *Rodmell.*
XIII	1924	HOGARTH HOUSE, RICHMOND et 52 TAVISTOCK SQUARE WC1. 3 janvier 1924-6 janvier 1925. 56 pages. Couverture souple, 27 × 21 cm. Notes écrites à partir du 5 avril à *Tavistock Square ;* notes du 2 août-29 septembre inclus, écrites à *Rodmell.* A la fin, une page d'ébauche se rapportant au *The Common Reader*, 1 page d'explication en P.-S., datée du 18 mars 1925.
XIV	1925	52 TAVISTOCK SQUARE. 18 mars 1925-19 janvier 1926. 55 pages. Couverture souple, 27 × 21 cm. Notes 5-30 septembre inclus, écrites à *Rodmell.* 4 pages (mais non de journal) écrites vers la fin du cahier.
XV	1926	TAVISTOCK SQUARE. 8 février 1926-23 janvier 1927. 88 pages. Couverture souple, 27 × 21 cm. A partir du 27 juillet, jusqu'au 30 septembre inclus, notes écrites à *Rodmell.*
XVI	1927	52 TAVISTOCK SQUARE. 3 février-22 décembre 1927. 59 pages. Feuilles volantes, 26 × 20,5 cm. Notes du 8 août-5 octobre inclus, écrites à *Rodmell.*
XVII	1928	52 TAVISTOCK SQUARE. 17 janvier-18 décembre 1928. 63 pages sur feuilles volantes, 26 × 20,5 cm. Notes du 9 août-22 septembre, écrites à *Rodmell.*
XVIII	1929	52 TAVISTOCK SQUARE. 4 janvier-15 juin 1929. 28 pages sur feuilles volantes, 25,5 × 20,5 cm.
XIX	1929-30	52 TAVISTOCK SQUARE. 15 juin 1929-2 septembre 1930.

111 pages. Couverture rigide, 26,5 × 20,5. Notes 5 août-2 octobre 1929 inclus ; 26 décembre 1929-4 janvier 1930 inclus ; 3 mars 1930 et 6 août-2 septembre 1930 inclus, toutes écrites à *Rodmell.*

XX 1930-31 MONKS HOUSE, RODMELL. 8 septembre 1930-1er janvier 1932.
125 pages. Couverture rigide, 26,5 × 20,5 cm. Notes 8-29 septembre inclus, écrites à *Rodmell ;* 3 octobre-23 décembre au *52 Tavistock Square ;* 27 décembre 1930-2 janvier 1931 à *Rodmell ;* 7 janvier-11 avril au *52 Tavistock Square.* 17 pages de papier blanc insertées, relatant un voyage à *La Rochelle* 16-27 avril ; 3 mai-19 juillet au *52 Tavistock Square ;* 7 août-30 septembre, à *Rodmell ;* 5 octobre-17 novembre au *52 Tavistock Square ;* 25 décembre-1er janvier 1932 à *Rodmell.*

XXI 1932 TAVISTOCK SQUARE. 13 janvier 1932-3 janvier 1933.
110 pages sur papier bleu. Couverture rigide 26,5 × 20,5 cm. 28 pages de papier blanc collées à l'intérieur, rapportant un voyage en *Grèce* 18 avril-11 mai. Notes du 5 août-16 septembre inclus, écrites à *Rodmell.*

XXII 1933-34 52 TAVISTOCK SQUARE. 23 décembre 1932-8 mai 1934.
128 pages sur papier bleu. Couverture rigide, 26,5 × 20,5 cm. Notes 23 décembre 1932-15 janvier 1933 inclus, écrites à *Rodmell ;* 17 pages papier blanc, collées à l'intérieur, rapportant un voyage en *France et Italie,* 9-23 mai. Notes 30 juillet-6 octobre inclus, écrites à *Rodmell ;* 25 pages papier blanc, collées à l'intérieur, rapportant un voyage en *Irlande,* 30 avril-8 mai.

XXIII	1934	52 TAVISTOCK SQUARE. 18 mai 1934-11 janvier 1935. 69 pages sur papier bleu. Couverture rigide, 26,5 × 20,5 cm. Notes 27 juillet-5 octobre inclus, écrites à *Rodmell.*
XXIV	1935	52 TAVISTOCK SQUARE. 19 janvier-20 décembre 1935. 155 pages. Couverture rigide, 26 × 20,5 cm. Notes 20-23 avril inclus, écrites à *Rodmell;* 32 pages insertées, rapportant un voyage en *Hollande, Allemagne, Italie et France*, 6-31 mai ; notes 3 août-2 octobre inclus, écrites à *Rodmell.*
XXV		52 TAVISTOCK SQUARE. 28 décembre 1935-30 décembre 1936. 58 pages sur papier bleu. Couverture rigide, 27 × 21 cm. Notes 28 décembre 1935-7 janvier 1936 inclus, écrite à *Rodmell,* ainsi que le 30 décembre 1936.
XXVI		52 TAVISTOCK SQUARE. 10 janvier-18 décembre 1937. 104 pages de feuilles volantes, bleues pour la plupart, 26,5 × 21 cm. Note 10 janvier écrite à *Rodmell;* 5 pages insertées, de notes dactylographiées, datées du 25 mai rapportant un voyage en *France ;* notes du 6 août-27 septembre inclus, écrites à *Rodmell.*
XXVII	1938	52 TAVISTOCK SQUARE. 9 janvier-19 décembre 1938. 92 pages sur feuilles volantes bleues et blanches, de 28 × 21,5 cm. Notes 3-11 juin inclus, écrites à *Rodmell ;* 4 pages insertées, d'un texte dactylographié, daté du 16 juin, rendant compte d'un voyage en *Ecosse ;* notes du 4 août-14 octobre inclus, écrites à *Rodmell.*
XXVIII	1939	52 TAVISTOCK SQUARE et MONKS HOUSE, RODMELL. 5 janvier-18 décembre 1929.

		72 pages sur feuilles volantes, 28 × 21,5 cm. Notes 5-8 janvier inclus, écrites à *Rodmell ;* notes du 25 juillet-28 décembre inclus, écrites à *Rodmell.*
XXIX	1940	MONKS HOUSE, RODMELL. 3 juin-29 décembre 1940. 109 pages de feuilles volantes blanches, et parfois bleues, 28 × 21,5 cm.
XXX	1941	MONKS HOUSE, RODMELL. 1er janvier-24 mars 1941. 11 pages. Carnet de notes, dos spirale, papier blanc, 25,5 × 20 cm.

Abréviations

CH, Camb. : Charleston Papers, déposés à la bibliothèque de King's College, Cambridge.

Holroyd : Michael Holroyd : *Lytton Strachey. A biography*, édition revue, Penguin Books, 1971.

Kp : B. J. Kirkpatrick : *Biography of Virginia Woolf*, édition Hart-Davis, Londres, 1967.

L. W. : Leonard Woolf. Cinq volumes de son *Autobiographie*, Hogarth Press, Londres :

I L. W. : 1880-1904 ; 1960.

II L. W. : 1904-1911 ; 1961.

III L. W. : 1911-1918 ; 1964.

IV L. W. : 1919-1939 ; 1967.

V L. W. : 1939-1969 ; 1969.

MHP, Sussex : Monks House Papers. Bibliothèque de l'université du Sussex.

Q. B. : Quentin Bell : *Virginia Woolf. A Biography*, Hogarth Press, Londres, 1972 ; traduction de Francis Ledoux, éditions Stock 1973 et 1974.

I Q. B. : Volume I 1882-1912.

II Q. B. : Volume II 1912-1941.

TLS : Supplément littéraire du *Times*.

V. W. : Virginia Woolf.

V. W. Letters : The Letters of Virginia Woolf, édité par Nigel Nicolson, Hogarth Press, Londres.

I V. W. Letters : Volume I (1882-1912) ; 1975.

II V. W. Letters : Volume II (1912-1922) ; 1976.

V. W./GLS Letters : Virginia Woolf and Lytton Strachey Letters, édité par Leonard Woolf & James Strachey, Hogarth Press, Londres, 1956.

Table des matières

Arbre généalogique 7
Introduction de Quentin Bell 11

JOURNAL
1915 35
1917 89
1918 181

Appendice 391
Abréviations 401

Achevé d'imprimer le 1er octobre 1981
sur presses CAMERON,
dans les ateliers de la S.E.P.C.
à Saint-Amand-Montrond (Cher)
pour le compte des Éditions Stock
14, rue de l'Ancienne-Comédie, 75006 Paris

Imprimé en France

Dépôt légal : 4e trimestre 1981.
N° d'Édition : 4371. N° d'Impression : 1788/1093.
54-05-2710-01

ISBN 2-234-01067-5

H/54-2710-9